경제학의 이해

유일선 · 정홍열 · 홍필기 · 김현석 · 김갑용 · 유창근 지음

Σ 시그마프레스

경제학의 이해

발행일 2015년 3월 10일 1쇄 발행
      2019년 3월 5일 2쇄 발행

지은이 유일선, 정홍열, 홍필기, 김현석, 김갑용, 유창근
발행인 강학경
발행처 (주)시그마프레스
디자인 이상화
편 집 백주옥

등록번호 제10-2642호
주소 서울특별시 영등포구 양평로 22길 21 선유도코오롱디지털타워 A401호
전자우편 sigma@spress.co.kr
홈페이지 http://www.sigmapress.co.kr
전화 (02)323-4845, (02)2062-5184~8
팩스 (02)323-4197

ISBN 978-89-6866-248-5

＊ 책값은 책 뒤표지에 있습니다.

이 도서의 국립중앙도서관 출판시도서목록(CIP)은 서지정보유통지원시스템 홈페이지
(http://seoji.nl.go.kr)와 국가자료공동목록시스템(http://www.nl.go.kr/kolisnet)에서 이용
하실 수 있습니다.(CIP제어번호 : CIP2015006890)

산 전체를 보려면 산에서 멀리 떨어져야 한다. 그러면 산은 나무와 바위와 새소리 등을 버리고 말없이 단순한 선과 면으로 그 전체를 드러낸다. 만약 우리가 산을 벗어날 수 없다면 산 전체를 볼 수는 없는 걸까?

마샬(A. Marshall)은 경제학을 '인간의 일상을 연구하는 학문'으로 규정하였다. 우리의 삶은 일상을 통해 이루어지기 때문에 그것을 벗어날 수 없을 것이다. 그러나 경제학은 복잡한 일상을 벗어나 인간 삶 전체를 '단순한 선과 면'으로 보기를 요구한다. 처음 경제학을 배우려는 학생들은 이런 사고틀하에서 공부하는 것이 쉽지 않다고 느끼는 것 같다.

그러면 우리 삶 전체의 '단순한 선과 면'은 무엇일까? 개개인의 일상을 들여다 보면 글로 표현할 수 없을 정도로 다양하고 복잡하다. 이런 일상을 조금씩 벗어나 보자. 우리 일상을 들여다 보면 많은 부분이 선택행위로 이루어지고 있다는 것을 알 수 있다. 여기서 두 가지 질문을 해볼 수 있다. 첫째, 왜 사람들은 선택을 하는가? 내가 하고 싶은 것은 너무 많은데 그것을 실현시켜 줄 자원이 적기 때문이다. 즉 자원이 희소하기 때문이다. 둘째, 어떻게 선택하는가? 선택함으로써 추가로 얻는 이득(한계편익)과 추가로 지불하는 비용(한계비용)을 비교하여 선택한다. 즉 한계편익이 한계비용보다 크면 선택하고 반대이면 선택하지 않는다는 한계원리에 따라 한다.

이 책은 우리 일상의 전체를 '한계원리에 따른 선택행위'라고 규정하고 이 하나의 원리로 설명하고자 하였다. 이 책으로 공부하다 보면 주류경제학에서 다루고 있는 많은 이론들도 결국 한계원리가 바탕이 되었다는 것을 자연스럽게 알게 될 것이다. 이에 따라 주류경제학의 두 흐름인 미시경제학과 거시경제학을 한계원리로 다음과 같이 설명할 수 있다. 첫째, 미시경제학은 개인(가계와 기업)이 한계원리에 따라 선택하면 시장의 '보이지 않는 손'이 작동하여 사회 전체도 한계원리에 따라 최적상태에 도달한다는 것을 보여준다. 이런 흐름에 따라 이 책은 개인의 한계원리를 바탕으로 한 개별이론(상품시장에서 소비자이론과 생산자이론, 생산요소시장에서 비용이론과 분배이론) 등을 먼저 다룬다. 그 다음 사회 전체의 한계원리를 보여주는 시장의 원리를 다룬다. 둘째, 거시경제학은 개인이 한계원리에 따라 선택해도 시장이 제대로 작동하지 않아 사회가 최적상태에 이르지 못하는 상황을 전제로 한다. 그래서 개별적 시각보다는 사회 전체적인 시각에서 시장의 불안전성을 다룬다. 결국 사회적 최적상태에 도달하기 위해 시장 이외의 정부정책이 필요하다는 것을 보여준다.

이 책은 경제학을 처음 접하는 학생들이 경제학의 가장 기본인 한계원리를 잘 이해하도록 하는 것에 주안점을 두었다. 최대한 쉽게 설명하도록 노력하였고 부족한 것은 "알고 넘어가기" 박스를 통하여 보충하였다. 또한 연습문제도 객관식과 서술식으로 배열하여 공부한 내용을 단계별로 테스트하도록 하였다. 이 책을 통해 학생들이 경제적 시각으로 세상을 바라볼 수 있는 안목을 갖기를 저자들은 희망한다. 산은 말 없이 가장 단순한 형태로 항상 자신을 드러낸다. 우리가 산 안에 혹은 산 밖, 어디에 서있는가에 따라 그것을 볼 수도 보지 못할 수도 있다. 우리의 일상도 마찬가지이다. 우리가 시각을 어디에 두는가에 달려 있다. 즉 경제적 시각을 갖추면 우리 일상을 전체적으로 볼 수 있다는 것이다. 이제 경제학에 대해 흥미를 갖고 더 복잡한 경제이론에도 도전하고, 그것들을 통해 우리 일상과 사회와 세상을 이해할 수 있는 사람이 되었으면 한다.

가장 걱정스러운 것은 이러한 의도가 책에 잘 반영되어 있는가 하는 점이다. 또한 한 학기 강의를 기준으로 책을 구성하다 보니 일부 독자는 중요한 부분이 빠졌다고 생각할 수도 있다는 염려가 든다. 학생들이 이 책을 가지고 경제학을 전체적으로 이해하는 데는 아직도 부족함이 많다는 것을 알고 있으며, 독자들의 많은 충고와 비판을 부탁드린다. 저자들도 강의현장의 요구사항을 충실히 반영하여 좀 더 나은 교재가 되도록 계속 보완하고 수정할 것을 약속드린다.

끝으로 이 책의 출판을 기꺼이 후원해주신 (주)시그마프레스 강학경 사장님, 이 책을 처음 기획하고 저자들을 독려해준 문정현 부장님, 그리고 세심한 교정과 편집으로 이 책을 멋지게 꾸며주신 모든 편집부 직원들에게도 감사드린다.

2015년 3월
저자 일동

economics

차 례

13 CHAPTER

경기변동과 경제정책

01 CHAPTER

경제학의
기초 개념

1.1 일상생활과 경제

학생들은 아침에 일어나 세수를 하고 어머니가 차려준 아침을 먹고 버스나 지하철을 이용하여 학교로 갈 것이다. 학과에서 요구한 과목과 자신의 미래를 고려하여 신청한 과목의 강의를 들을 것이다. 점심 때가 되면 누구랑 무슨 음식을 먹을까? 점심을 먹으면서 대통령과 국회의원으로 누굴 뽑을지, 왜 요즘 취직하기 힘든지, 여자 친구와 어떤 영화를 볼 것인지, 요즘 어떤 게임이 재미있는지 등 다양한 이슈와 화제를 가지고 친구들과 이야기할 것이다.

이처럼 우리의 일상은 대부분 선택해야 할 문제에 직면한다. 예컨대 남자나 여자친구 생일이 다가오면 선물을 사기 위해 시내 대형쇼핑몰로 갈 것이다. 사치품에서 필수품에 이르기까지 다양한 상품들이 진열되어 있다. 여기서 어떤 선물을 사야 할지 고민하게 될 것이다.

또한 어떤 회사에 취직해야 할지, 그러기 위해서는 무엇을 준비해야 할지를 결정해야 할 것이다. 졸업 후 취직이 되면 어디서 살아야 하고 출근할 때 자가용을 구입하여 이용할지 아니면 버스나 지하철을 이용할지를 결정해야 할 것이다. 월급을 받으면 얼마를 소비하고 미래를 위해 얼마를 저축해야 할지, 누구와 결혼해서 아이는 몇 명을 낳아야 할지를 결정해야 한다.

우리 삶을 위해서 사회와 관련된 문제도 의사결정을 해야 한다. 사회복지를 주장하는 정당과 일자리를 늘리겠다는 정당, 바다를 매립하여 산업단지를 건설하겠다는 지방자치단체장과 환경보호를 위해 바다를 친수공간으로 만들겠다는 지방자치단체장을 선택해야 한다. 정부 또한 국민들에게 세금을 얼마나 그리고 어떻게 걷을 것인가를 결정해야 한다. 이 세금을 국방에 더 써야 할지, 고속도로와 항만 등 사회인프라를 구축하는 데 써야 할지, 육아와 교육에 더 써야 할지를 결정해야 한다.

경제학은 이렇게 방대한(?) 일상적인 것들에 주로 관심을 갖는다. 그래서 알프레드 마샬(Alfred Marshall)[1]은 경제학을 "인류의 일상적인 삶을 연구하는 학문"이라 하였다.

---

1 알프레드 마샬(1842~1924)은 영국의 경제학자로 주류경제학인 신고전파 경제학 창시자 중 한 사람이다. 경제학자에게 냉철한 머리와 따뜻한 가슴(cool head, warm heart)을 지닌 경제기사도정신(economic chivalry)을 강조하였다. 경제학 원리(*Principles of Economics*, 1890)는 그의 가장 중요한 저서로서 수요의 탄력성, 소비자잉여, 준지대, 대표적 기업 등 많은 개념들을 도입함으로써 경제학 발전에 큰 공헌을 하였다.

우리의 일상생활을 풍요롭게 하기 위해서 사람들이 필요로 하는 재화와 서비스를 생산하고 그것이 분배될 수 있도록 조정하는 시스템이 필요하게 된다. 이러한 시스템을 경제(economy)라 한다. 경제학은 결국 이러한 경제를 개인과 사회 전체의 두 차원에서 연구하는 학문분야이다.

1.2 경제학의 기본전제

앞 절에서 보듯이 우리의 일상생활은 여러 가지 복잡한 의사결정의 연속이라 해도 과언이 아니다. 왜 이런 의사결정을 해야 하는가? 인간은 육체를 가지고 있는 한 생존(욕구)을 위해 음식을 먹어야 하고 옷을 입어야 하고 생활할 수 있는 집이 있어야 한다. 이처럼 인간에게 어떤 욕구가 있으면 그 욕구를 실현할 수 있는 대상이 필요하게 되고 그대상을 획득하기 위한 어떤 의사결정을 내려야 한다. 경제학은 인간의 욕구, 그 욕구에미치는 대상과 인간의 의사결정과 밀접한 관련이 있다. 공기나 햇빛처럼 우리 욕구를충족하고도 남을 만큼 풍족하면 굳이 이런 골치 아픈(?) 의사결정을 할 필요가 없을 것이다. 우리가 의사결정을 해야 할 경우를 보면 우리의 욕구를 충족하기에는 그 대상이부족한 경우가 대부분이다.

이런 상황에서 경제원리를 설명하기 위해 기본전제가 필요하다. 첫째, 개별 인간의욕구는 양과 종류에서 무한하다고 가정한다. 경제학은 윤리적 판단에 앞서 개별 인간이 본성적으로 갖는 욕구를 인정하면서 출발하고 있다. 둘째, 자원은 유한하다는 것이다. 여기서 자원은 인간의 욕구에 영향을 미칠 수 있는 **상품**을 만들어낼 수 있는 원천을말한다. 자연자원, 노동, 자본과 시간 등이 포함될 것이다. 상품은 자원의 결합을 통해창출되는 인간욕구에 영향을 미치는 모든 대상을 일컫는다.[2] 옷, 빵, 책과 영화 등 만족을 늘려주는 것뿐만 아니라 쓰레기, 공기오염과 폐수와 위험 등 만족을 줄이는 것들도모두 상품이 된다.[3] 상품은 형태에 따라 재화(goods)와 서비스(service)로 분류된다. **재**

---

2 상품은 시장가치 기준으로 세 가지로 분류될 수 있다. 첫째, 시장가치로 팔리는 것, 둘째, 마약과 성매매처럼 윤리적 기준에 따라 시장가치로 팔아서는 안 되는 것, 셋째, 공기처럼 물리적 요인이나 기술적 요인에 의해서 시장가치로 평가될 수 없는 것 등으로 분류될 수 있다.

3 만족도를 늘려주는 상품을 '재화(goods)'라 하고 만족도를 줄여주는 상품을 '비재화(bads)'라 한다. 비재화를 줄이면, 즉 쓰레기 버리기, 위험 회피(보험) 등처럼 만족도를 늘리므로 재화가 된다.

화는 책상, 스마트폰, TV처럼 유형적(tangible)이며 대부분 생산 이후에 소비된다. 이와는 달리 **서비스**는 교육, 운송, 보험, 금융처럼 무형적(intangible)이며 생산과 소비가 동시에 이루어진다. 셋째, 욕구를 갖는 개별 인간(집합)을 가계(household), 기업(firm)과 정부(government)로 분류한다. 가계는 만족추구를, 기업은 이윤추구를, 정부는 사회후생(social welfare)추구를 목적으로 한다. 이들은 자기욕구를 바탕으로 의사결정을 내린다. 이들을 경제주체(economic agency)라 한다.[4] 이들 경제주체 중에서 가계와 기업을 민간부문(private sector), 정부를 공공부문이라 한다. 넷째, 경제주체는 완전한 정보(perfect information)를 깆는다. 과거정보뿐만 아니라 미래에 일어나는 일도 완벽하게 알고 있다는 것이다. 즉 미래의 불확실성은 고려하지 않는다.

1.3 경제학의 기본원리

경제학은 인간의 욕구는 무한하지만 그것을 충족시켜줄 수 있는 자원은 유한하다는 전제에서 출발한다. 이런 기본전제하에서 자원은 인간의 욕구에 비해 희소성을 가질 수밖에 없다. 자원이 이렇게 희소한 상황에서 어떻게 자원을 배분할 것인가 하는 문제가 제기된다. 인류의 장구한 역사를 보아도 인류는 한 번도 이 문제에서 자유로운 적이 없었다. 어떤 시대에는 왕이 정한 우선순위에 따라 분배되었고, 어떤 시대에는 정부가 계획을 세워서 하기도 하고, 어떤 시대에는 엄격한 종교적 교리나 윤리적 가치판단에 따라 이루어지기도 하였다. 그러나 경제적인 방식은 자신의 욕구를 최대화하는 방식으로 유한한 자원을 분배하는 것이다. 즉 일정 생산방법으로 생산자(기업)는 자기욕구(이윤)를 최대화하는 수준에서 생산량을, 소비자는 일정소득 수준에서 자기욕구(만족)를 최대화하는 수준에서 소비량을 결정한다. 노동자는 자기욕구를 최대화하는 수준에서 노동시간을, 자본가 또한 자신의 수익률을 최대화하기 위해서 자신의 투자수준을 결정한다. 이처럼 희소한 자원을 가지고 욕구를 최대화하는 방향으로 자원을 분배할 때 효율적 자원배분이 이루어졌다고 한다. 경제학은 효율적 자원배분을 기본원리로 한다. 이런 원리에 따른 행동을 '합리적 행동(rational behaviour)'이라 하고 합리적으로 행동하는 사람을 '경제인(homo economicus)'이라 한다.

---

4 개방경제를 다룰 때는 여기에 외국을 경제주체로 포함한다.

저량변수와 유량변수

경제변수를 어떻게 측정하느냐에 따라 두 개의 변수로 나눌 수 있다. 아파트를 숙소로 삼는 방법을 생각해보자. 하나는 아파트 자체를 구매하는 경우이다. 다른 하나는 월세로 사는 경우이다.(물론 전세의 경우도 있다. 전세비용으로 인해 포기된 이자 등 수익금을 월세로 간주하면 여기에 포함할 수 있다.) 월세는 아파트가 일정기간 동안 제공하는 편리함 등의 서비스에 대한 대가이다. 경제에는 아파트처럼 일정한 시점에서 언제든지 측정이 가능한 변수와 아파트가 제공하는 서비스처럼 일정기간 동안 측정이 가능한 변수가 있다. 전자를 **저량변수**(stock variable), 후자를 **유량변수**(flow variable)라 한다. 앞의 예에서 보듯이 상품 중에서 아파트라는 재화는 저량변수이고, 아파트가 일정기간 제공하는 편리함 등의 서비스는 유량변수에 속한다는 것을 알 수 있다.

음식물처럼 재화 자체를 소비하는 경우도 있지만 많은 경우 아파트처럼 재화 안에 내재되어 있는 서비스를 실질적으로 소비한다. 그래서 이 서비스를 소비하기 위해 재화를 구입하는 방법과 서비스 자체만 구입하는 방법이 생기게 된다. 다시 말해, 재화시장과 서비스시장 두 개가 형성되고 두 개의 가격이 형성된다. 예를 들면 영화를 보기 위해 DVD를 구입하는 경우 재화가격을, DVD 대여점에서 빌리는 경우 서비스가격(임대료)을 지불해야 된다. 이처럼 저량변수인 재화의 가격과 유량변수인 서비스의 가격은 서로 다른 시장에서 결정된다.

우리 조상들도 이것을 언어에서도 명확히 구분하여 사용하였다. 즉 재화의 가격은 '값'으로 서비스의 가격은 '삯'으로 나타냈다. 책 가격은 책값, 술 가격은 술값으로 나타낸다. 책과 술은 재화이기 때문이다. 반면 버스나 비행기를 탈 때 내는 비용은 버스삯과 비행기삯으로 표현한다. 일정기간 동안 버스와 비행기가 제공하는 서비스를 구매했기 때문이다. 이것을 한자로 나타내면 재화가격은 가(價)자로, 서비스가격은 료(料)자로 나타낸다. 수업료, 수수료, 임대료 등이 좋은 예이다.

생산요소로는 자본, 노동과 토지를 들 수 있다. 이것도 저량변수와 유량변수로 나누어 각각의 가격이 형성된다. 자본의 경우 기계 등을 직접 구입하는 경우 자본재가격을, 서비스만 구입하는 경우 임대료를 지불해야 한다. 토지의 경우 재화의 가격으로 지가(地價)를, 서비스가격으로 지대(地代)를 지불한다. 노동의 경우 노동서비스 가격인 임금만 존재한다. 재화로서 인간시장은 현대사회에서는 불법이기 때문이다. 역사적으로 고대 그리스로마시대의 노예시장과 근세기 미국 흑인노예시장에서는 재화로서 인간이 합법적으로 거래되었다. 인간의 신체(재화)를 잘 통제해서 질 좋은 노동서비스를 뽑아내려는 사업주와 정해진 기간에 노동서비스만을 제공하고 신체의 자유를 가지려는 노동자 사이에 본질적으로 노사갈등은 내재되어 있다고 볼 수 있다.

경제변수들 중에서 유량변수에는 GDP, 소비, 저축, 소득, 생산량, 이윤, 투자, 수요, 공급, 수출입, 월급, 인구변동, 재고변동 등이 속하고, 저량변수에는 통화량, 외환보유고, 은행잔고, 재산, 인구, 부채 등이 속한다.

이런 효율성 중심의 경제적 사고방식은 인간의 욕구는 무한하지만 자원은 유한하다는 전제하에 세상 모든 인간은 자신의 욕구를 최대화하는 방식으로 분배한다는 시각으로 세계를 바라보기를 요구한다. 젊은 부부들이 아기를 갖지 않으려고 하는 것, 대졸 노동자가 일자리가 있음에도 더 좋은 직장을 위해 실업자로 남는 것, 중소기업에 취업했다가 자주 이직하는 것, 사회에 범죄자가 존재하는 것, 공무원이 연말에 예산을 다쓰기 위해서 멀쩡한 보도블록을 갈아 치우는 것, 정치가가 국민을 자주 속이는 것 등도 자신의 욕구를 최대화한 결과로 바라볼 수 있겠는가? 젊은 세대들은 정신상태가 나약해서 또는 힘든 일을 안 하려고 하는 경향이 있어서 아기도 낳지 않고 취업도 안 하고 자주 이직한다고 생각한다면, 범죄자들은 우리와 전혀 다른 종류의 인간이라고 생각한다면, 공무원이나 정치가들이 도덕적이고 윤리적으로 타락했다고 생각한다면 경제적 사고방식으로 세상을 바라볼 수 없다. 그래서 경제적 사고방식은 우리가 살고 있는 사회가 갖는 윤리기준, 상식, 도덕관념과 충돌을 일으키는 경우가 많다.

이것과 관련하여 또 하나의 질문을 해볼 수 있다. 효율적 자원배분 결과와 사회 구성원 전체가 바람직하게 생각하는 자원배분은 같다고 할 수 있는가? 앞으로 배우겠지만 시장기구가 효율적 자원배분을 실현한다. 그 결과가 부자를 더 부자로, 빈자를 더 빈자로 만드는 양극화 심화현상으로 나타난다면, 아무리 효율적 자원배분이라 하더라도 그 결과를 바람직하다고 볼 수는 없을 것이다. 경제학은 바람직한 자원배분에 대해서도 관심을 많이 가지고 있다. 이런 바람직한 자원배분은 사회정의와 사회적 윤리 등과 밀접한 관련을 갖는다. 이때 제기되는 가장 일반적인 것은 어떻게 하면 사회구성원에게 균등하게 자원을 배분할 것인가 하는 문제이다. 이것을 효율성과 대비하여 **형평성 문제**라고 한다. 비유적으로 효율성의 기준은 어떻게 하면 '빵'을 최대한 크게 만들 것인가에, 형평성의 기준은 '빵'을 어떻게 사회구성원에게 골고루 잘 배분할 것인가에 대해 집중한다.

정부는 정책을 수립하는 과정에서 이 두 가지 목표가 자주 충돌하는 상황에 직면하게 된다. 소득세나 법인세를 높여 부자의 소득을 빈자에게 재분배하는 사회복지정책에 대해서 생각해보자. 효율성의 기준에서 보는 사람은 세금을 높이면 일에 대한 보상이 감소하므로 사람들이 일을 열심히 하지 않을 것이라 생각한다. 이것은 결국 사회 전체의 '빵'을 감소시킬 것이라고 불평할 것이다. 형평성의 기준에서 보는 사람은 균등한 분배가 이루어지면 사회적 갈등, 혼란과 범죄 등 또 다른 사회적 비용을 줄일 수 있다고 생각한다. 이것은 사회 전체의 '빵'을 더 안전하게 지키고 사회적 협력을 끌어내어 '빵' 생산을 오히려 늘린다는 것이다.

이 책에서는 경제학의 이해는 자원의 효율적 배분원리의 이해에서 먼저 출발해야 한다는 인식하에 효율성 중심의 경제학적 사고방식을 기술할 것이다. 이것을 이해하고 난 후에 형평성의 기준에서 쓰인 분배중심의 경제학 책을 읽어보길 바란다. 이러한 효율성 중심의 사고방식은 경제적 사고방식의 한 부분임에도 불구하고 이것을 제대로 익히면 우리 사회가 갖는 문제들을 새로운 시각으로 파악할 수 있고 해결책을 찾아낼 수 있다고 생각한다.

1.4 기회비용

경제원리에 따르면 경제주체는 자신의 욕구를 최대화하는 방식으로 유한한 상품을 배분한다. 사람들이 이 원리에 따른다면 어떻게 행동할까? 몽룡, 춘향, 방자와 향단은 각각 10,000원을 가지고 있다고 하자. 10,000원을 가지고 구매할 수 있는 상품은 책 1권, 영화 1편과 술 1병이다. 이들을 인터뷰한 결과 〈표 1.1〉과 같은 결과를 얻었다. 표 안의 숫자는 해당상품을 선택했을 때 얻는 만족도를 화폐가치로 나타낸 것이다.

모두 합리적으로 행동한다면 만족을 최대로 주는 상품을 선택할 것이다. 여기서 만족에 영향을 미치는 상품은 책, 영화, 술과 돈 10,000원 네 가지임을 알 수 있다. 우선 자기에게 가장 만족을 많이 주는 순서로 우선순위를 정할 것이다. 몽룡이는 이 중 책이 최대 만족을 주므로 책을 사고, 마찬가지로 춘향이는 영화를 보고, 방자는 술을 마신다. 향단이는 돈 10,000원이 만족을 최대로 주므로 돈을 갖는다.(아무것도 사지 않는

표 1.1 소비의 우선순위

몽룡	춘향	방자	향단
책 : 20,000	영화 : 15,000	술 : 18,000	돈 : 10,000
영화 : 15,000	책 : 10,000	돈 : 10,000	영화 : 9,000
술 : 10,000	돈 : 10,000	영화 : 9,000	술 : 7,000
돈 : 10,000	술 : 5,000	책 : 6,000	책 : 5,000

01 ● 경제학의 기초 개념　9

다.) 만약 20,000원이 주어지면 몽룡이는 책과 영화를, 춘향이는 영화와 책이나 영화만, 방자는 술만, 향단이는 아무것도 사지 않을 것이다. 즉 우선순위에 따라 상품을 구입할 것이다.

결국 인간이 합리적으로 행동하면 만족 우선순위에 따라 선택하게 된다. 그래서 경제학을 '선택에 관한 학문'으로 정의하기도 한다. 앞의 1절에서 방대하게 예를 들었지만 우리 삶 자체는 일련의 선택과정이라고 해도 과언이 아니다. 그러므로 이러한 경제적 사고방식은 흔히 우리가 분류하고 있는 정치, 사회, 경제, 문화예술, 교육, 형벌, 법, 군사 등 모든 영역에 적용될 수 있다.

다른 측면에서 보면 선택했다는 것은 다른 어떤 것을 포기했다는 것과 같은 의미이다. 즉 몽룡이가 책을 선택했다는 것은 영화, 술, 돈 10,000원을 포기했다는 의미이다. 이처럼 선택적 상황에서 포기한 것 중 가장 큰 가치를 기회비용(opportunity cost)이라 한다. 즉 선택할 때 포기함으로써 치른 가장 큰 경제적 희생을 의미한다. 그러므로 몽룡이의 책 선택의 기회비용은 영화(15,000원 가치)가 된다. 마찬가지로 춘향이의 영화 선택의 기회비용은 책(10,000원 가치) 또는 돈 10,000원, 방자의 술 선택의 기회비용은 돈 10,000원, 향단이가 구매하지 않은 것의 기회비용은 영화(9,000원 가치)가 된다. 〈표 1.2〉는 각 상품을 선택했을 때 지불되는 기회비용을 나타내고 있다.

최소비용인 것을 선택하면, 즉 몽룡이는 책, 춘향이는 영화, 방자는 술을 사고 향단이는 아무것도 사지 않고 돈 10,000원을 보유한다. 욕구최대화는 기회비용최소화와 동일한 선택결과를 가져온다는 것을 알 수 있다. 여기서 주의해야 할 점은 기회비용은 현재 선택에 관한 것이기 때문에 과거 선택으로 이미 지불된 비용(매몰비용)은 기회비용에 포함되지 않는다는 것이다. 예컨대 어제 산 책을 잃어버려서 오늘 다시 사려고 할

표 1.2 상품별 기회비용

몽룡	춘향	방자	향단
책 : 15,000	영화 : 10,000	술 : 10,000	돈 : 9,000
영화 : 20,000	책 : 15,000	돈 : 18,000	영화 : 10,000
술 : 20,000	돈 : 15,000	영화 : 18,000	술 : 10,000
돈 : 20,000	술 : 15,000	책 : 18,000	책 : 10,000

때 어제 지불한 책값은 기회비용으로 계산되지 않는다. 즉 매몰비용은 경제적 비용이 아니다. 그래서 경제학에서는 '과거'를 물으면 안 된다. 미래를 바라보고 나의 욕구와 자원을 계산하면서 현재 의사결정을 내려야 하는 '고독한 인간'의 모습이 그려진다. 습관, 인습, 고정관념 등 과거의 어떤 행동결과에 영향을 받아 선택하게 될 때 '비합리적 행동'이라 한다. 여기서 '비합리적'이란 의미는 가치판단에 따라 문제가 있다는 것이 아니라 경제원리에 벗어난 어떤 인간의 행태를 단지 기술하는 것이다.

어떤 것을 선택하면 어떤 것을 포기해야 하므로 반드시 기회비용이 존재한다. 즉 선택에는 반드시 그 대가가 있다는 것이다. '세상에 공짜 점심은 없다.'는 이 기회비용을 두고 하는 말이다. 어떤 의사결정을 할 때 올바른 결정을 하기 위해서는 가능한 모든 선택에 대한 기회비용을 정확히 아는 것이 중요하다.

1.5   한계원리

경제원리에 따른다는 것, 즉 합리적으로 행동한다는 것은 결국 선택행위로 귀결된다는 것을 알 수 있다. 선택은 어떤 것을 얻고 어떤 것을 포기하는 것이다. 이때 '얻은 것'을 통해서 갖게 되는 이득을 편익(benefit)이라 한다. 포기한 것은 당연히 기회비용이다. 그러면 선택을 통해서 얻는 순편익(net benefit)은 편익에서 (기회)비용을 뺀 차액이 될 것이다. 간단한 식으로 $\pi = B - C$로 나타낼 수 있다. 여기서 π는 순편익, B는 편익, C는 기회비용을 나타낸다. 비용이 일정한 상황에서는 편익최대화가, 편익이 일정한 상황에서는 비용최소화가 결국 순편익을 최대화시킨다.

〈표 1.3〉은 상품별 순편익을 나타내고 있다.

표 1.3 상품별 순편익

몽룡		춘향		방자		향단	
책 :	5,000	영화 :	5,000	술 :	8,000	돈 :	1,000
영화 :	−5,000	책 :	−5,000	돈 :	−8,000	영화 :	−1,000
술 :	−10,000	돈 :	−5,000	영화 :	−11,000	술 :	−3,000
돈 :	−10,000	술 :	−10,000	책 :	−12,000	책 :	−5,000

순편익이 가장 많은 것을 선택하면 몽룡이는 책, 춘향이는 영화, 방자는 술을 사고 향단이는 아무것도 사지 않는다. 이것은 욕구최대화 결과와 정확히 일치한다. 이제 합리적인 행동결과는 순편익 최대화 결과로 나타낼 수 있다. 순편익최대는 총편익을 최대화하고 총비용을 최소화함으로써 달성될 수 있다. 만약에 총비용이 일정하면 순편익최대화는 총편익최대화와 일치한다. 또한 총편익이 일정하면 순편익최대화는 총비용최소화와 같다. 즉 경제원리는 최소비용으로 최대편익을 가져오는 원리로 정리할 수 있다.

순편익최대화 개념으로 합리적 행동을 설명하기 위해 몽룡이가 책을 사는 문제로 단순화해보자. 책 값이 10,000원이면 몽룡이는 자기욕구를 최대화하기 위해 몇 권의 책을 사야할까?

몽룡이가 두 번째 책을 산다면 1권의 책을 더 구매함으로써 편익도 증가하고 동시에 비용도 증가할 것이다. 이때 1권 더 구매함으로써 부가적으로 증가하는 편익을 한계편익(marginal benefit, MB), 부가적으로 증가하는 비용을 한계비용(marginal cost, MC)이라 한다.

경제학에서 한계개념은 이처럼 어떤 것을 1단위 변화시켰을 때 그것과 관련 있는 변수가 얼마나 변화하는가를 나타낸다. 〈표 1.4〉는 몽룡이가 책을 여러 권 샀을 때 편익, 한계편익과 비용, 한계비용 간의 관계를 나타내고 있다. 여기서 몽룡이는 책 3권을 구매할 것이다. 이때 순편익이 최대가 되기 때문이다. 이런 방식으로 춘향이, 방자와 향단이는 각 상품에 대한 구매량을 결정할 수 있다.

〈표 1.4〉를 통해서 알 수 있는 사실은 다음과 같다. 첫째, $MB > MC$이면 순편익은 증

표 1.4 상품별 순편익

책 수	총편익(B)	총비용(C)	한계편익(MB)	한계비용(MC)	$MB-MC$	$\pi=B-C$
1	15,000	10,000	15,000	10,000	5,000	5,000
2	28,000	20,000	13,000	10,000	3,000	8,000
3	38,000	30,000	10,000	10,000	0	8,000
4	46,000	40,000	8,000	10,000	−2,000	6,000
5	52,000	50,000	6,000	10,000	−4,000	2,000

가한다. 둘째, $MB < MC$이면 순편익이 감소한다. 셋째, $MB = MC$인 곳에서 순편익은 최대화된다. 〈표 1.4〉에서 보듯이 MB와 MC의 차가 적어질수록 순편익이 최대화되어 가고 있다는 것을 확인할 수 있다.

이제 한계편익과 한계비용을 가지고 선택 여부와 선택량을 결정할 경우 인간의 합리적 행동원칙은 다음과 같이 정할 수 있다.

첫째, $MB > MC$이면 선택하거나 선택량을 늘인다.

둘째, $MB < MC$이면 선택하지 않거나 선택량을 줄인다.

셋째, $MB = MC$인 곳까지 선택한다.

책, 영화, 술 등 많은 상품을 동시에 구매할 때도 이와 같은 원리는 적용된다.

이와 같은 한계원리를 사용하면 인간의 합리적 행동을 명확하게 규정할 수 있다. 그래서 한계원리가 곧 경제원리라 해도 과언이 아닐 정도로 중요하다.

과거의 선택은 모두 잊고 타인의 일에 전혀 관심이 없다. 오직 자신의 한계편익과 한계비용을 냉철하게 계산하여 자신의 욕구를 최대화시키는 인간을 상상해보라. 바로 이것이 경제학에서 상정하고 있는 경제인이다.

경제원리는 인간의 욕구를 최대화하는 방향으로 상품을 분배하는 것이다. 이것은 결국 인간의 선택의 결과로 나타난다. 인간의 선택은 앞에서 제시한 세 가지 한계원리에 따라 이루어진다. 모든 인간들이 선택할 때 이 준칙에 따라 행동한다고 경제학은 전제한다. 이것을 **합리성**(rationality) **가정**이라 한다. 합리적인 사람은 어떤 행동을 하고자 할 때 그 행동에 따른 한계편익과 한계비용을 비교해서 의사결정을 한다는 것이다.

이런 경제원리를 활용하면 타인의 의사결정에도 영향을 미칠 수 있다. 즉 타인의 한계편익이나 한계비용에 영향을 미치도록 의사결정을 한다는 것이다. 이렇게 영향을 미치는 요소를 **경제적 유인**(incentive)이라 한다. 예를 들면 자녀가 시금치를 잘 먹지 않는다. 물론 맛이 없기 때문이다. 자녀는 시금치를 먹으면서 얻는 MB가 너무 적고(고통을 느끼면 MB는 음수) 그때 포기된 기회비용(사탕 먹는 것)이 크므로 안 먹는 것을 선택한다. 합리적 의사결정이다. 그런데 엄마의 계산법은 다르다. 비록 시금치가 맛은 없지만 어린이에게 필요로 하는 영양분이 많이 들어있기 때문에 MB가 MC보다 더 크다. 시금치를 먹이기 위해서 엄마는 자녀의 MB와 MC에 영향을 줄 수 있는 여러 가지 유인책을 써야 할 것이다. 첫째, 칭찬하는 방법이다. 둘째, 조건을 제시하는 방법이다. 예컨대 시금치 한 입 먹으면 사탕을 한 개 준다는 식이다. 셋째, 위협하는 방법이다. 이 방법들은 자녀의 한계편익과 한계비용에 영향을 미치는 요소들이다. 어느 것이 적절한 유인책인가는 엄마가 자녀를 잘 관찰하여 상황에 따라 MB와 MC에 적절하게 영향을 미치는 것을 잘 골라 활용해야 할 것이다.

1.6 경제모형 : 경제순환모형

산 전체를 보려면 산을 벗어나야 더 잘 보인다. 마찬가지로 복잡한 인체구조를 이해하기 위해 실제 사람보다는 플라스틱으로 만든 심장, 뼈, 간, 신장 등 모형을 사용해서 서로 어떻게 연결되고 작용하는지를 설명하는 것이 훨씬 더 유용하다. 경제현실도 마찬가지이다. 현실세계를 이해하겠다고 현실 속으로 들어가면 그 복잡성에 금방 미궁에 빠질 것이다. 그래서 경제학도 현실경제를 이해하기 위해서 단순화 또는 추상화된 경제모형을 이용한다. 이것은 일반적으로 수식이나 그래프 또는 추상적인 개념들로 구성된다. 이런 경제모형들이 모여서 경제이론을 형성한다.

모든 경제모형은 일정한 가정을 전제로 하여 만들어진다. 예컨대 어떤 경제현상을 분석하고자 할 때 그 경제현상과 직접 관련이 없는 요인들은 아예 존재하지 않는다고 가정해버린다. 경제현상을 보면 사고팔고 취직하고 생산하는 등 다양한 경제활동을 하는 수많은 사람들로 구성되어 있다. 이렇게 복잡한 경제가 어떻게 작동하는지 이해하기 위해 가장 간단한 경제순환모형을 소개한다.

이 모형에서는 민간부문, 즉 가계와 기업만 존재한다. 가계는 생산요소(노동, 자본, 토지)를 소유하며 기업이 생산한 상품을 소비한다. 반면 기업은 생산요소를 이용하여 상품을 생산하고 가계에 판매한다. 가계와 기업은 두 시장, 즉 상품시장과 생산요소시장에서 만난다. 〈그림 1.1〉은 이런 가정을 바탕으로 경제의 순환과정을 나타내는 것으로 **경제순환모형도**라 한다.

가계는 자신이 보유한 생산요소를 자기만족이 최대화될 만큼 생산요소시장에 판매하고 그 대가로 소득을 받는다. 소득은 노동의 대가인 임금, 토지의 대가인 지대, 자본의 대가인 수익률(저축한 경우 이자율) 등으로 구성되어 있다. 이 부분은 경제이론에서 **분배이론**(distribution theory)에 해당한다. 이런 소득을 가지고 가계는 상품시장에서 만족을 최대화해줄 만큼의 상품량을 구입한다. 이 부분은 **소비자이론**(consumer theory)에 해당한다. 기업은 이윤을 극대화할 만큼 생산요소시장에서 필요한 생산요소를 구입

그림 1.1 경제순환모형도

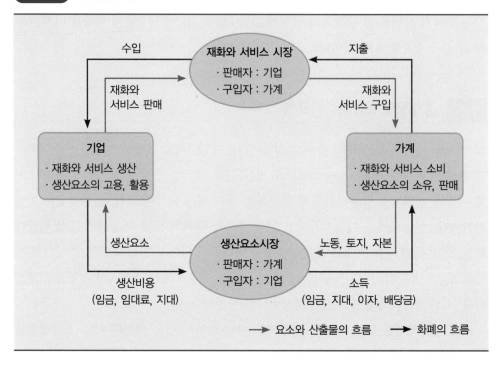

(고용)하기 위해 생산비용을 지불한다. 이 부분은 **비용이론**(cost theory)에 해당한다. 고용한 생산요소를 가지고 이윤을 극대화할 만큼 상품을 생산하여 상품시장에 판매한다. 이 부분은 **기업이론**(firm theory) 또는 **생산자이론**(producer theory)에 해당한다. 경제순환모형도에는 성격이 다른 두 순환이 서로 관련되어 있다. 안쪽 화살표는 가계와 기업 간에 이루어진 상품과 생산요소들의 흐름을 나타낸다. 즉 실물부문의 순환과정을 나타내고 있는 것이다. 반면 바깥쪽 화살표는 실물부문에 상응하는 화폐의 흐름을 나타낸다.

 이 경제모형은 경제현상을 나타내는 가장 단순한 형태이다. 이것은 현실경제에서 중요한 정부나 국제무역 등은 의도적으로 무시하고 있다. 그럼에도 불구하고 경제는 순환하고 있고 경제주체들이 시장과 관련하여 어떻게 상호작용하고 있는가를 일목요연하게 잘 보여주고 있다. 그뿐만 아니라 앞으로 다루어질 경제이론에 대한 개요도 잘 보여주고 있다.

1.7 개인과 사회 : 미시경제학과 거시경제학

경제학은 사회과학의 한 분야이다. 경제학은 개인과 사회 간의 관계를 어떻게 설정하고 있을까? 이 관계를 어떻게 하느냐에 따라 경제학의 접근방식도 달라진다.

경제학을 수강하는 학생은 40명인데 책은 10권밖에 없다고 하자. 이렇게 책이 희소한 상황에서 어떻게 배분할 것인가? 제비뽑기를 할 수도 있고, 게임을 해서 승자에게 줄 수도 있다. 또 하나는 경매시장을 이용하는 방법이다. 경매시장인 경우를 보자. 학생들은 모두 합리적이기 때문에 한계편익과 한계비용을 정확히 계산할 줄 안다. 제시가격에서 $MB \geq MC$인 학생은 구입의사를 밝히고 $MB < MC$인 학생은 구입하지 않을 것이다. 제시가격은 계속 변하고 결국 정확히 10명의 학생이 구입하겠다고 제시한 가격에서 이 책은 분배될 것이다. 이처럼 각 개인이 자기욕구 실현을 위해 선택했을 뿐인데, (경매)시장이 가격을 통해서 모든 참여자가 만족할 수 있도록 조정해준다는 것이다.

경제학에서 개인과 사회 간의 관계는 이것과 아주 비슷하다. 이런 관계를 통찰력 있게 분석하여 자본주의 기틀을 마련한 사람은 18세기 영국의 철학자 애덤 스미스(Adam Smith)였다. 그는 유명한 **국부론**에서 개인과 사회 간의 관계를 다음과 같이 표현하고 있다.

> 개인은 …… 공공의 이익을 증진시킬 의도도 없고, 그가 얼마나 공익을 증진시키는지도 모른다. …… 개인은 자신의 사적 이익만 추구하고, 이 과정에서 그들이 의도하지 않는 어떤 목적을 달성하기 위해 다른 많은 경우에서처럼 '보이지 않는 손'에 인도되고 있다. …… 개인은 자신이 의도적으로 사회적 공익을 증진시키려고 하는 경우보다, 자신의 사적 이익을 추구하는 과정에서 사회적 공익을 효과적으로 증진시키는 경우가 더 많다 …….

다시 말해서 개인은 사회에 신경 쓰지 말고 오직 자신의 사적 이익을 위해서 열심히 하면, 시장이 자동으로 사회적 공익을 증진시킨다는 것이다. 이때 사회는 개인들의 단순한 합이며 개인들의 의사결정에 의해 이루어지는 종속물에 불과하다. 이러한 경제학 접근방식은 개인들인 가계와 기업이 어떻게 의사결정을 내리고, 시장에서 이들이 어떻게 상호작용을 하는지를 중점적으로 다루게 된다. 개인과 사회의 중간매개체인 시장메커니즘에 대한 절대적인 신뢰가 바탕이 되기 때문이다. 이런 경제학을 미시경제학

구성의 오류

개인적으로 합리적인 선택을 했지만 사회구성원 전체가 같은 선택을 하면 결국 사회 전체가 피해를 입게 되는 경우를 말한다. 대표적인 예로 케인즈가 제시한 '**저축의 역설**'을 들 수 있다. 가계가 미래를 위해 저축을 늘리면 이것이 투자로 연결되어 경제성장에 기여할 수 있다. 이때는 저축이 미덕이 된다. 그런데 경기침체 상황에서 가계가 저축을 늘리기 위해 소비를 줄이면 유효수요가 감소한다. 이에 따라 기업의 투자가 감소하므로 오히려 경기침체가 심화될 수 있다. 이때는 소비가 미덕이 된다. 이것을 '저축의 역설'이라 한다.

애덤 스미스가 지적한 것처럼 시장이 제대로 작동되면 개인의 합리적 선택은 저절로 사회공익에 기여하게 된다. 개인은 오직 사적 이익을 위해 열심히 노력하면 된다. 그러나 시장이 제대로 작동하지 않으면 개인의 합리적 선택이 오히려 사회공익에 피해를 줄 수 있다. 케인즈가 고전파경제학은 구성의 오류를 가지고 있다고 비판한 지점이다.

구성의 오류(fallacy of composition)의 사례는 우리 일상생활에서 흔히 발견된다. 스포츠 경기를 더 잘 보기 위하여 한 사람만 일어서면 다른 모든 사람이 일어서게 되어 결국 아무런 효과도 없다. 자동차는 빠르지만 많은 사람이 차를 끌고 나오면 교통체증으로 인해 걷는 것보다 느려진다. 2008년 9월 세계금융위기 때 일어난 대규모 뱅크런 사태의 경우이다. 이것은 개인적으로 자신의 재산을 지키려는 최적전략이다. 하지만 다수가 하면 은행파산으로 인해 아무도 돈을 찾지 못하게 된다. 한 국가가 경제성장을 위해 기업을 지원하고 환율을 조절하여 수출을 늘리면 다른 나라들도 그런 경쟁에 뛰어들게 된다. 그러면 결국 모든 나라가 다 수출할 수 없게 되고, 가격하락으로 기업이 도산하여 경제성장을 이룩할 수 없다.

이런 구성의 오류는 경제학에서 시장실패와 밀접한 관련이 있음을 알 수 있다. 앞으로 여러분이 배우게 될 공유지의 비극, 죄수의 딜레마, 무임승차와 공공재와 같은 개념들은 다양한 측면에서 구성의 오류 현상을 설명하는 데 유용하다.

(microeconomics)이라 한다.

1929년 미국에서 시작된 경제대공황(Great Depression)을 계기로 경제학에서 새로운 접근방식이 나타났다. 이 공황으로 인해 증권시장 붕괴를 시작으로 은행과 기업들의 줄도산이 이어졌다. 이에 따라 순식간에 미국 전 노동자의 30% 이상이 실업자가 되었다. 거의 모든 시장이 마비되어 버렸기 때문에 시장기능을 확신하는 사람에게는 믿을 수 없는 일들이 벌어진 것이다. 모든 개인들은 합리적으로 행동을 했음에도 불구하고 사회 전체적으로 참담한 결과가 나타난 것이다. 이것을 **구성의 오류**라 한다.

이때 케인즈(J. M. Keynes)는 시장은 본래 불완전하므로 '보이지 않는 손'이 잘 작동될 수 없다는 점을 지적하였다. 그러므로 개인의 합리적 행동이 사회공익의 최대화를 가져올 수 없다는 것이다. 이때 사회공익의 최대화를 위해서는 시장의 불완전성을 보완해줄 수 있는 '보이는 손', 즉 정부의 역할이 필요하다는 것이다. 이런 문제의식하에서 개인의 합리적 행동분석보다는 사회 전체 자원의 효율적 배분에 초점을 맞추는 새로운 접근방식을 제시하였다. 즉 인플레이션, 실업과 경제성장 등과 같이 국가경제 전체에 관한 경제현상을 연구하는 경제학의 한 분야를 정립하였다. 이런 경제학을 거시경제학(macroeconomics)이라 한다.

그러나 미시경제학과 거시경제학은 밀접하게 연결되어 있다. 국가경제 전체의 변화는 결국 수많은 개인들의 개별적인 의자결성에 따라 이루어지기 때문에 미시경제현상을 고려하지 않고 거시경제현상을 이해하기 힘들다.

현대 경제학을 이해하려면 미시경제학적 접근방법과 거시경제학적 접근방법을 모두 알아야 한다. 이 책은 바로 이 두 경제학적 접근방법을 이해하기 쉽게 설명하고 있다.

1.8 경제학자 간 의견이 다른 이유

경기가 어려워지면 TV에 여러 경제분야 전문가들이 나와 토론을 하는 경우가 많다. 정부 대표, 노동계 대표, 재계 대표와 대학교수들 간 의견이 분분하다. 경기하락의 원인에 대한 설명뿐만 아니라 경기진작정책에 대해서도 대부분 다른 방안을 제시한다. 어떤 경우 도저히 양립할 수 없는 극과 극의 의견들이 충돌하여 토론분위기가 험악해지는 경우도 종종 있다. 이쯤 되면 일반인들은 말 많은 경제학자들의 탁상공론으로 폄하하고 채널을 돌려버릴 것이다.

경기진작을 위해 대통령도 경제학자에게 자문을 구하면 예컨대 어떤 학자는 돈을 풀어 이자율을 떨어뜨려 투자를 촉진하라 하고, 어떤 학자는 수출을 늘리기 위해 환율을 올리라 조언할 것이다. 누구의 조언을 받아들일지 참 난감할 것이다. 미국의 트루먼 대통령은 경제정책 자문을 받을 때마다 이런 상황에 직면하게 되자 차라리 '외팔이 경제학자'가 있었으면 좋겠다고 불평을 했다는 일화가 있을 정도이다.

왜 똑같은 경제현상을 두고 이렇게 의견이 다를까? 우리는 이것을 이해하기 위해 몇 가지 개념을 먼저 이해할 필요가 있다.

1.8.1 실증적 분석과 규범적 분석

연말만 되면 쓸 만한 보도블록을 여기저기 파헤쳐 새 보도블록으로 교체되는 광경을 어렵지 않게 볼 수 있다. "세금을 저렇게 낭비해도 되나? 하여튼 요즘 공무원들의 정신 자세에 심각한 문제가 있다." 사람들은 혀를 끌끌 찬다. 그런데 한 가지 의문이 생긴다. 만약 다른 사람이 그 자리에 앉으면 그런 의사결정을 내리지 않을까?

이 물음에 답하기 위해서 먼저 윤리적 판단을 잠시 접어두고 '왜 공무원이 그런 의사 결정을 하는지'를 알아봐야 한다. 즉 현상을 '있는 그대로(as it is)' 설명하려는 사고방 식이다. 이것을 실증적 사고방식이라 하고, 이런 사고틀로 현상을 분석하면 **실증적 분석** (positive analysis)이 된다. 어떤 실증적 분석이 실제 현상을 잘 설명하면 '맞는 것'이고 그렇지 않으면 '틀린 것'이 된다. 즉 정오(正誤)의 문제만 있을 뿐이다. 이런 사고방식 으로 이론을 만들어내는 사람을 과학자라 한다.

한편 이런 공무원의 행위는 예산을 낭비하므로 바람직하지 않다고 평가한다. 즉 현 상을 일정한 가치기준에 따라 '마땅히 해야 하는 것(as it should be)'으로 판단하는 사고 방식이다. 가치기준에 부합되면 '좋은 것'이고 그렇지 않으면 '나쁜 것'으로 판단한다. 즉 선악(善惡)의 문제를 다룬다. 이것을 **규범적 사고**라 하고 이런 사고틀로 현상을 분석 하면 **규범적 분석**(normative analysis)이 된다. 이런 사고방식으로 정책을 수립하는 사람 을 정책결정자라 한다.

실증적 사고는 세상을 어떻게 설명하느냐에, 규범적 사고는 세상을 어떻게 바꾸느 냐에 초점을 맞추기 때문에 근본적으로 다르다. 그러나 이 두 사고방식은 서로 밀접하 게 연관되어 있다. 현상의 작동원리를 잘 알면 좋은 정책을 수립할 수 있기 때문이다. 대부분의 경우 경제학은 실증적이다. 그러나 어떻게 하면 경제를 잘 작동하게 할 것인 가를 연구하는 규범적 목표를 추구하려는 학자도 있다. 경제학자들은 때론 과학자로서 경제이론을 만들고 때론 정책가로서 경제정책을 조언하기도 한다. 그러므로 경제학을 공부하는 사람은 실증적 분석과 규범적 분석의 차이를 항상 유념해야 한다.

1.8.2 과학적 판단의 차이

앞에서 지적한 것처럼 과학은 우리 주위를 둘러싸고 있는 세상의 현상을 설명하려는 실증적 사고방식에 기초를 둔다. 예컨대 한국경제는 1980년대 중반부터 1990년대 중반 까지 연평균 9%를 상회하는 높은 성장을 이룩했다는 사실이 있다고 하자. 경제학자는 한국의 이러한 고도성장을 나름대로 자료와 논리를 통해서 설명하려 할 것이다. 어떤 학자는 '3저효과', 즉 저유가와 저금리로 인한 생산비용 감소, 엔고(원화 저평가)로 인한 수출증가로 설명할 것이다. 어떤 학자는 높은 교육수준으로 노동의 질이 높았고 이것이 노동생산성 증가로 나타났다고 설명할 것이다. 어느 설명이 맞는 것일까?

한국경제가 고도성장을 이룩하는 데는 여러 가지 요인이 영향을 미쳤을 것이다. 이런 많은 요인들 가운데 어떤 요인이 가장 중요하느냐는 학자들마다 이견을 가질 수 있다. 주요요인의 중요도는 자료를 통해서 입증할 수 있는 부분이 있는가 하면 그렇지 못한 부분도 있기 때문에 쉽게 입증될 수 없기도 하다. 그래서 논쟁이 발생하기도 한다. 즉 사실을 다루는 실증적 영역에서도 제시된 이론의 유효성이나 경제변수들이 어떻게 연계되었는지를 설명하는 과정에서 학자간의 사실에 대한 판단의 차이에서 이견이 발생할 수 있다.

1.8.3 가치관의 차이

앞 절의 예처럼 한국경제가 3저효과와 같은 외부적 요인이나 높은 교육열과 같은 내부적 요인에 의해 고도의 경제성장을 이룩하였다. 그런데 경제성장의 성과가 재벌기업과 제조업 등에 집중되고 중소기업과 농업부문은 소외되었다. 그 결과 경제성장과정에서 부익부 빈익빈 현상이 발생했다고 하자. 이런 경제성장은 바람직한 것인가?

능력 있는 사람이 잘 사는 사회가 '좋은 사회'이므로 사회 불평등은 불가피하다는 가치관을 가진 학자는 이런 경제성장이 바람직하다고 판단할 것이다. 반면 모든 사람들이 골고루 잘 살아야 '좋은 사회'라는 가치관을 가진 학자는 이런 경제성장을 바람직하지 않다고 판단할 것이다. 그러면 어떤 가치관이 옳은 것인가? 이런 물음에 답하기는 쉽지 않다. 이처럼 가치관이 다르면 가치기준이 달라 다른 판단을 하기 때문에 이견이 존재한다. 그러므로 어떤 가치관을 가진 사람이 의사결정자가 되느냐에 따라 정책이 달라지고 사회구조가 달라질 수 있다는 것을 알 수 있다.

경제학자간 이견은 과학적 판단과 가치관의 차이로 불가피하다. 그럼에도 불구하고 경제학자들이 동의하는 부분이 많다. 이 책의 목적 중 하나는 이러한 경제학자들의 이론을 이해시키고, 가능하다면 이런 이론을 통해 세상에서 일어나는 현상을 설명하도록 하는 것이다.

economics

근대 경제학의 아버지

애덤 스미스는 영국 스코틀랜드 출신의 윤리철학자이며 정치경제학자이다. 1737년 글래스고대학교에서 도덕철학을 공부했다. 그 뒤 옥스퍼드대학교 베일리얼칼리지에서 연구를 계속하다가 1748년에는 케임스 경의 후원으로 에든버러에서 공개강좌를 맡았다. 1750년경 철학자 데이비드 흄(David Hume)을 만나 평생 교류하였다. 1751년 다시 글래스고대학교에서 논리학과 도덕철학 교수로 임명되었다. 1759년에는 인간성을 다룬 **도덕감정론**(*The Theory of Moral Sentiments*)을, 1776년에는 **국부론**을 펴냈다. 1778년에는 에든버러의 관세위원이 되었고, 1787년에는 글래스고대학교 학장을 지냈다. 평생 독신으로 지냈으며 1790년 병으로 사망하였다.

애덤 스미스(Adam Smith, 1723~1790)

애덤 스미스는 신(神)중심의 중세봉건사회가 무너지고 인간중심의 근대사회가 정립되던 시기에 살았다. 신이 사라진 세계에서 과연 인간 스스로 질서를 형성하고 유지할 수 있는가? 대륙의 합리주의 철학은 인간이성을, 영국의 경험주의 철학은 인간경험을 통해서 그 가능성을 모색하였다. 독일의 임마누엘 칸트(Immanuel Kant)는 합리론과 경험론을 비판적으로 수용하여 근대사회의 정립에 기여하였다.

이때 또 하나의 질문. 인간의 욕구를 밖으로 드러내면 인간사회의 질서가 유지될까? 홉스는 사회가 '만인에 의한 만인의 투쟁'의 장이 되기 때문에 사회가 유지되기 위해서 강력한 군주가 필요하다고 보았다. 이에 비해 스미스는 도덕정조론에서 인간은 공감능력(sympathy)에 기초해서 조화로운 사회질서를 유지할 수 있다고 주장하였다. 인간은 남에게 공감을 얻지 못하는 행위는 스스로 규제한다는 것이다. 이것이 스미스의 윤리관이다. 사회는 집단적 공감(collective sympathy)을 바탕으로 강제적 규제를 해야 하고, 이것이 법으로 표현된다는 것이다. 이것이 스미스의 법관이다. 이렇게 타인에게 피해를 줄 수 있는 욕구가 윤리적으로 법적으로 규제가 된 후 남은 욕구는 시장교환을 통해서 적극적으로 충족하라는 것이다. 그러면 '보이지 않는 손'에 의해서 사회공익이 저절로 실현된다는 것이다. 이것이 스미스의 경제관이다. 스미스는 이 책에서 윤리적으로 잘 규율된 사회에서만이 개인의 자유로운 이기심 추구가 사회공익을 실현할 수 있다는 것을 강조하였다. 즉 사회공익을 위해서 인간의 공감과 자애는 필수적이라는 것이다. 이에 비해

국부론은 사회협력과 상호의존성의 배후에 있는 추진력으로 인간의 이기심을 강조하고 있다. 즉 개인의 자유로운 이기심 충족이 시장을 통해서 어떻게 사회공익과 양립할 수 있는가를 보여주고 있다. 정부의 의도된 공익실현보다는 시장의 의도하지 않는 공익이 더 크기 때문에 치안, 국가안보와 공공재 이외 어떠한 시장에도 개입하지 않는 최소정부를 요구하였다. 이러한 애덤 스미스의 사상은 근대자본주의 형성에 크게 기여였다. 그래서 그가 '근대 경제학의 아버지'라 불리는 것이다.

 연습문제

객관식 문제

1. 다음은 효율성에 관한 경제의 기본원리를 설명한 것이다. 이 중 옳지 않은 것은 어느 것인가?
   ① 주어진 자원을 가지고 자신의 욕구를 최대화하는 방향으로 분배한다.
   ② 한계편익과 한계비용이 일치하는 곳에서 분배한다.
   ③ 최소비용을 가지고 최대편익을 내도록 분배한다.
   ④ 최하층에 우선적으로 배분한다.

2. 다음 상품 중에서 경제적 희소성과 가장 거리가 먼 것은?
   ① 환경   ② 공기   ③ 물   ④ 교육

3. 다음 중에서 미시경제학이 다루는 주제는 어느 것인가?
   ① 저축률상승이 경제성장에 미치는 효과
   ② 국제수지가 환율에 미치는 효과
   ③ 통화량이 인플레이션에 미치는 영향
   ④ 가격변화가 가계의 소비량변화에 미치는 영향

4. 아란이는 한국이 낳은 세계적인 성악가인 조수미의 공연을 볼 수 있는 티켓을 아빠로부터 생일선물로 받았다. 그런데 그 시간에 아란이가 좋아하는 '동방신기' 공연이 바로 옆 건물에서 한다는 것이다. 동방신기 공연을 볼 때 느끼는 만족은 30만 원

정도인데 티켓값은 10만 원이다. 아란이는 고민하다가 조수미 공연을 보았다. 이때 지불한 기회비용은 얼마인가?

① 10만 원   ② 20만 원   ③ 30만 원   ④ 40만 원

5. 허균이는 바다에서 미래를 찾겠다는 희망을 가지고 한국해양대학교에 진학하였다. 이 대학의 등록금은 한 학기에 180만 원이었다. 그리고 고졸 노동자의 평균 임금은 150만 원이었다. 이때 허균이가 대학에서 한 달 동안 공부하는 비용은 얼마나 될까?

① 30만 원   ② 150만 원   ③ 180만 원   ④ 210만 원

6. 다음 중에서 가장 합리적인 행동은 어느 것인가?

① 애국하기 위해 국산품만 이용한다.

② 주식이 더 떨어질 것 같아 손해보고 팔았다.

③ 전년도 예산을 참조하여 올해 예산을 결정한다.

④ 부부유별은 전통사상으로 남자는 부엌일을 해서는 안 된다.

7. 다음 경제변수 중 유량변수가 아닌 것은?

① 임금   ② 국민소득   ③ 주식가격   ④ 리스료

8. 연말이 되면 남은 예산을 소진하기 위해 멀쩡한 보도블록이 자주 교체된다. 이것은 사회적으로 예산낭비를 초래한다. 이것을 방지하기 위한 다음 정책 중에서 가장 경제원리에 입각한 것은 어느 것인가?

① 담당직원의 업무 자세에 문제가 있으므로 징계조치를 내린다.

② 공무원에게 정기적으로 정신교육을 받게 한다.

③ 예산을 절약한 직원에게 승진기회를 준다.

④ 부패로 간주하여 형사처벌한다.

9. 허생이는 내일 수학과 영어 시험을 봐야 한다. 공부할 시간은 5시간밖에 없다. 공부할 때 점수는 아래 표와 같다. 총점을 최대화하기 위해 한계분석을 통해 수학과 영어 공부에 각각 몇 시간을 배분해야 하는가?

	1시간	2시간	3시간	4시간	5시간
수학	50	75	90	95	98
영어	60	75	85	90	95

① (5, 0)   ② (2, 3)   ③ (3, 2)   ④ (4, 1)

10. 다음은 정부가 우리사회에서 흔히 실시하고 있는 정책이다. 이것과 가장 관련이 있는 경제적 개념은 어느 것인가?

- 담배와 술에 고율의 세금을 부과한다.
- 아이들의 예방접종을 정부가 무료로 지원한다.
- 저소득층 자녀들을 개인지도하는 대학생 멘토에게 장학금을 지원한다.
- 오염물질 방출량에 따라 기업에게 세금을 부과한다.

① 경제적 유인   ② 기회비용   ③ 한계편익   ④ 이윤극대화

🔲 서술식 문제

1. 수하는 연봉 4천만 원을 받고 중소기업에 다니고 있다. 10년 동안 1억 원을 모았고 현재 연리 5% 정기예금에 들어있다. 최근 결혼한 아내와 함께 해산물을 이용한 식당을 할까 구상하고 있다. 아내는 연봉 2천만 원이며 식당 주방에서 일하고 있다. 식당을 운영하기 위해 3명의 직원(연봉 1,500만 원)이 필요하고 재료비는 연간 1억 원, 식당임대료 연간 3천만 원, 투자자금은 2억 원(대출이자율 7%) 그리고 총수익은 2억 5천만 원으로 예상되었다. 이들은 식당개업을 해야 할까?

2. 몽룡이와 춘향이는 연인사이이다. 몽룡이와 춘향이는 오는 토요일 영화 〈국제시장〉을 보기로 했다. 몽룡이는 티켓을 미리 구매하였다. 약속한 날 춘향이를 만나 막 입장하려는데 표가 없었다. 급히 암표를 사려고 하니 1장당 2만 원(실제 가격은 1만 원)을 달라고 한다. 춘향이와 함께 영화를 볼 때 느끼는 만족도는 각자 2만5천

원이다. 몽룡이가 경제인이라면 영화를 봐야 하는가?

3. 경제순환모형도를 그리고 아래 경제활동이 그림의 어느 부분에 해당하는지 설명하라.

   (1) 혜성이는 국선변호사로 일하고 한 달에 5백만 원을 받는다.

   (2) 수하는 저녁요리를 위해 고등어 2마리를 사고 만 원을 지불하였다.

   (3) 복기는 골프화 신발을 켤레당 5만 원에 판다.

   (4) 광채는 사업확장을 위해 연리 6%의 회사채발행을 계획하고 있다.

   (5) 차변이는 해양플랜트 산업관련 주식을 사서 천만 원을 벌었다.

   (6) 준국이는 이발을 하고 만 원을 지불하였다.

4. 다음을 경제의 기본원리에 입각하여 설명하라.

   (1) 취업이 잘 안되니 많은 사람들이 대학원과정에 입학하고자 한다.

   (2) 바쁜 사람들은 편의점이 대형마트보다 더 비싼 가격으로 팔아도 구입한다.

   (3) 1교시 수업 등록 학생 수는 다른 시간대에 비해 상대적으로 적고 지각학생수가 많다.

   (4) 도심지역에 비해 교외에 공원이 많다.

5. 다음 중에서 실증적 주장과 규범적 주장을 구분하라.

   (1) 복지정책을 위해서 세금을 올려야 한다.

   (2) 통화량을 늘리면 물가가 상승한다.

   (3) 일본이 통화량을 늘리자 한국의 수출이 감소한다.

   (4) 단기적으로 인플레이션과 실업은 상충관계가 있다.

   (5) 노인들의 생활부담을 덜어주기 위해 기초연금을 제공해야 한다.

제1장 객관식 문제 정답
1. ④ 2. ② 3. ④ 4. ② 5. ③ 6. ② 7. ③ 8. ③ 9. ③ 10. ①

02 ^{CHAPTER}

소비자이론

우리는 제1장에서 경제적 사고방식은 경제주체가 주어진 자원을 가지고 욕구를 최대화하는 의사결정방식이라는 것을 배웠다. 또한 경제순환모형도를 통해서 가계와 기업이 상품시장과 생산요소시장에서 어떻게 상호작용을 하는지를 살펴보았다. 이 장에서는 가계가 상품시장에서 어떻게 경제활동을 하는가에 초점을 맞춘다. 가계는 일정한 소득을 가지고 상품시장에서 자기가 원하는 상품을 구매한다. 이때 가계를 소비자라 한다. 소비자이론은 이들 소비자들이 어떤 제약조건하에서 자신들의 욕구를 최대화하기 위해 어떤 상품을 얼마만큼 구매하는가를 설명한다.

이 장에서는 두 가지 소비자이론을 소개한다. 하나는 한계효용이론이고, 다른 하나는 무차별곡선이론이다. 여러분은 이 소비자이론을 통해서 어떻게 수요곡선이 유도되는지를 주의 깊게 살펴보기 바란다. 시장은 결국 수요와 공급의 원리에 의해서 작동된다. 그리고 바로 시장의 한 축을 담당하는 수요곡선이 이 소비자이론에 의해서 유도된다.

2.1 효용개념과 주요 가정

사랑하는 가족과 함께 바다가 보이는 멋진 레스토랑에서 저녁을 즐기고 싶다. 크루즈선을 타고 사랑하는 연인과 함께 휴가를 보내고 싶다. 조카들이 원하는 장난감을 다 사주고 싶다. 그런데 문제는 그것을 다 살 만한 돈(소득)이 없다는 것이다. 결국 소비자는 자신의 소득 범위 안에서 무엇을 살까 고민을 해야 할 것이다. 이러한 문제를 해결하려는 소비자이론은 몇 가지 개념과 가정에서 출발한다.

여기서 중요한 키워드는 '하고 싶다'라는 욕구와 그것을 실현해줄 수 있는 소득이다. 먼저 욕구에 대해서 살펴보자. 만약에 욕구가 실현된다면 사람들은 만족을 느끼게 된다. 이처럼 재화나 서비스를 소비하면서 얻는 만족 또는 쾌락을 숫자로 표시할 수 있다고 가정한다. 이와 같은 개념을 경제학에서는 **효용**(utility)이라고 한다. 이렇게 함으로써 상품소비량과 효용 간의 관계를 함수로 나타낼 수 있다.

어떤 소비자가 재화나 서비스를 소비하고 그 소비량을 x_1, x_2, x_3, ……, x_n이라 하고 이때 소비자가 얻는 총효용을 U라 하자. 그러면 총효용과 소비량 간의 인과관계를 나타내는 효용함수는 식 (2-1)과 같이 나타난다.

$$U = f(x_1, x_2, x_3, ……, x_n) \tag{2-1}$$

그런데 이런 복잡한 효용함수를 단순화하기 위해 첫째, 일반적으로 가장 단순한 복수인 상품이 2개인 경우를 가정한다.[1] 그러면 효용함수는 다음 식과 같이 단순하게 나타낼 수 있다.

$$U = f(x, y) \qquad (2-2)$$

둘째, 소득은 일정하다고 가정한다. 가계소득의 원천은 다양하다. 노동을 제공한 대가로 임금을 받는다. 저축한 경우 이자를, 채권을 매입한 경우 수익률을, 주식매입한 경우 배당금과 자본이득(capital gain)을 얻는다. 가계소득은 노동소득과 자본소득의 합으로 이루어지고 어떤 변수의 영향을 받지 않고 일정하다고 가정한다.

셋째, 상품가격도 일정하다고 가정한다. 소비자의 소비량에 따라 시장가격이 영향을 받지 않는다는 것을 의미한다. 즉 소비자들의 소비량이 많든 적든 관계없이 시장에서 결정된 상품가격은 항상 일정하다.

넷째, 대표적인 소비자 1명을 상정한다. 세상에는 다양한 욕구를 가진 사람들이 존재한다. 하지만 주어진 자원을 가지고 자신의 욕구를 최대화한다는 점에서 동일하기 때문이다.

소비자이론은 먼저 소득과 상품가격이 일정하다는 가정하에서 대표적인 소비자가 어떻게 효용을 극대화하는 소비조합점을 찾는가를 설명한다. 이처럼 특정변수를 일정하게 놓고 어느 한 시점의 균형상태를 분석하는 것을 정태분석(static analysis)이라 한다. 그 다음 단계는 고정된 변수가 변화한 경우 소비자이론을 고려한다. 고정된 변수가 변하게 되면 균형상태도 변화하게 된다. 그러면 변화 이전의 균형상태와 변화 이후의 균형상태를 비교하여 그 변수에 의한 경제적 효과를 분석할 수 있다. 이것을 비교정태분석(comparative static analysis)이라 한다.

소비자이론뿐만 아니라 이 책이 다루는 모든 이론은 처음에는 정태분석틀로 설명하고 그 다음 비교정태분석틀로 설명하고 있음을 염두에 두기 바란다.

---

1 어떤 경제이론에서 2개의 변수를 대상으로 분석하였다면 수많은 변수가 이미 함축되었다고 이해해야 할 것이다. 예컨대 무역현상을 다룰 때 두 국가, 2개의 상품 그리고 2개의 생산요소(자본과 노동)를 가정하고 이론을 전개했다면, 세계에 존재하는 수많은 국가와 그들 국가가 수많은 상품을 생산하기 위해 필요로 하는 수많은 생산요소를 가지고 무역을 설명하고자 한다는 사실을 여러분은 인식해야 한다.

2.2 한계효용이론

한계효용이론은 '기수적 효용(cardinal utility)'을 가정한다. 기수적 효용은 상품소비에서 얻는 주관적이고 심리적인 만족을 자신뿐만 아니라 다른 사람과도 비교 가능한 숫자로 나타낼 수 있다고 가정한다. 예컨대 '사과 1개를 먹을 때 갑돌이의 만족도는 10이고, 2개 먹을 때는 15이다. 이에 비해 사과 1개를 먹을 때 갑순이의 만족도는 5이고 2개를 먹을 때는 3이다.'라고 하자. 그러면 갑돌이는 사과 2개를 먹을 때가 1개를 먹을 때보다 만족도가 1.5배 높다. 갑순이와 비교하면 사과 1개를 먹을 때 갑돌이의 만족도는 갑순이보다 2배 더 높다고 말할 수 있다는 것이다. 이처럼 기수적 효용이란 모든 소비자의

수의 성격

명도척도

측정대상의 특성을 분류하기 위해 숫자를 부여하는 경우이다. 이때 숫자는 크기보다는 단순히 구분기호로 사용한다. 예컨대 남녀를 구분할 때 남자는 0, 여자는 1이라는 숫자를 부여하는 경우이다. 또한 박지성의 등번호 7번은 다른 선수와 구별하기 위해 사용되는 숫자에 불과하는 경우 이에 해당한다.

서열척도

측정대상간의 순서를 정하는 것이 중요한 경우이다. 예컨대 한 학급에서 성적순으로 1등, 2등을 매기거나 배열된 과일에 좋아하는 정도에 따라 순서를 정하는 경우이다. 이때 1등은 2등보다 2배, 3등보다 3배 공부를 더 잘한다고 할 수 없다. 이처럼 서열척도는 사칙연산(덧셈, 뺄셈, 곱셈, 나눗셈)이 불가능하다.

간격척도

측정대상의 순서뿐만 아니라 순서 사이의 간격을 알 수 있는 경우이다. 온도, 지능지수, 대학학년 등을 나타낼 때 사용된다. 이것은 숫자의 차이를 계산할 수 있지만 차이의 비율은 의미가 없다. 예컨대 섭씨 20도는 10도보다 2배 덥다고 말할 수 없다. 왜냐하면 이것을 화씨로 전환하면 섭씨 20도는 화씨 68도이고, 섭씨 10도인 경우 화씨 50도이기 때문이다. 비등점과 빙점 간 온도구간을 섭씨는 100등분으로, 화씨는 180등분으로 나누어 표시한 것으로 숫자간 간격은 의미가 있지만 비율 자체는 의미가 없다.

비율척도

간격척도의 특성뿐만 아니라 측정자료간의 비율계산이 가능한 경우이다. 연령, 무게, 시간, 거리 등이 대표적인 예이다. 이 경우 0은 '없다'라는 의미를 갖는다. 단순한 위치를 나타내는 섭씨 0도와 이런 점에서 차이가 있다. 이에 따라 비율척도는 사칙연산뿐만 아니라 모든 통계적 분석이 가능하다.

만족도를 정확히 숫자로 나타낼 수 있을 뿐만 아니라 만족의 정도를 서로 비교할 수 있다는 개념이다. 기수적 효용은 숫자의 특성 중에서 비율척도의 성격을 갖는다는 것을 알 수 있다.

2.2.1 한계효용과 한계효용체감의 법칙

한계효용이론은 이름 자체에서 이미 한계효용(Marginal Utility, MU)이란 개념이 아주 중요하다는 것을 시사하고 있다. 제1장에서 배운 한계의 개념을 적용하면 한계효용은 어떤 한 상품의 소비량이 1단위 늘어날 때 추가적으로 증가하는 총효용(Total Utility, TU)의 변화를 의미한다. 한계효용을 좀 더 명확하게 설명하고 총효용과 한계효용 간의 관계를 알아보기 위해 소비자가 오렌지라는 상품 하나만 소비한다고 가정하자. 〈표 2.1〉은 한 소비자가 오렌지를 소비하면서 얻는 총효용과 한계효용을 나타내고 있다.

〈표 2.1〉에서 오렌지 소비량에 따른 총효용을 보면 증가하다가 일정수준(소비량 6개)을 넘어서면 소비량이 늘더라도 총효용이 오히려 감소한다는 것을 보여준다. 또한 오렌지 소비량이 1단위 늘어날 때마다 추가적인 총효용의 변화를 나타내는 한계효용은 지속적으로 감소하고 있다.

총효용과 한계효용 간의 관계를 설명하기 전에 먼저 한계효용을 수식으로 나타내보자. 이것을 수식으로 나타내면 식 (2-3)과 같다.

$$MU = \frac{\Delta TU}{\Delta Q} \qquad (2-3)$$

여기서 델타(Δ)는 그리스문자로 경제학에서 변화량을 나타내는 기호로 사용된다. 식 (2-3)에서 ΔQ는 소비변화량, ΔTU는 총효용의 변화량을 나타낸다. 식 (2-3)은 단위소비량에 대한 총효용의 변화량을 나타내고 있음을 알 수 있다. 즉 한계효용을 의미한다.

〈표 2.1〉은 오렌지 소비량이 하나씩 증가할 때($\Delta Q = 1$) 한계효용을 계산한 것이다.

표 2.1 오렌지의 효용표

소비량	1	2	3	4	5	6	7	8
총효용	6	10	13	15	16	16	15	12
한계효용	6	4	3	2	1	0	−1	−3

만약 상품의 소비량이 2개씩 증가한 경우($\Delta Q = 2$), 처음 2개 소비할 때 총효용 변화가 10이므로 한계효용은 5(10/2)가 된다. 그 다음은 총효용변화가 5가 되므로 한계효용은 2.5(5/2)가 됨을 알 수 있다.

이제 총효용과 한계효용 간의 관계에 대해서 살펴보자. 첫째, 총효용은 각 단위의 한계효용을 합한 것과 일치한다. 예컨대 소비자가 오렌지를 3단위 소비했다고 하자. 〈표 2.1〉에 의하면 이 소비자는 13만큼 총효용을 느낄 것이다. 이것을 한계효용으로 설명하면 이 소비자는 처음 1단위 소비할 때 6만큼, 두 번째 단위 소비에서 추가적으로 4만큼, 세 번째 단위 소비에서 추가적으로 3만큼 각각 한계효용이 늘어난다. 이때 이들 한계효용을 합하면 13으로 정확히 총효용과 일치함을 알 수 있다. 한계효용은 단위 소비량 변화에 따른 추가적인 총효용의 변화이므로, 특정 단위까지의 총효용은 그때까지 한계효용을 합한 것과 일치해야 한다.[2]

둘째, 한계효용이 양(+)이면 총효용은 증가하고 음(−)이면 감소하며 0인 점에서 총효용은 최대가 된다. 한계효용이 양이면 정의상 추가적으로 효용이 늘어나야 하므로 총효용이 증가하고, 음이면 추가적인 효용이 줄어들기 때문에 총효용이 감소한다. 이것은 〈표 2.3〉에서도 확인할 수 있다. 이런 특성에 따라 한계효용이 0이면 총효용의 증가와 감소의 경계점이 된다. 그러므로 그 점에서 총효용이 최대가 되어야 한다.

셋째, 한계효용은 체감하는 경향이 있다. 〈표 2.1〉에서 보듯이 오렌지의 최초 1단위 한계효용이 제일 크고 그 다음 순차적으로 작아지는 것을 알 수 있다. 오렌지를 먹고 싶을 때 처음 먹는 오렌지가 가장 맛있다. 그 다음 2개째, 3개째 계속 먹다보면 서서히 오렌지가 물리기 시작할 것이다. 그러다가 7개째쯤 먹으면 급기야 배탈(한계효용이 음수)이 날 것이다. 이처럼 우리가 무엇인가 필요한 것을 처음 구입하여 소비할 때 만족이 제일 크다. 그 후 계속해서 동일한 상품을 소비하면 욕구가 조금씩 충족됨에 따라 추가적인 소비에 대한 만족의 크기는 차츰 줄어들어(한계효용 감소), 어느 수준 이상

---

2 미분과 적분개념을 이해하면 이 관계를 쉽게 알 수 있다. 한계효용은 정의상 $MU = \dfrac{\Delta TU}{\Delta Q}$이다. ΔQ가 0에 가까울 정도로 미세하게 변화하면 $MU = \dfrac{dTU}{dQ}$로 나타낼 수 있다. 즉 한계효용은 총효용을 소비량으로 미분한 값과 일치한다. 이것을 특정소비수준까지 총효용을 구하려면 다시 적분하면 된다. $\int_0^Q \dfrac{dTU}{dQ} dQ = \int_0^Q dTU = TU$가 성립된다. 즉 한계효용의 합은 총효용과 정확히 일치함을 알 수 있다.

소비하면 오히려 만족도가 줄어든다(한계효용 음수).3 이렇게 소비량이 증가하면서 한계효용이 점차 감소하는 성향을 한계효용체감의 법칙(law of diminishing marginal utility)이라 한다.

이 법칙은 우리가 일상생활에서 자주 경험하는 현상이다. 목이 마를 때 마시는 첫 번째 음료수 한 컵, 배고플 때 처음 떠먹는 밥 한 술의 감미로움을 생각해보라. 사랑도 첫 사랑이 가장 애틋하고 오래 가지 않는가! 우리가 어떤 일이든 항상 처음 경험하게 되면 가장 큰 감동을 받게 되는데, 이 법칙은 그 점을 잘 설명해주고 있다. 결국 한계효용체감의 법칙은 '새것'과 '처음'을 좋아하는 우리 인간들의 본성에서 비롯된 것이라 할 수 있다.

〈그림 2.1〉은 〈표 2.1〉에 나타난 총효용과 한계효용 수치를 그래프로 그린 것이다. 일상생활에서는 일반적으로 오렌지를 1개, 2개 개수로 소비하지만 1.001개 등으로 미세하게 분할하여 소비할 수 있다고 가정하면 〈그림 2.1〉과 같은 총효용함수와 한계효용함수를 연속함수 형태로 그릴 수 있다. 그러면 이 그래프를 통해 총효용과 한계효용에 대한 관계를 기하학적으로 설명할 수 있다.

그림 2.1   오렌지의 총효용곡선과 한계효용곡선

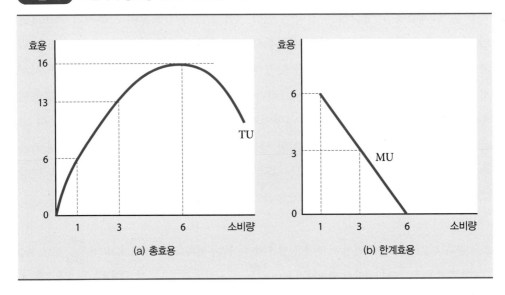

(a) 총효용   (b) 한계효용

3 우리가 처음엔 즐거운 마음으로 술을 마시지만 시간이 지나 자신의 주량을 넘어서는 양을 마셨을 때 무슨 일이 일어나는지 생각해보면 한계효용이 음수(−)가 된다는 뜻을 쉽게 이해할 수 있다.

〈표 2.1〉에서처럼 한계효용이 소비량 증가에 따라 감소하면 총효용곡선은 증가하지 만 증가폭이 감소하므로 아래에서 보면 오목함수로 나타난다. 또한 한계효용의 정의는 단위 소비량변화에 대한 총효용변화비율, 즉 $\frac{\Delta TU}{\Delta Q}$ 이므로 이것은 변화구간에서 총효 용함수의 기울기와 일치한다. 이제 특정한 점에서 소비량이 미세하게 변화했다고 하면 그 점에서 접선의 기울기가 한계효용이 된다. 이 성질을 이용하면 〈그림 2.1〉에서 총효 용곡선에서 소비량을 6까지 서서히 늘리면 각 점에서 기울기가 점점 감소하고 소비량 이 6이 될 때 기울기가 0이 됨을 알 수 있다. 바로 그 점에서 효용은 최대가 된다. 만약 에 소비량이 6 이상이 되면 기울기는 음(−)이 되고 총효용은 감소한다. 앞의 그림에서 총효용곡선의 소비량 증가에 따른 기울기는 지속적으로 감소한다. 이것은 한계효용곡 선이 우하향한다는 것을 의미한다. 이제 어떠한 총효용곡선이 주어진다고 해도 각 점 에서 접선의 기울기변화를 통해서 한계효용곡선을 유도할 수 있게 되었다.

역으로 〈그림 2.1〉과 같은 한계효용곡선이 주어졌다고 하자. 그러면 한계효용이 양 이면 총효용이 증가하고 음이면 감소한다는 점, 한계효용이 체감하기 때문에 원점에 대해 오목함수라는 점, 한계효용이 소비량 6에서 0이므로 그 점에서 효용이 최대라는 점 등을 통해서 총효용곡선을 유도할 수 있어야 한다.

2.2.2 한계효용균등화의 법칙

앞 절에서 총효용과 한계효용의 개념과 관계에 대해서 설명하였다. 이제 이것을 바탕 으로 소비자가 재화나 서비스를 구매할 때 취하는 행동전략을 살펴보자.

소비자는 하고 싶은 욕구(효용)는 무한하지만 소득은 유한하다는 제약을 받게 된다. 경제의 기본원리에 따라 합리적 소비자라면 주어진 소득범위 안에서 자기의 효용을 극대화하는 방향으로 소비를 결정할 것이다. 만일 소비자의 소득이 무한하다면 재화나 서비스를 원하는 대로 구입할 수 있기 때문에 상품의 교환문제나 합리적인 소비결정 문제도 발생하지 않는다. 하지만 소비자들이 재화나 서비스를 구입할 때 소득제약을 받고 있기 때문에, 결국 한정된 소득 내에서 어떻게 하면 자신의 효용을 극대화시킬 것 인가 하는 문제로 귀결된다.

이와 같은 합리적 소비행위를 실제 예를 가지고 설명해보자. 세상에는 배(X재)와 사 과(Y재) 두 과일만 존재하고 각각 단위당 가격이 200원, 100원이라 하자. 또한 소비자 의 소득은 1,000원이다. 배와 사과를 소비함으로써 얻게 되는 소비자의 효용크기는 〈표

표 2.2 배와 사과의 효용표

	배(X재) P_X=200원				사과(Y재) P_Y=100원		
소비량	총효용 TU_X	한계효용 MU_X	1원당 한계효용 $\frac{MU_X}{P_X}$	소비량	총효용 TU_Y	한계효용 MU_Y	1원당 한계효용 $\frac{MU_Y}{P_Y}$
1	1,200	1,200	6	1	800	800	8
2	2,200	1,000	5	2	1,500	700	7
3	3,000	800	4	3	2,100	600	6
4	3,400	400	2	4	2,500	400	4
5	3,600	200	1	5	2,700	200	2
6	3,600	0	0	6	2,700	0	0
7	3,200	−400	−2	7	2,600	−100	−1
8	2,600	−600	−3	8	2,200	−400	−4

2.2〉에 제시되어 있다. 여기서 두 과일의 한계효용은 소비량이 늘어남에 따라 점점 감소한다는 것을 알 수 있다. 즉 한계효용체감의 법칙이 작용한다.

효용을 극대화하는 합리적 소비자라면 최소한 한계효용이 음인 경우는 선택하지 않는다. 그러면 배와 사과는 6개 범위 안에서 선택이 이루어져야 한다. 소득이 1,000원이므로 두 과일을 살 수 있는 조합은 총 네 가지, 즉 (2, 6), (3, 4), (4, 2), (5, 0)이다. 앞의 숫자는 배 구매량, 뒤의 숫자는 사과 구매량을 나타낸다. 이런 선택군을 〈표 2.2〉의 효용표를 이용하여 총효용을 구해보면 〈표 2.3〉과 같이 정리할 수 있다.

표 2.3 1,000원 소득의 재화 선택군 총효용

배(개)	사과(개)	총효용(TU)
2	6	2,200+2,700=4,900
3	4	3,000+2,500=5,500
4	2	3,400+1,500=4,900
5	0	3,600+ 0=3,600

  네 가지 선택군 중에서 배 3개, 사과 4개를 소비했을 때 총효용이 5,500으로 가장 큰 것으로 나타났다. 1,000원의 소득을 가지고 있는 이 소비자는 배 3개와 사과 4개를 선택함으로써 자신의 효용을 극대화한다.

  이제 이런 결론을 경제원리에 따라 설명해보자. 1원(단위화폐)을 가지고 어떤 재화를 선택할 것인가? 1원을 가지고 살 수 있는 배와 사과의 양은 각각 $\frac{1}{P_X}$, $\frac{1}{P_Y}$이다. 배와 사과를 각각 1단위 소비함으로써 추가적으로 늘어나는 효용, 각각의 한계효용은 MU_X, MU_Y라 하자. 그러면 1원을 가지고 배와 사과를 소비함으로써 얻을 수 있는 총효용의 증가는 각각 $\frac{MU_X}{P_X}$, $\frac{MU_Y}{P_Y}$로 나타낼 수 있다. 이것을 각 재화의 '1원당 한계효용'이라 한다.

  먼저 어떤 소비점에서 $\frac{MU_X}{P_X} > \frac{MU_Y}{P_Y}$인 경우를 생각해보자. X재 1원당 한계효용이 Y재 1원당 한계효용보다 큰 경우이다. 소비자는 1원을 가지고 X재를 선택하여 얻는 효용(한계편익, MB)이 Y재를 포기함으로써 잃게 되는 효용(한계비용, MC)보다 크게 된다. 즉 $MB > MC$인 상황이다. 그러므로 소비자는 X재 소비량을 늘림으로써(Y재 소비를 줄임으로써) 효용을 더 늘릴 수 있다. 효용을 극대화하는 소비자라면 이런 상황에서는 X재 소비량을 늘리고 Y재 소비량을 줄인다.

  반대로 $\frac{MU_X}{P_X} < \frac{MU_Y}{P_Y}$, 즉 Y재 1원당 한계효용이 X재 1원당 한계효용보다 큰 경우, 앞의 것과 동일한 논리로 소비자는 Y재 소비량을 늘리고 X재 소비량을 줄임으로써 효용을 더 늘릴 수 있다.

  위의 두 경우를 보면 X재 소비량이나 Y재 소비량을 늘림으로써 효용을 더 늘릴 수 있기 때문에 효용이 극대화되지 않았다는 것을 알 수 있다. 그러면 어떤 경우에 효용을 극대화할 수 있을까?

  $\frac{MU_X}{P_X} > \frac{MU_Y}{P_Y}$인 경우, 소비자는 X재 소비량을 늘리고 Y재 소비량을 줄인다. 그런데 한계효용체감의 법칙이 작용하기 때문에 X재 소비량이 증가함에 따라 X재의 한계효용(한계편익)이 감소하고 Y재 소비량이 감소함에 따라 Y재의 한계효용(한계비용)은 증가한다. X재의 1원당 한계효용은 감소하고 Y재의 1원당 한계효용은 증가하므로 결국 $\frac{MU_X}{P_X} = \frac{MU_Y}{P_Y}$에 이르게 될 것이다. 마찬가지로 논리로 $\frac{MU_X}{P_X} < \frac{MU_Y}{P_Y}$인 경우도 Y재 소비량을 늘리고 X재 소비량을 줄임으로써 $\frac{MU_X}{P_X} = \frac{MU_Y}{P_Y}$에 이른다는 것을 알 수 있다. $MB < MC$ 상태가 되면 X재 소비량을 줄이고, Y재 소비량을 늘린다. 결국 $MB = MC$인 상태로 복귀한다는 것을 의미한다.

재화의 가격이 변화하지 않는다면 각 재화의 1원당 한계효용이 일치하는 소비점에서 효용극대화가 이루어진다. 이것을 한계효용균등화의 법칙(law of equi-marginal utility)이라 하고,[4] 이때의 소비점을 소비자균형점(consumer's equilibrium)이라 한다. 제1장에서 언급한 경제원리인 $MB = MC$ 조건이 한계효용이론에서도 그대로 적용되고 있음을 알 수 있다.

이제 한계효용이론에 의한 소비자균형점을 구하려면 다음 두 가지 조건을 충족해야 한다는 것을 알 수 있다.

첫째, $\frac{MU_X}{P_X} = \frac{MU_Y}{P_Y}$ 즉 각 재화의 1원당 한계효용이 같아야 한다.

둘째, 소득제약조건을 만족해야 한다.

〈표 2.2〉의 효용표를 보면 두 재화의 1원당 한계효용이 같은 경우가 3개 존재한다. 즉 1원당 한계효용이 각각 6, 4, 2인 경우이다. 두 재화의 1원당 한계효용이 2인 경우 소득 1,000원으로 배 4개와 사과 5개를 살 수 없다.(1,300원이 필요하다.) 이에 비해 4인 경우 소득 1,000원으로 배 3개와 사과 4개를 구입할 수 있다. 반면 6인 경우 1,000원으로 배 1개와 사과 3개를 사면 500원이 남는다. 이때 두 가지 조건을 모두 만족한 경우는 1원당 한계효용이 4인 소비점, 즉 배 3개와 사과 4개가 된다. 이 점을 **소비자균형점**이라 한다.

소비재화가 3개 이상인 경우도 이와 같은 논리를 적용하면 한계효용균등화의 법칙이 성립된다. X, Y, Z 세 가지 소비재화가 존재할 경우 각 재화의 1원당 한계효용이 일치하는 $\frac{MU_X}{P_X} = \frac{MU_Y}{P_Y} = \frac{MU_Z}{P_Z}$ 점에서 소비자균형점이 성립된다.

소비자이론에서 이 조건이 성립하기 위해서는 한계효용체감의 법칙이 전제되어야 한다. 만약에 소비점이 $\frac{MU_X}{P_X} > \frac{MU_Y}{P_Y}$ 인 상태에서 한계효용이 일정하다고 가정하자. 앞에서 설명한 것처럼 합리적인 소비자는 X재 소비량을 늘리고 Y재 소비량을 줄일 것이다. 그러나 X재 소비량을 늘려도 X재의 한계효용이 감소하지 않고 Y재 소비량을 줄여도 Y재의 한계효용이 증가하지 않기 때문에 X재의 1원당 한계효용이 항상 Y재보다 더 크게 된다. 즉 X재를 소비하면 할수록 효용은 증가한다는 것을 의미한다. 결국 소득 전부를 가지고 X재만 구입하고 Y재를 하나도 구입하지 않음으로써 효용을 극대화할

---

4 이 법칙은 소득제약을 고려한 재화와 서비스 선택 준칙으로, 만일 소득제약이 없다면 한계효용이 0이 될 때까지 각 재화나 서비스의 소비량을 증가시키면 총효용이 극대화될 것이다.

수 있게 된다. $\frac{MU_X}{P_X} < \frac{MU_Y}{P_Y}$인 경우 마찬가지 논리로 Y재만 구입하고 X재를 하나도 구입하지 않음으로써 효용을 극대화한다. 그러므로 균형조건으로 $\frac{MU_X}{P_X} = \frac{MU_Y}{P_Y}$이 성립하려면 그 이면에 한계효용체감의 법칙이 작동되어야 한다.

2.2.3 수요곡선 유도

한계효용체감의 법칙이 작동된다면 일정한 소득을 가지는 소비자는 각 재화의 1원당 한계효용이 일치하는 점, 즉 $\frac{MU_X}{P_X} = \frac{MU_Y}{P_Y}$인 점에서 소비량을 결정한다. 즉 합리적 소비자는 한계효용균등화의 법칙에 따라 행동한다.

이제 이러한 소비자균형상태에서 다른 모든 조건이 일정하고 X재 가격(P_X)만 하락했다고 하자. 그러면 처음 소비자균형점에서 각 재화의 1원당 한계효용은 $\frac{MU_X}{P_{X'}} > \frac{MU_Y}{P_Y}$로 바뀌게 된다. 왜냐하면 $P_{X'} < P_X$이기 때문이다. 이런 상황에서 소비자는 효용극대화를 위해 X재 소비량을 늘린다. 한계효용체감의 법칙이 작용하면 새로운 소비자균형상태인 $\frac{MU_X}{P_{X'}} = \frac{MU_Y}{P_Y}$에 도달하게 된다. 즉 X재 가격이 하락하면 효용극대화를 위해서 소비자는 X재 소비량을 늘린다. 반대로 X재의 가격(P_X)이 상승하면 X재 소비량을 줄임으

그림 2.2 개별수요곡선

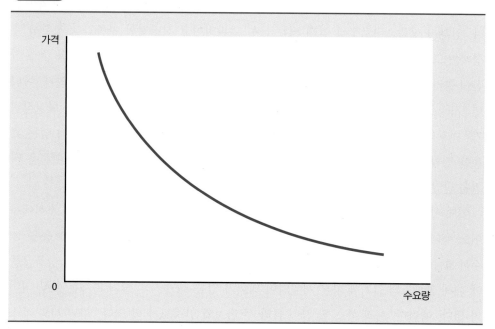

로써 소비자는 효용극대화를 이룬다.

일반적으로 소비자가 일정기간 동안 어떤 재화를 실질적으로 구매할 의사가 있는 소
비량을 수요량이라 한다. 이제 앞의 설명을 수요량 개념을 가지고 가격과 수요량 간
의 관계를 정리해보자. 소득이 일정한 상태에서 어떤 재화의 가격이 상승하면 소비자
는 효용극대화를 위해서 그 재화의 수요량을 줄이고, 가격이 하락하면 그 재화의 수요
량을 늘린다. 이것을 수요법칙(law of demand)이라 한다. 이와 같은 가격과 수요량 간의
관계를 그래프로 나타내면 〈그림 2.2〉와 같이 우하향하는 곡선이 된다. 이것은 한 개인
의 효용극대화과정에서 유도되었기 때문에 '개별수요곡선'이다.

2.3   무차별곡선이론

앞 절에서 한계효용이론을 바탕으로 소비자가 어떻게 효용극대화를 통해 소비자균형
점을 선택하는지를 보여주었다. 그리고 가격변화에 대한 각 재화의 수요량변화(가격변
화에 대한 소비자균형점의 변화)는 개별수요곡선으로 나타난다는 것을 알았다. 그런데
이 이론은 기수적 효용(cardinal utility) 개념에 바탕을 두고 있다. 즉 효용의 크기를 정확
히 측정할 수 있고 그 크기를 비교할 수 있다는 것이다.

힉스(J. Hicks) 등 일군의 학자들은 이 기수적 효용 개념의 현실성에 의문을 제기했
다. 인간이 상품소비로부터 얻게 되는 극히 주관적이고 심리적인 만족감을 정확히 측
정하여 그 크기를 비교할 수 있는가? 우리의 감각을 표현하는데, 예컨대 "사과 주스 한
잔이 콜라 두 잔보다 정확히 2.3배 만족도가 더 크다."라고 하는 것이 현실적인가, 아니
면 "사과 주스 한 잔이 콜라 두 잔보다 만족도가 더 크다."라고 하는 것이 더 현실적인
가? 아무래도 후자가 더 현실적인 것 같다. 어떤 재화나 서비스를 소비하면서 얻는 효
용을 정확히 측정한다는 것은 사실 불가능하다. 그런 점에서 앞의 한계효용이론은 비
판을 받았다.

이제 상품소비에 따른 효용의 크기를 정확히 측정할 수는 없지만 상품간의 소비에서
어느 쪽이 더 큰 효용을 주는지 그 대소는 판단할 수 있다고 가정한다. 이런 효용을 '서
수적 효용(ordinal utility)'이라 한다. 서수적 효용 개념은 여러 가지 소비대상 상품군들
에 대해 만족도의 크기에 따른 서열만이 의미가 있을 뿐 숫자의 크기 자체는 아무 의미
가 없다. 예컨대 "사과 주스 한 잔이 콜라 두 잔보다 만족도가 더 크다."라면 사과 주스

한 잔에 4, 콜라 두 잔에 2를 부여하든, 사과 주스 한 잔에 200, 콜라 두 잔에 100을 부여하든 상관없다. 다만 사과 주스 한 잔에 콜라 두 잔보다 더 큰 숫자를 부여하면 된다. 이 절에서는 이런 서수적 효용과 관련된 이론들을 살펴본다.

2.3.1 무차별곡선

무차별곡선이론은 효용의 가측성과 비교가능성의 가정을 배제하고, 대신 재화나 서비스 사이에 효용의 서열관계를 나타내는 서수적 효용을 기반으로 이론을 전개하였다. 소비대상의 재화로 X재와 Y재 두 종류만 있다고 가정하자. 소비자는 이 두 재화의 소비조합을 통해서 효용을 얻는다. 이 두 재화의 소비조합은 무수히 많이 존재한다. 이런 무수히 많은 소비조합 가운데 소비자에게 동일한 효용을 주는 두 재화의 소비조합을 찾을 수 있다. 이런 소비조합점을 연결한 선을 **무차별곡선**(indifference curve)이라 한다.[5] 즉, 무차별곡선은 두 재화를 소비할 때 얻는 총효용이 같게 되는 소비량 조합들을 이은 일종의 등효용곡선(iso-utility curve)이다.

〈표 2.4〉는 I_1이라는 동일한 수준의 효용을 주는 X재와 Y재 소비조합을 나타내고 있다. 여기서 소비자는 A점의 X재 1개와 Y재 20개를 소비하든, B점의 X재 2개와 Y재 16개를 소비하든, 혹은 E점의 X재 8개와 Y재 6개를 소비하든 모두 동일한 효용수준 I_1을 나타내는 소비조합들이다. 〈표 2.4〉에는 6가지 경우만 예로 들었지만 실제로는 소비자에게 동일한 효용을 주는 조합은 수없이 많기 때문에, 이것을 하나의 곡선으로 연결하

표 2.4 I_1의 효용을 주는 재화의 조합

조합	A	B	C	D	E	F
X재	1	2	4	6	8	10
Y재	20	16	13	9	6	2

---

5 무차별곡선은 효용함수를 통해서 쉽게 유도할 수 있다. 어떤 효용함수를 $U = XY$라 하자. 효용수준이 1이면 $1 = XY$가 된다. 이것은 효용수준 1을 나타내는 두 재화의 소비조합선이므로 무차별곡선임을 알 수 있다. 이것을 좌표평면상에 그리기 위해 $Y = \dfrac{1}{X}$로 바꾸면 효용수준이 1인 무차별곡선을 쉽게 그릴 수 있다. 이것을 일반화하면 임의의 효용함수 $U = U(X, Y)$가 있을 때 특정 효용수준 U_0를 유지하는 무차별곡선은 $U_0 = U(X, Y)$가 된다.

그림 2.3 무차별곡선도

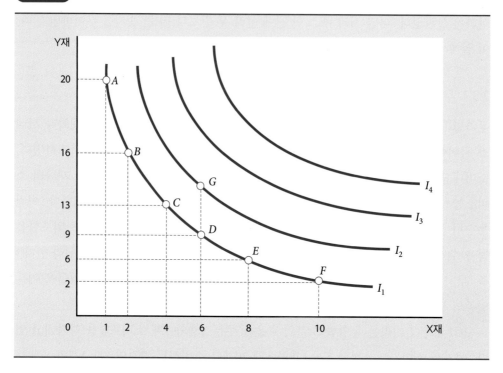

면 〈그림 2.3〉과 같은 무차별곡선을 그릴 수 있다. 그림에서 I_1곡선의 A, B, C, D, E, F 점은 〈표 2.4〉의 A, B, C, D, E, F점을 그래프의 좌표상에 표시한 것이다.

I_1수준의 효용을 갖는 무차별곡선 I_1곡선을 그리듯이 각기 다른 효용수준을 나타내는 X재와 Y재의 소비조합에 대응하는 무차별곡선을 그릴 수 있다. 무차별곡선은 하나만이 아닌 서로 다른 효용수준별로 무수히 그릴 수 있다. 예컨대 숫자가 클수록 높은 효용수준을 나타내는 I_1, I_2, I_3, I_4이 있다고 하자. 이것을 그래프로 나타내면 〈그림 2.3〉과 같이 그린다. 이러한 무차별곡선의 집합을 **무차별곡선도**(indifference map)라 한다.

2.3.2 무차별곡선의 성질

소비자이론은 소비자가 주어진 소득을 가지고 자신의 효용을 극대화하는 소비점을 어떻게 선택하는가를 설명한다. 여기서 중요한 키워드는 효용과 일정소득이다. 경제학에서는 효용과 소득을 어떻게 표현하여 경제적 분석도구화하느냐는 것이 중요하다. 바로 무차별곡선이 소비자의 효용을 나타내는 분석도구가 된다. 그리고 이 곡선은 경제학의 기본분석도구이기 때문에 그 특성을 잘 이해해야 한다.

그러면 무차별곡선의 특성을 살펴보자.

첫째, 무차별곡선은 원점에서 멀어질수록 효용수준이 더 커진다. 단순화를 위해 X재와 Y재 한계효용이 모두 양($+$)이라고 가정하자. 이것은 두 재화 모두 더 소비하면 효용수준이 더 커진다(the more, the better)는 것을 의미한다. 즉 두 재화 모두 다다익선(多多益善)이다. 이제 〈그림 2.3〉에서 G점과 D점을 비교해보자. G점은 D점과 X재 소비량은 6개로 같지만 Y재 소비량은 4개가 더 많다. Y재의 한계효용이 양이므로 G점이 있는 I_2효용수준이 D점이 있는 I_1효용수준보다 더 높다. 그런데 D점이 있는 I_1선상에 있는 모든 점은 효용수준이 모두 같기 때문에 G점은 I_1선상에 있는 모든 점보다 더 높은 효용수준을 갖는다. 즉 G점이 속해있는 I_2선상에 있는 모든 점은 효용수준이 같으므로 결국 I_2선상에 있는 모든 점은 I_1상에 있는 모든 점보다 효용수준이 더 높다. 이러한 논리로 〈그림 2.3〉에서 I_4선상의 모든 점이 효용수준이 가장 높고 그 다음 I_3, I_2, I_1 순서로 된다. 그래서 무차별곡선이 원점에서 멀어질수록 효용수준이 커진다.

둘째, 무차별곡선은 우하향한다. 〈그림 2.3〉에서 B점과 E점은 동일한 무차별곡선 I_1선상에 있기 때문에 효용수준이 같다. 그런데 소비조합을 B점에 E점으로 이동하려면 X재 소비량을 6개 늘리고 반면 Y재 소비량을 10개로 줄여야 한다. 다시 말해서, 6개 X재 소비 증가로 늘어난 효용과 10개 Y재 소비 감소로 줄어진 효용이 정확히 일치해야 한다는 것을 의미한다. 이처럼 두 재화의 한계효용이 양인 경우 동일한 무차별곡선상에서 소비점이 변경되면 반드시 한 재화의 소비량이 감소하고 다른 재화의 소비량이 증가해야 한다. 즉 무차별곡선에는 두 재화 소비량 간에 상충관계(trade-off)가 존재하기 때문에 무차별곡선은 우하향한다.

셋째, 무차별곡선은 서로 교차하지 않는다. 먼저 무차별곡선이 교차한다고 가정해보자. 그러면 〈그림 2.4〉와 같이 두 무차별곡선 I_1와 I_2를 그릴 수 있다. C점은 B점보다 원점에 더 멀리 떨어져 있다. 무차별곡선 첫 번째 성질에 따라 C점의 효용수준이 B점보다 더 높다($U(B) < U(C)$). 그런데 C점과 A점은 동일한 무차별곡선 I_2선에 있기 때문에 두 점의 효용수준은 같아야 한다($U(A) = U(C)$). 한편 두 소비조합 A점과 B점은 동일한 무차별곡선 I_2상에 있으므로 효용수준이 같아야 한다($U(A) = U(B)$). 그러면 A점과 B점의 효용수준이 같고 A점과 C점의 효용수준이 같기 때문에, 삼단논법에 따라 B점과 C점의 효용수준이 같아야 된다($U(B) = U(C)$)는 모순된 결과가 유도된다. 이것은 무차별

그림 2.4 무차별곡선의 교차

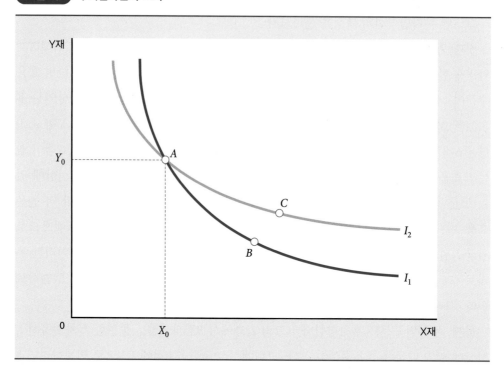

곡선이 교차한다고 했기 때문에 발생한 것이다. 그러므로 이런 모순이 발생하지 않으려면 무차별곡선은 교차하지 않아야 한다.[6]

넷째, 무차별곡선은 원점에 대해 볼록하다. 이것을 설명하기 위해서 **한계대체율**(Marginal Rate of Substitution, MRS) 개념을 먼저 이해해야 한다. 한계대체율은 동일한 효용을 유지하면서(동일한 무차별곡선상에서) X재 1단위 소비를 추가로 늘릴 때 포기해야 하는 Y재 소비량을 의미한다. 이것은 다음 식 (2-4)와 같다.

$$MRS_{XY} = -\frac{\Delta Y}{\Delta X} \tag{2-4}$$

---

6 이런 증명방법을 귀류법(contradiction)이라 한다. 결론을 부정하고 논리를 전개하여 모순을 찾아내는 증명방법이다. 결론이 참이기 때문에 그것을 부정하면 모순이 나올 수밖에 없다는 것이다. 조건명제를 이해하는 독자라면 어떤 조건명제가 참이면 대우도 참임을 알 것이다. 이 방법은 결론을 부정하면 조건 자체도 부정(모순)되어야 한다는 것이다.

그림 2.5 한계대체율 체감

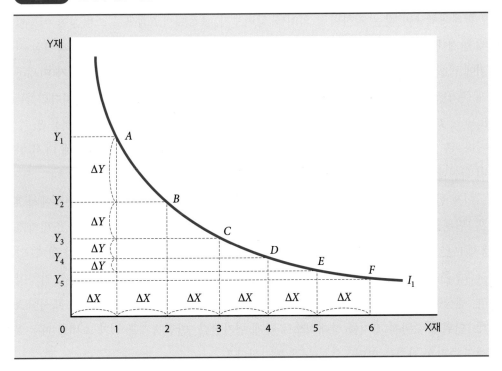

한계대체율 공식 우측에 음수(-)가 붙는 것은 무차별곡선이 우하향하므로 X재 소비가 증가하면 Y재 소비가 감소하고, X재 소비가 줄어들면 Y재 소비가 증가하기 때문이다. 즉 $\frac{\Delta Y}{\Delta X}$가 항상 음수(-) 값을 갖기 때문에, 한계대체율(MRS)을 양수로 만들어주기 위한 것이다.

한계대체율의 의미를 〈그림 2.5〉를 통해 살펴보자. 먼저 소비조합 A점에서 B점으로 이동할 때 한계대체율($-\frac{\Delta Y}{\Delta X}$)을 구해보자. ΔX는 1이고 ΔY는 $-(Y_2-Y_1)$이므로 한계대체율은 (Y_1-Y_2)가 된다. 동일한 논리로 B점에서 C점으로 이동할 때 한계대체율은 (Y_2-Y_3), C점에서 D점으로 이동할 때 $(Y_3-Y_4), \cdots$ 이런 식으로 계속 한계대체율을 구할 수 있다. 문제는 X재 소비가 1단위씩 증가할 때마다 Y재 소비감소량$(-\Delta Y)$이 점점 적어진다는 것이다. 〈그림 2.5〉처럼 무차별곡선이 원점에 대해서 볼록하면 반드시 한계대체율은 감소하게 되어 있다. 이처럼 동일한 효용수준에서 X재 소비가 1단위 증가할 때마다 Y재 소비감소량(한계대체율)이 점점 줄어드는 현상을 한계대체율체감의 법칙(law of diminishing marginal rate of substitution)이라고 말한다.

한계대체율이 갖는 기하학적 의미를 살펴보자. A점에서 B점으로 소비점이 이동할 때 한계대체율은 $-\dfrac{\Delta Y}{\Delta X}$로 정의되므로 그 값은 (Y_1-Y_2)이 된다. 이것은 A점과 B점 사이에 직선을 그을 때 기울기의 절대값과 일치한다. 만약에 A점에서 X재 소비가 미세하게 증가했다면 A점의 한계대체율은 그 점에서 그은 기울기의 절댓값과 일치한다. A, B,……, F 각 점에서 기울기의 절댓값을 구하면 그 값이 점점 더 적어지는 것을 알 수 있다. 즉 X재 소비가 늘어날수록 한계대체율이 감소한다는 것을 그림을 통해 다시 한번 확인할 수 있다.

이제 한계대체율의 경제적 의미를 살펴보자. 한계대체율은 동일한 효용수준에서 X재 1단위를 더 얻는 대가로 기꺼이 포기하는 Y재의 양을 뜻한다. 이것은 어떤 소비자가 X재 1단위를 얻기 위해 Y재를 한계대체율만큼 지불하는 주관적 교환비율이라 할 수 있다. 즉 한계대체율은 개별 소비자가 X재 1단위의 가치를 Y재로 나타낸 주관적 가치이다. 원점에서 볼록한 무차별곡선을 갖는 사람은 X재 소비를 늘릴수록 Y재로 표시한 X재 1단위의 주관적 가치를 상대적으로 낮게 평가한다. 반면 X재를 적게 소비할 때는 X재의 주관적 가치를 상대적으로 높게 평가한다.[7]

〈그림 2.5〉에서 설명하면 이 소비자는 X재 소비를 1개에서 2개로 늘릴 때 X재 1단위 가치를 Y재로 (Y_1-Y_2)만큼의 가치를 부여하겠다는 것이다. X재 소비를 2개에서 3개로 늘릴 때 Y재로 (Y_2-Y_3), 그 다음은 (Y_3-Y_4), …… 이런 식으로 점점 주관적으로 가치를 적게 부여하겠다는 것이다. 소비량이 많아질수록 가치가 점점 더 적어진다. 이것은 자원이 희소할수록(많을수록) 가치를 높게(낮게) 평가하는 희소성원칙과 일치한다. 그래서 일반적으로 소비자이론에서 원점에 볼록한 무차별곡선을 표준으로 사용한다.

〈그림 2.6〉은 두 소비자 a와 b의 무차별곡선을 나타내고 있다. 둘 다 원점에 볼록한 무차별곡선을 가지고 있다. 어떤 재화의 소비가 적을 때 그 재화가치를 높게 평가하고 많을 때 낮게 평가한다. 그러면 동일한 소비수준에서 누가 X재 가치를 더 높게 평가하는가? 두 무차별곡선의 교차점인 E점에서 접선을 그어보자. 소비자 a의 접선의 기울기

---

7 이것은 X재를 중심으로 설명하였다. X재 소비와 Y재 소비는 서로 상대적이다. 즉 동일한 효용을 유지한 상태에서 X재 소비가 늘면 Y재 소비가 감소하고 X재 한계대체율이 증가하면 Y재 한계대체율은 감소한다. Y재를 중심으로 동일한 논리를 적용하여 설명할 수 있다. X재 소비증가는 Y재 소비감소로, X재 한계대체율 증가는 Y재 한계대체율 감소로 바꾸면 된다. 그러나 결론은 동일하게 유도된다.

그림 2.6 한계대체율이 다른 무차별곡선

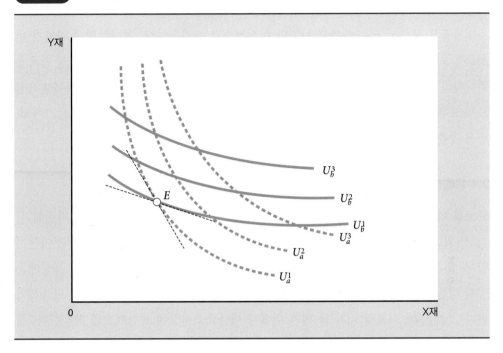

절댓값이 더 크다는 것을 알 수 있다. 접선의 기울기 절댓값이 한계대체율을 나타내므로 소비자 a가 X재 가치를 더 높게 평가한다는 것을 알 수 있다.

이제 X재 소비가 증가할 때 한계대체율이 체증한 경우를 생각해보자. 이런 사람은 X재 소비를 적게 할 때 X재 가치를 낮게 평가하고 X재 소비를 많이 할 때 오히려 그 가치를 높게 평가하는 특이한 성향을 가진다. 이때의 무차별곡선은 원점에 대해 오목한 형태를 갖는다. 한계대체율이 일정할 때는 X재 소비량과 관계없이 X재의 가치는 변화하지 않는다. 모든 점에서 기울기가 일정한 값을 갖는 사선형태가 될 것이다.

무차별곡선은 개별 소비자의 소비활동에서 얻게 되는 만족에 대한 정보를 제공하는 중요한 분석도구이다. 특히 한계대체율은 소비자의 주관적인 가치체계를 반영하고 있기 때문에 소비자이론을 이해하는 데 중요한 개념임을 명확히 인식할 필요가 있다.

2.4 예산제약조건

소비자들은 원하는 것을 다하고 싶지만 현실적으로 불가능하다. 왜냐하면 소비자가 번 소득을 가지고는 감당이 되지 않기 때문이다. 주어진 소득범위 내에서 자신의 만족을 최대화하는 수밖에 없다. 앞 절에서는 이러한 만족을 효용개념을 사용하여 무차별곡선으로 표현하였다. 이 절에서는 일정한 소득이 가계소비활동을 어떻게 제약하는가에 초점을 맞춘다.

2.4.1 예산선

요트를 타고 싶으면 요트가 생기고, 유럽여행을 하고 싶으면 유럽여행 무료티켓이 생기고, 최고 명문대학에 가고 싶으면 바로 입학시켜주고 내가 원하는 것은 무엇이든지 할 수 있는 그런 세상이 있다면 얼마나 좋을까? 그러나 이것은 불가능하다. 세상에는 공짜 점심이 없기 때문이다. 즉 내가 원하는 것을 얻으려면 반드시 그 대가를 지불해야 한다. 소비자는 '지불할 대가'를 벌기 위해서 생산요소시장에 생산요소를 제공한다. 생산요소를 제공한 대가로 소득을 얻으면 이것은 소비자의 가용예산이 된다. 이 예산을 바탕으로 가계는 상품시장에서 소비활동을 하게 된다.

예산선(budget line) 또는 가격선(price line)은 주어진 소비자의 소득으로 구입 가능한 재화의 조합을 이은 선이다. 우리는 하루에도 수많은 재화를 구입하지만 단순화를 위해 소비자가 X재와 Y재 두 가지 재화만 구입한다고 가정한다. X재의 가격은 P_X, Y재의 가격은 P_Y라고 하고, 가용한 예산은 M으로 모두 일정하다.

이제 소득 M을 가지고 구입할 수 있는 X재의 양과 Y재의 양을 식 (2-5)로 나타낼 수 있다. 즉 X재의 구매액($P_X X$)과 Y재의 구매액($P_Y Y$)의 합은 소득과 일치해야 한다.

$$M = P_X X + P_Y Y \qquad (2-5)$$

이 식을 좌표평면상에 나타내기 위해 Y를 중심으로 정리하면 식 (2-6)과 같이 된다.

$$Y = \frac{M}{P_Y} - \frac{P_X}{P_Y} X \qquad (2-6)$$

식 (2-6)을 그래프로 그리면 X절편은 $\frac{M}{P_X}$, Y절편은 $\frac{M}{P_Y}$, 기울기는 $-\frac{P_X}{P_Y}$ 로 나타난다.

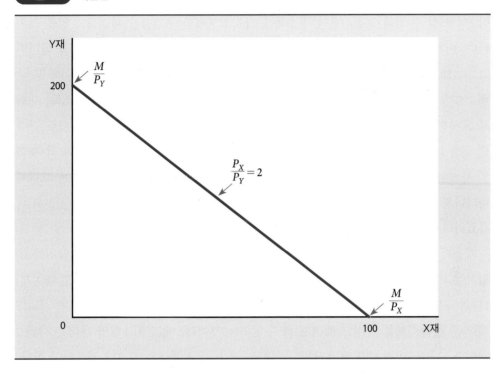

그림 2.7 예산선

이것들의 의미를 알아보기 위해 실제 수치를 가지고 살펴보자. 소비자는 배(X재)와 사과(Y재) 두 과일을 소비한다. 배의 가격은 200원, 사과의 가격은 100원이며 소득은 20,000원이다. 이때 예산식을 구하면 $20,000 = 200X + 100Y$이 된다. 이 식을 식 (2-6) 형태로 바꾸면 식 (2-7)이 된다. 〈그림 2.7〉은 식 (2-7)을 그래프로 나타낸 것이다.

$$Y = \frac{20,000}{100} - \frac{200}{100}X = 200 - 2X \qquad (2\text{-}7)$$

예산선 안쪽 삼각형 모양의 공간은 일정소득 20,000원으로 소비자가 두 재화를 구매할 수 있는 소비 가능한 영역을 나타낸다. 이것을 **예산공간**(budget space)이라 한다. 예산공간의 바깥영역은 소비자가 일정소득 M으로 구매할 수 없는 소비 불가능한 영역이다. 소비자는 이런 예산공간 안에서 가장 효용을 극대화시켜주는 하나의 소비점을 선택해야 할 것이다.

〈그림 2.7〉을 보면 X절편($\frac{M}{P_X}$)이 100, Y절편($\frac{M}{P_Y}$)이 200, 그리고 기울기($\frac{P_X}{P_Y}$)의 절댓값이 2임을 알 수 있다. X절편은 일정소득을 가지고 X재만 구입했을 때 X재의 양을 의미한다. 마찬가지로 Y절편은 일정소득을 가지고 Y재만 구입했을 때 Y재의 양을 의미한다. 즉 20,000원을 가지고 배만 100개 사고, 사과만 200개를 살 수 있다. 20,000원 = 배 100개 = 사과 200개임을 알 수 있다. 화폐가치로 소득을 표시하면 명목소득, 재화로 표시하면 실질소득이라 한다. 예산선에서 명목소득은 20,000원이지만 X재로 나타낸 실질소득은 100개, Y재로 나타낸 실질소득은 200개인 셈이다. 명목소득과 각 재화의 가격이 변하지 않으면 어떻게 소득을 표시하든 셋은 일치한다. 명목소득은 그림에 나타나지 않고 실질소득은 각 축의 절편으로 표시되기 때문에 후자를 사용하는 것이 더 유효하다.

기울기의 절대값 $\frac{P_X}{P_Y}$는 Y재로 표시한 X재의 상대가격이라 한다. 즉 X재 1단위를 구입하는 데 지불하는 Y재의 양을 나타낸다. 앞의 예에서 $\frac{P_X}{P_Y}$=2이므로 이것은 배(X재) 1단위 구입할 때 사과(Y재) 2단위 지불하는 교환비율을 나타낸다. 다시 말하면 사과(Y재)라는 상품화폐를 가지고 배(X재)를 구입하는 것이다. 배(X재) 1개의 가격은 사과 2개이다. $\frac{P_X}{P_Y}$=3이면 배(X재) 1단위 구입하는 데 이제 사과(Y재)를 3개 지불해야 한다. 배(X재)가 사과(Y재)와 비교해서(상대적으로) 비싸졌다.

배(X재)를 상품화폐로 삼으면 어떻게 될까? 상대가격은 배(X재)로 표시되어야 하기 때문에 $\frac{P_Y}{P_X}$로 바뀌어야 한다. 그러면 앞의 예는 각각 $\frac{P_Y}{P_X}=\frac{1}{2}$, $\frac{P_Y}{P_X}=\frac{1}{3}$로 바뀐다. 즉 사과($Y$재) 1단위 구입하기 위해 배($X$재) 1/2개를 지불했는데 이제 1/3개만 지불하게 되었다. 즉 사과(Y재)가 배(X재)와 비교해서(상대적으로) 싸졌다는 것을 알 수 있다. '상대적'의 의미는 비교대상의 재화들 중에서 한 재화가 상대적으로 비싸졌다는 것은 다른 재화가 실제가격이 변화하지 않았더라도 상대적으로 싸진다는 의미임을 알 수 있다.[8] 이처럼 상대가격은 두 재화, 두 시장을 하나의 재화를 상품화폐로 만들어 하나의 시장으로 통합하여 이해할 수 있도록 하는 소비자이론의 핵심개념이다.[9]

---

8 미시경제학의 가계체계는 상대가격체계($\frac{P_X}{P_Y}$)임을 잊지 말아야 한다. 두 재화의 가격이 같은 비율로 상승하면 상대가격의 변화는 없다. 두 재화의 가격이 동시에 하락하더라도 X재 가격이 덜 하락하면 오히려 X재 상대가격은 상승한다. 또한 두 재화가격이 동시에 상승하더라도 상대가격은 오히려 하락할 수도 있다. 이처럼 개별재화의 가격변화보다는 그것이 어떻게 상대가격에 영향을 미치는가가 중요하다.

9 인류 화폐 역사에서 최근 1세기를 제외하고 거의 상품화폐를 사용했다고 해도 과언이 아니다. 근세기 대표적인 상품화폐로 금은을 들 수 있다. 금본위제 국가의 모든 재화는 금으로 표시한 상대가격체계가

예산선을 보면 M, P_X, P_Y 등 명목가치로 표시되지 않고 모두 명목가치의 비율, 즉 $\frac{M}{P_X}$, $\frac{M}{P_Y}$, $\frac{P_X}{P_Y}$로 나타난다. 명목가치비율은 재화의 개수로 표시하는 실물가치를 반영한다는 것을 알 수 있다. 명목변수들이 같은 비율로 변화하면 이들 비율에는 변화가 일어나지 않는다. 이것은 화폐(불환지폐)는 존재하지만 교환의 매개체 역할만 하기 때문에, 불환지폐 없이 두 재화의 교환비율(상품화폐에 의한 시장가격)과 실질소득 등 실질변수만 존재하는 물물교환의 세계를 반영하고 있다.[10]

2.4.2 예산선의 이동

예산선은 주어진 소득과 가격하에서 도출된 것이다. 따라서 소비자의 소득이나 재화 및 서비스의 가격이 변하면 예산선도 변한다. 이것은 예산공간이 변화한다는 것을 의미한다.

먼저 두 재화의 가격변화 없이 소득만 변하면 예산선이 어떻게 변하는지 살펴보자. 먼저 소득(M)이 증가하면 X재 표시 실질소득($\frac{M}{P_X}$; X절편)과 Y재 표시 실질소득($\frac{M}{P_Y}$; Y절편)이 증가한다. 반면 X재 상대가격($\frac{P_X}{P_Y}$; 예산선 기울기)에는 변화가 없다. 소비자의 실질소득이 X재, Y재 양 재화에서 상승하므로 그만큼 양 재화에 대한 구매력이 증가한다. 이에 따라 예산공간이 확대된다. 그런데 기울기 변화가 없기 때문에 예산선은 우측으로 평행이동한다. 〈그림 2.8〉에서 최초의 예산선이 AB라 하면 소득이 증가하는 경우 예산선은 AB에서 EF로 이동한다. 소비자의 소득이 감소하면 마찬가지 이유로 X재와 Y재 구입량이 줄어들어 예산선은 좌측으로 평행이동한다($AB \rightarrow CD$).

이제 소득의 변화 없이 재화나 서비스의 가격만 변하는 경우를 살펴보자. 가격변화

될 것이다. 즉 $\frac{P_{X_1}}{P_G}$, $\frac{P_{X_2}}{P_G}$, ……, $\frac{P_{X_n}}{P_G}$, 여기서 P_G는 금값을 의미한다. 금값이 하락하면 분모의 P_G가 작아지므로 다른 재화의 상대가격이 상승하게 된다. 이것이 인플레이션이다. 반대로 금값이 상승하면 다른 재화의 상대가격은 하락한다. 디플레이션 상황이다. 우리는 상대가격을 통해서 인플레이션과 디플레이션이 화폐적 현상임을 알 수 있다. 또 다른 예로 교역조건(terms of trade)을 들 수 있다. 즉 Y재가 수입재, X재가 수출재라면 수출재로 표시한 수입재의 상대가격이다. 수출재의 가치가 높아지면(수입재의 상대가격이 낮으면) 교역조건이 개선되고, 수출재의 가치가 낮아지면(수입재의 상대가격이 높으면) 교역조건이 악화되었다고 한다. 실질적으로 상대가격체계는 다양한 분야에서 사용되고 있다. 또 다른 예를 여러분들이 일상생활에서 찾아보기 바란다.

10 미시경제학에서는 불환지폐에 의해서 교환이 이루어지는 현실세계 이면에 실제적으로 작동하고 있는 실질변수들의 인과관계를 설명하고자 한다. 그래서 거시경제학과 달리 화폐(불환지폐)의 중요성이 강조되지 않는다.

그림 2.8 소득변화와 예산선의 이동

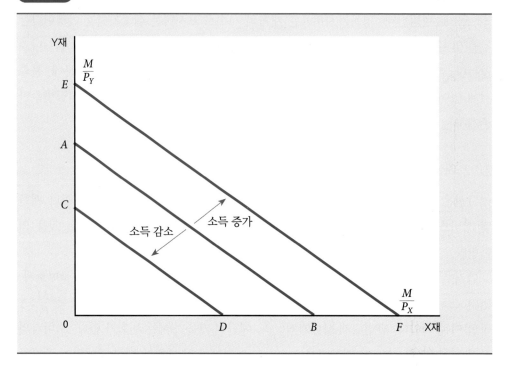

는 세 가지 경우를 고려해볼 수 있다. X재 가격만 변하는 경우, Y재 가격만 변하는 경우, 그리고 두 재화의 가격이 동시에 변하는 경우이다.

먼저 X재 가격만 변화했다고 하자. X재 가격이 하락하면 X재의 상대가격은 하락한다. 또한 X재 표시 실질소득은 증가하고 Y재 표시 실질소득에는 변화가 없다. 전체적으로 실질소득이 증가했기 때문에 예산공간은 확대된다. 〈그림 2.9a〉에서 보듯이 가격이 변하기 전 예산선을 AB라 하면 이 경우 A점을 고정점으로 하고 우측으로 회전하여 예산선은 AD로 확대된다. 반면 X재 가격이 상승하면 X재의 상대가격은 상승한다. 또한 X재 표시 실질소득은 감소하고 Y재 표시 실질소득에는 변화가 없다. 전체적으로 실질소득이 감소했기 때문에 예산공간은 축소된다. 〈그림 2.9a〉에서 예산선은 좌측으로 회전하여 AC로 축소된다.

Y재 가격이 하락하면 X재의 상대가격은 상승한다. 또한 Y재 표시 실질소득은 증가하고 X재 표시 실질소득에는 변화가 없다. 그래서 〈그림 2.9b〉에서 보듯이 E점을 고정점으로 하여 예산선이 EF에서 EG로 우측으로 이동한다. Y재 가격이 상승하면 마찬가

그림 2.9 가격변화와 예산선의 이동

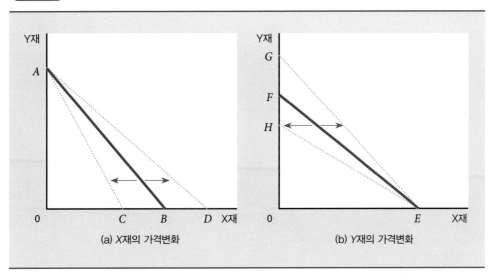

(a) X재의 가격변화　　　　　(b) Y재의 가격변화

지 논리로 예산선은 EF에서 EH로 이동하여 예산공간이 축소된다. 어떤 재화의 가격이든 가격이 상승하면 예산공간이 축소되는 방향으로, 가격이 하락하면 예산공간이 확대되는 방향으로 예산선이 변경된다는 것을 알 수 있다.

이제 X재와 Y재의 가격이 동시에 변한다면 예산선은 어떻게 이동할까? 이 경우는 상당히 복잡해진다. 왜냐하면 경우의 수가 너무 많기 때문이다. 즉, X재와 Y재 가격이 동시에 하락할 수도 있고, 동시에 상승할 수도 있다. 또한 X재 가격은 상승하고, Y재 가격은 하락할 수도 있고, 그 반대일 수도 있다. 더구나 가격이 변하더라도 X재의 가격변화가 Y재의 가격변화보다도 상대적으로 더 크냐 작냐에 따라 예산선 이동 형태도 달라진다. 그럼에도 불구하고 변하지 않는 하나의 원칙이다. X재 가격이 하락(상승)하면 X재의 상대가격은 하락(상승)하므로 예산선의 기울기는 작아(커)진다. 또한 X재 표시 실질소득은 증가(감소)한다. Y재 가격이 하락(상승)하면 X재의 상대가격은 상승(하락)하므로 예산선의 기울기는 커(작아)진다. 또한 Y재 표시 실질소득은 증가(감소)한다.

〈그림 2.10a〉는 두 재화의 가격변화가 반대 방향인 경우이다. 즉 X재는 가격이 하락하고 Y재는 가격이 상승했다고 하자. X재의 상대가격이 하락하므로 예산선의 기울기는 작아진다. 또한 X재 표시 실질소득은 증가하고, Y재 표시 실질소득은 감소하게 된다. 이때 예산선은 X축 방향으로는 늘어나고 Y축 방향으로는 감소한다. 즉 AB에서 CD

그림 2.10   가격의 상대적 변화와 예산선의 이동

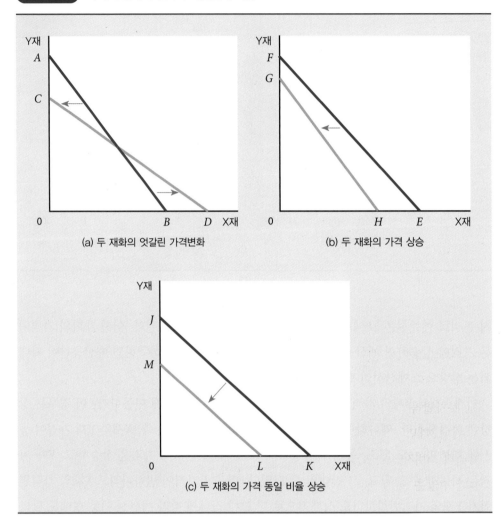

(a) 두 재화의 엇갈린 가격변화

(b) 두 재화의 가격 상승

(c) 두 재화의 가격 동일 비율 상승

로 이동한다.

〈그림 2.10b〉는 두 재화가격이 모두 올랐지만 X재 가격이 Y재 가격보다 상대적으로 더 오른 경우이다. X재의 상대가격이 상승하므로 예산선의 기울기는 커진다. 또한 X재 표시 실질소득이 Y재 표시 실질소득보다 적어지므로 예산선은 〈그림 2.10b〉에서 보듯이 X축 방향으로 더 축소되어 그려진다. 즉 FE에 GH로 이동한다.

〈그림 2.10c〉는 두 재화가격이 같은 비율로 상승한 경우이다. 이 경우 X재 상대가격의 변화가 없으므로 예산선의 기울기에 변화가 없다. 그러나 X재 표시 실질소득과 Y재

표시 실질소득 모두 감소하여 예산선은 좌측으로 이동한다. 이것은 소득이 감소한 경우와 동일하다는 것을 알 수 있다. 즉 모든 재화의 가격이 같은 비율로 상승(하락)하면 실질소득이 감소(증가)한 것과 동일한 효과를 갖는다.

이제 이런 방식으로 어떠한 소득이나 재화가격의 변화가 발생해도 예산선의 이동을 그릴 수 있다. 이에 따라 소비가능영역인 예산공간의 범위를 파악할 수 있게 된다.

2.5 소비자균형 분석

소비자이론의 궁극적인 목적은 효용을 극대화시켜주는 재화의 소비점을 찾는 것이다. 그러기 위해서 일정한 소득과 시장정보(재화의 가격)가 필요하다. 우리는 앞 절에서 전자는 무차별곡선, 후자는 예산선이라는 분석도구를 제시하였다. 이 절에서는 이 두 분석도구를 활용하여 소비자가 어떻게 자신의 효용을 극대화하는지를 살펴보고자 한다.

2.5.1 소비자균형점

이제 무차별곡선과 예산선을 동일한 좌표상에 그려보자. 소비자 예산선은 〈그림 2.11〉에서 AB선으로 나타난다. AB 좌측 삼각형 공간은 소비가능영역을 나타내는 예산공간이다. 무차별곡선은 효용수준 크기에 따라 많이 존재하지만 〈그림 2.11〉에는 설명의 편의를 위해 3개만 그린다.

합리적 소비자는 어느 소비점을 선택할까? 예산공간 ΔOAB 안에는 소득 M으로 구매가능한 수많은 소비점이 있다. 이 많은 점 중에서 효용극대화점을 찾기 위해서 무차별곡선의 도움이 필요하다. 결국 소비자이론은 예산공간 안에 있는 모든 점 중에서 가장 원점에서 멀리 떨어져 있는 무차별곡선에 도달하는 소비점을 찾는 문제로 귀착된다.

무차별곡선 I_2는 효용수준이 가장 높다. 3개의 무차별곡선 중에서 원점에서 가장 멀리 떨어져 있기 때문이다. 그러나 I_2선상의 점은 구매할 수 없는 소비점들이다. 예산공간 밖에 있는 점이기 때문이다. 다시 말해 '그림의 떡'에 불과하다.

M점이나 N점은 어떠한가? 먼저 M점에 대해서 살펴보자. 이 점은 예산선인 AB선상에 존재하기 때문에 구매할 수 있는 소비점이다. M점에서는 한계대체율(MRS_{XY})이 X재 상대가격보다 크다. 무차별곡선에 대한 접선의 기울기가 예산선 기울기보다 더 크기 때문이다. 수식으로 나타내면 $MRS_{XY} > \dfrac{P_X}{P_Y}$ 가 된다. MRS_{XY}는 소비자 자신이 주관

그림 2.11 소비자균형점

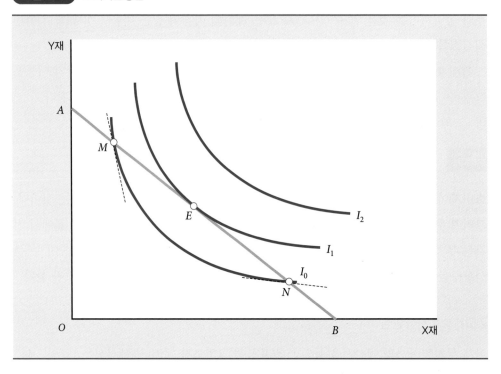

적으로 평가한 X재 1단위 가치이다. 가치 평가단위는 Y재이다. 앞으로 여러분은 Y재를 (상품)화폐로 생각하기 바란다. $\frac{P_X}{P_Y}$ 는 시장에서 평가한 X재 1단위 가치이다. 예컨대 M점이 $MRS_{XY} = 5$이고 $\frac{P_X}{P_Y} = 3$이라 하자. 소비자가 X재 1단위 구입하기 위해 마음속으로 Y재를 5개까지 지불할 수 있다고 생각했다. 그런데 막상 시장에 가니까 Y재 3개만 지불하면 X재 1단위를 구입할 수 있다는 것이다. 이 소비자는 싸다고 느낄 것이다. X재 소비를 늘림으로써 효용이 더 늘어날 수 있다.

여기서 제1장의 경제원리를 상기하기 바란다. MRS_{XY}는 X재 1단위 구입할 때 얻은 한계편익(MB)이고 $\frac{P_X}{P_Y}$ 는 X재 1단위 구입할 때 실제로 지불해야 하는 한계비용(MC)이라는 것을 알 수 있다. M점은 바로 $MB > MC$인 상황이다. 그러므로 X재 소비를 늘림으로써 효용을 더 늘릴 수 있다. M은 효용극대화점이 아니다. 〈그림 2.11〉에서 보듯이 예산선을 따라 X재 소비를 늘려가면 I_0보다 더 높은 무차별곡선에 도달한다.(사실 I_0와 I_1 사이에 무수히 많은 무차별곡선이 존재한다.) 결국 I_1 선상에서 $MRS_{XY} = \frac{P_X}{P_Y}$, 즉 $MB = MC$에 도달하게 되어 효용이 극대화된다.

반대로 N점은 $MRS_{XY} < \dfrac{P_X}{P_Y}$ 상황이다. 즉 $MB < MC$인 것이다. 이번에는 소비자는 X재가 비싸다고 생각할 것이다.(구체적인 숫자를 가지고 생각해보라.) 그래서 X재 소비를 줄임으로써 효용을 늘리려 할 것이다. X재 소비를 줄이면 I_1 선상에서 결국 MRS_{XY} $= \dfrac{P_X}{P_Y}$에 이르게 된다. 이것이 소비자의 효용극대화조건이다.

〈그림 2.11〉에 보듯이 $MRS_{XY} = \dfrac{P_X}{P_Y}$ 조건이 충족되는 소비점 E에서 I_1 만큼 최대효용을 얻을 것이다. 기하학적으로는 무차별곡선의 기울기와 예산선의 기울기가 일치하는 점이다. 이 조건이 성립되지 않으면(E점에 벗어나면) I_1보다 낮은 무차별곡선을 선택해야 하므로 효용이 낮아진다는 것을 쉽게 확인할 수 있다. $MRS_{XY} = \dfrac{P_X}{P_Y}$ 가 되는 이 점이 합리적인 소비자가 선택하는 소비조합점이고 소비자균형점이라 부른다. $MB = MC$인 곳에서 욕구가 최대화된다는 제1장의 경제원리가 소비자이론에서도 그대로 적용된다는 것을 확인할 수 있다.

소비자균형조건을 다른 방식으로 나타내기 위해 한계대체율에 대해 다시 생각해보자. 무차별곡선은 소비자에게 동일한 효용수준을 주는 두 재화의 여러 소비조합을 이은 곡선이다. 그러므로 무차별곡선상에서 소비점이 이동하면 효용은 변화하지 않는다. X재의 소비가 ΔX만큼 늘어날 때 증가하는 총효용($\Delta X \times MU_X$)의 크기와 이때 Y재가 ΔY만큼 줄어들 때 감소하는 총효용($-\Delta Y \times MU_Y$)의 크기가 같다는 것을 뜻한다. 그러므로 아래의 식 (2-8)이 성립해야 한다.

$$\Delta X \times MU_X = -\Delta Y \times MU_Y \tag{2-8}$$

식 (2-8)을 변형하면 아래 식 (2-9)와 같이 나타낼 수 있다. 즉 한계대체율은 결국 두 재화의 한계효용의 비율과 일치한다는 것을 알 수 있다.

$$-\frac{\Delta Y}{\Delta X} = \frac{MU_X}{MU_Y} = MRS_{XY} \tag{2-9}$$

식 (2-9)를 앞에서 유도한 소비자균형조건식 $MRS_{XY} = \dfrac{P_X}{P_Y}$ 에 대입하면 다음과 같은 새로운 소비자균형조건식을 얻을 수 있다.

$$\frac{MU_X}{MU_Y} = \frac{P_X}{P_Y} \tag{2-10}$$

결론적으로 무차별곡선이론에 따른 소비자균형점은 다음 두 가지를 충족하여야 한다.

첫째, $\dfrac{MU_X}{MU_Y} = \dfrac{P_X}{P_Y}$: 한계대체율과 상대가격이 일치해야 한다.

둘째, $M = P_X X + P_Y Y$: 예산제약조건을 충족해야 한다.

〈그림 2.11〉에서 E점은 무차별곡선의 기울기와 상대가격의 기울기가 같기 때문에 첫째 조건을 충족하고, 또한 예산선상에 있기 때문에 둘째 조건도 충족하고 있다.[11]

이제 한계효용이론과 무차별곡선이론의 결과를 비교하기 위해 식 (2-9)를 다시 재배열해보자. 그러면 다음 식 (2-11)을 얻을 수 있다.

$$\frac{MU_X}{P_X} = \frac{MU_Y}{P_Y} \tag{2-11}$$

식 (2-11)은 이미 앞서 공부했던 한계효용이론에서 한계효용균등화의 법칙으로 정리된 소비자균형조건과 정확히 일치한다. 서로 다른 가정과 개념을 바탕으로 출발한 두 이론이 동일한 결론에 도달한 것이 놀랍지 않은가! 그렇지만 한계효용이론에서는 인간의 주관적이고 심리적인 선호체계를 반영한 효용을 명확하게 측정하여 비교 가능하다고 가정하고 있다. 오늘은 배가 사과보다 효용이 정확히 3.3배, 사과는 오렌지보다 1.9배, 키위는 바나나보다 1.1배 더 크고 ……. 이런 식으로 소비자의 효용을 측정하면서 소비행위를 한다면 소비자는 물건 1개를 사기 위해 온종일 계산하는 데 시간을 다 보낼 것 같다. 그리고 그 스트레스는 얼마나 될까? 이것은 아무래도 가정 자체가 상당히 현실성을 결여하고 있는 것 같다. 이에 비해 무차별곡선이론에서는 인간은 소비할 때 효용을 정확히 측정하기보다는 어떤 소비조합이 더 효용이 높은가 혹은 낮은가로 판단하며 우선순위를 정할 수 있다고 가정하고 있다. 이 가정이 현실의 소비자에 더 가까울 것이다.

많은 현대 경제이론은 이러한 무차별곡선의 개념과 분석도구를 활용하여 경제현상을 설명하고 있다. 독자 여러분은 무차별곡선이론이 경제학을 공부하는 데 가장 중요한 기본이론임을 유념하고 명확하게 이해하길 바란다.

---

11 소비자이론은 결국 효용극대점인 (X, Y) 소비량을 찾는 문제로 귀결된다. 이것은 수학적으로 방정식 문제로 환원된다. 두 개의 균형조건에 의해서 두 개의 등식이 유도되고, 구하려는 미지수가 X, Y 두 개이므로 유일한 해인 X, Y를 구할 수 있다.

2.5.2 소비자균형점의 변화

앞 절은 소비자가 주어진 소득을 가지고 시장에서 효용을 극대화하기 위해 어떤 소비점을 선택할 것인가를 다루었다. 즉 한계대체율과 상대가격이 일치하는 곳에서 소비자균형이 이루어진다.

이때 일정하다고 가정한 소득이나 재화가격이 변화한다면 소비자균형점은 어떻게 변화할까? 이 절에서는 경제환경이 바뀔 때, 즉 소득이나 재화가격이 변화할 때 소비자의 소비자균형점이 어떻게 변화하는지 살펴본다. 이러한 소비자균형점의 변화를 통해서 소득과 재화가격이 소비에 미치는 영향을 살펴볼 수 있다.

소득소비곡선

재화가격이 변화하지 않고 소비자 소득만 증가했다고 하자. 그러면 소비가능영역인 예산공간이 확대되어 예산선은 우측으로 평행이동한다. 이렇게 되면 기존의 소비자균형점은 증가된 소득수준하에서는 효용극대점이 되지 못한다. 소비자는 변화된 상황에서

그림 2.12   소득소비곡선

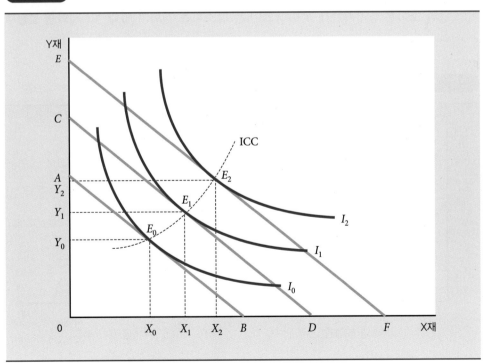

다시 효용극대화를 위해서 새로운 소비자균형점을 찾아야 한다.

이것을 〈그림 2.12〉에서 확인해보자. 소득수준이 M일 때 처음 소비자균형점을 E_0라 하자. 소득이 M'으로 증가하면 예산선은 AB에서 CD로 우측 이동한다. 이렇게 확대된 예산공간에서 E_0보다 더 많은 X재와 Y재를 소비함으로써 효용을 더 증대할 수 있으므로 기존의 E_0는 더 이상 소비자균형점이 되지 못한다. 앞에서 배운 소비자균형점 두 가지 조건을 적용하면 새로운 균형점은 E_1이 된다. 마찬가지로 소득이 M''으로 증가하면 새로운 균형점은 E_2가 된다.

만약에 소득이 연속적으로 변화하게 되면 그것에 대응해서 〈그림 2.12〉에서 보듯이 ICC와 같은 새로운 소비자균형점의 궤적을 그릴 수 있다. 이러한 궤적을 소득소비곡선 (Income Consumption Curve, ICC)이라 한다. 이 곡선상에 있는 점들은 소득이 변화할 때 효용을 극대화하는 소비점의 변화를 나타내고 있다.

이제 소득소비곡선상에 있는 점을 소득과 각 재화의 소비량 간의 관계로 나타내보자. 〈그림 2.12〉에서 소득수준이 M일 때 소비자균형점은 E_0이고, 이때 소비조합은 (X_0, Y_0)이다. 소득이 M'일 때 소비조합은 (X_1, Y_1), 소득이 M''일 때 소비조합은 (X_2, Y_2)이다. 이처럼 소득증가에 따라 소비가 증가하는 재화를 **정상재**(normal goods)라 한다. 이와 달리 소득은 증가하는데 오히려 소비는 감소하는 재화가 있다. 이 재화를 **열등재**

그림 2.13 열등재의 소득소비곡선

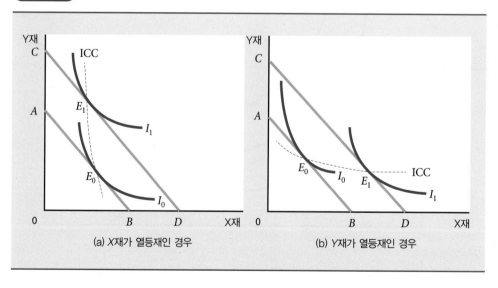

(a) X재가 열등재인 경우   (b) Y재가 열등재인 경우

(inferior goods)라 한다. 열등재인 경우 소비소득곡선은 〈그림 2.13〉에서처럼 우하향으로 나타난다.

결국 재화의 정상재와 열등재 여부는 소득소비곡선의 형태에 의해서 결정된다. 그런데 소득소비곡선은 소득변화에 따른 소비자균형점의 궤적이고 소비자균형점은 무차별곡선과 예산선에 의해서 결정된다. 예산선 형태는 일정하므로 결국 정상재와 열등재 여부는 무차별곡선의 형태에 의해서 결정된다는 것을 알 수 있다. 즉 사람들의 주관적이고 심리적인 효용구조에 의해서 재화의 특성이 규정된다.

일상생활에서 어떤 재화가 열등재일까? 물론 대부분의 재화는 정상재로 볼 수 있다. 가난한 시절(소득이 낮을 때) 보리밥, 옥수수빵, 라면 등으로 허기를 달랬고 일산화탄소 중독에 의한 죽음을 감수하면서 난방을 하기 위해 연탄을 많이 사용하였다. 그 당시 소득이 더 오르면 이들 재화를 더 구입했을 것이므로 이들은 정상재였다. 그러나 어느 정도 잘 살게 되자(소득이 일정수준에 이르자) 사람들은 쌀밥, 햄버거, 피자 등으로 먹을거리를 대체하고 안전한 석유나 전기로 난방을 하면서 오히려 보리밥이나 연탄 등의 소비는 감소하였다. 이제는 이들 재화가 열등재가 되었다는 것을 알 수 있다.

엥겔곡선

엥겔곡선(Engel curve)은 소득이 변화할 때 소비자들이 효용을 극대화하기 위해 얼마만큼 소비해야 하는가를 보여준다. 즉 소득과 특정 재화의 수요량 간의 관계를 나타내는 선이다. 이 곡선은 19세기 독일의 사회통계학자 에른스튼 엥겔(Ernst Engel, 1821~1896)의 이름에서 명명되었다. 엥겔은 소득관련 통계 연구를 평생 해왔기 때문에 경제학에서 소득관련 개념에는 엥겔이라는 말이 자주 쓰인다.[12]

앞에서 설명한 소득소비곡선은 각 소득수준에서 특정재화의 구입량이 얼마나 될 것인지에 대한 정보를 포함하고 있지만, 이를 직접적으로 보여주지는 않는다. 그러나 엥겔곡선은 이러한 정보를 소득수준과 특정재화를 두 축으로 하는 그림으로 옮겨서 둘 사이의 관계를 직접적으로 보여준다.

〈그림 2.14〉는 〈그림 2.12〉의 소득소비곡선을 바탕으로 그린 엥겔곡선이다. 이때 X

---

12 경제학에서 엥겔과 관련된 것으로 엥겔법칙이 있다. 이 법칙은 소득이 증가함에 따라 소득에서 음식물비가 차지하는 비중이 줄어드는 현상을 말한다.

그림 2.14 소득소비곡선과 엥겔곡선

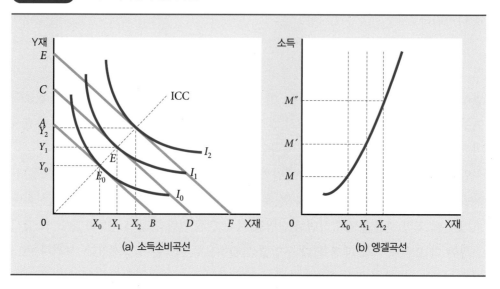

(a) 소득소비곡선 (b) 엥겔곡선

그림 2.15 열등재의 엥겔곡선

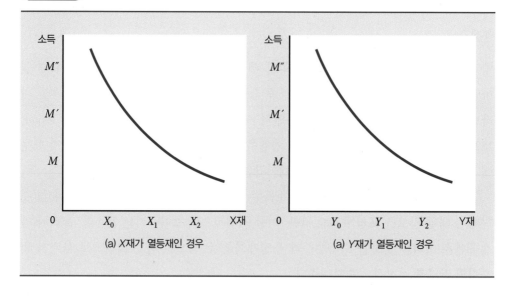

(a) X재가 열등재인 경우 (a) Y재가 열등재인 경우

를 정상재로 가정했기 때문에 엥겔곡선은 원점에서 북동방향으로 우상향(右上向)하는 모양을 갖는다. Y재도 정상재이기 때문에 X재와 마찬가지로 우상향(右上向)하는 엥겔곡선을 갖는다.

그러나 X재나 Y재가 열등재일 경우 엥겔곡선은 다른 형태를 띠게 된다. 〈그림 2.13〉은 이런 열등재가 포함될 경우 우하향하는 소득소비곡선을 그린 것이다. 이 소득소비곡선을 기준으로 X재와 Y재의 엥겔곡선을 그려보면 두 재화 모두 〈그림 2.15〉와 같이 우하향하는 모양을 보인다. 이는 소득이 증가할수록 X재와 Y재 모두 소비가 감소하기 때문에 나타나는 현상이다. 도출과정과 원리는 〈그림 2.14〉와 같기 때문에 반복해서 설명하지는 않으니 독자 스스로가 연습해보기 바란다.

가격소비곡선과 수요곡선

이제는 소득이 불변인 상태에서 재화의 가격이 변할 때 소비자균형점이 어떻게 변하는지 살펴보자. 단순화를 위해 Y재 가격은 변하지 않고 X재 가격만 하락하였다고 하자. 〈그림 2.16a〉에서 X재 가격이 P_0에서 P_1, P_2로 가격이 하락하면 예산선은 AB에서 AC, AD로 우측으로 회전하여 X재 쪽으로 편향되게 예산공간이 확대된다. 즉 X재 가격이 하락하면 X재를 더 많이 구입할 수 있는 가능성이 확대된다는 것을 의미한다.

이러한 예산선의 이동에 따라 소비자균형점은 E_0에서 E_1, E_2로 옮겨간다. 이제 X재 가격이 P_0에서 연속적으로 하락하면 그것에 대응해서 〈그림 2.16a〉의 PCC와 같은 새로운 소비자균형점의 궤적이 생긴다. 이 곡선을 가격소비곡선(Price Consumption Curve, PCC)이라 한다. 〈그림 2.16a〉에서처럼 PCC가 우하향한다는 것은 X재의 가격이 하락하면서 X재의 수요량이 늘어나고 상대적으로 비싸진 Y재의 수요량은 줄어든다는 것을 의미한다. 가격소비곡선의 형태도 소득소비곡선과 마찬가지로 무차별곡선의 형태에 의해서 결정된다는 것을 상기할 필요가 있다.

여기서 소득소비곡선에서 엥겔곡선을 유도한 것처럼 가격소비곡선을 이용하여 수요곡선을 도출할 수 있다. 〈그림 2.16a〉에서 보듯이 X재의 가격 P_0, P_1, P_2에 대응한 소비자균형점은 각각 E_0, E_1, E_2이다. 또한 E_0, E_1, E_2에 대응한 X재의 소비량은 각각 X_0, X_1, X_2이다. 즉 가격변화와 그에 따른 X재의 소비량은 일대일 대응한다. 이것을 좌표평면상에 그래프로 그리면 〈그림 2.16b〉와 같이 우하향하는 곡선이 도출된다. 이것이 무차

그림 2.16 가격소비곡선과 수요곡선

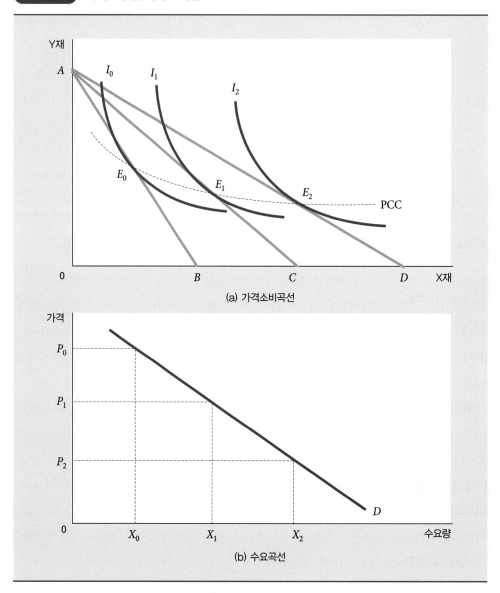

(a) 가격소비곡선

(b) 수요곡선

별곡선이론을 통해서 유도된 개별수요곡선이다.[13]

이 수요곡선상의 점은 모두 가격소비곡선상에 있는 점과 일대일 대응하기 때문에 가

---

13 이 개별수요곡선은 시장수요곡선과 대비된다. 개별수요곡선의 수평적 합이 시장수요곡선이 되는데,
이에 대해서는 제4장에서 자세히 다룬다.

격이 주어질 때 효용을 극대화하는 소비량을 나타낸다. 이에 따라 수요곡선상의 점은 다음과 같이 두 가지 방향으로 해석할 수 있다. 첫째, 어떤 재화가격이 하락하면 효용을 극대화하기 위해서 소비자는 재화의 소비량을 늘린다. 둘째, 소비량을 늘리면 효용을 극대화하기 위해 소비자는 지불용의가격을 낮춘다는 것이다. 예컨대 〈그림 2.16〉의 수요곡선에서 X_0만큼 소비하는 소비자는 효용극대화를 위해서 가격을 P_0까지 지불할 용의가 있다는 것이다. 만약에 소비량을 X_1으로 늘리면 지불용의가격은 P_1으로 낮아진다.

수요곡선은 상품가격과 그 가격에서 효용을 극대화하는 소비량 간의 관계를 나타내고 있다. 가격은 시장에서 결정되기 때문에 수요곡선은 시장상황변화와 소비량변화에 관한 정보를 가지고 있다. 그러므로 수요곡선이 경제학에서 매우 중요한 분석도구임을 새삼 강조할 필요가 없다.

가격효과 : 소득효과와 대체효과

커피(X)만 마시고 사는 나라가 있다고 하자.[14] 한 소비자의 소득이 M이고 커피 한 잔 가격이 P_X이면 소비자가 구입할 수 있는 커피의 총소비량은 $X = \dfrac{M}{P_X}$이 된다. 예컨대 한 달 소득이 50,000원이고 커피가격이 1,000원이면 총소비량은 50잔이 된다. 즉 소비량은 커피잔으로 표시한 실질소득과 정확히 일치한다. 커피가격이 2,000원으로 상승하면 실질소득은 커피 25잔으로 감소한다. 이처럼 재화가 1개인 경우 가격변화는 오직 실질소득에만 영향을 미친다. 이와 같이 가격변화가 실질소득에 영향을 미치는 효과를 소득효과(income effect)라 한다. 재화가 1개 있는 경우 가격효과는 오직 소득효과밖에 존재하지 않는다.

이제 두 재화, 커피(X재)와 녹차(Y재)가 존재하는 경우 가격효과를 살펴보자. 커피가격이 오르면 소득효과에 의해서 실질소득($\dfrac{M}{P_X}$)이 감소한다. 한편 커피가격 상승은 커피의 상대가격($\dfrac{P_X}{P_Y}$)에 영향을 미친다. 즉 커피가격이 상승하면 녹차(Y재)가 상대적으로 싸지므로 커피소비가 녹차소비로 이동하게 된다. 이와 같이 가격변화가 상대가격 변화를 통해서 소비량에 영향을 미치는 효과를 대체효과(substitution effect)라 한다. 두 재화

---

14 이것은 결코 비현실적인 가정이 아니다. 거시경제학에서는 경제 전체를 대상으로 하기 때문에 상품이 1개 존재하는 세상을 전제하는 것과 같다. 그것을 GDP로 간주한다. 그러므로 여기서 설명하는 가격효과는 거시경제학의 물가효과에 그대로 적용된다.

표 2.5 대체효과와 소득효과

소득 (M)	재화가격		상대 가격 $(\frac{P_X}{P_Y})$	실질소득		소비자균형점 변화					
						커피(X)			녹차(Y)		
	커피 (P_X)	녹차 (P_Y)		커피 $(\frac{M}{P_X})$	녹차 $(\frac{M}{P_Y})$	소득 효과	대체 효과	커피 (X)	소득 효과	대체 효과	녹차 (Y)
5만	2,000	1,000	2	25	50	−6	−7	12	−4	+5	26
	1,000	2,500	0.4	50	20	−5	+8	28	−8	−9	8

가 존재하는 경우 가격효과는 소득효과와 대체효과로 구성된다.

〈표 2.5〉를 통해서 소득효과와 대체효과를 구체적으로 설명해보자. 가격이 변화하기 전 커피가격과 녹차가격은 각각 1,000원이고 이때 소비자균형점은 커피 25잔과 녹차 25잔이라고 하자. 〈표 2.5〉는 커피가격만 2,000원으로 상승한 경우와 함께 녹차가격만 2,500원으로 상승하는 경우 커피의 상대가격과 각 재화로 표시한 실질소득을 나타내고 있다.

먼저 커피가격만 2,000원으로 상승한 경우를 살펴보자. 〈표 2.5〉에 나타난 것처럼 커피가격이 상승하면 실질소득이 감소한다. 이 소득효과에 의해서 커피와 녹차가 정상재이면 두 재화의 소비량이 감소한다. 〈표 2.5〉는 소득효과에 의해서 커피는 6단위, 녹차는 4단위 감소한 것을 보여주고 있다. 또한 커피가격이 상승하면 상대적으로 커피가 비싸지고 녹차가 싸진다. 이 대체효과에 의해서 커피 소비량은 감소하고 녹차 소비량은 증가한다. 즉 커피 소비량은 7단위 감소하고 녹차 소비량은 5단위 증가한다.

커피가격이 상승하면 커피는 소득효과와 대체효과에 의해서 소비량이 모두 감소한다. 즉 25단위에서 12단위로 감소하였다. 커피가격과 소비량 간에는 수요법칙이 성립한다. 반면 녹차 소비량은 대체효과와 소득효과의 크기에 따라 결정된다. 〈표 2.5〉에서처럼 대체효과가 소득효과보다 더 크므로 녹차(Y재)의 소비량은 증가한다.

녹차(Y재)가격만 상승한 경우도 마찬가지이다. 두 재화가 모두 정상재라면 대체효과와 소득효과에 의해서 녹차(Y재) 소비량은 감소하지만 커피(X재) 소비량은 증가한다.

재화가 열등재인 경우 가격효과를 살펴보자. 〈표 2.6〉은 한 재화의 가격변화에 대한 정상재와 열등재의 수요량 변화를 정리한 것이다. 양(+)은 가격이 상승할 때 수요증가

표 2.6 가격상승과 수요변화 : 정상재와 열등재

	대체효과	소득효과	수요변화	비고
정상재	−	−	−	수요법칙 성립
열등재	−	+	−	수요법칙 성립
	−	+	+	수요법칙 불성립 : 기펜재

를, 음(−)은 수요감소를 나타낸다. 정상재인 경우 앞에서 설명한 것처럼 가격이 상승하면 대체효과와 소득효과에 의해서 수요량이 감소한다. 즉 수요법칙이 성립한다.

가격이 상승하면 소득효과에 의해 실질소득이 감소하지만 열등재인 경우 오히려 수요량이 증가한다. 반면 대체효과에 의해서 이 재화의 수요량은 감소한다. 이처럼 열등재인 경우 소득효과와 대체효과가 서로 상충된다. 대체효과가 소득효과보다 더 크면 가격이 상승할 경우 여전히 수요량이 감소한다. 즉 수요법칙이 성립된다. 하지만 소득효과가 대체효과보다 더 크면 오히려 수요가 증가하게 된다. 즉 수요법칙에 어긋나고 수요곡선은 우상향하게 그려진다. 이런 특이한 재화를 기펜재(Giffen goods)라 한다. 이 재화의 명칭은 이런 재화를 이론적으로 처음 발견한 스코틀랜드 경제학자 로버트 기펜(Robert Giffen, 1937~1910)에서 유래되었다.

이런 기펜재를 현실에서 찾아보면 고가에 더 잘 팔리는 명품핸드백, 명품브랜드의 상품이 여기에 해당될 것이다. 이런 상품의 특징은 대부분 그 상품 자체 소비로부터 얻는 만족보다는 그 상품을 가지고 남에게 과시함으로써 얻는 만족이 더 큰 경우이다.

이제 한 재화의 가격변화가 다른 재화의 소비량에 미치는 영향을 살펴보자. 커피(X재)와 녹차(Y재)의 관계에서 커피가격(P_X)이 상승할 때 대체효과가 소득효과보다 크기 때문에 녹차(Y)의 소비량은 증가하게 된다. 이때 녹차(Y재)를 커피(X재)의 대체재라 한다. 반면 커피(X재)와 설탕(Z재)의 관계에서 커피(X재)가격이 상승해도 커피(X재)와 설탕(Z재) 간의 대체효과는 거의 없고 소득효과만 존재한다. 그래서 커피(X재)가격이 상승하면 오히려 설탕(Z재)의 소비량은 감소한다. 이때 설탕(Z재)은 커피(X재)의 보완재라 한다. 대부분의 최종재와 부품은 서로 보완재이다. 서로 대체될 수 있는 것이 아니기 때문이다.

재화가 여러 개 존재하는 경우 한 재화의 가격이 변화하면 반드시 소득효과와 대체

economics

한계효용학파

한계효용학파란 경제학에 초기 한계효용 개념을 도입한 학파를 의미한다. 한계효용에 관련된 기본학설은 독일의 경제학자 고센(Gossen)에 의해 구성되었다. 당시에는 사회의 주목을 받을 만큼 큰 관심은 끌지 못하였다. 나중에 고전학파가 위기를 맞던 1870년대에 멩거(Carl Menger), 왈라스(Léon Walras), 제본스(William Jevons) 등에 의해 이론이 체계화되었다.

한계효용학파의 창시자 칼 멩거
(Carl Menger, 1840~1921)

이들은 상품의 실제 가치는 그 상품의 마지막 한 단위에서 인간이 얻는 효용(한계효용)에 의존한다고 주장하였다. 그리고 일반적으로 한계효용체감의 법칙이 작용한다는 것을 발견하였다. 즉 상품을 많이 소비하면 한계효용이 적어지므로 상품가치가 떨어지고, 적게 소비하면 상품가치가 높아진다. 예컨대 사막에서 물 한 컵의 가치가 강어귀에서 물 한 컵의 가치보다 훨씬 크다는 것이다.

고전학파 경제학자들이 주장한 것처럼 상품의 가치는 투입노동량에 의해서 결정되는 것으로 이해되다가, 한계효용학파에 이르러 상품의 가치가 재화를 소비함으로써 얻는 마지막 주관적 쾌락에 의해서 결정되는 것으로 바뀌었다.

1870년대 초 오스트리아에서는 멩거가 국민경제학원리(1871)에서, 영국에서는 제본스가 경제학의 이론(1874)에서, 그리고 프랑스에서는 왈라스가 순수경제학요론(1874)에서 거의 때를 같이하여 각각 독립적으로 이러한 한계효용 개념을 이용해 새로운 경제이론을 구축하였다. 공급 측면을 강조한 고전학파의 생산비설, 노동가치설을 비판하고 상품의 가격을 결정하는 것은 총효용이나 평균효용이 아니라 한계효용이라고 주장하였다. 따라서 상품가격은 생산요소의 가치로 결정되는 것이 아니라 소비자가 제품을 소비할 때 얻을 수 있는 주관적 한계효용에 의해 결정된다. 이것은 고전학파들이 주장하는 객관적 가치론에서 주관적 가치론으로 바뀐 것을 의미한다.

이러한 가치론을 바탕으로 신고전학파라는 새로운 학파가 형성되었다. 이 학파는 한계효용 개념을 중심으로 기존의 고전학파와 다른 가치이론을 구축하였다. 이런 신고전학파는 미시경제학 이론의 발전에 크게 기여하였으며, 현대 주류경제학의 핵심이 되었다. 신고전학파는 한계효용학파의 등장을 한계혁명으로 칭송하고 있지만, 다른 한편에서는 한계효용학파의 주장은 수요 측면을 너무 강조하여 공급 측면을 무시하였다는 비판도 받는다.

효과가 있다는 것을 염두에 두고 두 효과를 잘 따져봐야 한다. 지금까지 위 내용을 잘 이해한 독자는 이런 가격효과를 무차별곡선과 예산선을 가지고 대체효과와 소득효과를 설명하도록 도전해보기 바란다.

✎ 연습문제

⬛ 객관식 문제

1. 어떤 재화를 소비함으로써 얻는 총효용이 최대가 될 때 한계효용은?

  ① 0   ② 0과 1 사이   ③ 1   ④ ∞

2. 다음 중 한계효용체감의 법칙과 가장 관계 깊은 것은?

  ① 주스는 마실수록 더 마시고 싶다.

  ② 소나타보다 그랜저가 더 비싸다.

  ③ 성인에게 1,000원은 별 것 아니지만 초등학생에게는 큰돈이다.

  ④ 부자가 더 많은 것을 갖고 싶어 한다.

3. 합리적인 소비자의 효용극대화조건은 무엇인가?

  ① 구입하는 각 재화로부터 얻어지는 총효용이 같다.

  ② 각 재화의 한계효용이 1이다.

  ③ 각 재화의 상품단위당 한계효용이 같다.

  ④ 각 재화의 가격단위당 한계효용이 같다.

4. 어떤 소비자가 오렌지와 포도를 소비하고 있다. 오렌지와 포도의 가격은 각각 150원과 200원이며, 현재 그는 오렌지로부터 450단위, 포도로부터 600단위의 한계효용을 얻고 있다. 이 소비자는?

  ① 상품배합의 조정으로 더 높은 만족을 얻을 수 없다.

  ② 오렌지의 소비를 줄이고 포도의 소비를 늘리면 더 높은 만족을 얻는다.

  ③ 포도 소비를 줄이고 오렌지 소비를 늘리면 더 높은 만족을 얻는다.

  ④ 두 상품 소비에 사용되는 금액을 줄임으로써 더 높은 만족을 얻는다.

5. P_X는 X재의 가격, P_Y는 Y재의 가격, 각각의 한계효용은 MU_X, MU_Y라고 할 때 $\frac{MU_X}{P_X} > \frac{MU_Y}{P_Y}$ 이면 합리적 소비자는 어떻게 행동할까?

① P_X가 상승하기를 기다린다.

② 현재대로 X재와 Y재를 구입한다.

③ 더 많은 X재를 구입한다.

④ 더 많은 Y재를 구입한다.

6. 일정한 수입을 가진 사람이 여러 가지 재화를 구입할 때 만족을 극대화시키기 위해서는?

① 한계효용의 합이 가장 커야 한다.

② 한계효용균등의 법칙이 성립해야 한다.

③ 재화의 효용이 같아야 한다.

④ 한계효용체감의 법칙이 성립해야 한다.

7. 다른 변수가 일정할 때 예산선의 변화를 유발하지 않는 것은?

① 가계의 소득 수준이 낮아질 경우

② 가계의 소득 수준이 높아질 경우

③ 재화의 가격이 모두 동일한 비율로 변하는 경우

④ 재화의 가격과 소득이 동일한 비율로 상승할 경우

8. 소비자의 명목소득이 10%, 재화 X의 가격이 6%, 재화 Y의 가격이 9% 증가하면 예산선은?

① 바깥으로 수평이동한다.

② 바깥으로 이동하고 기울기가 변한다.

③ 두 재화의 가격이 올랐으므로 안쪽으로 이동하고 기울기가 변한다.

④ 안쪽으로 수평이동한다.

9. 그림과 같이 예산선이 AB에서 AC로 움직였다. 다음 중 옳은 것은?

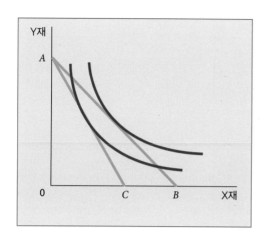

① X재의 소비가 증가했다.

② Y재의 가격이 증가했다.

③ X재의 가격이 하락했다.

④ X재의 가격이 상승했다.

10. 어떤 소비자의 효용함수가 $U = U(X, Y)$이고, $M = P_X X + P_Y Y$일 때, 소득 M은 1,000 원, X재 가격은 20원, Y재는 50원이라면 소비자균형점에서 한계대체율(MRS)은 얼마인가?

① 0.4   ② 0.6   ③ 1.0   ④ 1.5

※힌트 : 균형점에서는 $MRS_{XY} = \dfrac{P_X}{P_Y}$ 가 된다.

11. 수요곡선이 도출될 수 있는 것은 다음 중 어느 것인가?

① 소득소비곡선   ② 무차별곡선   ③ 가격소비곡선   ④ 효용곡선

12. 다음 중 소득소비곡선을 바르게 설명한 것은?

① 두 재화의 소비조합으로 동일한 만족을 주는 점의 궤적

② 소득과 가격과의 관계를 나타내는 곡선

③ 실질소득이 변할 때 소비자균형점을 연결한 선

④ 한 재화의 가격이 변화할 때 소비자균형점의 궤적

13. 어떤 재화의 소득소비곡선이 다음과 같이 그려진다면 재화 X는?

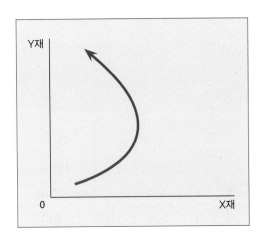

① 보통재　　② 열등재　　③ 대체재　　④ 보완재

■ 서술식 문제

1. 한계효용체감의 법칙을 설명하라.

2. 한계효용이론에서 소비자균형조건을 설명하라.

3. 무차별곡선의 성격에 대해 논하라.

4. 한계대체율체감의 법칙을 설명하라.

5. 가격이 변했을 때와 소득이 변했을 때 예산선 이동의 차이를 설명하라.

6. X재의 가격 $P_X = 20$, Y재의 가격 $P_Y = 10$, 그리고 소득 M이 200이다.
　(1) X재의 가격이 10으로 하락하였을 때 예산선을 그려라.
　(2) Y재의 가격이 5로 하락하였을 때 예산선을 그려라.
　(3) X재의 가격이 30, Y재의 가격이 20 그리고 소득이 300으로 증가한 경우 예산선
　　을 그려라.

7. 무차별곡선이론에서 소비자균형조건을 설명하라.

제2장 객관식 문제 정답
1. ① 2. ③ 3. ④ 4. ① 5. ③ 6. ② 7. ④ 8. ② 9. ④ 10. ① 11. ③ 12. ③ 13. ②

생산자이론

이 장에서는 또 다른 중요한 경제주체인 기업에 대해서 설명한다. 제1장의 경제순
　　환모형에서 설명한 것처럼 기업은 상품시장에서는 재화와 서비스의 생산자로,
생산요소시장에서는 생산요소의 수요자로 행동한다. 여기서는 기업의 생산자로서 행
동원리를 설명한다.

3.1　기업과 이윤

제1장에서 이미 설명한 것처럼 경제원리는 주어진 자원하에서 욕구를 최대화하도록
자원을 배분하는 것이다. 기업의 욕구는 이윤으로 볼 수 있다. 그러므로 합리적인 기업
이라면 주어진 기술수준에서 이윤을 극대화할 수 있도록 상품을 생산해야 한다. 이 절
에서는 기업이 이윤극대화를 위해서 얼마만큼을 생산하고 그 과정에서 어떤 경제원리
가 작용하는지를 공부하게 될 것이다.

　　기업의 이윤(π)은 총수입(total revenue, TR)과 총비용(total cost, TC)의 차액으로 정
의된다. 이것을 정리하면 식 (3-1)과 같다.

$$\pi = TR - TC \qquad\qquad (3-1)$$

여기서 총수입은 기업이 재화를 생산하여 판매함으로써 벌어들이는 금액으로 재화의
생산량(Q)과 재화가격(P)의 곱으로 정의된다. 즉 $TR = PQ$로 나타낼 수 있다. 총비용은
기업이 재화의 생산에 필요한 여러 가지 생산요소를 구입하는 데 지출하는 금액을 말
한다. 기업이 생산을 위해 구매한 생산요소에 생산요소가격을 곱해서 계산한다.

　　기업의 생산비용에는 금전적 지출이 수반되는 비용도 있고 그렇지 않은 비용도 있
다. 전자를 명시적 비용(explicit cost), 후자를 암묵적 비용(implicit cost)이라 한다. 예를
들어 농부가 농산물을 생산할 때 종자, 비료, 농기계 등은 돈을 주고 구입하므로 이것
들은 명시적 비용에 포함된다. 자신의 토지나 노동을 생산에 투입했다면 돈을 지불하
지 않으므로 이것들은 암묵적 비용이 된다. 일반적으로 기업회계에서 명시적 비용만을
비용으로 계산하기 때문에 사람들은 대개 명시적 비용만을 비용으로 보는 경향이 있
다. 그러나 경제학에서 생산비용은 기회비용으로 계산한다. 즉 명시적 비용과 암묵적
비용을 함께 고려하여 생산과정에 투입된 모든 생산요소의 비용을 포함한다.

　　생산비용으로 명시적 비용만 포함시키느냐 암묵적 비용도 포함시키느냐에 따라 회

계적 이윤(accounting profit)과 경제적 이윤(economic profit) 간의 구분이 이루어진다. 회계적 이윤은 총수입에서 명시적 비용을 뺀 차액으로 정의된다. 반면 경제적 이윤은 총수입에서 모든 기회비용, 즉 명시적 비용과 암묵적 비용을 모두 뺀 차액으로 정의된다. 암묵적 비용이 존재하면 경제적 이윤은 항상 회계적 이윤보다 적다는 것을 알 수 있다.

현실에서 대부분 기업들은 상당한 자기자본을 투입하는데 이와 관련된 비용이 중요한 암묵적 비용이 된다.[1] 기업회계에서는 이런 암묵적 비용이 계산되지 않기 때문에 총수입이 명시적 비용을 초과하면 이윤이 발생한다. 그러나 경제학적으로 보면 그것은 진정한 이윤이 아니다. 만약 회계적 이윤이 자기자본에 대한 암묵적 비용에 미달하면 그 기업은 오히려 경제적 손실을 보고 있는 셈이 된다.

생산자이론은 기업이 이윤을 극대화하기 위해서 주어진 조건하에서 얼마만큼 생산할 것인가, 즉 생산량 결정 문제로 귀결된다. 이윤은 총수입과 총비용의 차액으로 정의되기 때문에 생산량이 총수입과 총비용에 어떻게 영향을 미치는지를 잘 이해해야 할 것이다. 재화가격(P)은 시장의 경쟁조건에 따라 다르게 결정되는데 이에 대한 상세한 분석은 제4장에서 이루어질 것이다. 여기서는 단순화를 위해 재화가격(P)은 일정하다고 가정한다. 또한 기업의 생산비용과 관련하여 생산요소의 가격도 일정하다고 가정한다.

3.2 생산기술

3.2.1 생산함수

생산자이론은 생산량 결정 문제이기 때문에 먼저 상품이 어떻게 생산되는가를, 즉 생산과정을 이해할 필요가 있다. 상품을 생산하는 데 필요한 토지, 건물, 장비, 노동력 등이 투입된다. 이것을 생산요소(factors of production) 또는 투입물(input)이라 한다. 이런 생산요소의 구입을 위한 지불액이 생산비용이 된다. 즉 생산량이 결정되면 시장가

---

1 기업이 타인을 고용하거나 타인의 돈이나 토지를 빌리면 각각 임금, 이자율과 지대를 지급한다. 기업가가 자신의 돈과 토지를 사용하거나 자신이 노동을 하면 실제로는 지급하지 않지만 마치 자신에게 지급하는 임금, 이자율과 지대와 같다. 이런 암묵적 비용이 되는 임금, 이자율과 지대는 결국 자신에게 귀속되기 때문에 귀속임금(imputed wage), 귀속이자율(imputed interest), 귀속지대(imputed rent)로 구분하여 부르기도 한다.

그림 3.1　생산관계

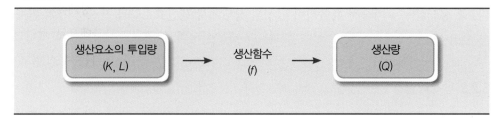

격을 통해 총수입이 결정되고, 그때 투입된 생산요소를 통해서 총비용이 결정된다. 따라서 총수입과 총비용을 알려면 생산요소의 투입량과 생산량 간의 관계를 알아야 한다. 이런 관계를 생산함수(production function) 또는 생산기술이라고 한다. 여기서는 생산기술은 변하지 않는다고, 즉 생산함수 형태가 일정하다고 가정한다.[2] 이것을 그림으로 나타내면 〈그림 3.1〉과 같다.

　실제 생산은 여러 가지 생산요소로 이루어지지만 단순화를 위해 생산요소로 노동(L)과 자본(K)만 있다고 가정한다. 노동은 인간에 의해서 제공되는 생산요소로서 정확히 노동서비스이며 주로 시간으로 계산된다. 자본은 기계나 건축물 등과 같이 인간에 의해 만들어진 생산수단이나 토지처럼 자연에 의해서 제공되는 생산요소를 총칭한다. 자본도 기계, 건축물이나 토지 그 자체가 아니고 이것들이 일정기간 동안 제공하는 서비스를 말한다. 그러므로 생산요소는 스톡변수가 아니고 플로우변수이다.

　〈그림 3.1〉의 생산요소의 투입량과 생산량 간의 관계를 함수형태로 나타내보자. 즉 L단위의 노동과 K단위의 자본을 투입하여 Q단위의 제품을 생산한다면 식 (3-2)로 나타낼 수 있다.

$$Q = f(L, K) \qquad (3-2)$$

　이와 같은 식으로 나타낼 때 다음 두 가지 전제조건을 충족해야 한다. 첫째, 함수형태 f가 일정해야 한다. 생산요소가 증가하거나 감소할 때 함수형태가 변하지 않아야 한다는 것이다. 즉 기술진보가 일어나지 않는다. 둘째, 투입요소량과 최대생산량 간의 함수관계를 설정해야 한다. 예컨대 노동 1단위와 자본 1단위를 투입하면 생산량이 2개 또

2　생산기술이 변하는 경우 기술진보(technological innovation)가 발생한다고 한다. 기술진보가 발생할 때의 경제분석은 이 책의 범위를 넘는 것이기 때문에 여기서 다루지는 않는다.

는 1개인 경우 생산함수는 투입요소가 (1, 1)일 때 최대생산량 2와 일대일 대응해야 된다. 즉 생산함수는 기술적 효율성이 달성된 상태에서 생산요소량과 생산량 간의 관계를 보여준다.

3.2.2 단기와 장기

어떤 기업이 생산하는 제품이 잘 팔린다고 하자. 기존의 생산능력으로는 시장의 수요에 부응할 수 없을 정도이다. 이 기업은 생산량을 늘리기로 결정하였다고 하자. 기술수준이 일정하므로 생산량을 늘리는 방법에는 다음 두 가지가 있다.

첫째, 노동을 늘리는 방법이다. 즉 노동시간을 늘리거나 노동자를 추가로 고용하는 것이다. 둘째, 자본을 늘리는 방법이다. 기계설비를 도입하고 공장건물을 증축하는 것이 이에 해당된다. 이 두 가지 방법에 시차가 존재하는데, 처음에는 노동시간을 늘리고 그 다음 노동자를 더 고용하고 그 다음 기계를 도입하여 공장을 증축하는 것이 일반적인 순서이다. 그래서 여기서는 생산요소가 변화할 때 노동이 자본보다 더 먼저 변화한다고 가정한다.

이러면 생산량이 증가할 때 일정기간 동안 자본은 변하지 않고 노동만 증가하게 된다. 이처럼 한 요소가 고정된 상태에서 다른 요소가 증가하면서 생산량이 늘어날 만큼 짧은 기간을 단기(short-term)라 한다. 실제의 기간은 기업들이 사용하는 자본의 특성이 다르기 때문에 기업마다 다를 것이다. 이때 생산량에 관계없이 변하지 않는 생산요소를 고정요소(fixed input), 생산량에 따라 변화하는 생산요소를 가변요소(variable input)라 한다. 여기서는 자본이 고정요소, 노동이 가변요소가 된다.

지속적으로 생산량이 증가하게 되면 기계설비를 늘리고 공장건물을 증축해야 한다. 이처럼 고정요소였던 자본이 변화할 만큼 긴 기간을 장기(long-term)라 한다. 다시 말해서 모든 요소가 가변요소로 바뀌는 기간을 말한다. 장기에는 생산량의 증감에 따라 자본량과 노동량이 결정된다. 여기서는 먼저 단기를 설명하고 그 다음 장기에 대해서 설명할 것이다. 단기의 합이 장기가 되므로 단기를 이해하면 장기를 파악할 수 있기 때문이다.

3.2.3 단기생산함수

단기에는 생산량과 관계없이 일정량의 자본이 고정요소로 투입된다. 그래서 생산량은 가변요소인 노동의 투입량에 의해서만 결정된다. 주어진 기술과 자본량이 고정된 상태에서 노동투입량과 최대생산량 간의 관계를 단기생산함수라 한다. 이것을 식으로 나타내면 다음과 같다.

$$Q = f(L, K_0) \tag{3-3}$$

여기서 K_0는 일정량의 자본량을 나타낸다. 〈표 3.1〉은 $K_0 = 1$인 경우 단기생산함수를 나타내고 있다. 이 단기생산함수는 노동 투입량이 증가하면 생산량도 증가한다. 이때 다른 조건이 일정한 상태에서 노동 투입량 1단위 증가할 때 추가적인 생산량 변화를 노

표 3.1 단기생산함수와 한계생산

노동시간(L)	자본량(K)	생산량(Q)	노동의 한계생산(MP_L)
0	1	0	–
1	1	100	100
2	1	141	41
3	1	173	32
4	1	200	27
5	1	224	24
6	1	245	21
7	1	264	19
8	1	283	18
9	1	300	17
…	1	…	…
16	1	400	13
25	1	500	10
36	1	600	8
49	1	700	5
…	1	…	…
225	1	1500	0
256	1	1400	−1

동의 한계생산(marginal product of labor, MP_L)이라고 한다. 이것을 수식으로 나타내면 $MP_L = \dfrac{\Delta Q}{\Delta L}$ 이 된다.

〈표 3.1〉의 예에서 노동투입량이 증가함에 따라 생산량은 증가하나 노동의 한계생산은 감소하고 있다. 이처럼 한 요소투입량이 증가할 때 총생산량은 증가하지만 그 요소의 한계생산이 감소하는 현상을 한계생산체감의 법칙(law of diminishing marginal product)이라 한다. 일찍이 이 법칙은 토지부문에서 발견되었다. 즉 일정한 토지에 농부수가 늘어나면 농부 한 사람당 경작비율이 작아지면서 추가적인 수확이 점점 감소했다. 당시 이것은 수확체감의 법칙이라 불리었다. 자본의 경우도 마찬가지이다. 자본이 일정한 상태에서 노동자 수가 증가하면 노동자 한 사람당 자본사용량이 점점 줄어들게 된다. 이에 따라 노동의 추가투입에 따른 한계생산이 점점 감소한다. 〈표 3.1〉을 바탕으로 단기생산함수를 그래프로 나타내면 〈그림 3.2〉와 같다.

소비자이론을 이해한 학생이라면 한계생산과 한계생산체감의 법칙은 그 대상이 소비량 대신 노동으로 바뀌었을 뿐, 기본개념은 한계효용과 한계효용체감의 법칙과 정확히 일치한다는 것을 알 수 있다. 그래서 총생산량과 한계생산 간의 관계도 총효용과 한

그림 3.2 단기생산함수

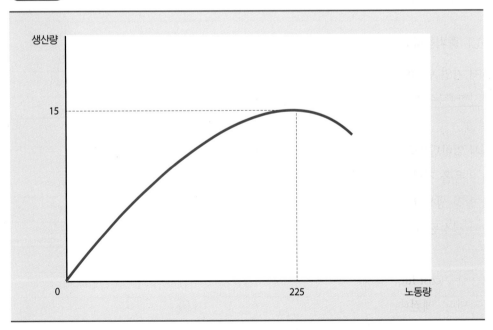

계효용 간의 관계와 다르지 않다.

첫째, 한계생산의 합은 총생산량과 일치한다.

둘째, 총생산량은 $MP_L > 0$이면 증가하고 $MP_L < 0$이면 감소한다.

셋째, $MP_L = 0$이면 총생산량은 최대가 된다.

넷째, 생산함수상의 한 점에서 기울기는 한계생산과 일치한다.

다섯째, 노동의 한계생산은 체감한다.

이와 같은 관계는 〈그림 3.2〉에서 쉽게 확인할 수 있다. 생산함수는 $MP_L > 0$이면 증가함수가 되고 $MP_L < 0$이면 감소함수가 된다. 최고점에서 기울기가 0이므로 $MP_L = 0$임을 알 수 있다. 또한 노동의 한계생산이 체감하므로 노동투입이 증가함에 따라 생산곡선상의 기울기가 점점 감소한다.

지금까지 단기에서 생산요소량과 생산량의 관계를 살펴보았다. 기업의 생산량이 시장에서 항시 다 팔린다는 것을 가정하면 총수입은 이 생산량에 시장가격을 곱한 값이다. 기업 단기이윤의 한 축을 담당하는 총수입은 시장가격, 총생산량 및 노동과 밀접한 관련이 있는 것을 알 수 있다.

3.3 단기비용곡선

3.3.1 총비용곡선과 한계비용곡선

이제 기업 단기이윤의 또 다른 축인 총비용에 대해서 살펴보자. 앞에서 설명한 것처럼 생산함수는 생산요소의 투입량과 생산량 간의 관계를 보여준다. 생산함수를 통해 알 수 있는 것은 일정한 생산요소를 가지고 얼마만큼 생산하는가와 일정량을 생산하기 위해서 얼마만큼의 생산요소가 투입되는가이다. 생산요소를 구입하려면 생산요소시장에서 비용을 지불해야 한다. 이렇게 생산을 위해 투입되는 비용을 생산비용이라 한다. 결국 일정 생산요소량이 투입되려면 일정 생산비용이 들기 때문에 생산량에 따라 생산비용이 결정된다. 이처럼 생산량과 생산비용 사이에 일정한 관계가 성립된다. 이것을 도표로 나타내면 〈그림 3.3〉과 같다.

비용함수(cost function)는 주어진 생산기술하에서 생산량과 최소생산비용 간의 관계를 나타낸다. 예컨대 상품 1단위를 생산하는 데 100원이나 200원이 지불된다고 하자. 이

그림 3.3 생산량과 생산비용, 생산함수와 비용함수

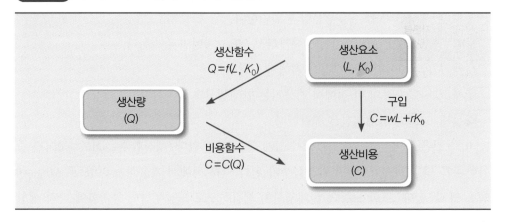

때 비용함수는 상품 1단위와 최소생산비용 100원 간의 관계를 나타낸다.

총비용(total cost, TC)은 투입되는 모든 생산요소의 구입비용을 말한다. 단기에는 고정요소와 가변요소가 존재한다. 이때 고정요소의 구입비용을 고정비용(fixed cost, FC), 가변요소의 구입비용을 가변비용(variable cost, VC)이라 한다. 여기서는 노동이 가변요소이고 자본이 고정요소라고 가정하고 있다. 이때 자본의 가격이 r이고, 단위노동당 임금이 w라 하면 고정비용은 rK_0, 가변비용은 wL이 된다. 총비용은 고정비용과 가변비용의 합이므로 $TC = rK_0 + wL$로 나타낼 수 있다. 고정요소는 생산량과 관계없이 투입되므로 고정비용은 생산량과 관계없이 지불된다. 반면 가변요소는 생산량에 따라 투입되는 양이 달라지므로 가변비용은 생산량에 따라 결정된다.

〈표 3.2〉는 자본의 가격 r이 50원, 임금 w가 10원인 경우 〈표 3.1〉의 생산함수 자료를 가지고 고정비용, 가변비용, 총비용과 한계비용을 구한 것이다. 고정비용은 50원으로 생산량과 관계없이 일정하다. 반면 가변비용은 생산량이 증가함에 따라 증가한다. 총비용은 고정비용과 가변비용의 합이므로 식 (3-4)로 나타난다.

$$TC(Q) = FC + VC(Q) \qquad\qquad (3\text{-}4)$$

생산량이 증가함에 따라 가변비용이 증가하고 이에 따라 총비용도 증가한다.

한계비용(marginal cost, MC)은 생산량이 1단위 증가할 때 총비용의 변화를 의미한다. 총비용과 한계비용 간의 관계는 앞에서 배운 총생산량과 한계생산 간의 관계와 같다.

첫째, 한계비용의 합은 총비용과 일치한다.

표 3.2 단기비용함수와 한계비용 : $r=50$, $w=10$인 경우

생산량 (Q)	자본량 (K)	노동량 (L)	고정비용 (rK)	가변비용 (wL)	총비용 (C=rK+wL)	한계고정비용 ($\frac{\Delta FC}{\Delta Q}$)	한계가변비용 ($\frac{\Delta VC}{\Delta Q}$)	한계비용 ($\frac{\Delta C}{\Delta Q}$)
0	1	0	50	0	50	–	–	–
1	1	1	50	10	60	0	10	10
2	1	4	50	40	90	0	30	30
3	1	9	50	90	140	0	50	50
4	1	16	50	160	210	0	70	70
5	1	25	50	250	300	0	90	90
6	1	36	50	360	410	0	110	110
7	1	49	50	490	540	0	130	130
8	1	64	50	640	690	0	150	150
9	1	81	50	860	860	0	170	170
10	1	100	50	1,000	1,050	0	190	190
11	1	121	50	1,210	1,260	0	210	210

둘째, $MC > 0$이면 총비용은 증가한다.[3]

셋째, 총비용함수상의 한 점에서 기울기는 한계비용과 일치한다.

넷째, 한계비용은 체증한다.

고정비용은 생산량과 관계없이 항시 일정하므로 한계고정비용은 0이다. 한계가변비용은 1단위 생산량이 증가할 때 총가변비용의 변화를 의미한다. 한계비용은 한계고정비용과 한계가변비용의 합으로 계산되므로 항시 한계비용은 한계가변비용과 일치한다. 〈표 3.2〉에서도 이것을 확인할 수 있다.

〈그림 3.4〉는 〈표 3.2〉를 바탕으로 단기비용곡선과 한계비용곡선을 그린 것이다.

단기비용곡선은 〈그림 3.2〉의 생산함수와 비교하면 모든 생산량에 대해 증가함수이다. 하지만 생산함수의 기울기가 점점 작아지는 것과 달리 단기비용함수의 기울기는

---

3 $MC<0$인 경우 한계개념에 의하면 총비용이 감소한다. 그러나 주어진 기술수준에서 생산요소가 증가하여 생산량이 늘어나는데 한계비용이 음인 경우 불가능하므로 여기서는 제외한다.

그림 3.4 단기비용곡선과 한계비용곡선

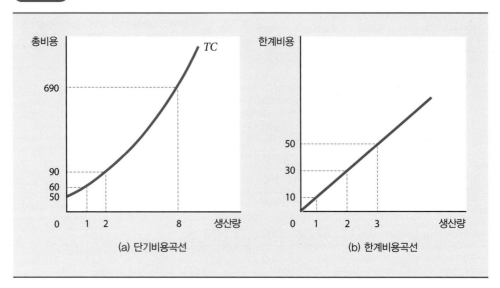

(a) 단기비용곡선

(b) 한계비용곡선

점점 커진다. 이것은 한계비용이 체증한다는 의미이다.

　이러한 한계비용 체증현상은 왜 발생하는가? 〈표 3.1〉에서 보면 노동의 한계생산은 체감하고 있다. 즉 노동을 첫 번째 단위 투입할 때 한계생산이 1, 두 번째 단위 투입 때 한계생산이 0.41, 세 번째 단위 투입 때 0.32, ……. 점점 한계생산이 체감한다. 이것을 〈표 3.2〉의 생산량 기준으로 계산하면 첫 번째 단위 생산에 노동 1단위, 두 번째 단위 생산에 노동 3단위, 세 번째 단위 생산에 5단위, …… 가 투입된다. 생산이 증가함에 따라 가변요소인 노동 투입량이 체증하므로 당연히 총비용은 더 높은 비율로 증가한다. 즉 주어진 생산함수에서 노동의 한계생산이 체감하면 이것은 곧 한계비용이 체증한다는 의미를 갖는다.[4]

3.3.2 평균총비용곡선

앞 절에서 총비용과 한계비용 간의 관계에 대해서 살펴보았다. 또한 지금까지 소비자이론에서 총효용과 한계효용 간의 관계와 생산자이론에서 총생산과 한계생산 간의 관계에 대해서도 살펴보았다. 이제 총량과 한계량 간의 관계에 대해서 익숙해졌으리라

---

4 이 관계는 수식을 통해서도 증명할 수 있다. 다음 절 한계생산과 한계비용의 관계에서 설명되고 있다.

생각된다. 그런데 이 관계에서 한 가지 불편한 것은 한계비용은 단위당으로 계산하는 것에 비해 총비용은 총량 단위로 계산된다. 한계비용을 가지고 총비용을 구하려면 그 생산량까지 한계비용을 일일이 다 더해야 한다. 또한 기하학적으로도 총비용과 한계비용은 같은 좌표상에 그릴 수 없어 비교하기가 힘들다.

이러한 번잡함을 피하면서 단위개념으로 총비용을 계산할 수는 없는가? 여기에서 평균비용개념이 필요하게 된다. **평균총비용**(average total cost, ATC)은 총비용을 생산량으로 나눈 값으로 정의된다. 즉 $ATC = \dfrac{TC}{Q}$이다. 단위생산당 지불되는 비용을 의미한다. 평균총비용과 총생산량을 알면 총비용은 쉽게 구해진다. $TC = ATC \times Q$이기 때문이다. 이윤은 총수입($P \times Q$)에서 총비용($AC \times Q$)을 뺀 차액이다. 평균총비용을 이용하면 이윤은 $(P - ATC) \times Q$로 나타난다. 즉 가격에서 평균총비용을 뺀 차액에 판매수량을 곱한 값이다. 이제 가격과 평균총비용만 비교해도 기업의 이윤을 쉽게 알 수 있다. 또한 동일한 재화를 생산하는 기업들의 평균총비용을 비교해보면 어느 기업의 생산이 더 효율적이고 경쟁에서 유리한지를 알 수 있다. 또한 기하학적으로 평균총비용은 한계비용과 동일한 좌표선상에 나타낼 수 있기 때문에 용이하다. 한계비용은 이윤극대화 생산량을 결정하는 데 유용하고 평균총비용은 이윤극대화점을 결정하지 못하지만 생산량과 함께 총비용과 이윤의 크기를 결정한다. 그러므로 한 좌표에 한계비용과 평균총비용을 동시에 그리면 이윤극대화점과 이윤의 크기를 구하는 데 용이하다.

총비용은 앞에서 언급한 것처럼 고정비용과 가변비용의 합으로 나타낸다. 즉 $TC = FC + VC$이다. 이것을 평균을 구하기 위해 양변을 생산량(Q)으로 나누면 $\dfrac{TC}{Q} = \dfrac{FC}{Q} + \dfrac{VC}{Q}$가 된다. 즉 평균총비용은 평균고정비용과 평균가변비용의 합으로 계산된다. 이런 평균비용들을 〈표 3.2〉를 바탕으로 구하면 〈표 3.3〉이 된다.

〈표 3.3〉에서 보듯이 평균고정비용은 생산량이 증가함에 따라 지속적으로 감소한다. 고정비용은 생산량과 관계없이 초기에 일정액이 지불되는 비용이기 때문에 생산량이 증가함에 따라 단위당 비용은 감소할 수밖에 없다. 평균가변비용은 단위생산당 노동투입량이 증가하므로 상승한다. 평균총비용은 감소하는 평균고정비용과 증가하는 평균가변비용의 합으로 되어 있기 때문에 상대적인 크기에 따라 증감이 결정된다.

〈표 3.3〉에서 보듯이 1단위 생산할 때 평균총비용이 60이었다가 2단위일 때 45로 감소한다. 그 다음 3단위 생산에 46.7, 4단위 생산에 52.5,……로 지속적으로 증가하고 있다. 즉 처음에는 평균고정비용의 감소폭이 평균가변비용 증가폭보다 크기 때문에 평균

표 3.3 평균총비용, 평균고정비용, 평균가변비용 : $r=50$, $w=10$인 경우

생산량 (Q)	자본량 (K)	노동량 (L)	고정비용 (rK)	평균고정비용 $(\frac{FC}{Q})$	가변비용 (wL)	평균가변비용 $(\frac{VC}{Q})$	총비용 $(FC+VC)$	평균총비용 $(AFC+AVC)$
0	1	0	50	–	0	–	50	–
1	1	1	50	50.0	10	10	60	60.0
2	1	4	50	25.0	40	20	90	45.0
3	1	9	50	16.7	90	30	140	46.7
4	1	16	50	12.5	160	40	210	52.5
5	1	25	50	10.0	250	50	300	60.0
6	1	36	50	8.3	360	60	410	68.3
7	1	49	50	7.1	490	70	540	77.1
8	1	64	50	6.3	640	80	690	86.3
9	1	81	50	5.6	810	90	860	95.5
10	1	100	50	5.0	1,000	100	1,050	100.5
11	1	121	50	4.5	1,210	110	1,150	114.5

총비용곡선은 감소하다가 나중에는 평균가변비용의 증가폭이 더 크게 되어 증가한다. 즉 평균총비용곡선은 U자 형태를 갖는다.

〈표 3.3〉을 바탕으로 평균비용곡선들을 그래프로 나타내면 〈그림 3.5〉와 같다.

〈그림 3.5〉에서 생산량 Q_0에서 평균총비용(ATC)은 Q_0B이고 평균가변비용(AVC)은 Q_0C이다. $ATC = AFC + AVC$ 관계가 성립하기 때문에 이 중 두 곡선만 알면 다른 하나는 유도할 수 있다. 즉 평균고정비용(AFC)은 ATC와 AVC의 차액이므로 BC가 된다. 총비용은 평균총비용과 생산량(Q_0)의 곱이므로 〈그림 3.5〉에서 면적 □OQ_0BA가 된다. 가변비용은 평균가변비용과 생산량(Q_0)의 곱이므로 면적 □OQ_0CD가 된다. 총고정비용은 총비용에서 가변비용의 차액이므로 면적 □$ABCD$가 된다. 이처럼 각 생산단위에서 해당 평균총비용을 알면 해당비용을 면적을 통해 쉽게 유도할 수 있다.

그림 3.5 평균비용곡선

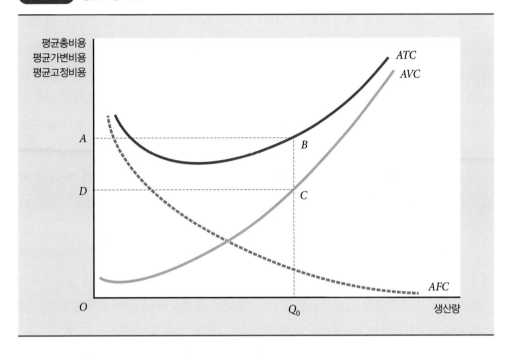

3.3.3 평균총비용곡선과 한계비용곡선

기업은 이윤극대화 목적하에 생산량과 이윤을 결정한다. 이것을 결정하는 데 실질적으로 평균총비용과 한계비용이 중요하다. 그런데 한계비용곡선과 평균총비용곡선은 각각 독특한 형태를 가질 뿐만 아니라 매우 특별한 관계를 가지고 있다.

첫째, 한계비용이 평균총비용보다 작으면 평균총비용이 감소하고 한계비용이 평균총비용보다 크면 평균총비용이 증가한다. 한계값과 평균값 간의 이 관계는 비단 생산비용에 대해서만 적용되는 것이 아니다.[5] 두 개념 간의 일반적인 관계는 일상에서 어렵지 않게 관찰할 수 있다. 간단한 예를 들어 보자. 어떤 사람이 여행을 하면서 6일 동안 총 30만 원을 지출했다면 1일 평균총비용은 5만 원이 될 것이다. 만약 7일째 3만 원을 지출했다고 하면 7번째 한계비용은 3만 원이 된다. 7일 동안 평균비용을 다시 계산하면 4.7만 원이 된다. 즉 $ATC > MC$이면 평균총비용은 감소한다. 반대로 7일 째 7만 원을

---

5 한계수입과 평균수입, 생산요소(노동과 자본)의 평균생산물과 한계생산물 등 한계값과 평균값에 해당되는 모든 변수들에 이 성질이 적용된다.

사용했다면 평균비용이 5.3만 원이 된다. $ATC < MC$ 상황이 되어 평균비용은 상승한다.

둘째, 한계비용곡선은 평균총비용곡선의 최저점을 아래에서 위로 통과한다. 한계비용과 평균비용 간의 앞의 관계를 달리 표현하면 평균총비용이 내려갈 때는 한계비용이 평균총비용보다 작고 평균총비용이 올라갈 때는 한계비용이 평균총비용보다 크다고 할 수 있다. 평균총비용곡선이 U자형이므로 평균총비용은 지속적으로 내려가다가 최저점에 도달한 다음에는 지속적으로 올라갈 것이다. 두 비용 간의 관계로부터 평균총비용이 하락하는 동안에는 한계비용곡선이 평균총비용곡선의 아래에 있고 평균총비용이 상승하는 동안에는 한계비용곡선이 평균총비용곡선의 위에 있어야 한다. 따라서 평균총비용의 최저점에서 한계비용곡선은 평균총비용곡선의 아래에서 위로 올라가야 하므로 이 점에서 두 곡선은 교차하게 된다.

〈표 3.3〉을 가지고 두 곡선을 그려보면 〈그림 3.6〉으로 나타낼 수 있다. 평균총비용과 한계비용이 같아지는 최저점은 2개와 3개 사이에서 형성되어 있다는 것을 알 수 있다.

두 비용곡선의 관계는 기업행위를 분석할 때 매우 중요하다. 한계비용곡선상에서 기업의 이윤극대화 생산량이 결정되고 평균총비용곡선을 가지고 총비용과 그에 따른 이

그림 3.6 평균총비용곡선과 한계비용곡선

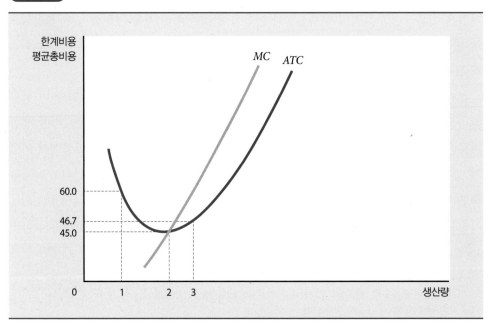

윤이 계산되기 때문이다. 가변투입요소가 여러 개인 경우도 평균총비용곡선과 한계비용곡선의 관계는 마찬가지이다. 각 가변투입요소의 한계생산이 체감한다면 이미 설명한 것처럼 한계비용은 체증한다. 이러한 평균총비용과 한계비용 간의 관계는 가변투입요소가 몇 가지인가가 아니라 고정투입요소의 존재 여부에 따라 성립된다.

한편 평균총비용은 평균고정비용과 평균가변비용의 합이다. 생산량이 증가할 때 평균고정비용은 감소하고 평균가변비용은 상승하므로 상대적 크기에 의해서 평균총비용의 크기가 결정된다. 일반적으로 초기에 평균고정비용의 감소폭이 더 크므로 평균총비용은 감소하고 그 이후 평균고정비용의 감소폭이 더 적어지므로 증가한다.

한계생산과 한계비용의 관계

우리는 앞에서 생산함수와 비용함수는 서로 밀접한 관계에 있다는 것을 알았다. 이제 이런 관계를 수식을 통해서 확인해보자. 주어진 생산함수에서 노동의 한계생산 $MP_L = \frac{\Delta Q}{\Delta L}$이다. 비용함수를 $TC = rK_0 + wL$로 놓으면 단기에서 자본구입비용 rK_0는 고정비용이다. 그러므로 생산량과 관계없이 항시 일정하므로 고정비용의 한계비용은 0이 된다. 그 대신 한계비용은 가변비용하고만 관련이 있다. 즉 한계비용식은 $MC = \frac{\Delta TC}{\Delta Q} = w\frac{\Delta L}{\Delta Q} = \frac{w}{MP_L}$로 유도된다. 이 식은 한계비용과 한계생산은 서로 역비례관계에 있다는 것을 보여준다. 즉 한계생산이 체감하면 한계비용은 체증한다.

평균생산과 평균비용의 관계

주어진 생산함수에서 노동의 평균생산(average product of labor, AP_L)은 단위노동당 생산량을 나타낸다. 즉 $AP_L = \frac{Q}{L}$로 나타낼 수 있다. 비용함수를 $C = rK_0 + wL$로 놓으면 평균총비용 $ATC = \frac{TC}{Q} = \frac{rK_0}{Q} + \frac{wL}{Q} = \frac{FC}{Q} + \frac{w}{AP_L}$로 유도된다. 이 식은 평균비용과 평균생산은 서로 역비례관계에 있다는 것을 보여준다. 즉 평균생산이 체감하면 평균비용은 체증한다.

3.4 단기 이윤극대화

제1장에서 이미 언급했듯이 기업의 욕구는 이윤이다. 합리적인 기업은 이윤극대화를 목적으로 삼아야 한다. 이윤은 총수입에서 총비용을 뺀 차액으로 계산된다. 시장가격

이 P로 일정하다면 총수입은 시장가격과 생산량의 곱으로 쉽게 구할 수 있다. 이러한 총수입을 앞 절에서 배운 총비용과 결합하면 이윤방정식은 다음 식과 같이 생산량의 함수로 나타낼 수 있다.

$$\pi(Q) = P \times Q - TC(Q)$$

결국 생산자이론은 기업이 이윤극대화를 위해서 얼마만큼의 상품을 생산하느냐를 결정하는 문제로 귀결된다. 즉 이윤 π를 극대화하는 생산량 Q를 찾는 문제이다.

3.4.1 총량적 접근방법

이 접근방법은 바로 이윤방정식의 총수입과 총비용을 이용해서 이윤극대화 생산량을 찾는 것이다. 〈표 3.2〉를 이용하여 $P = 110$원일 때 이윤극대화 생산량을 구해보자.

〈표 3.4〉에서 보듯이 이윤은 처음에 음(−)이었다가 양(+)으로, 다시 음(−)으로 두 단계의 변화를 나타내고 있다. 먼저 기업은 이윤이 양(+)인 구간인 1~10개 범위의 어

표 3.4 이윤, 총수입, 총비용 : P=110, r=50, w=10인 경우

생산량 (Q)	자본량 (K)	노동량 (L)	총수입 $(P \times Q)$	총비용 $(C = rK + wL)$	이윤 $(\pi = TR - TC)$	한계수입 $\left(\frac{\Delta TR}{\Delta Q}\right)$	한계비용 $\left(\frac{\Delta TC}{\Delta Q}\right)$
0	1	0	0	50	−50	−	−
1	1	1	110	60	50	110	10
2	1	4	220	90	130	110	30
3	1	9	330	140	190	110	50
4	1	16	440	210	230	110	70
5	1	25	550	300	250	110	90
6	1	36	660	410	250	110	110
7	1	49	770	540	230	110	130
8	1	64	880	690	190	110	150
9	1	81	990	860	130	110	170
10	1	100	1,100	1,050	50	110	190
11	1	121	1,210	1,260	−50	110	210

그림 3.7   총수입곡선과 총비용곡선

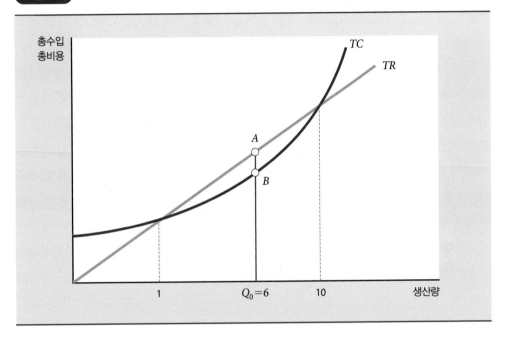

느 한 점을 선택할 것이다. 이 구간 중에서 이윤을 계산해보면 이 기업은 6개 생산할 때 250원으로 이윤이 가장 높다. 그러므로 이 기업은 6개를 생산할 것이다.

먼저 총수입은 단위 생산증가에 따라 가격만큼 증가하므로 총수입곡선은 원점을 통과하는 사선으로 그려진다. 총비용은 앞에서 배운 것처럼 기울기가 증가하는 함수로 나타난다. 한계비용이 체증하기 때문이다. 총수입곡선과 총비용곡선을 한 좌표에 같이 그리면 〈그림 3.7〉이 된다.

〈그림 3.7〉에서 보듯이 Q_0만큼 생산할 때 총수입은 AQ_0가 된다. 이때 총비용은 BQ_0 이다. 이윤은 총수입에서 총비용을 뺀 차액이므로 AB이다. 이 AB 길이가 가장 클 때 이윤이 최대화되고 기업은 그 양만큼 생산하게 된다.

3.4.2 한계적 접근방법

총량적 접근방법은 총수입곡선의 수직길이와 총비용곡선의 수직길이의 차로 나타나기 때문에 생산점과 이윤의 크기를 어느 정도 짐작할 수 있지만 정확하게 나타날 수가 없다. 이러한 문제를 극복하기 위해 한계적 접근방법을 사용한다.

이 방법은 제1장에서 이미 배운 경제원리인 한계원리에 따라 선택하는 것이다. 즉 한계편익(MB)이 한계비용(MC)보다 크면 선택을 늘리고 반대로 $MB < MC$가 되면 선택을 줄인다. 결국 $MB = MC$가 되는 점에서 선택을 하면 욕구를 극대화할 수 있다.

한계수입(marginal revenue, MR)은 생산량이 1단위 증가할 때 추가적으로 늘어나는 총수입의 변화를 의미한다. 여기서 한계수입은 기업이 단위 생산증가로 얻는 한계편익임을 알 수 있다. 기업이 생산량 1단위 늘릴 때마다 상품가격만큼 총수입이 증가하므로 한계수입은 상품의 시장가격과 일치한다($P = MR$).

〈표 3.4〉에 한계원리를 적용하면 〈표 3.5〉를 유도할 수 있다. 1단위 생산할 때 한계수입이 110원이고 한계비용이 10이므로 $MR > MC$가 된다. 즉 한계원리에 의하면 생산을 늘리면 추가적으로 얻을 수 있는 이윤이 더 늘어나기 때문에 더 생산해야 한다. 1개에서 5개 생산할 때까지 $MR > MC$이므로 생산량을 계속 늘려야 한다. 6개째가 되면 $MB = MC$이다. 만약 7개를 생산하면 $MR < MC$가 되므로 생산량을 줄여야 한다. 즉 MR

표 3.5 이윤, 한계수입, 한계비용 : $P=110$, $r=50$, $w=10$인 경우

생산량 (Q)	총수입 (P×Q)	총비용 (C = rK + wL)	이윤 (π = TR − TC)	한계수입 ($\frac{\Delta TR}{\Delta Q}$)	한계비용 ($\frac{\Delta TC}{\Delta Q}$)	이윤극대화 조건
0	0	50	−50	−	−	−
1	110	60	50	110	10	MR > MC
2	220	90	130	110	30	MR > MC
3	330	140	190	110	50	MR > MC
4	440	210	230	110	70	MR > MC
5	550	300	250	110	90	MR > MC
6	660	410	250	110	110	MR = MC
7	770	540	230	110	130	MR < MC
8	880	690	190	110	150	MR < MC
9	990	860	130	110	170	MR < MC
10	1,100	1,050	50	110	190	MR < MC
11	1,210	1,260	−50	110	210	MR < MC

그림 3.8 단기이윤극대화

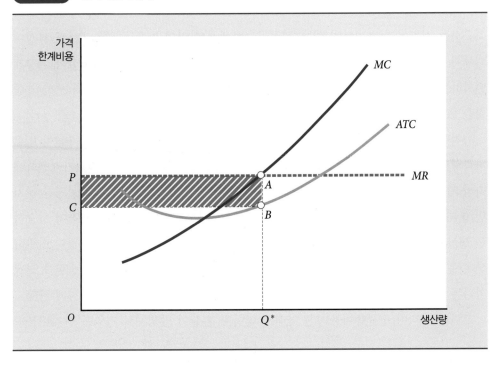

= MC인 조건을 만족한 생산량 6개가 기업이 선택할 수 있는 이윤극대화점이 된다. 이제 기업의 이윤극대화조건은 한계수입과 한계비용이 일치하는 점으로 정리할 수 있다. 또한 한계수입은 가격과 일치하므로 기업의 이윤극대화조건은 P = MR = MC가 된다.

이것을 그래프로 나타내면 〈그림 3.8〉과 같다. 한계수입곡선은 한계수입이 시장가격과 일치하므로 수평선으로 그려진다. 이에 비해 한계비용곡선은 한계비용이 체증하기 때문에 우상향한다. 기업의 이윤극대화조건은 P = MR = MC이므로 한계수입곡선과 한계비용곡선이 교차하는 점인 A점에서 이윤이 극대화되는 생산량 Q*가 결정된다.

그러면 총이윤은 얼마나 될까? 이것을 알기 위해서는 평균총비용곡선이 필요하다. 총비용은 Q*점에서 평균총비용이 B이므로 B × Q*이다. 즉 □OQ*BC의 면적이 된다. 이때 총수입은 P × Q*이므로 이것은 □OQ*AP의 면적으로 나타난다. 이윤은 □OQ*AP의 면적에서 □OQ*BC의 면적을 뺀 면적 □BAPC가 된다.

3.5 단기공급곡선

지금까지 시장가격이 변하지 않는다는 가정하에서 기업의 이윤극대화 생산량 결정에 대해서 살펴보았다. 이제 시장가격이 변화할 때 기업의 이윤극대화 생산점이 어떻게 변화하는지를 살펴보자. 〈그림 3.9〉는 가격이 변화할 때 기업의 이윤극대화 생산량 변화를 보여준다.

가격이 P_1일 때 이윤극대화조건에 의해 $P_1(=MR)=MC$인 점 Q_1에서, 가격이 P_2로 하락해도 이윤극대화조건인 $P_2=MC$인 점에서 기업은 생산량을 결정한다. 가격변화에 따라 기업의 이윤극대화 생산점은 한계비용곡선상에서 결정된다. 앞에서 설명한 것처럼 한계비용은 체증하기 때문에 한계비용곡선은 우상향한다. 그러므로 가격이 상승하면 생산량이 증가하고 가격이 하락하면 생산량이 감소한다. 개별기업은 가격이 변화하면 이윤극대화를 위해 그 가격에 대응하는 한계비용곡선상의 한 점에서 생산량을 결정한다는 것을 알 수 있다. 이에 따라 한계비용곡선이 개별기업의 단기공급곡선이 된다.

그런데 가격이 평균총비용곡선 아래로 낮아져 손실이 발생해도 기업은 한계비용곡

그림 3.9 조업중단점과 단기공급곡선

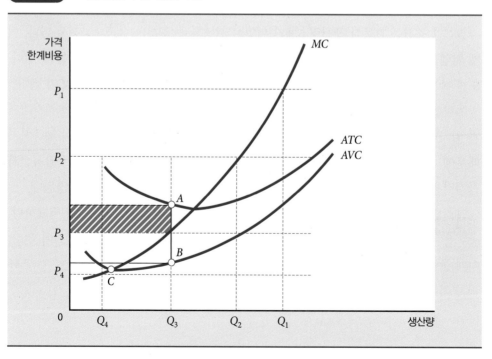

선상에서 생산량을 결정할까? 가격이 P_3인 경우 이윤극대화조건 $P_3 = MC$에 의해 Q_3에서 결정된다. 이때 가격이 평균총비용보다 낮으므로 〈그림 3.9〉의 ▨만큼 손실이 발생한다. 이때 기업의 조업 여부는 고정비용의 크기에 의해서 결정된다.

　단기에는 생산을 하지 않아도 고정비용이 발생한다. 예컨대 고정비용이 100만 원이라 하자. 이런 고정비용을 가지고 생산을 하면 30만 원의 손실이 발생한다고 하자. 기업의 입장에서는 생산을 중단하면 고정비용으로 100만 원 손실, 생산을 하면 30만 원 손실이 발생하므로 생산하는 것이 더 유리하다. 만약 생산하면 130만 원의 손실이 발생할 경우 더 이상 생산하지 않는 것이 유리하다. 이처럼 단기적으로 생산을 중단하는 것을 조업중단(shutdown)이라 한다. 고정비용은 기업의 조업중단 여부를 결정하는 기준 역할을 한다. 이것은 어떤 요인에 의해 시장상황이 악화되어, 가격이 일시적으로 폭락할 때 잠시 조업을 중단하는 단기적 의사결정을 말한다. 영원히 시장을 떠나는 장기의 사결정인 퇴출(exit)과는 구별해야 한다.

　이처럼 조업중단 여부를 결정하는 기준으로 고정비용이 중요하다. 고정비용을 그래프로 나타내기 위해서 〈그림 3.9〉에 보듯이 평균가변비용곡선이 필요하다. 평균고정비용은 평균총비용에서 평균가변비용을 뺀 차액이며 거기에 생산량을 곱하면 고정비용이 구해진다. 즉 $FC = (ATC - AVC) \times Q$이다. 고정비용은 일정하기 때문에 생산량이 커질수록 평균총비용과 평균가변비용의 차는 점점 더 적어지는 것을 알 수 있다.

　가격이 P_3인 경우 기업의 조업 여부를 살펴보자. 〈그림 3.9〉에서 보듯이 가격이 P_3이면 생산량은 Q_3가 된다. 이때 평균총비용이 A이고 평균가변비용은 B이므로 고정비용은 $(A - B) \times Q_3$로 나타낼 수 있다. 이 경우 고정비용이 손실 ▨부분보다 더 크므로 비록 손실을 보지만 조업은 계속할 것이다. 그러나 P_4인 경우(평균가변비용보다 가격이 낮은 경우) 이윤극대화조건에 의해 Q_4가 생산된다. 이 경우는 손실이 고정비용보다 더 커지게 되므로 기업은 조업을 중단하게 된다. 독자 여러분 각자가 〈그림 3.9〉에서 확인

표 3.6　시장가격, 이윤과 조업 여부

가격조건	이윤상태	조업 여부
$P > ATC$	이윤	O
$ATC > P > AVC$	손실	O
$P < AVC$	손실	X

하기 바란다.

이제 수식을 가지고 정리해보자. 기업은 가격 P에서 한계비용곡선상의 생산량 Q를 결정한다. 이때 이 기업의 손실은 $(ATC - P) \times Q$이고 고정비용은 $(ATC - AVC) \times Q$이므로 $(ATC - P) \times Q > (ATC - AVC) \times Q$이면 조업중단, $(ATC - P) \times Q < (ATC - AVC) \times Q$이면 조업한다. 위 식을 정리하면 $(P - AVC) \times Q < 0$일 때는 조업중단, $(P - AVC) \times Q > 0$일 때는 조업한다. 즉 $P > AVC$이면 손실이 발생해도 조업하고 $P < AVC$인 경우 조업을 중단한다.

기업의 조업 여부에 대한 지금까지 설명을 〈표 3.6〉으로 정리할 수 있다. 시장가격이 평균총비용보다 크면 이윤이 발생하고 적으면 손실이 발생한다. 즉 평균총비용이 이윤 발생 여부의 기준점이 된다. 시장가격이 평균가변비용보다 크면 손실이 발생해도 조업을 하지만 작으면 조업을 중단한다. 즉 $P = AVC$인 점이 조업중단점이 된다. 이 조건을 만족하는 점은 〈그림 3.9〉에서 보듯이 평균가변비용곡선의 최저점이 된다.

앞에서 한계비용곡선이 개별기업의 단기공급곡선이 된다고 설명하였다. 그러나 가격이 평균가변비용보다 작으면 기업은 이윤극대화(손실 최소화)를 위해 조업을 중단한다. 그러므로 평균가변비용곡선 아래의 한계비용곡선은 단기공급곡선에서 제외되어야 한다. 이것을 감안하여 개별기업의 단기공급곡선을 그리면 〈그림 3.10〉과 같다.

그림 3.10   개별기업의 단기공급곡선

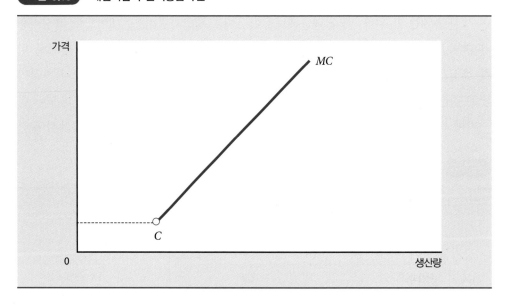

개별기업의 단기공급곡선은 평균가변비용곡선 최저점에서 불연속적이다. 가격이 C 점 위에 형성되면 한계비용곡선상에서 생산하지만 C점 아래에서 가격이 형성되면 조업을 중단하기 때문이다.

3.6 장기 이윤극대화

지금까지 고정요소가 존재하는 단기에 기업이 이윤극대화를 위해 어떻게 생산량을 결정하는가를 살펴보았다. 이 절에서는 고정요소가 가변요소로 변화하는 장기에 기업이 이윤극대화를 위해 어떻게 생산량을 결정하는가를 살펴본다. 그리고 기업의 단기 이윤극대화와 장기 이윤극대화 간에 어떤 차이가 존재하는가도 살펴본다.

3.6.1 장기 평균총비용곡선

지금까지 자본은 고정요소, 노동은 가변요소라고 가정한 단기평균총비용(SAC)을 바탕으로 이윤극대화 생산점을 도출했다. 예컨대 자본이 공장시설이라고 하면 단기에는 이를 변화시킬 수 없다. 시간이 지나 경제가 호황이 되면 생산량을 늘릴 때 노동시간이나 고용증가로는 한계가 있다. 이때 공장시설을 증축하면 자본은 더 이상 고정요소가 아니고 가변요소가 된다. 마찬가지로 경제가 침체해서 공장설비를 축소하게 되면 더 이상은 단기가 아니다. 이처럼 고정요소가 가변요소로 변할 만큼 긴 기간을 장기라 한다. 그래서 장기에는 고정비용이 존재하지 않고 가변비용만 존재한다.

이처럼 고정요소의 유무로 단기와 장기를 구분할 때 실제로 어느 정도 기간이 경과해야 장기가 되는가? 단기와 장기를 구분하는 기간은 재화 및 서비스의 특성과 생산기술에 따라 달라진다. 가령 전력산업에서는 발전소를 건설하는 기간이 장기가 되고 제조업에서는 공장을 건설하는 기간이 장기가 되는데, 공장보다는 발전소 건설에 더 많은 기간이 필요할 것이다. 또 제조업 중에서도 의류산업보다는 자동차산업에서 공장건설에 더 많은 기간이 필요할 것이다. 동네 피자가게라면 단 일주일만에도 설비를 갖추거나 확장할 수 있을 것이다.

생산요소가 모두 가변요소가 되는 장기에는 평균총비용곡선이 어떻게 달라지겠는가? 장기는 단기의 집합이라는 사실에 주목하자. 즉 앞에서 배운 단기평균총비용곡선을 가지고 장기평균총비용곡선을 유도할 수 있다.

그림 3.11 장기평균총비용곡선의 유도

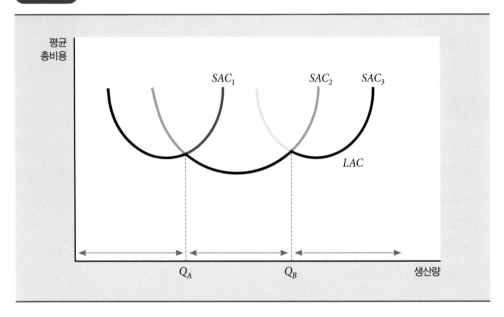

예컨대 한 기업이 공장규모를 소($K=1$), 중($K=2$), 대($K=3$) 세 가지 중에서 선택할 수 있다고 하고 장기평균총비용곡선(LAC)을 구해보자. 〈그림 3.11〉에서 SAC_1, SAC_2, SAC_3는 각각 소규모, 중규모, 대규모 공장의 단기평균총비용곡선을 나타낸다. 만약 이 기업이 소규모 공장을 선택했다면 단기적으로 SAC_1 위에서만 생산 활동을 한다. 중규모나 대규모 공장을 선택했다면 단기적으로 각각 SAC_2, SAC_3 위에서 생산 활동을 할 것이다.

생산량이 Q_A 이하($Q < Q_A$)이면 이 기업은 소규모 공장규모를 선택한다. 중규모나 대규모보다 평균총비용이 낮기 때문이다. 생산량이 증가하여 $Q_A < Q < Q_B$에 있게 되면 이 기업은 투자를 늘려 공장규모를 소규모에서 중규모로 변경해야 평균총비용이 적게 든다. 마찬가지로 생산량이 Q_B 이상($Q > Q_B$)으로 증가하면 공장규모를 대규모로 확장해야 평균총비용이 감소한다.

소, 중, 대규모의 공장규모를 개별적으로 보면 단기이지만 생산량이 증가함에 따라 소, 중, 대규모로 변화하는 과정으로 보면 고정요소였던 공장설비가 가변요소로 변화하므로 장기가 된다. 소, 중, 대규모로 변화할 수 있는 상황에서 이 기업의 장기평균총비용곡선은 각 공장규모의 단기 평균총비용곡선 SAC_1, SAC_2, SAC_3 중에서 생산량규모에 따라 비용이 가장 적게 드는 단기평균총비용곡선을 조합함으로써 구해진다. 〈그림 3.11〉에서 생산량 구간별로 가장 아래에 있는 단기평균총비용곡선을 찾아 연결하면 이것이 장기평균총비용곡선이 된다. 즉 생산량이 Q_A까지는 SAC_1 부분을, 생산량이 $Q_A \sim Q_B$ 사이에서는 SAC_2 부분을, 생산량이 Q_B 이상에서는 SAC_3 부분을 조합하여 연결하면 장기평균총비용곡선 LAC가 된다. 즉 장기평균총비용은 단기평균총비용보다 결코 크지 않다는 것을 알 수 있다.

지금까지 선택 가능한 공장규모가 세 가지인 경우 장기평균총비용곡선을 유도하였다. 즉 장기평균총비용곡선은 각 생산규모에서 가장 낮은 단기평균비용곡선의 집합으로 구성된다. 실제로는 선택 가능한 공장규모가 무수히 많을 것이다. 이제 각 단기평균총비용곡선 중에서 오직 한 점만이 장기평균총비용곡선에 포함될 정도로 선택 가능한 공장규모가 무수히 많다고 하자. 앞에서 배운 원리를 적용하면 〈그림 3.12〉에서 보듯이 장기평균총비용곡선은 수많은 단기평균총비용곡선들을 감싸는 부드러운 U자 모양의 곡선이 될 것이다. 여기서도 마찬가지로 장기평균총비용은 단기평균총비용보다 결코 크지 않다. 그래서 장기평균총비용곡선을 단기평균총비용곡선의 포락선(enveloped curve)이라고 한다.

그림 3.12　장기평균총비용곡선

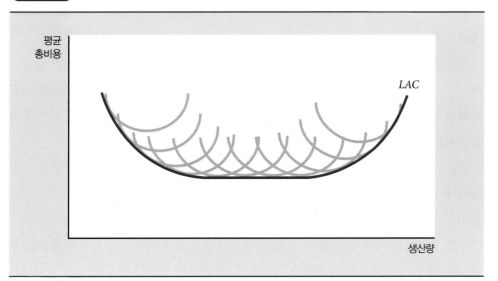

3.6.2 규모의 경제

장기평균총비용곡선을 보면 기업의 생산규모에 따라 단위당 생산비용이 어떻게 달라지는지를 알 수 있다. 장기평균총비용곡선이 우하향하면 생산량이 증가할수록 단위당 생산비용이 하락하게 된다. 이 경우에는 더 많이 생산하면 비용면에서 경제성이 높아지므로 **규모의 경제**(economies of scale)가 작용한다고 말한다. 반대로 장기평균총비용곡선이 우상향하면 생산이 증가할수록 단위당 생산비용이 상승하게 된다. 이 경우에는 더 많이 생산하면 비용면에서 경제성이 떨어지므로 **규모의 비경제**(diseconomies of scale)가 작용한다고 말한다. 장기평균총비용곡선이 수평이면 생산량의 변화에 따른 단위당 생산비용의 변화가 없으므로 비용면에서 경제성이 좋아지거나 나빠지는 효과가 없다. 이 경우에는 규모에 대한 불변보수(constant returns to scale)라고 한다. 〈그림 3.12〉의 장기평균총비용곡선은 생산량 증가에 따라 규모의 경제, 규모에 대한 불변보수, 규모의 비경제가 차례로 나타나는 경우를 보여주고 있다.

장기평균총비용곡선이 우하향하는 현상, 즉 규모의 경제는 왜 발생하는 것인가? 이 질문에 대답하기 위해 대규모 공장에서 생산되는 재화에는 어떤 것들이 있는지 생각해 보자. 자동차, 조선, 석유화학 등 우리나라의 주요 산업은 대부분 대규모 공장에서 생산이 이루어지고 있다. 해당 산업에서는 수많은 근로자들이 고도로 분업화된 생산시스템 속에서 대량으로 제품을 생산하고 있다. 이런 방식의 생산방법이 평균총비용을 더 낮출 수 있기 때문이다. 즉 분업과 전문화를 통해 얻을 수 있는 생산성 향상이 규모의 경제를 가져오는 것이다.

반면에 세탁소, 미용실, 음식점 등 우리 주변에서 쉽게 접할 수 있는 서비스 업종에서는 소규모 사업장이 대부분이다. 이런 업종에서는 생산과정이 단순하기 때문에 많은 사람이 분업을 할 필요가 없으며, 일하는 사람이 많아지면 오히려 생산성이 떨어져 평균총비용이 올라갈 수도 있다.

물론 대량생산 방식을 택하고 있는 제조업이라고 무한정 공장규모를 늘리지 않는다. 생산 규모가 증가하면 한편에서는 분업과 전문화에 의한 생산성 향상에 따라 장기평균총비용이 감소하는 효과가 있는 반면, 다른 한편에서는 거대한 시설과 조직을 관리하고 업무를 조정하는 데 따른 비용이 커진다. 후자의 비용증가 효과가 전자의 비용감소 효과보다 더 커지면 규모의 비경제가 작용하기 시작한다. 규모의 경제 현상이 나타나는 생산 규모가 어느 정도인지는 생산되는 재화 및 서비스의 특성에 따라 달라질 것이다.

3.6.3 장기한계비용곡선

〈그림 3.12〉에서 보듯이 장기평균총비용곡선은 무수히 많은 단기평균총비용곡선을 가지고 유도되었다. 마찬가지로 장기한계비용곡선도 무수히 많은 단기한계비용곡선을 가지고 유도된다. 여기서는 이미 앞에서 배운 평균비용과 한계비용 간의 관계를 이용하여 장기한계비용곡선을 유도할 수 있다.

장기평균총비용곡선이 〈그림 3.13〉에서 보듯이 U자 형태라고 가정하자. 그러면 우하향하는 부분은 규모의 경제가 작용하고 우상향하는 부분은 규모의 비경제가 작용한다. 먼저 단기평균총비용곡선이 SAC_1이고 단기한계비용곡선이 SMC_1인 경우를 살펴보자. SAC_1 중에서 오직 한 점 a만 장기평균총비용곡선에 포함된다. 이 a점에 대응하는 SMC_1곡선상의 점은 a'이 된다. 바로 이 한 점이 장기한계비용곡선상의 한 점이 된다. 이와 같이 하면 장기평균총비용곡선이 하락하는 곳에서는 장기한계비용곡선이 장기평균총비용곡선 아래에 있다. 이것은 앞에서 설명한 한계곡선과 평균곡선 간의 관계를 그대로 반영하고 있다.

그림 3.13   장기한계비용곡선

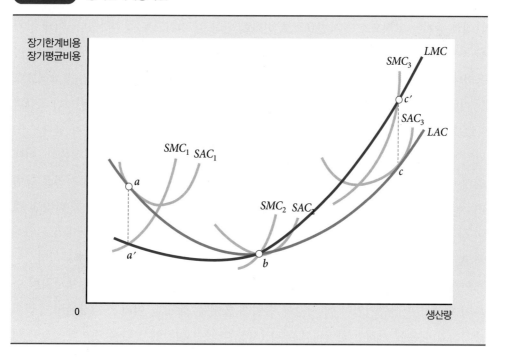

b점처럼 SAC_2의 최저점이 장기평균총비용곡선에 포함된다면 바로 그 점이 장기한계비용곡선상의 점이 된다. 평균총비용곡선의 최저점은 항시 한계비용곡선이 통과하기(일치하기) 때문이다. 즉 이 점은 $SAC_2 = SMC_2 = LAC_2 = LMC_2$임을 알 수 있다.

c점처럼 단기평균총비용곡선이 증가할 때 한 점이 장기평균총비용곡선이 되면 이때 대응하는 SMC_3상의 c'점이 장기한계비용곡선의 한 점이 된다. 이처럼 장기평균총비용곡선이 상승하는 곳에서는 장기한계비용곡선이 장기평균총비용곡선 위에 존재하게 된다.

장기평균총비용곡선과 장기한계비용곡선 간의 관계를 정리하면 다음과 같다. 첫째, 장기평균총비용곡선이 우하향하면 장기한계비용곡선은 장기평균비용곡선의 아래에 존재한다. 둘째, 규모에 대한 보수불변이면 장기평균총비용이 변하지 않으므로 장기평균총비용과 장기한계비용은 일치한다. 셋째, 장기평균총비용곡선이 우상향하면 장기한계비용곡선은 장기평균총비용곡선보다 위에 존재한다. 이런 관계 때문에 장기평균총비용곡선이 U자형이면 장기한계비용곡선은 장기평균총비용곡선의 최저점을 통과하게 된다.

3.6.4 장기균형

앞에서 장기는 고정요소가 가변요소로 변화할 만큼 긴 기간으로 정의하였다. 이제 장기를 기업의 진입과 퇴출까지도 포함하는 긴 기간으로 확대해보자. 그러면 개별기업의 이윤극대화 과정을 두 가지 국면으로 나누어 생각할 수 있다. 첫째, 기존기업이 고정요소인 자본을 변화하는 국면이다. 둘째, 기업의 진입과 퇴출이 이루어지는 국면이다. 〈그림 3.14〉를 통해 이 두 국면의 변화에 대해 개별기업이 어떤 의사결정을 하는지 살펴보자. 단기에 기업은 이윤극대화조건인 $P_S = SMC_1$, 즉 a점에서 생산량 Q_1을 결정한다. 이때 최대이윤은 ▨ 부분이다. 이때 이 가격에서 더 큰 이윤을 얻을 수 있다면 기업은 당연히 자본을 재조정할 것이다. 이처럼 자본을 재조정하여 기업의 비용구조를 나타낸 것이 장기평균총비용곡선과 장기한계비용곡선이다. 이제 개별기업은 이윤극대화를 위해서 $P_S = LMC$인 b점에서 생산량 Q_2를 생산한다. 이때 최대이윤은 ▭ 부분이다.

이제 기업들이 진입과 퇴출을 자유롭게 할 수 있다고 하자. 〈그림 3.14〉에서처럼 이윤이 발생하면 신규기업이 이 시장에 진입해 들어올 것이다. 이러면 시장에서 공급이 증가하기 때문에 가격이 하락하게 된다.(시장원리는 제4장에서 다룰 것이다.) 결국 이

그림 3.14　장기균형가격과 생산량

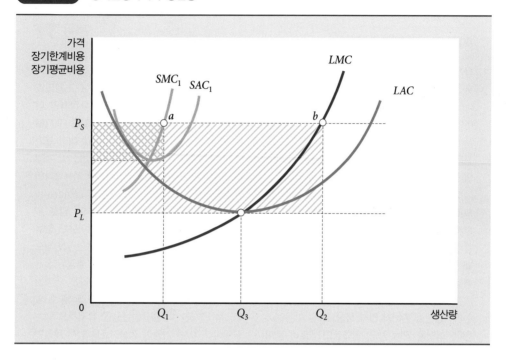

윤이 0이 될 때까지 가격은 하락하게 된다. 즉 장기평균총비용곡선의 최저점에서 가격이 결정된다. 이때 균형조건은 $P_L = SAC = SMC = LAC = LMC$가 되고 이때 생산량은 Q_3가 된다. 〈그림 3.13〉에 이미 살펴보았듯이 장기평균총비용곡선의 최저점에서는 단기평균총비용, 단기한계비용, 장기평균총비용과 장기한계비용이 모두 동일하기 때문이다.

　반대로 시장가격이 처음에 P_L보다 낮은 가격에서 형성되었다고 한다면 개별기업은 단기뿐만 아니라 장기에도 손실이 발생하게 된다. 그러면 이와 같은 비용구조를 갖는 기업들은 이 시장에서 퇴출된다. 이에 따라 시장공급이 감소하기 때문에 시장가격은 상승한다. 결국 장기평균총비용곡선의 최저점에서 균형에 도달하게 된다.

기업은 비영리기구인가

장기균형에서 기업의 이윤이 0이라는 결과는 언뜻 보면 좀 이상하다. 이윤을 추구하는 기업이 마치 비영리기구처럼 이윤을 남기지 않기 때문이다. 모든 리스크를 감수하면서 최선을 다해 생산·판매하여 소비자의 만족을 충족시켜주고 자신은 이윤을 챙기지 않는 모습은 자선사업가(?)의 풍모까지 보인다.

이것을 정확히 이해하기 위해 다시 이윤의 정의로 돌아가보자. 항상 염두에 두어야 할 것은 경제학에서 이윤은 경제적 이윤이다. 이 이윤은 총수입과 총비용의 차, 즉 $\pi = TR - TC$이다. 이때 총비용은 기회비용으로 이 기업을 경영하기 위해 포기한 모든 가치가 포함된다.

기업은 상품을 생산하기 위해 무엇을 포기하는가? 생산을 위해서 먼저 생산요소를 고용해야 한다. 이것을 위해 임금, 임대료와 원료비 등이 지불(포기)된다. 즉 명시적 비용이다. 총수입에서 명시적 비용을 뺀 것을 회계적 이윤이라 한다. 흔히 기업들이 재무제표를 작성할 때 계산되는 이윤을 말한다. 많은 학생들이 이 회계적 이윤을 경제적 이윤으로 생각함으로써 이해를 못

하는 경우가 있다.

자기노동을 투입하면 다른 기업에 고용되어 받을 임금(귀속임금), 자기자본을 투입하면 다른 곳에서 얻었을 수익(귀속임대료)도 포기해야 한다. 즉 암묵적 비용이다. 그런데 여기 포기된 것이 하나가 더 있다. 이 모든 것을 이 기업에 쓰지 않고 다른 기업이나 산업에 사용했다면 얻었을 이윤이다. 이 이윤을 **정상이윤**(normal profit)이라 한다. 즉 어떤 산업에서나 얻을 수 있는 이윤을 말한다. 그러므로 정상이윤도 암묵적 비용에 포함되어야 한다. 이 이윤은 일반적으로 한 국가의 전 산업 평균이윤율로 추정된다.

이제 장기균형에서 이윤이 0이라는 의미는 결국 정상이윤만 존재하는 상태로 나타낼 수 있다. 즉 그 국가의 평균이윤율을 유지하고 있는 상태이다. 어떤 기업이 정상이윤을 얻지 못하면 다른 산업으로 옮길 것이며, 반대로 정상이윤 이상을 얻게 되면 다른 기업들이 진입하게 되어 결국 정상이윤에서 균형이 유지될 것이다. 정상이윤을 초과한 부분의 초과이윤을 경제적 이윤이라 한다.

연습문제

객관식 문제

1. 다음 중에서 명시적 비용에 해당되지 않는 것은?

    ① 비료비   ② 농기계사용료   ③ 농협융자 이자   ④ 농부의 귀속임금

2. 다음 설명 중 옳지 않은 것은?

    ① 고정요소는 생산량과 관계없이 투입된다.

    ② 장기는 모든 요소가 가변요소로 변하는 기간이다.

    ③ 단기는 모든 요소가 고정요소인 기간이다.

    ④ 생산함수는 일정한 기술수준하에서 투입량과 최대생산량 간의 관계를 나타 낸다.

3. 요소투입량이 증가할 때 총생산량은 증가하지만 그 요소의 한계생산이 감소하는 현상은?

    ① 한계대체율체감의 법칙   ② 한계효용체감의 법칙

    ③ 한계생산체감의 법칙   ④ 한계기술적대체율체감의 법칙

4. 다음은 한계생산량과 총생산량에 관한 설명이다. 이 중 옳지 않은 것은?

    ① 한계생산의 합은 총생산량과 일치한다.

    ② 한계생산이 0보다 크면 총생산량은 증가한다.

    ③ 한계생산이 0이면 총생산량은 최대가 된다.

    ④ 원점과 생산함수 위의 한 점과 그은 사선의 기울기는 한계생산과 일치한다.

5. 다음은 한계비용과 총비용에 관한 설명이다. 이 중 옳지 않은 것은?

    ① 한계비용의 합은 총비용과 일치한다.

    ② 한계비용체감의 법칙이 성립한다.

    ③ 총비용함수의 한 점에서 접선의 기울기는 한계비용과 일치한다.

    ④ 단기에 한계비용은 한계가변비용과 일치한다.

6. 비용함수는 $C = 4 + Q^2$이다. $Q = 2$일 때 평균비용과 한계비용은 각각 얼마인가?

    ① (8, 4)   ② (4, 4)   ③ (4, 8)   ④ (8, 8)

7. 다음은 평균비용곡선이 U자 형태일 때 평균비용곡선과 한계비용곡선 간의 관계를 나타낸 것이다. 이 중 옳지 않은 것은?

① 한계비용이 평균비용보다 더 크면 평균비용곡선이 상승한다.

② 한계비용곡선이 평균비용곡선의 최저점을 통과한다.

③ 한계비용이 평균비용보다 작으면 평균비용곡선이 하락한다.

④ 단기이윤극대화는 평균비용과 한계비용이 일치하는 곳에서 이루어진다.

8. 다음 중 이윤극대화조건으로 알맞은 것은(P는 가격, ATC는 평균총비용, MC는 한계비용, AVC는 평균가변비용)?

① $P = ATC$ ② $P = MC$ ③ $ATC = MC$ ④ $P = AVC$

9. 현재 생산량에서 한계수입이 한계비용보다 더 크면($MR > MC$) 이윤을 극대화하는 기업은 어떻게 행동하겠는가?

① 생산량을 더 늘린다.   ② 생산량을 줄인다.

③ 생산량을 변화시키지 않는다.   ④ 생산량을 줄이다 늘린다.

10. 다음 설명 중에서 조업중단 조건으로 알맞은 것은(P는 가격, ATC는 평균총비용, MC는 한계비용, AVC는 평균가변비용)?

① $P = ATC$ ② $P = MC$ ③ $ATC = MC$ ④ $P = AVC$

11. 다음 설명 중에서 옳지 않은 것은?

① 개별공급곡선은 대부분 한계비용곡선과 일치한다.

② 장기평균비용곡선은 단기평균비용곡선의 포락선이다.

③ 규모의 경제가 작용하면 장기평균비용곡선은 우상향한다.

④ 장기한계비용이 장기평균비용보다 크면 장기평균비용곡선은 우상향한다.

⊐ 서술식 문제

1. A농장은 근로자를 고용하여 농사를 짓고 B농장은 가족노동만으로 농사를 짓는데 노동시장에서 임금이 상승하게 되었다고 하자.

(1) 어느 농장의 명시적 비용이 상승하는가?

(2) 어느 농장의 경제적 이윤이 감소하는가?

2. 일회 운항비용이 2천만 원으로 일정하게 드는 100석 규모의 여객기를 운항하는 항공사가 있다. 지난 번 운항에서 좌석당 30만 원에 항공권을 판매했는데 5개의 좌석이 남았다. 이 항공사는 출발 직전에 가격을 10만 원으로 대폭 낮추어 안 팔리던 좌석을 모두 판매하였다.

(1) 여객기 좌석의 평균총비용은 얼마인가?

(2) 할인판매 좌석의 한계비용은 얼마인가?

(3) 할인판매로 인해 이윤은 어떻게 변했는가? 이윤의 변화를 할인판매 가격과 비용 간의 관계로 설명해보라.

3. 다음 진술에서 '이 비용'에 해당되는 것을 아래 보기에서 골라라.

(1) 회계학적 이윤을 계산할 때는 이 비용을 고려하지 않는다.

(2) 평균총비용보다 이 비용이 크면 평균총비용은 상승한다.

(3) 산출량이 증가함에 따라 이 비용은 U자형으로 변한다.

(4) 생산이 1단위 증가할 때 총수입의 증가가 이 비용보다 크면 이윤은 증가한다.

(5) 산출량이 증가할 때 이 비용은 처음에는 급격하게 감소한다.

〈보기〉				
기회비용	명시적 비용	암묵적 비용	총비용	고정비용
가변비용	평균총비용	평균고정비용	평균가변비용	한계비용

4. 어느 참치잡이 배의 선원수와 생산량 간의 관계가 아래 표와 같다. 이 배의 하루 운항경비가 50만 원, 선원의 하루 임금이 10만 원이라고 하자. (참치의 크기는 모두 같다고 가정한다.)

선원수	1	2	3	4	5
생산량(마리)	5	9	12	14	15

(1) 한계생산량, 총비용, 한계비용을 구하라.

(2) 한계생산량의 변화와 한계비용의 변화는 어떤 관계를 가지고 있는가?

(3) 평균총비용을 구하라. 어떤 변화 패턴을 보이는가?

(4) 한계비용과 평균총비용은 어떤 관계를 가지고 있는가?

5. 어느 농가에서 놀고 있는 땅에 비닐하우스를 지어 토마토를 재배하려고 한다. 비용으로는 시설비와 난방비가 드는데, 한 해의 시설비는 100만 원으로 일정하지만 난방비는 난방온도에 따라 증가한다. 난방비를 더 들여 온도를 높이면 생산량이 증가하는데 생산량과 난방비 간의 관계는 다음과 같다.

생산량(kg)	0	100	200	300	400	500
난방비(만 원)	0	10	30	60	100	150

(1) 총비용, 한계비용, 평균총비용을 구하라.

(2) 한계비용과 평균총비용은 각각 어떤 패턴을 보이는가?

(3) 한계비용과 평균총비용은 서로 어떤 관계를 가지는가?

6. 학생들이 수강하는 과목의 학점을 가중평균한 것을 평점평균(GPA)이라고 한다. 어느 학생이 2학년 가을학기까지 얻은 평점평균이 3.75였다고 하자. 겨울방학 중에 수강하게 된 한 과목의 학점과 기존의 평점평균 그리고 새로운 평점평균 간에는 어떤 관계가 있는가?

7. 다음 중 그 성격상 고정비용에 해당하는 것은 어느 것인가?

신제품개발비, 근로자 임금, 공장장 임금, 재료비, 공장의 전기요금, 광고비

8. 자동차 및 컴퓨터 산업에서는 비교적 소수의 대기업들이 세계시장을 지배하고 있다.

(1) 대기업들이 시장을 지배하는 산업에서는 생산비용면에서 어떤 특징이 있는가?

(2) 자동차 회사들의 이윤은 모델별 판매량에 의해 크게 좌우되지만 컴퓨터 회사의 이윤은 총판매량에 의해 크게 좌우된다고 한다. 그 이유를 비용 측면에서 설명해보라.

9. 경쟁시장 기업들은 왜 한계비용이 가격과 같아지도록 생산량을 결정하는가? 시장가격이 상승하면 기업들은 생산량을 어떻게 조정하겠는가?

10. 한국에서는 농기계를 많이 사용하여 농사를 짓고 베트남에서는 노동력을 많이 사용하여 농사를 짓는다. 농기계는 자본이 주로 투입되어 생산되고 농기계의 무역에는 관세가 없다고 하자.

(1) 왜 베트남에서는 노동력을 많이 사용하는가? 비용극소화의 조건을 이용해 설명해보라.

(2) 한국의 농기계 회사가 베트남에 공장을 지으면 베트남에서 농기계 사용이 증가하겠는가?

(3) 한국의 신발, 의류, 가전제품 회사들이 베트남에 대한 투자를 크게 늘리면 베트남의 농기계 사용이 증가하겠는가?

04 CHAPTER

시장원리

시장에는 반드시 수요와 공급이 존재한다. 다시 말하면 수요와 공급이 존재하면 반드시 시장이 형성된다는 것을 의미한다. 즉 시장의 구성요소는 수요와 공급임을 알 수 있다. 이 장에서는 이러한 시장수요와 시장공급 간의 상호작용에 의한 시장의 작동원리에 대해서 설명한다.

4.1 시장수요곡선

4.1.1 시장수요곡선의 유도

우리는 제2장에서 이미 개별수요곡선을 유도하였다. 이것은 어떤 특정 소비자가 다른 조건이 일정하고 오직 자신이 구매하려는 재화의 가격만 변화할 때 자신의 효용(만족)을 극대화하는 소비량의 변화를 나타낸다. 이때 소비량은 실제로 구매하여 소비한 것이 아니고 실질적인 구매력이 뒷받침된다는 전제하에 일정기간 소비자가 특정 재화나 서비스를 구매하려고 의도(willingness to buy)한 양을 말한다. 이것을 수요라 한다.

사회에는 각기 선호가 다른(무차별곡선이 다른) 다양한 소비자들이 살고 있다. 이런 다양한 사람들이 시장가격의 변화에 따라 자신들의 수요를 어떻게 변화시키는가를 사회 전체적으로 나타낸 것이 시장수요곡선이 된다.

논의를 단순하게 하기 위해 시장에 철수와 영희 2명의 소비자만 존재한다고 하자. 〈그림 4.1〉에는 포도에 대한 철수의 개별수요곡선과 영희의 개별수요곡선이 그려져 있다.

제2장에서 설명했듯이 개별수요곡선은 가격변화에 따른 철수와 영희의 효용(만족)을 극대화시켜주는 소비점을 표시하고 있다. 시장가격이 200원이면 철수는 자신의 효용을 극대화하기 위해 포도 6단위를, 반면 영희는 17단위를 살 용의가 있다. 이 사회에는 2명밖에 살고 있지 않으므로 시장가격이 200원일 때 철수와 영희 모두 자신들의 효용을 극대화하기 위해서는 23단위를 구매할 용의가 있다는 것을 의미한다. 즉 시장가격이 200원일 때 시장수요는 포도 23단위가 된다. 이러한 논리로 각기 다른 시장가격하에서 시장수요를 계산해보면 1,000원일 때 7단위, 1,200원일 때 3단위, 1,400원일 때 0임을 알 수 있다. 이것은 시장수요는 일정한 시장가격수준에서 개별수요의 합으로 표시된다는 것을 보여준다. 기하학적으로 시장수요곡선은 개별수요곡선의 수평적인 합으로 유도된다.

그림 4.1   포도에 대한 철수와 영희의 개별수요곡선

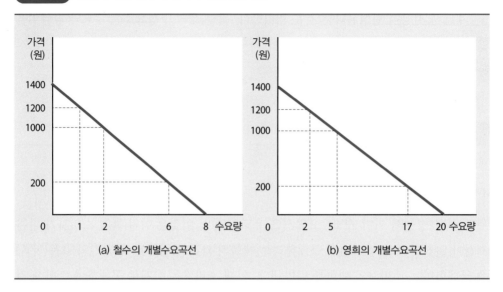

(a) 철수의 개별수요곡선

(b) 영희의 개별수요곡선

사회에는 실제로 무수히 많은 사람이 살고 있다. 이에 따라 개별수요곡선도 무수히 많을 것이다. 좀 복잡하겠지만 앞의 논리를 그대로 적용하면 무수히 많은 개별수요곡선을 수평적으로 합하면 시장수요곡선이 유도될 것이다.

이제 이렇게 유도된 시장수요곡선이 〈그림 4.2〉라고 하고 시장수요곡선의 의미를 살펴보자. 시장가격이 200원이면 이 사회에 살고 있는 모든 사람들은 자신들의 효용을 극대화하기 위해서 23단위의 포도를 살 용의가 있다. 역으로, 포도가 사회 전체적으로 23단위 구매되려면 개인들은 효용을 극대화하기 위해서 최소한 200원까지 지불할 용의가 있다는 것을 보여준다.

시장수요곡선은 〈그림 4.2〉에서 보듯이 가격이 상승하면 수요가 감소하고 가격이 하락하면 수요가 증가한다. 이것을 수요법칙(law of demand)이라 한다고 제2장에서 이미 언급하였다. 개별수요곡선에는 수요법칙이 반드시 성립한다는 보장이 없다. 왜냐하면 가격이 상승하면 오히려 수요가 증가하는 기펜재가 존재하기 때문이다. 그러나 기펜재는 일부 사람들의 특이한 선호체계(무차별곡선의 형태) 때문에 발생하는 것이기 때문에 모든 사람들의 개별수요곡선의 수평적으로 합한 시장수요곡선에서는 가격과 수요 간의 음(−)의 관계라는 큰 흐름에 묻혀 이런 특별한 현상이 발생할 수 없게 된다. 즉 시장수요곡선은 반드시 우하향한다.

그림 4.2 포도의 시장수요곡선

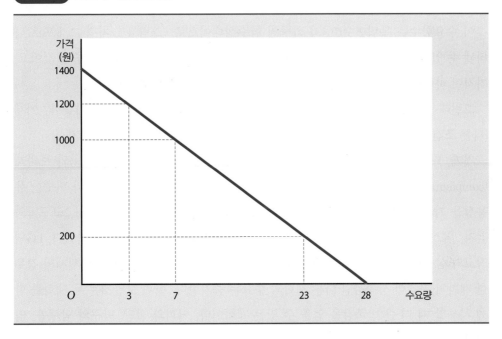

4.1.2 시장수요의 결정요인

앞의 시장수요곡선은 '다른 조건들이 일정한 상태(ceteris paribus; other things being equal)'에서, 오직 자신이 구매하려는 재화의 시장가격이 변화할 때 수요량의 변화를 나타내고 있다.1 이런 상태에서 시장수요에 영향을 미치는 것은 오직 그 재화의 시장가격뿐이다. 그러나 가격 이외의 다른 변수도 수요에 영향을 미칠 수 있다. 이처럼 시장수요에 영향을 미치는 요인을 **시장수요의 결정요인**이라 한다.

재화 n이 존재하고 재화 n의 가격을 제외한 다른 요인은 일정불변이라고 가정하면 시장수요함수는 다음 식 (4-1)과 같이 된다. 이런 수요함수를 '협의의 수요함수'라 한다.

---

1 경제학에서 어떤 현상을 분석하는 데 결정요인이 많은 경우 단순화하기 위해 가장 중요한 변수 하나만 선택한다. 이때 흔히 '다른 조건들이 일정하다(ceteris paribus; other things being equal)'고 가정하여 나머지 변수는 상수로 취급하고 분석한다. 그 다음 일정하다고 상수 취급한 변수가 변화할 때 기존분석에 어떤 변화가 왔는지를 비교하면서 분석한다. 우리는 처음 선택한 변수를 '내생변수', 상수 취급한 변수를 '외생변수'라고 한다. 즉 첫 단계는 내생변수의 변화에 대해 분석하고 다음 단계는 외생변수의 변화에 따라 내생변수가 어떻게 변화하는가에 대해서 분석한다. 이 책도 이 방법을 그대로 따르고 있다는 것에 유의하기 바란다. 이 장에서 내생변수는 가격과 수요량, 또는 가격과 공급량이며 그 외의 것은 모두 외생변수이다.

$$D_n = f(P_n) \tag{4-1}$$

이 수요함수는 독립변수(P_n)가 하나인 함수형태이므로 〈그림 4.2〉처럼 그래프로 나타낼 수 있다. 재화 n은 가격이 오르면 사람들이 그 상품에 대한 수요량을 줄일 것이고, 가격이 하락하면 수요량을 늘릴 것이다. 즉 시장수요곡선은 우하향한다.

그런데 자신이 구매하려는 재화의 수요량에 그 재화의 가격만 영향을 미칠까? 이제 '다른 조건들이 일정하다'고 가정하여 상수로 묶어 놓았던 변수들을 찾아보자.

첫째, 다른 재화의 가격이다. 제2장에서 소개한 대체재(substitute goods)와 보완재(complementary goods)를 들 수 있다. 대체재는 어느 한 재화가 다른 재화와 비슷한 유용성을 가지고 있어 서로 다른 재화에서 같은 효용을 얻을 수 있는 것이다. 고구마와 감자, 버스와 전철, 밀가루와 쌀, 꿩과 닭, 우유와 야쿠르트, 소고기와 돼지고기, LG냉장고와 삼성냉장고 등 우리 주위에서 얼마든지 그 예를 찾아볼 수 있다. 대체재의 경우 한 재화의 가격이 상승하면 다른 재화의 수요는 증가한다. 한편 보완재는 두 재화를 함께 사용할 때 더 큰 만족감을 얻을 수 있는 재화이다. 커피와 설탕, 탁구와 탁구공, 잉크와 만년필, 버터와 빵, 연필과 지우개, 실과 바늘, 자동차와 휘발유 등이 그 좋은 예이다. 보완재의 경우 한 재화의 가격이 상승하면 다른 재화의 수요는 감소한다.[2]

둘째, 소득 수준이다. 소득은 소비자 자신의 재화구매에 대한 지불능력을 결정한다. 소득에 영향을 받는 형태에 따라 재화를 제2장에서 정상재(normal goods)와 열등재(inferior goods)로 나눈 바 있다. 정상재는 소득이 증가하면 수요가 증가하는 재화로, 영화나 자동차, 컴퓨터와 HDTV 등 대부분의 재화가 여기에 속한다. 반면 열등재는 소득이 증가하면 오히려 수요가 줄어드는 재화이다. 과거 가난한 시절에는 대부분의 가정에서 연탄을 난방 연료로 사용하였지만, 국민소득이 증가하면서 지금은 사용이 편리한 석유나 가스 등으로 대체되어 연탄을 사용하는 가정은 찾기 어렵게 되었다. 소득이 증가하면서 사라진 고무신과 호롱불도 열등재라 할 수 있다. 자가용이 대세인 상태에서 전철이나 버스 같은 대중교통도 열등재로 분류된다.

셋째, 소비자들의 기호(taste) 변화이다. 과거 우리나라가 가난한 시절에는 쌀밥 먹는 것을 선호하였지만, 현재에는 건강을 위해 쌀밥을 피하고 현미밥이나 잡곡밥을 더 선

---

2 또 다른 재화로 독립재를 들 수 있다. 이 경우 한 재화의 가격이 다른 재화의 수요에 거의 영향을 못 미친다. 자동차와 쌀, 비행기와 자전거 간의 관계가 그러하다.

호한다. 또한 생활수준이 높아지면서 가격이 비싼 유기농 채소도 선호한다. 막걸리도 한때는 저급 술로 인식되어 수요가 줄어들었다가 유산균을 많이 함유하여 건강에 좋다는 인식이 생기면서 다시 수요가 늘어나기도 했다. 이것은 제2장에서 배운 무차별곡선의 형태, 즉 해당 재화의 한계대체율이 커졌는가 혹은 작아졌는가 하는 변화를 의미한다.

넷째, 소비자들의 예상(expectation)이다. 일반적으로 한 재화의 가격이 상승할 것으로 예상되면, 가격이 오르기 전에 사놓으려는 소비자가 늘어나면서 수요가 급증한다. 반대로 미래에 가격이 하락할 것으로 예상되면 소비자들은 나중에 사려고 구매를 미룬다. 특히 부동산이나 농산물에서 자주 관찰되며 흔히 투기적 수요라 한다. 이것은 소비자들의 예상가격이 변화할 때 자주 발생한다.

다섯째, 인구크기이다. 일반적으로 인구증가는 구매력을 동반하므로 인구가 늘어날수록 대부분의 재화수요가 증가한다.

여섯째, 인구의 구성 변화이다. 중장년층 인구가 늘어나면 중장년층이 필요로 하는 재화의 수요가 늘어나고, 젊은 층의 인구 비중이 늘어나면 이들이 선호하는 재화의 수요가 늘어난다. 미국의 플로리다에 가면 다른 지역보다도 약국 수가 많다. 플로리다에는 따뜻한 기온으로 인해 은퇴한 노인들이 많이 거주하기 때문이다. 반면 젊은 층의 인구 비중이 높은 곳에서는 유치원이나 초등학교 수가 늘어나고 문구류나 장난감을 파는 가게의 수도 같이 늘어난다.

일곱째, 소득분포이다. 중산층이 두터운 사회와 양극화가 심화된 사회에서 소비되는 재화는 분명히 다를 것이다.

실제로 재화나 서비스의 수요에 미치는 요인은 위에서 언급한 요인들 외에도 더 많을 것이다. 여기서 언급한 결정요인 중에서 첫째에서 넷째까지는 개별적 요인에 의해서, 다섯째에서 일곱째까지는 사회적 요인에 의해서 시장수요에 영향을 미치는 결정요인임을 알 수 있다.

이런 결정요인을 모두 포함하여 함수로 나타낸 것이 식 (4-2)와 같다. 이것을 '광의의 수요함수'라 한다.

$$D_n = f(P_n, P_1, P_2, \cdots\cdots, P_{n-1}, Y, T, E, N, S, A) \qquad (4\text{-}2)$$

여기서 D_n은 재화 n의 수요량을 나타내고, f는 수요함수의 형태, P_n은 재화 n의 가격,

P_1, P_2, ……, P_{n-1}은 다른 재화의 가격, Y는 소득수준, T는 소비자의 기호, N은 인구의 크기, E는 소비자의 예상, S는 인구구성의 변화, A는 소득분포를 나타낸다.

이 함수는 변수들이 너무 많기 때문에 도저히 그래프로 나타낼 수 없다.[3] 이에 따라 그래프로 나타낼 수 있는 '협의의 시장수요곡선'을 가지고 '광의의 시장수요곡선'이 갖는 의미를 파악하도록 해보자.

먼저 시장수요곡선이 D_1이라 하자. 시장수요곡선은 우하향하기 때문에 다른 조건이 일정한 상태에서 가격이 오르면 수요곡선을 따라 좌측으로 움직여 수요량이 줄어들고, 가격이 내리면 수요곡선을 따라 우측으로 내려오며 수요량이 늘어난다.

〈그림 4.3〉에서 보듯이 소득이 변하지 않은 상태에서 가격이 P_1일 때 수요량은 Q_1이다. 이제 가격이 변화하지 않은 상태에서 단기적으로 불변이라고 가정했던 요인 중에서 소득만 증가했다고 하자. 소득이 증가할 때 이 재화가 정상재라면 수요량이 늘어날

그림 4.3 수요곡선의 이동

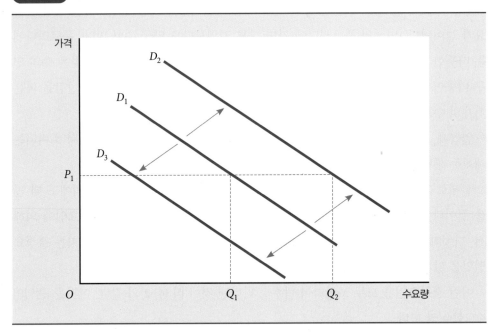

---

3 이 함수형태는 독립변수가 $n+6$개이다. 그래프로 나타내려면 $n+7$차 공간에 그려야 한다. 독립변수가 2개인 경우만 해도 3차원 공간에 그래프를 그려야 한다. 그러면 보는 시각에 따라 형상이 달라지므로 여간 불편하지 않다. 하물며 4차원 이상이라면 어떻게 그래프로 나타낼 수 있겠는가?

것이다. 즉 가격이 P_1인 상태에서 수요량 Q_1보다는 더 커진 Q_2이 되어야 한다. 가격 P_1과 대응한 수요량 Q_2은 시장수요곡선 D_1의 우측 어느 한 점에 존재해야 한다. 이처럼 소득이 증가하면 각 가격에 대응한 수요량은 수요곡선 D_1 선상에 있는 수요량보다 더 커야 한다. 이것은 처음 수요곡선 D_1이 수요곡선 D_2로 우측으로 이동한 것과 같다.

마찬가지 논리로 다른 결정요인이 변화할 때 수요량의 변화를 수요곡선의 이동을 통해서 나타낼 수 있다. 예컨대 사과와 배는 서로 대체재 관계이다. 사과 가격이 상승하면 배의 수요가 증가하므로 배의 수요곡선은 우측으로 이동한다. 커피와 설탕처럼 보완재인 경우 커피 가격이 상승하면 설탕수요가 감소하여 설탕의 수요곡선은 좌측으로 이동한다. 인구가 증가하거나 가격상승이 예상되면 수요가 증가하여 수요곡선은 우측으로 이동한다.

'다른 조건들이 일정하다'라는 가정에 묶여 있는 변수가 변화할 때 그 변화가 수요를 늘리는 방향이면 수요곡선은 우측으로, 수요를 줄이는 방향이면 수요곡선은 좌측으로 이동한다.

결론적으로 시장수요는 두 가지로 나눌 수 있다. 첫째, 재화가격 변화에 따른 수요변화이다. 이 경우는 수요곡선상에서 움직인다. 둘째, 재화가격 이외의 변수가 변화할 때 수요변화이다. 이 경우는 수요곡선 자체가 좌우로 움직인다.

4.2 시장공급곡선

4.2.1 시장공급곡선의 유도

우리는 제3장에서 이미 개별공급곡선을 유도하였다. 이것은 어떤 특정 기업이 다른 조건이 일정하고 오직 자신이 생산하려는 재화의 가격만 변화할 때 이윤극대화 생산량의 변화를 나타낸다. 이때 생산량은 실제로 생산하여 판매된 것이 아니고 실질적인 생산력이 뒷받침되는 전제하에 기업이 일정기간 동안 특정 재화나 서비스를 판매하려고 의도(willingness to sell)된 생산량을 말한다. 이것을 공급이라 한다.

사회에는 생산기술이 각기 다른(생산함수가 다른) 다양한 기업들이 생산을 하고 있다. 이런 다양한 기업들이 시장가격의 변화에 따라 자신들의 공급을 어떻게 변화시키는가를 사회 전체적으로 나타낸 것은 시장공급곡선이 된다.

그림 4.4 기업의 개별공급곡선

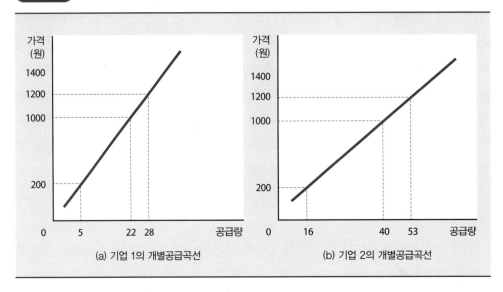

(a) 기업 1의 개별공급곡선 (b) 기업 2의 개별공급곡선

시장수요곡선을 유도한 것처럼 논의를 단순하게 하기 위해 시장에 2개의 기업만 존재한다고 하자. 〈그림 4.4〉는 포도에 대한 기업 1의 개별공급곡선과 기업 2의 개별공급곡선을 나타내고 있다. 가격이 평균가변비용 최저점 이하($P < AVC$)에서는 조업이 중단되므로 개별공급곡선은 불연속적인 특성을 갖는다.

제3장에서 설명했듯이 개별공급곡선은 가격변화에 따른 기업 1과 기업 2의 이윤을 극대화시켜주는 생산점을 표시하고 있다. 기업은 주로 소비자들이 필요로 하는 다양한 상품과 서비스를 생산하여 공급한다.

여기서는 수요곡선과의 설명상 편의를 위해 대표적 기업으로 포도생산 농장을 예로 든다. 시장가격이 200원일 때 기업 1은 자신의 이윤을 극대화하기 위해 포도 5단위를, 반면 기업 2는 16단위를 생산할 용의가 있다는 것을 알 수 있다. 이 사회에는 기업이 2개밖에 없으므로 시장가격이 200원일 때 기업 1과 기업 2 모두 자신들의 이윤을 극대화하기 위해서는 21단위를 생산할 용의가 있다는 것을 의미한다. 따라서, 시장가격이 200원일 때 시장공급은 포도 21단위가 된다. 이러한 논리로 각기 다른 시장가격하에서 시장공급을 계산해보면 1,000원일 때 62단위, 1,200원일 때 81단위, …… 임을 알 수 있다. 이것은 시장공급은 각 시장가격수준에서 개별공급의 합으로 나타낼 수 있다는 것을 보여준다. 〈그림 4.5〉에서 보듯이 시장공급곡선은 개별공급곡선의 수평적 합의 결과이다.

그림 4.5   포도의 시장공급곡선

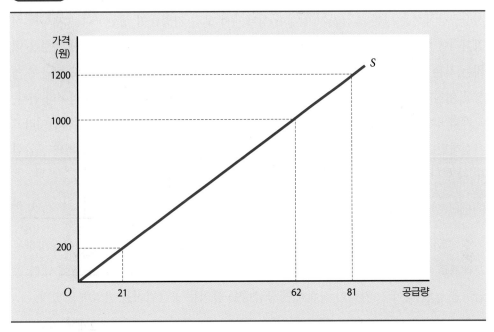

사회에는 실제로 무수히 많은 기업들이 생산활동을 영위하고 있다. 이에 따라 개별 공급곡선도 무수히 많을 것이다. 그리고 앞의 논리를 그대로 적용하여 무수히 많은 개별공급곡선을 수평적으로 합하면 시장공급곡선이 유도된다. 이제 이렇게 유도된 시장공급곡선이 〈그림 4.5〉라고 하고 시장공급곡선의 의미를 살펴보자. 시장가격이 200원이면 이 사회에 있는 모든 기업들은 자신들의 이윤을 극대화하기 위해서 포도 21단위를 생산할 용의가 있다는 것을 나타낸다. 역으로 포도를 사회 전체적으로 21단위를 생산하려는 기업들은 자신들의 이윤을 극대화하기 위해서 생산비용으로 200원까지 지불할 용의가 있다는 것을 보여준다.

시장공급곡선은 〈그림 4.5〉에서 보듯이 가격이 상승하면 공급이 증가하고 가격이 하락하면 공급이 감소한다. 이것을 **공급법칙**(law of supply)이라 한다. 시장공급곡선은 개별공급곡선과 달리 불연속적이지 않다. 가격이 평균가변비용보다 낮으면 조업이 중단되므로 그 이하에서 개별공급곡선은 불연속적이다. 그러나 시장공급곡선은 불연속점이 서로 다른 수많은 개별공급곡선을 수평적으로 합하기 때문에 그 불연속점이 사라진다.

4.2.2 시장공급의 결정요인

시장공급곡선은 다른 조건들이 일정한 상태에서 오직 기업들이 생산하려는 재화의 시장가격에 대응한 공급량의 변화를 나타내고 있다. 이런 상태에서 시장공급에 영향을 미치는 것은 오직 그 재화의 시장가격뿐이다. 그러나 가격 이외의 다른 변수도 공급에 영향을 미친다. 이처럼 시장공급에 영향을 미치는 요인을 시장공급의 결정요인이라 한다.

재화 n이 존재하는 세상에서 재화 n의 가격을 제외한 다른 요인은 일정불변이라고 가정하면 시장공급함수는 다음 식 (4-3)과 같이 된다. 이런 공급함수를 '협의의 공급함수'라 한다.

$$S_n = f(P_n) \tag{4-3}$$

이 공급함수는 독립변수(P_n)가 하나인 함수형태이므로 〈그림 4.6〉처럼 우상향하는 그래프로 나타낼 수 있다. 시장공급곡선은 가격이 오르면 기업들은 그 상품에 대한 공급량을 늘릴 것이고, 가격이 하락하면 공급량을 줄이는 공급법칙을 반영하고 있다.

그림 4.6   **시장공급곡선**

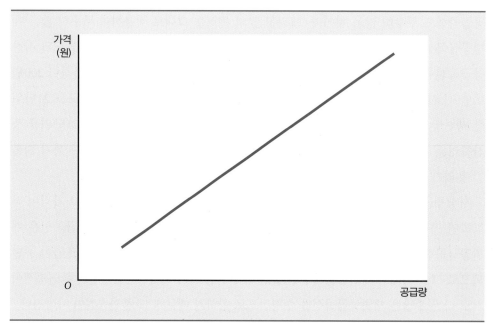

'다른 조건들이 일정하다'는 가정하에 상수로 묶어 놓았던 공급 측면의 변수들을 찾아보자.

첫째, 생산요소의 가격이다. 포도를 생산하는 데 포도 묘목, 급수시설, 농약, 포장기계, 토지, 인부고용 등 여러 가지 요소가 필요하다. 이들 요소가격이 상승하게 되면 채산성이 떨어져 포도생산이 감소할 것이다. 이런 예는 우리 주위에서 쉽게 찾아볼 수 있다. 아파트를 짓고 있는 동안 시멘트나 모래의 가격이 많이 오르게 되면 아파트 공급에 차질을 빚게 된다. 양돈업자의 경우도 돼지 사육 중 사료 값이 급등하면 기르는 돼지를 처분해 수를 줄인다. 또한 밀가루의 가격이 급격히 오르면 밀가루를 원료로 사용하는 호떡이나 빵 등의 공급이 줄어들게 된다.

둘째, 생산기술의 진보이다. 포도생산에서 급수시설이 기계화되어 사람이 필요 없게 되면 그 인원을 농약이나 포장하는 곳으로 투여하여 더 많은 포도를 생산할 수 있다. 이처럼 기술진보가 이루어지면 동일한 투입요소로 더 많은 생산이 이루어진다. 또한 단위당 생산비용이 낮아져 이윤이 증가하므로 기업은 공급량을 늘린다.

셋째, 기업의 미래에 대한 예상이다. 포도가 건강에 좋다는 연구결과가 발표되어 사람들의 관심이 증대되었다고 하자. 기업들은 포도 수요가 증가하여 가격이 오를 것으로 예측한다. 그러면 미래에 비싼 가격으로 팔기 위해 기업은 현재의 생산량 일부를 재고로 창고에 보관하고 공급량을 줄인다.

넷째, 기업의 목표이다. 일반적으로 기업은 이윤극대화를 목표로 한다고 가정한다. 하지만 일부 기업은 이윤극대화보다는 기업의 규모를 확장시키는 데 목표를 두고 매출액극대화를 추구하기도 하고, 수익극대화를 목표로 하기도 한다. 일부 기업은 사회봉사를 목표로 한다. 기업이 이러한 여러 목표 중에서 어떤 목표를 추구하느냐에 따라 기업의 공급량이 달라진다.

다섯째, 판매자 수이다. 포도생산 기업들이 늘어나 판매자 수가 늘어나면 시장의 포도 공급량은 증가할 것이다. 최근 국내에서 커피가 유행하면서 판매점이 우후죽순처럼 늘어나 커피 공급량이 늘어나고 있는 것이 이를 잘 설명해주고 있다.

실제로 재화나 서비스의 공급에 미치는 요인은 위에서 언급한 요인들 외에도 훨씬 더 많을 것이다. 여기서 언급한 결정요인 중에서 첫째에서 넷째까지는 개별적 요인에 의해서, 다섯째는 시장 전체적인 입장에서 시장공급에 영향을 미치는 결정요인임을 알 수 있다.

이런 결정요인을 모두 포함하여 함수로 나타낸 것이 다음 식 (4-4)이다. 이것을 '광의의 공급함수'라 한다.

$$S_n = f(P_n, P_1, P_2, \cdots\cdots, P_{n-1}, T, F_1, F_2, \cdots\cdots, F_n, E, G) \tag{4-4}$$

식 (4-4)는 재화 n의 공급함수를 나타내고 있다. S_n은 재화 n의 공급량을, f는 공급함수 기호, P_n은 재화 n의 가격, $P_1, P_2, \cdots\cdots, P_{n-1}$은 다른 재화의 가격, T는 기술수준, $F_1, F_2, \cdots\cdots, F_n$는 생산요소의 가격, E는 공급자의 예상, G는 기업의 목표를 나타낸다.

이제 '다른 조건들이 일정하다'는 가정에 묶여 있던 변수들이 변화하는 경우 공급곡선의 변화에 대해서 살펴보자. 현재 포도시장의 공급곡선은 〈그림 4.7〉에서 S_1상태에 있다고 하자.

시장공급곡선의 이동은 시장수요곡선의 이동과 똑같은 논리로 설명할 수 있다. 즉 '다른 조건들이 일정하다'는 가정에 묶여 있는 변수가 변화할 때 그 변화가 공급을 늘리는 방향이면 공급곡선은 우측으로, 공급을 줄이는 방향이면 공급곡선은 좌측으로 이동한다. 예컨대 자동차산업에서 기술개발이 이루어졌다고 하자. 비용절감에 따른 이윤

그림 4.7 공급곡선의 이동

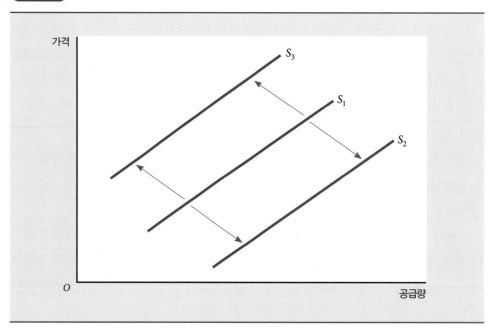

증가로 공급이 늘어날 것이다. 즉 자동차 시장공급곡선은 S_1에서 S_2로 우측으로 이동한다. 그러나 임금이 상승하게 되면 비용증가로 이윤이 감소하여 공급이 줄어들 것이다. 자동차 시장공급곡선은 S_1에서 S_3로 좌측으로 이동한다.

　결론적으로 시장공급은 시장수요와 마찬가지로 두 가지로 나눌 수 있다. 첫째, 재화가격의 변화에 따른 공급변화이다. 이 경우는 공급곡선상에서 움직인다. 둘째, 재화가격이외의 변수가 변화할 때의 공급변화이다. 이 경우는 공급곡선 자체가 움직인다.

4.3　시장균형원리

4.3.1 시장 메커니즘

앞 절에서 시장수요곡선은 개별수요곡선들의 수평적 합으로, 시장공급곡선은 개별공급곡선들의 수평적 합으로 유도되었다. 이것은 소비자로서 수많은 가계와 생산자로서 수많은 기업들이 자신들의 만족과 이윤을 극대화하기 위해 시장에 참여하고 있는 것을 의미한다.

　이제 시장작동원리를 알아보기 위해 시장수요곡선과 시장공급곡선을 한 그래프에 같이 그리면 〈그림 4.8〉과 같다.

　먼저 시장가격이 P_1인 경우를 살펴보자. 이 가격수준에서 소비자들은 자신의 만족을 극대화하기 위해 Q_1만큼 소비하려고 한다. 이에 비해 기업들은 자신들의 이윤을 극대화하기 위해 Q_2만큼 생산하려고 한다. 이처럼 공급량이 수요량을 초과한 경우 시장에서 초과공급(excess supply) 또는 잉여(surplus)가 발생한다. 이렇게 되면 시장에서는 판매되지 않은 재화는 재고로 쌓일 것이고, 기업들은 시장가격보다 더 낮은 가격에서도 팔려고 노력할 것이다. 가격이 하락하면 기업들은 공급을 줄이고, 소비자들은 수요를 늘려 초과공급은 사라진다. 이와 같이 '보이지 않는 손'은 가격하락 압력을 행사하여 시장가격은 하락한다.

　시장가격이 P_2인 경우를 살펴보자. 앞에서 설명한 것처럼 소비자들과 기업들은 각각 Q_2만큼 소비하고, Q_1만큼 생산하려 한다. 이번에는 수요량이 공급량을 초과한다. 이 경우 시장에서 초과수요(excess demand) 또는 부족(shortage)이 발생한다. 이 경우 소비자 중에서 이 재화가 더 필요한 사람은 시장가격보다 더 높은 가격을 지불하고서라도

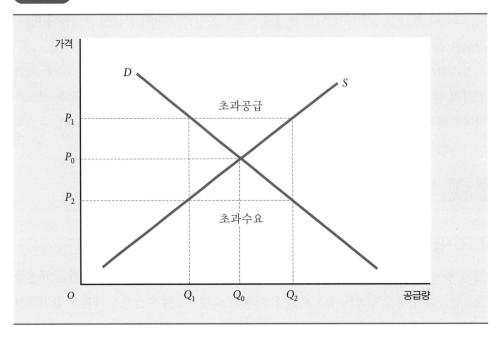

그림 4.8 시장균형가격과 균형량

이것을 구매하려 할 것이다. 이에 따라 가격이 상승하면 수요는 감소하고 공급은 증가
하면서 초과수요는 사라진다. 즉 초과수요가 발생하면 시장가격은 상승한다.

이런 과정을 통해서 결국 초과공급과 초과수요가 없는 시장가격인 P_0에 도달하게 되
고 수요와 공급도 일치하게 된다. 이때 특별한 변화가 없다면 이런 상태는 지속될 것이
다. 이것을 **시장균형**(market equilibrium)이라 한다. 그리고 이때 가격을 시장균형가격
(equilibrium price), 이때의 수요량과 공급량을 균형량(equilibrium quantity)이라 한다.

시장균형상태는 수요곡선과 공급곡선이 만나는 점에서 이루어진다. 균형가격은 수
요곡선상의 점이고 동시에 공급곡선상의 점이다. 수요곡선은 일정가격에서 소비자의
만족을 극대화한 점들의 집합이고, 공급곡선은 기업들이 일정 가격에서 이윤을 극대화
하는 점들의 집합이다. 그러므로 시장균형은 모든 소비자의 만족이 극대화되고, 모든
기업들의 이윤이 극대화된 상태를 말한다. 이때 배분적 효율성이 이루어졌다고 한다.

이처럼 시장이 균형상태에 이르면 시장에 참여한 소비자와 기업은 모두 자신들이 원
하는 욕구를 충족하게 된다. 그러면 구체적으로 우리 일상생활에서 시장을 통해서 얻
은 이익은 무엇일까? 예컨대 철수는 구두를 한 켤레당 5,000원에, 양복 한 벌은 50,000

원에 만든다고 하자. 이때 구두의 시장가격은 10,000원이고 양복 가격은 20,000원이다. 철수가 시장을 이용하지 않고 직접 양복을 만들면 50,000원의 비용이 든다. 그 대신 구두를 두 켤레 만들어 시장에 판매하고 양복시장에서 20,000원에 양복을 구입하면 생산자로서 10,000원어치 이윤과 소비자로서 30,000원어치의 만족을 더 얻게 된다. 철수는 시장을 이용함으로써 생산자로서 구두 한 켤레당 5,000원씩, 소비자로서 양복 한 벌당 30,000원의 이익을 얻게 된다. 즉 시장을 통해서 기업은 이윤으로, 소비자는 만족가치로 보상받는 것이다.

4.3.2 시장균형의 변화

시장이 균형상태에 있다고 하자. 이 균형은 〈그림 4.9a〉의 E_0점에서 보듯이 균형가격이 P_0이고, 균형량은 Q_0이다. 이때 경기가 호황이어서 가계소득이 증가했다고 하자. 이 재화가 정상재라면 소득증가에 따라 수요가 증가하므로 시장수요곡선은 우측으로 이동한다. 즉 시장수요곡선이 D_0에서 D_1으로 이동한다. 그러면 시장균형점이 E_0에서 E_1으로 이동하게 된다. 두 균형점을 비교하면 이 재화의 가격이 상승하고 균형량은 늘어난다.

이것을 시장원리를 이용하여 좀 더 자세히 설명해보자. 균형점 E_0에서 시장가격이 P_0

그림 4.9 시장수요곡선과 시장공급곡선의 이동

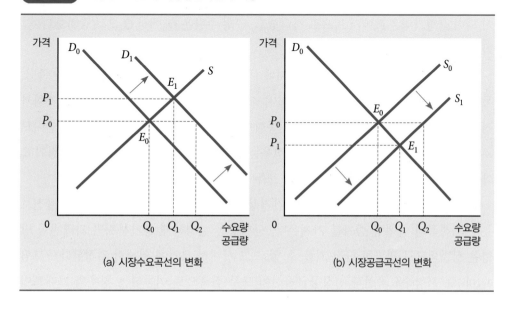

(a) 시장수요곡선의 변화   (b) 시장공급곡선의 변화

이고 균형량이 Q_0이다. 이때 소득이 증가하면 이 재화가 정상재이므로 시장가격 P_0수준에서 수요량이 Q_2로 늘어난다. 시장에서 수요량(Q_2)이 공급량(Q_0)보다 많아지므로 초과수요가 발생하게 된다. 시장에서는 가격상승압력을 받아 가격이 상승하게 된다. 가격이 상승함에 따라 기업들은 생산량을 늘리고, 반면 소비자들은 늘어난 수요량을 감소시키면서 시장가격이 P_1, 균형량이 Q_1 수준에서 새로운 균형점 E_1에 도달하게 된다. 그 결과 기존균형점과 비교하면 가격이 상승하고 균형량이 증가했음을 알 수 있다. 이에 따라 소득이 증가하면 정상재인 경우 시장에서 가격이 상승하고 균형량이 증가한다고 결론을 내릴 수 있다.

이제 공급 측면에서 다른 조건이 일정하고 재화생산에 기술진보가 발생했다고 하자. 〈그림 4.9b〉에서 보듯이 기술진보가 일어나기 전 균형점은 E_0이다. 즉 균형가격은 P_0이고 균형량은 Q_0이다. 기술진보가 일어나면 시장가격 P_0 수준에서 생산량이 Q_2로 증가한다. 그러면 시장에서 공급량(Q_2)이 수요량(Q_0)을 초과하므로 초과공급이 발생한다. 시장은 가격하락 압력을 받아 가격이 하락하게 된다. 이에 따라 수요량은 증가하고 처음 증가했던 공급은 감소하게 되어 초과공급이 해소되는 E_1점에서 새로운 균형점에 도달하게 된다. 기술진보가 발생하면 가격이 하락하고 균형량이 증가했다는 것을 알 수 있다.

이것은 기술진보가 발생하면 생산량이 증가하므로 재화의 시장공급곡선이 우측으로 이동한다($S_0 \rightarrow S_1$)는 것을 의미한다. 새로운 시장공급곡선과 교차점이 새로운 균형점이 되며 균형가격은 P_0에서 P_1으로 하락했고, 균형 수량은 Q_0에서 Q_1으로 증가했다. 앞과 똑같은 결론에 도달한다.

시장수요곡선과 시장공급곡선이 동시에 이동하면 균형상태가 어떻게 변할까? 즉 소득과 기술진보가 동시에 발생했다고 하자. 소득은 수요 측면의 결정요인이므로 재화가 정상재인 경우 수요곡선이 우측으로 이동한다. 기술진보는 공급 측면의 결정요인이므로 공급곡선이 우측으로 이동한다. 이 경우는 〈그림 4.10a〉에 나타나 있다. 균형점이 E_0에서 E_1으로 이동하면서 가격과 균형량 모두 증가한 것으로 나타난다.

앞에서 살펴본 것처럼 소득증가는 가격상승과 균형량 증가를 가져오고, 기술진보는 가격하락과 균형량 증가를 가져온다. 균형량은 분명하게 증가하지만 가격변화 방향은 상반되므로 명확히 단정 지을 수 없고 그 상대적 크기에 의해서 결정된다. 〈그림 4.10b〉는 시장수요곡선과 시장공급곡선이 모두 좌측으로 이동하는 경우의 그래프이

그림 4.10   시장수요곡선과 시장공급곡선의 동시 이동

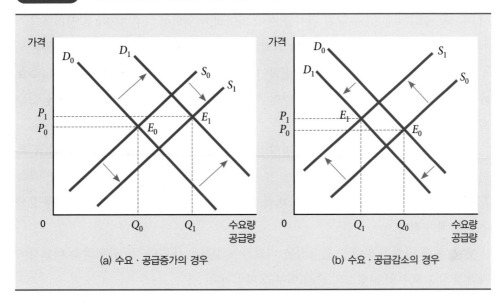

(a) 수요 · 공급증가의 경우   (b) 수요 · 공급감소의 경우

다. 이 경우 균형점이 E_0에서 E_1으로 이동하면서 가격이 증가하고 균형량이 감소한 것으로 나타나 있다. 그러나 이 경우도 균형량이 감소한 것은 확실하지만 가격이 상승할지 감소할지는 수요곡선의 상대적 이동 폭이 큰지, 공급함수의 상대적 이동 폭이 큰지에 대한 추가적 정보를 필요로 한다.

실제로 수요곡선과 공급곡선의 이동은 여러 가지 경우를 생각할 수 있는데, 그 결과를 개략적으로 정리하면 〈표 4.1〉과 같다.

표의 내용들은 독자가 직접 그래프를 그려가면서 확인해보기 바란다.

표 4.1   수요와 공급 증 · 감의 결과

	공급 증가	공급 불변	공급 감소
수요 증가	가격 : 불명확 균형량 : 증가	가격 : 상승 균형량 : 증가	가격 : 상승 균형량 : 불명확
수요 불변	가격 : 하락 균형량 : 증가	균형가격, 균형량	가격 : 상승 균형량 : 감소
수요 감소	가격 : 하락 균형량 : 불명확	가격 : 하락 균형량 : 감소	가격 : 불명확 균형량 : 감소

이제 가격 이외의 다른 결정요인이 변화하게 되면 시장수요곡선이나 시장공급곡선이 이동하게 되는데, 그 균형점 변화를 빨리 파악하기 위하여 다음 3단계로 정리한다.

어떤 경제적 변화가 발생하여, 가격 이외 다른 결정요인이 변화하게 되었다고 하자.

첫째, 경제적 변화가 수요 측면의 변화인가, 공급 측면의 변화인가를 파악한다. 수요 측 변화이면 시장수요곡선을 이동시켜야 하고, 공급 측 변화이면 시장공급곡선을 이동시켜야 할 것이다.

둘째, 수요 측 변화이면 늘어나는 방향인가, 줄어드는 방향인가를 파악한다. 수요 측 변화로 늘어나는 방향이면 수요곡선을 우측으로 이동시키고, 줄어드는 방향이면 좌측으로 이동시켜야 할 것이다. 공급 측 변화도 따로 고려해야 하며 공급곡선의 이동방향을 파악해야 한다.

셋째, 처음 균형점과 나중 균형점을 비교하여 결론을 내린다. 두 균형점을 비교하여 가격의 상승 여부와 균형량의 증감 여부를 파악한다.

이러한 삼단추론 방법은 시장분석에서 가장 기초적이면서도 가장 의미가 있다. 세상에 어떤 변화가 일어났을 때 특정 재화가격과 균형량에 어떤 영향을 미칠 것인가를 알아보는 것은 시장이론을 이해하는 데 매우 유용하다.

4.4   시장이론의 응용

앞 절에서는 수요와 공급에 관련된 내용, 시장에서 수요곡선와 공급곡선이 만나 균형가격과 균형량이 결정되는 과정 및 균형상태의 변화 등을 자세히 살펴보았다.

과거 사회주의(공산주의) 국가에서는 국가의 중앙계획기구에서 국가 전체의 재화와 서비스에 대한 수요를 파악하여 생산·공급하였다. 자본주의 국가에서는 시장체제를 통해 '보이지 않는 손'의 도움으로 수요와 공급이 이루어졌다. 두 체제를 비교할 때 계획경제보다는 시장경제가 더 효율적인 자원배분을 가져온다고 주장한다. 1980년대 초 사회주의경제권이 붕괴되면서 시장체제가 자원배분에 있어서 더 효율적이라는 것이 입증되었다. 하지만 이러한 시장체제에 의한 자원배분도 때로는 완벽하지 않아 정부가 시장에 개입하여 '가격통제정책'을 펴기도 한다.

이 절에서는 이러한 정부의 '가격통제정책'에 대해 시장원리를 통해서 이 정책들의 효과에 대해서 설명한다.

4.4.1 사회후생의 지표

제1장에서 경제학은 실증분석과 규범분석이라는 상이한 틀을 가지고 있다고 했다. 특히 규범분석을 할 때는 반드시 옳고 그름을 판단할 수 있는 가치판단이 있어야 한다. 정부가 정책을 실시했을 때 어떤 가치판단하에서 사회 전체적으로 바람직한가 아닌가를 판단할 수 있는가? 규범적 입장에서 가치판단에 관한 경제학을 후생경제학(welfare economics)이라 한다. 여기서는 후생경제학의 가치기준에 대해서 설명한다.

　다시 시장으로 돌아가보자. 예컨대 신발시장에 소비자가 100명 존재하고 각자 신발을 오직 1켤레만 구입한다고 하자. 반면 기업이 100개 존재하는데 각각 오직 1켤레만 생산한다고 하자.4

　먼저 소비자에 대해서 설명해보자. 각 소비자들은 신발 1켤레 사는 데 기꺼이 지불할

그림 4.11　소비자잉여

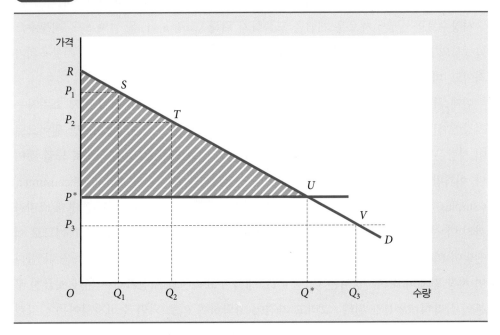

4　이 가정은 얼핏 보면 비현실적으로 보일 수 있다. 그러나 한 사람이 2켤레 살 때도 첫 번째 신발을 구입할 때 지불용의가치와 두 번째 신발의 지불용의가치가 다르다. 그러므로 한 사람이 여러 개 사는 것과 여러 사람이 1개씩 신발을 사는 것은 동일한 내용이다. 기업의 경우도 마찬가지이다. 한 기업이 여러 개의 신발을 생산할 때 한계비용이 각기 다르기 때문이다.

용의가 있는 가격이 모두 다를 것이다. 신발이 하나도 없는 사람이 신발 1켤레 살 때의 지불용의가격이 현재 신발이 10켤레 있는 사람의 지불용의가격보다 훨씬 클 것이다. 이제 소비자의 지불용의가격이 큰 것부터 낮은 순서대로 배열하게 되면 〈그림 4.11〉과 같은 우하향 곡선을 얻게 된다. 이것은 소비자 각자가 신발 1켤레를 사면서 자기만족을 극대화하기 위해 기꺼이 지불할 용의가 있는 가격선을 나타낸다. 이것이 바로 시장수요곡선이다.

예컨대 첫 번째 소비자의 지불용의가격이 10만 원이고, 두 번째 소비자는 9만 9천 원, 세 번째 소비자는 9만 8천 원, ······이라 하자. 이것은 첫 번째 소비자가 신발 1켤레를 구매하면서 얻은 효용이 10만 원이고, 두 번째 소비자는 9만 9천 원, 세 번째는 9만 8천 원, ······ 으로 볼 수 있다. 소비자 한 사람이 늘어날 때마다 사회 전체적인 효용은 10만 원 어치, 9만 9천 원어치, 9만 8천 원어치, ······의 만족이 추가적으로 늘어나는 것을 알 수 있다. 결국 시장수요곡선은 사회적 입장에서 한계편익선을 나타낸다. 결론적으로 시장수요곡선은 각 소비자가 시장에 참여하여 얻은 한계편익(MB)을 대변한다.

시장수요곡선에서 새로운 개념을 도출하기 위해 〈그림 4.11〉을 살펴보자. 시장수요곡선상의 R점은 첫 번째 사람의 지불용의가격이다. Q_1번째 소비자는 P_1이 지불용의가격이고, 마찬가지로 Q_2번째 소비자는 P_2가 된다.

이제 시장에서 균형가격이 P^*로 결정되었는데 3만 원이라 하자. Q_1번째 소비자는 시장에 신발 사러 갈 때 지불용의가격이 5만 원(P_1)이라면 실제가격이 3만 원이므로 이 사람은 싸다고 느낄 것이고 마음속에 2만 원의 이득(만족)을 얻은 것으로 느낄 것이다. 이처럼 소비자의 지불용의가격에서 실제 지불가격을 뺀 차이를 소비자잉여(consumer's surplus)라 한다.[5] 그러면 지불용의가격이 P^* 이상인 모든 소비자, 즉 Q^*번째 소비자까지 이 신발을 구입할 것이다. 그 다음 소비자들은 지불용의가격이 P^* 이하이므로 이 신발이 비싸다고 생각하고 구입하지 않는다. 이제 구매자들이 느끼는 이득을 다 합하면 시장 전체의 소비자잉여는 〈그림 4.11〉에서 수요곡선과 시장가격 사이에 빗금친 부분인 삼각형 RP^*U가 된다. 그리고 가격이 하락하여 P_3로 되면 소비자잉여는 삼각형 RP_3V로 커진다. 이것은 가격이 하락하기 이전에는 재화나 서비스를 구입하지 않던 소

---

5 마샬(A. Marshall)은 그의 저서 **경제학원론**(*Principles of Economics*)에서 소비자잉여란 '소비자가 그것 없이 지내는 것보다 오히려 그것을 얻기 위하여 지불하여도 좋다고 생각하는 금액과 실제로 지불한 금액과의 차액'이라 정의하였다.

비자들이 추가적으로 소비에 참여하므로 누리게 되는 소비자잉여 부분이다. 반대로 가격이 P_2, P_1으로 자꾸 상승하면 소비자잉여는 삼각형 RP_2T, RP_1S로 점점 작아지게 된다. 이것은 가격이 상승하므로 이전 가격으로 재화나 서비스를 구매하던 소비자들이 가격상승으로 구매를 포기함으로써 소비자들이 누리던 소비자잉여가 줄어들기 때문이다.

이러한 소비자잉여는 현재의 시장경제체제에서 소비자가 누리는 중요한 이득이다. 학생들이 매일 학교에 등하교 때 이용하는 버스나 전철 혹은 우편, 신문, 택배 등의 서비스는 우리 생활을 편리하고 윤택하게 해준다. 이러한 버스나 전철, 우편 등은 실제로 현재 요금의 두 배가 되더라도 대부분 학생들이 그 비용을 지불하고 이용할 것이다. 이제 여러분은 일상생활에 필요한 물건을 살 때 최대 지불용의가격이 얼마인가를 스스로 생각해보면 자신의 얻게 되는 소비자잉여를 계산할 수 있다.

다음으로 기업에 대해서 설명해보자. 각 기업들이 신발 1켤레를 생산하는 비용이 모두 같지는 않을 것이다. 즉 생산기술이 우수하여 생산비용이 낮은 기업도 있고, 그렇지 않아 생산비용이 높은 기업도 있다. 이 기업들을 생산비용이 낮은 것부터 높은 순서대로 배열하게 되면 〈그림 4.12〉와 같은 우상향곡선을 얻게 된다. 이것은 기업 각각이 신

그림 4.12   생산자잉여

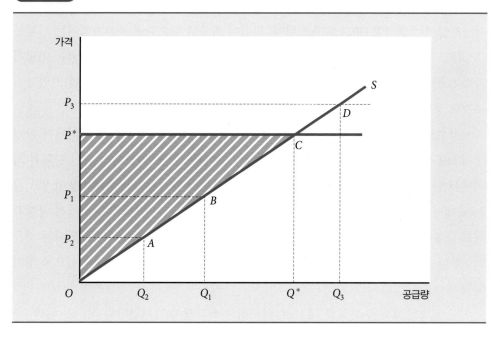

발 1켤레를 만들면서 들어가는 생산비용곡선을 의미한다.

예컨대 첫 번째 기업의 생산비용이 1만 원이고, 두 번째 소비자는 1만 1천 원, 세 번째 소비자는 1만 2천 원, …… 이라 하자. 기업이 하나씩 늘어날 때마다 사회 전체적인 비용은 1만 원, 1만 1천 원, 1만 2천 원, ……의 생산비용이 추가적으로 늘어난다. 이 생산비용선은 사회적 입장에 한계비용(MC)을 나타낸다. 제3장에서 이미 언급했듯이 이것은 시장공급곡선이 된다.

〈그림 4.12〉에서 보듯이 시장공급곡선상의 점은 각 기업의 생산비용을 나타내며, 실제로 생산자들이 받아야 할 최소 금액을 의미한다. 〈그림 4.12〉에서 가격이 P_2로 낮을 때는 그 가격에서 생산비용을 커버할 수 있는 Q_2크기만큼의 수량을 공급하려 할 것이다. 가격이 P_1으로 상승하면 더 많은 기업들이 생산비용을 커버할 수 있게 되어 Q_1만큼 공급량이 늘어난다.

시장균형가격이 P^*에서 결정되었다고 하자. 그러면 이 가격수준에서 생산비용이 커버되는 Q^*까지 기업들은 공급한다. Q^*까지 공급하면서 각 기업들의 판매액에서 생산비용을 뺀 부분을 합한 것을 **생산자잉여**(producer's surplus)라고 한다. 이것은 〈그림 4.12〉에서 빗금친 부분으로 나타난다. 즉 생산자들이 재화나 서비스를 판매함으로써 실제로 받는 금액과 그들이 최소한 받아야 한다고 생각하던 금액과의 차이를 나타낸다. 가격이 P_2로 낮아지면 P_2 이상의 생산비용을 가진 기업들은 생산할 수 없게 되어 생산자잉여는 삼각형 OP_2A로 축소된다. 가격이 P_1으로 상승하면 생산자잉여는 삼각형 OP_1B로, 가격이 많이 올라 P_3가 되면 생산자잉여는 삼각형 OP_3D로 확대된다. 이렇게 가격이 상승하면 기존 가격에서 생산비용이 높아 생산에 참여할 수 없었던 기업들이 추가로 생산에 참여함으로써 이들이 누리는 생산자잉여가 추가되기 때문이다.

시장수요곡선은 소비자들이 시장에 참여함으로써 얻게 되는 사회적 의미에서 한계편익(MB)을, 시장공급곡선은 기업들이 시장에 참여함으로써 지불하게 되는 사회적 의미에서 한계비용(MC)을 나타낸다. 시장균형은 사회적 한계편익과 한계비용이 일치하는 곳에서 결정된다. 즉 $MB = MC$로 제1장의 경제적 원리가 작동되는 곳에서 균형가격과 균형량이 결정된다. 바로 이 점에서 사회후생(social welfare)이 최대화된다는 것을 의미한다. 이때 사회후생은 바로 앞에서 배운 소비자잉여와 생산자잉여의 합으로 정의된다.

어떤 정책의 효과를 분석할 때 바로 이러한 사회후생이 가치판단의 기준이 된다. 즉 사회후생을 늘리는 정책은 '좋은 정책'이고 사회후생을 감소시키는 정책은 '나쁜 정책'이라고 판단 내린다. 이러한 점에서 '보이지 않는 손'이 작동한 시장균형이 사회후생을 최대화시키므로 자유방임이 최선의 정책이 된다는 주장이 성립된다. 반대로 정부가 개입하게 되면 어떤 형태로든지 사회후생이 감소하므로 문제가 발생한다.

4.4.2 가격통제정책

앞에서 우리는 시장에서 수요와 공급의 힘이 균형가격과 균형량을 결정하는 과정을 살펴보았다. 그리고 초과수요나 초과공급이 발생했을 때 시장의 힘에 의해 다시 균형으로 돌아가는 것도 살펴보았다.

어떤 경우 정부가 '선한 목적'을 가지고 정책을 실시하면서 시장에 개입한다. 이렇게 되면 시장은 제대로 작동되지 않고 균형에 도달하지 못한다. 이처럼 정부가 특정목표를 위해 시장에 개입하는 것을 **가격통제정책**(price control policy)이라 한다. 예컨대 물가상승을 억제하기 위해 재화나 서비스의 가격에 최고한도를 정한다. 이 경우 가격상한제(price ceiling)라 한다. 또한 생산자를 보호할 목적으로 가격이 일정한 수준 이하로 내려가지 못하게 막기도 한다. 이 경우를 가격하한제(price floor)라 한다.

이 절에서는 정부의 대표적인 가격통제정책인 가격상한제와 가격하한제에 대해서 지금까지 배운 시장원리와 사회후생 개념을 바탕으로 경제적 효과를 살펴본다.

가격상한제

가격상한제는 특정가격 이상에서 거래를 금지하는 제도이다. 그래서 최고가격제라고도 불린다. 정부가 현재 시장균형가격이 너무 높다고 판단하면 일반적으로 가격상한제를 실시한다. 〈그림 4.13〉에서 보듯이 정부개입이 없다면 시장균형은 점 E에서 형성된다. 이때 균형가격은 P^*이고 균형량은 Q^*이다. 만약 정부가 상한가격을 P^*보다 높게 설정하면 시장에 의해서 상한가격보다 낮은 P^* 수준에서 균형가격이 이루어지기 때문에 상한가격지정 자체가 아무런 영향을 미치지 않게 되어 정책적으로 의미가 없어진다.

이제 정부가 물가안정이나 저소득층에 구매기회를 제공한다는 등 '선한 목적'을 가지고 시장균형가격보다 낮은 P_c 수준에 가격상한제를 실시했다고 하자. 이 가격은 소비자나 기업들이 거래할 수 있는 최고가격이다. 이때 최고가격 P_c 수준하에서 시장상태를 보면 소비자수요는 Q_2로 늘어나고 기업의 공급은 Q_1으로 감소한다. 즉 $Q_1 Q_2$ 크기만큼

그림 4.13   가격상한제

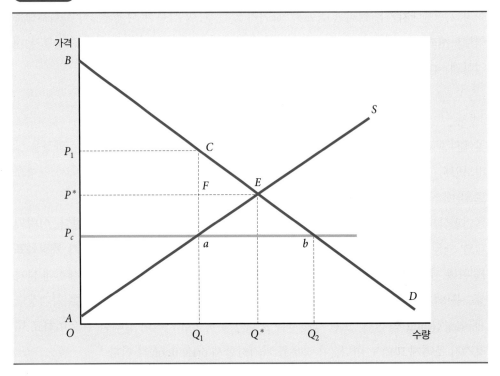

의 초과수요가 발생한다. 시장은 가격상승의 압력을 받지만 가격상한으로 묶여 더 이상 시장은 작동하지 못한다. 이러한 초과수요는 정부가 가격을 올리든지, 아니면 다른 외부적 요인으로 수요곡선이나 공급곡선이 변하지 않는 한 지속된다.

이제 사려는 양은 Q_2이고 팔려는 양은 Q_1인 상황에서 어떻게 배분해야 하는가? 첫째, 정부가 기준을 정해 배급을 실시한다. 전쟁이 발생한 경우 생필품가격이 천정부지로 치솟기 때문에 대부분 정부는 특정 재화나 서비스에 대해 가구별, 연령별 등 여러 기준을 정하여 배급하는 경우가 많다.

둘째, 선착순(first-come, first served) 방법이다. 점심시간에 학교식당에 가면 사람들이 긴 줄로 서있는 것을 자주 보게 된다. 짧은 시간에 사람들은 한꺼번에 몰리지만, 요리시간이 상대적으로 길기 때문에 일시적으로 초과수요 상태에 들어간다. 이때 줄을 서서 기다리는 것, 바로 선착순이 좋은 해결방법이다. 지금은 컴퓨터라는 기술개발로 사라졌지만 과거에는 설날이나 추석 명절을 쇠기 위한 귀향 기차표를 사기 위해 발매 전날부터 주요도시 기차역에 장사진을 이루었던 것도 일종의 가격상한에 따른 초과수요현상 때문에 발생한 것이다.

셋째, 판매자가 기준을 정하는 방법이다. 현 상태는 공급량이 부족하기 때문에 판매자가 가격 이외의 요인에 대해서 우위를 갖는다.[6] 이에 따라 판매자가 나름대로 가격을 제외한 다른 부분에 자기 기준을 정하여 판매할 수 있다. 평소 자신의 가게를 이용해 준 단골고객에게 우선적으로 판매하는 것, 각 대학이 입시기준을 마련하여 학생을 선발하는 것 등이 이런 방법에 속한다. 그러나 판매자가 자의적 기준으로 상품을 판매한다면 부정부패를 유발할 수 있다.

넷째, 제비뽑기 방법이다. 모든 수요자들을 참여시켜 그중에서 제비뽑기를 해서 당첨자에게 상품을 공급하는 것이다. 로또 복권을 포함한 여러 가지 복권, 저소득층을 위한 내집 마련 아파트 분양권 등을 선정할 때 자주 쓰는 방법이다.

가격상한제가 정부가 원하는 대로 '선한 목적'을 달성할 수 있을까? 소비자를 세 그룹으로 분류할 수 있다. OQ_1 소비자그룹은 가격상한제로 인해 더 저렴하게 해당상품을 구입하여 $\square P_e a F P^*$만큼의 이득(소비자잉여)을 더 얻는다. 반면 $Q_1 Q^*$ 소비자그룹은 가격상한제로 인해 소비를 할 수 없게 되고 이만큼 생산한 기업은 시장에서 퇴출된다. $Q^* Q_2$ 소비자그룹은 가격상한제로 가격이 저렴해지자 새롭게 참여한 그룹이다.

이 중에서 상품을 구입할 수 없었던 소비자그룹 중에서 이 상품을 꼭 구입해야 할 사람이 있다면 이 사람의 지불용의가격은 상당히 높을 것이다. 그러나 이 상품을 구입한 사람 중에는 운이 좋은 사람들도 있어 지불용의가격이 그렇게 높지 않은 사람도 존재한다. 그러면 이들 사이에 비공식적인 시장이 성립될 수 있다. 이런 시장을 **암시장** (black market)이라 한다. 이런 암시장은 비공식적인 시장의 특성을 지니기 때문에 부정부패의 온상으로 작용한다.

〈그림 4.13〉에서 보듯이 OQ_1만큼 시장에 공급되었을 때 소비자들의 지불용의가격은 P_1이므로 암시장가격은 최소 P_1 수준에 이를 것이다. 이것은 시장균형가격보다 훨씬 높다는 것을 알 수 있다. 정부정책 목적이 가격안정화라면 이런 암시장 형성으로 원래 정부의 목적과 달리 오히려 시장가격을 높이는 결과를 가져올 수도 있다. 또한 정부정책이 소비량을 줄이는 목적이라면 일단 그 목적을 달성했다고 평가할 수 있다. 그러나 암시장가격과 가격상한 간의 가격차를 이용해서 밀수품이 대거 들어와 정부정책의

---

6 이런 의미에서 판매자시장이라 한다.

목적을 무력화할 수도 있다.

이 정책이 시장보다 더 사회후생을 증가시킬 수 있을까? 이것은 앞에서 배운 사회후생 개념을 사용하여 설명할 수 있다. 시장에 의해 균형상태에 도달하였다면 이때 사회후생은 ΔAEB이다. 이때 소비자잉여는 ΔP^*EB이고 생산자잉여는 ΔAEP^*이다. 가격상한제를 실시하게 되면 Q_1만큼만 판매되므로 $\square P_c aFP^*$은 원래 생산자잉여였던 것이 소비자잉여로 바뀐다. 그러나 $Q_1 Q^*$만큼의 상품량이 시장에서 없어지면서 얻을 수 있었던 소비자잉여 ΔCEF와 생산자잉여 ΔaFE는 사라진다. 이렇게 사라진 것을 **자중손실**(dead weight loss)이라 한다. 결국 가격상한제를 실시함으로써 사회후생은 소비자잉여 ΔCEF와 생산자잉여 ΔaFE의 합만큼 감소하게 된다. 따라서 가격상한제는 사회후생 측면에서 반드시 '좋은 정책'으로 볼 수 없다.

가격상한제를 실시했을 때 사회적 비용은 생산과 소비감소에 따른 자중손실과 암시장, 부정부패와 밀수 등과 그것을 막기 위한 행정비용 등이 포함될 것이다. 이 정책이 타당성을 가지려면 이러한 사회적 비용을 커버할 만한 사회적 편익이 발생했을 때이다. 다만 전쟁 시 생필품 가격이 폭등하거나, 부동산이나 특정상품의 투기열풍으로 소비자들의 이상심리를 제어할 필요가 있을 때 단기적이고 일시적으로 사용하면 어느 정도 효과가 있다. 그러므로 이런 정책을 사용할 때는 상당히 신중해야 한다.

가격하한제

가격하한제는 가격상한제와 반대로 특정가격 이하로 거래되는 것을 금지하는 제도이다. 이것은 최저가격제라고도 불린다. 일반적으로 시장균형가격이 너무 낮다고 판단하면 정부는 가격하한제를 실시한다. 〈그림 4.14〉에서 보듯이 정부개입이 없다면 시장균형은 점 E에서 형성된다. 이때 균형가격은 P^*이고 균형량은 Q^*이다. 만약 정부가 하한가격을 P^*보다 낮게 설정하면 시장에 의해서 하한가격보다 높은 P^* 수준에서 균형가격이 이루어지기 때문에 하한가격지정 자체가 아무런 영향을 미치지 않게 되어 정책적으로 의미가 없다.

이제 정부가 농산물가격이 너무 낮아 일정 수준 이상 가격을 보장하기 위해 시장균형가격보다 높은 P_f 수준에 하한가격을 설정했다고 하자. 이 가격은 소비자나 기업들이 거래할 수 있는 최저가격이다. 이때 최저가격 P_f 수준하에서 시장상태를 보면 시장균형가격보다 더 높기 때문에 소비자수요는 Q_1으로 줄고 기업의 공급은 Q_2로 증가한다. 즉

그림 4.14   가격하한제

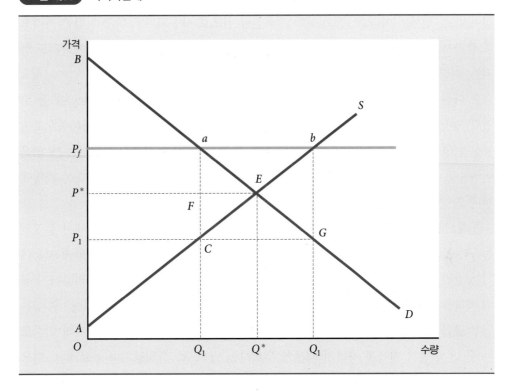

$Q_1 Q_2$ 크기만큼의 초과공급이 발생한다. 시장은 가격하락 압력을 받지만 가격하한제로 묶여 더 이상 시장은 작동하지 못한다. 이러한 초과공급은 정부가 가격을 내리든지, 아니면 다른 외부적 요인으로 수요곡선이나 공급곡선이 변하지 않는 한 지속된다.

이제 $Q_1 Q_2$만큼의 초과공급을 어떻게 해결해야 하는가?

첫째, 정부가 초과공급분을 구매하는 방법이다. 즉 $Q_1 Q_2$만큼의 양을 P_f 가격에 정부 재정으로 사주는 것이다. 이것은 정부의 재정적자요인이 된다. 또한 해당상품을 저장해야 할 창고가 필요하게 되어 또 다른 비용을 지불해야 한다. 정부는 이런 비용을 줄이기 위해, 또한 서민 보호나 농가소득 안정 등 또 다른 '선한 목적'을 위해 시장가격보다 더 낮은, 예컨대 P_1에 판매한다. 결국 P_f로 비싸게 사서 P_1으로 싸게 파는 이중가격제로 귀결된다. 대표적인 예가 우리나라 추곡수매제이다.[7] 가을 정기국회에서 추곡수

---

7 추곡수매제는 1948년 도입, 박정희 대통령 시절인 1972년에 폐지되었다가 1988년 노태우 대통령에 의해 다시 부활되었다. 그 후 2005년 시장개방체제가 들어서면서 추곡수매제는 다시 폐지되었다. 정부가 직

매가격(P_f)을 정하고 시장에서 초과공급분(Q_1Q_2)을 구매하여 농협창고에 저장한다. 이것이 바로 '정부미'이다. 이런 정부미는 후진국 원조로 사용되기도 하고 저렴한 가격으로 쌀과자, 떡집 등에 판매된다. 이런 정책은 한편에는 농가소득 안정에 기여하기도 하지만, 다른 한편에서는 정부의 재정적자로 귀결된다.

또 다른 예로 유럽연합(EU)의 공동농업정책(Common Agricultural Policy)을 들 수 있다. 농민들이 생산한 농산물을 유럽연합의 예산으로 높은 가격으로 수매해줌으로써 농산품 생산량이 급격히 늘어났다. 이에 따라 EU는 수매한 농산물을 보관하는 데 많은 어려움을 겪었다. 그리고 세계 농산물시장에 잉여농산물을 덤핑으로 처리하는 과정에서 주요 농업수출국가와 갈등이 심화되기도 했다.

둘째, 방치하는 경우이다. 〈그림 4.14〉에서 보듯이 가격하한(P_f)은 시장에서 결정되는 균형가격 P^*보다 높기 때문에 Q_1Q_2 크기만큼 초과공급이 발생한다. 이렇게 시장에서는 팔리지 않는 재화나 서비스는 재고로 쌓이게 되고, 판매자들은 이를 처분하기 위해 가격을 낮춰서라도 팔려고 할 것이다. 결국 P_1의 가격으로 생산비를 충당할 수 있는 일부 공급자는 P_1(G점)가격을 받고라도 처분하려 한다. 하지만 정부가 P_f 가격 이하로는 못 받게 법적 제제를 가하기 때문에 우회하는 방식, 즉 끼워팔기나 무료배달, 덤으로 하나 더 주는 방식으로 해소한다. 이렇게 되면 시장가격보다 높이려는 정부정책은 실질적으로 달성되지 못할 수 있다.

대표적인 예는 노동시장의 최저임금제에서 찾아볼 수 있다. 일반적으로 최저생계비를 바탕으로 정해지는 최저임금은 균형임금보다 높으므로 고용주들은 앞의 〈그림 4.14〉에서 노동력을 Q_1만큼만 채용한다. Q^*Q_1만큼 노동시장에서 초과공급, 즉 이만큼 노동자는 직장을 잃게 된다. 이들은 그룹 내에서도 특별한 기술이나 능력이 뒤떨어지는 비숙련노동자로 그보다 더 환경이 열악하고 낮은 임금인 P_1을 받고 고용된다. 또한 구직을 포기하고 있다가 임금이 상승하자 구직 신청하는 노동자도 추가로 Q^*Q_2만큼 발생한다. 그래서 노동시장에서 총 실업자는 Q_1Q_2가 된다. 정부가 최저임금을 높임으로써 각 아파트 주민들이 관리비를 줄이기 위해 경비원 수를 줄이거나, 각 기관들에서 청소부 요원을 비정규직으로 대체하는 것 등이 좋은 예이다. 최저임금제하에서 직장을

접 가격을 통제하는 방식이 세계자유무역 질서와 부합되지 않기 때문이다. 대신 목표가격을 정해놓고 산지 쌀값이 이 가격보다 떨어지면 농가를 지원하는 직불제를 채택하였다. 목표가격은 5년마다 갱신된다.

유지하는 그룹은 이익을 얻지만, 해고되는 그룹은 오히려 피해를 보게 된다. 가격하한 제도도 가격상한제와 마찬가지로 정부가 의도한 '선한 목적'을 반드시 달성할 수 있다 는 보장은 없다.

이 정책이 시장보다 더 사회후생을 증가시킬 수 있을까? 시장에 의해 균형상태에 도 달하였다면 이때 사회후생은 ΔAEB이다. 즉 소비자잉여 ΔP^*EB와 생산자잉여 ΔAEP^* 의 합이다. 가격하한제도도 가격상한제와 마찬가지로 시장에서 Q_1만큼만 판매되므로 자중손실이 발생한다. 즉 소비자잉여 ΔaFE와 생산자잉여 ΔCEF가 사라진다. 따라서 가 격하한제도는 사회후생 측면에서 반드시 '좋은 정책'으로 볼 수 없다. 가격상한제나 가 격하한제처럼 정부가 시장에 개입하게 되면 자중손실만큼 사회적 비용이 발생한다는 것을 알 수 있다.

최저임금제도

최저임금제도는 1894년 뉴질랜드 강제중재법과 1896년 오스트레일리아 빅토리아 주(州)의 공장 법에 의해 창설되어 구미 선진자본주의에 커다 란 영향을 미쳤다. 그 후 영국은 1902년, 프랑스 는 1915년에, 미국은 1912년에 최저임금제도를 차례로 도입하였다. 1928년에는 국제노동기구 (ILO)가 '최저임금결정기구의 창설에 관한 조약' 을 비준하고 보급에 힘씀으로써 각국에 널리 보 급되었다.

우리나라는 1960년대 이후부터 국회와 관련 기관에서 수차례에 걸쳐 최저임금의 법제화에 관한 논의가 있었지만, 국제경쟁력의 약화와 고 용증대에 대한 악영향을 이유로 시기상조론이 대두되어 도입이 지연되다가 1986년 최저임금 법이 제정되어 1988년부터 최저임금제도가 정 착되었다. 처음에는 최저임금이 시간당 462원

50전이었던 것이 1993년 처음으로 1,005원으 로 1,000원대를 넘어섰다. 그 후 2001년에는 2,100원, 2005년에는 3,100원, 2009년에는 4,000원으로 인상되었고, 2013년에는 4,860원 으로 높아졌다. 2015년에는 최저임금이 5,580 원으로 결정되었다. 2019년 최저임금은 8,350 원으로 2018년보다 10.9% 인상되었다. 하루치 임금으로 환산하면 8시간 기준 6만 6,800원이 며, 한 달 기준으로는 174만 5,150원(주 40시 간, 유급주유 포함, 209시간 기준)이다.

상용근로자뿐 아니라 임시직 · 시간제 · 외국 인 근로자에게 적용되는데 이 최저임금이 인상 됨으로써 혜택을 보는 저임금 근로자는 약 268 만 8천 명에 이를 것으로 추산된다. 그러나 최소 한의 생활을 영위하기에는 아직도 많이 부족한 금액이라 할 수 있다.

4.5 탄력성

우리가 고무줄이나 스타킹을 힘껏 당겼을 때 많이 늘어나면 "탄력성이 좋다."라고 말한다. 높은 곳에서 공을 던져 높이 튀어 올라도 "탄력성이 좋다."라고 한다. 즉 탄력성이란 외부에서 힘을 가했을 때 신축성이나 반응도가 높을 때 이르는 말이다.

이러한 개념을 경제학에 적용해보자. 시장에는 두 요소, 즉 수요와 공급이 있다. 또한 앞에서 배운 것처럼 이 수요와 공급에 영향을 미치는 여러 가지 요인들이 있다. 이런 요인들을 '외부 힘'으로 본다면 어떤 요인의 변화는 수요와 공급에 영향을 많이 미치고, 어떤 요인의 변화는 영향을 적게 미칠 수 있다. 그러면 수요와 공급이 어떤 요인 변화에 대해 탄력성이 높다거나 낮다고 말할 수 있을 것이다. 예컨대 아이스크림 가격이 오르면 수요는 상당히 줄어든 반면, 쌀가격이 상승하면 쌀 수요는 크게 줄지 않는다. 이때 아이스크림의 수요는 가격에 대해 탄력적이고, 쌀의 수요는 비탄력적이라 말할 수 있다.

이 절에서는 이러한 탄력성에 대해서 설명한다. 탄력성은 수요나 공급에 영향을 미치는 요인의 변화가 수요량이나 공급량 변화에 어느 정도 영향을 미치는가를 나타낸다. 경제학에서는 일반적으로 탄력성을 요인의 퍼센트 변화율에 대한 수요나 공급의 퍼센트 변화율의 비율로 측정한다. 이것을 수식으로 나타내면 다음과 같다. 즉 Y의 X 탄력성이다. 여기서 X는 수요나 공급에 영향을 미치는 요인이고 Y는 수요량이나 공급량을 나타낸다.[8]

$$\epsilon_{YX} = \frac{\dfrac{\Delta Y}{Y}}{\dfrac{\Delta X}{X}} = \frac{X}{Y} \cdot \frac{\Delta Y}{\Delta X} \tag{4-5}$$

예컨대 X요인이 3% 변화할 때 Y가 6% 변화하면 Y의 X탄력성은 2가 된다. 즉 탄력성은 X요인이 1% 변화할 때 Y가 2% 변화한다는 것을 의미한다. 숫자가 크면 클수록 탄력적이라고 한다.

탄력성을 이처럼 퍼센트 변화율의 비율로 측정하게 되면 측정단위를 무엇으로 하든

---

8 이러한 탄력성 개념을 수요나 공급 관련에만 국한할 필요가 없다. 만약 X가 생산량이고 Y가 비용이면 생산량의 비용탄력성이 된다.

지 구애받지 않게 된다. 앞의 예처럼 가격이 천 원 단위나 백만 원 단위 등과 관계없이 퍼센트 변화율이 같고, 수요량도 마찬가지로 그램(g), 킬로그램(Kg), 톤(ton) 등 단위와 관계없이 퍼센트 변화율이 같으면 동일한 탄력성 값을 얻을 수 있다. 만일 동일한 변화가 발생할 때 측정단위에 따라 탄력성 값이 달라진다면 우리는 일관성 있는 결론을 내릴 수 없게 된다. 이제 경제학에서 많이 쓰이는 탄력성을 구체적으로 소개한다.

4.5.1 수요의 가격탄력성

수요의 가격탄력성(price elasticity of demand)이란 재화나 서비스의 가격변화에 대해 수요량의 반응정도를 측정한 것이다. 앞의 정의를 이용하면 수요량의 퍼센트 변화율을 가격의 퍼센트 변화율로 나눈 값으로 다음 식과 같이 나타낼 수 있다.

$$\epsilon_{dp} = -\frac{\text{수요량의 퍼센트 변화율}}{\text{가격의 퍼센트 변화율}} = -\frac{\dfrac{\Delta Q_d}{Q_d}}{\dfrac{\Delta P}{P}} = -\frac{P}{Q_d} \cdot \frac{\Delta Q_d}{\Delta P} \qquad (4\text{-}6)$$

여기서 ϵ_{dp}는 수요의 가격탄력성, P는 재화나 서비스의 가격, Q_d는 수요량, Δ는 변화량이다.

수요의 가격탄력성은 다른 탄력성과 달리 항시 앞에 음(−)의 부호를 붙여준다. 이것은 일반적으로 수요법칙이 작용하면 수요곡선이 우하향하기 때문에 앞의 식 (4-5)와 같은 정의에 따라 구하면 항시 음의 부호를 갖게 되고, 이것을 양수로 바꾸기 위해 음의 부호를 첨가하는 것이다.[9]

이제 구체적인 예를 가지고 탄력성을 추정해보자. 아이스크림의 시장수요곡선은 아이스크림 가격이 1,000원일 때 10만 개, 1,200원일 때 8만 개의 수요량을 나타내고 있다. 이때 아이스크림의 가격탄력성은 얼마일까? 가격변화율이 20%이고 수요량 변화율은 −20%이므로 탄력성의 정의에 의해서 아래 식처럼 계산하면 아이스크림의 가격탄력성이 1임을 알 수 있다.[10]

---

9 수요법칙이 작용하여 가격이 상승하면(+) 수요량이 줄고(−), 가격이 하락하면(−) 수요량이 늘어난다(+). 수요의 가격탄력성은 마샬(A. Marshall)이 개발한 후 처음에는 음수(−)로 표시하였으나, 최근의 경제학자들은 양수(+)로 표시하고 있다.

10 탄력성 측정에 대해 좀 더 자세한 내용은 이 장(章) 끝에 첨부한 보론 1을 참조하기 바란다.

$$\epsilon_{dp} = -\frac{\dfrac{-20,000}{100,000}}{\dfrac{200}{1,000}} = 1 \qquad\qquad (4\text{-}7)$$

재화나 서비스의 수요에 대한 가격탄력성은 0에서 무한대(∞)까지 값을 가질 수 있다.[11] 이제 수요의 가격탄력성을 가지고 재화와 서비스의 특성을 파악하고 수요곡선의 모양은 어떠한지 살펴보자.

(1) $\epsilon_{dp} = 0$인 경우 가격에 대해 완전비탄력적인(completely inelastic) 상품이다. 즉 가격변화에 대해 수요가 전혀 영향을 받지 않는다. 그러므로 〈그림 4.15c〉에서 보듯이 수요곡선은 수직선이 된다. 마약이나 술처럼 중독성이 강한 상품이 대체로 여기에 속한다.

(2) $0 < \epsilon_{dp} < 1$인 경우 가격에 대해 비탄력적인(inelastic) 상품이다. 즉 가격변화율에 대해 수요변화율이 더 적은 경우이다. 가격변화에 대해 수요변화가 덜 민감하게 영향을 받는다. 수요곡선은 큰 기울기를 가진 우하향곡선이 된다. 대체적으로 식품 등 생필품에 가까운 상품이 여기에 속한다.

(3) $\epsilon_{dp} = 1$인 경우 가격에 대해 단위탄력적인(unit elastic) 상품이다. 즉 가격변화율에 대해 동일한 수요변화율이 일어난다. 이 탄력성은 탄력적인 경우와 비탄력적인 경우를 구분하는 기준역할을 한다. 〈그림 4.15b〉에서 보듯이 수요곡선은 직각쌍곡선 모양을 갖는다.[12]

(4) $\epsilon_{dp} > 1$인 경우 가격에 대해 탄력적인(elastic) 상품이다. 즉 가격변화율에 대해 수요변화율이 더 큰 경우이다. 가격변화에 대해 수요변화가 더 민감하게 영향을 받는다. 수요곡선은 수평선에 가까운 완만한 형태를 갖는다. 대체재가 많은 상품이거나 사치재 등이 여기에 해당한다.

(5) $\epsilon_{dp} = \infty$인 경우 완전탄력적인(completely elastic) 상품이다. 가격이 조금 오르면 수

---

11 재화나 서비스가 기펜재의 성격을 가지고 있다면 가격탄력성은 음수를 가질 수 있으나 거의 예외적인 경우에 속한다.

12 가격과 수요량 간의 함수관계가 직각쌍곡선 형태이면 $PQ=k$로 나타낸다. k는 상수이기 때문에 두 변수의 곱은 항시 일정하다. 이에 따라 가격이 1% 증가(감소)하면 수요량은 정확히 1% 감소(증가)해야만 상수를 유지할 수 있다. 즉 수요의 가격탄력성이 1이 된다.

그림 4.15   수요곡선의 형태와 탄력성

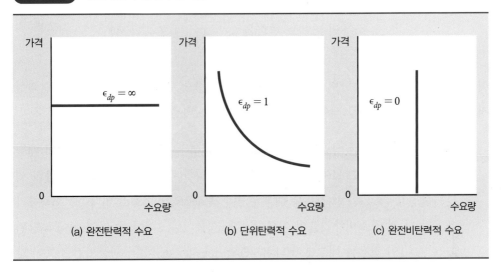

(a) 완전탄력적 수요   (b) 단위탄력적 수요   (c) 완전비탄력적 수요

요가 0이 되고 조금 내리면 수요가 무한대가 되는 경우이다. 즉 아주 미세한 가격 변화에 대해서도 수요변화가 극단적으로 민감하게 영향을 받는 경우이다. 그래서 수요곡선은 〈그림 4.15a〉에서와 같이 수평선 형태를 갖는다. 세계농산물 시장에서 거래되는 밀이나 옥수수와 같이 완전대체재적인 특성을 갖는 상품이 여기에 속한다.

어떤 상품의 수요의 가격탄력성이 높을수록 수요곡선은 수평선에 가까워지고, 낮을수록 수직선에 가까워지는 것을 알 수 있다.

4.5.2 수요의 소득탄력성과 교차탄력성

수요의 가격탄력성은 재화나 서비스의 가격변화에 수요량이 얼마나 민감하게 반응하느냐를 측정하는 데 이용된다. 그러나 재화나 서비스의 수요량은 가격뿐 아니라 소비자의 소득, 다른 재화가격 등 다른 요인에 의해서도 얼마든지 영향을 받을 수 있다.

소득탄력성

이제 소비자의 소득의 변화에 대해 수요량이 얼마나 민감하게 변화하는가를 살펴보자. 앞 절에서 이미 배운 탄력성 정의에 의해 수요의 소득탄력성(income elasticity)은 수요량의 퍼센트 변화율을 소득의 퍼센트 변화율로 나눈 것으로 다음과 같이 나타낸다.

$$\epsilon_{dY} = \frac{\text{수요량의 퍼센트 변화율}}{\text{소득의 퍼센트 변화율}} = \frac{\dfrac{\Delta Q_d}{Q_d}}{\dfrac{\Delta Y}{Y}} = \frac{Y}{Q_d} \cdot \frac{\Delta Q_d}{\Delta Y} \tag{4-8}$$

여기서 ϵ_{dY}는 수요의 소득탄력성, Y는 소득, Q_d는 수요량, Δ는 변화량이다. 가격탄력성처럼 소득탄력성을 가지고 재화나 서비스의 특성을 나타낼 수 있다.

(1) $\epsilon_{dY} > 0$인 경우 이런 상품을 정상재(normal goods)라 한다. 제2장에서 이미 배웠던 이 재화를 이렇게 소득탄력성을 가지고 정의할 수 있다. 이 정상재를 좀더 세분화하면 $0 < \epsilon_{dY} < 1$인 경우는 대부분 필수재(necessary goods)이다. 즉 소득증가율보다 더 적게 소비증가율이 이루어진다. 식품이나 일상용품 등이 이에 해당된다. $\epsilon_{dY} > 1$인 경우는 대부분이 사치재(luxurious goods)이다. 명품처럼 소득이 낮을 때는 그림의 떡이었지만 소득이 높아지면 수요가 급증한다.

(2) $\epsilon_{dY} = 0$인 경우 이런 상품을 중립재(neutral goods)라 한다. 즉 소득수준이 변해도 수요량의 변화가 없다. 비흡연자에게 담배나 비음주자에게 술 등이 이에 해당할 것이다.

(3) $\epsilon_{dY} < 0$인 경우 열등재(inferior goods)라 한다. 즉 소득이 증가하면 오히려 수요가 감소하는 재화이다. 이 재화도 제2장에서 이미 배웠지만 이렇게 소득탄력성으로 정의할 수 있다. 사람들이 소득이 늘자 보리밥 대신 쌀밥을 먹고, 난방도 연탄 대신 전기나 석유를 사용하면서 보리와 연탄에 대한 수요가 감소하였다. 이때 보리와 연탄은 열등재가 된다.

교차탄력성

또 다른 탄력성 개념으로 교차탄력성(cross elasticity)을 들 수 있다. 즉 한 재화(X재)의 가격 퍼센트 변화율과 다른 재화(Y재)의 수요 퍼센트 변화율의 비율로 나타낸다. 이것은 어떤 재화(X재)의 가격변화가 다른 재화(Y재)의 수요에 미치는 영향을 보여준다.

$$\epsilon_c = \frac{Y\text{재 수요량의 퍼센트 변화율}}{X\text{재 가격의 퍼센트 변화율}} = \frac{\dfrac{\Delta Q_Y}{Q_Y}}{\dfrac{\Delta P_X}{P_X}} = \frac{P_X}{Q_Y} \cdot \frac{\Delta Q_Y}{\Delta P_X} \tag{4-9}$$

여기서 ϵ_c는 교차탄력성, P_X는 X재의 가격, Q_Y는 Y재의 수요량, Δ는 변화량이다.

(1) $\epsilon_c > 0$인 경우 두 상품은 서로 대체재(substitute goods) 관계이다. 즉 X재의 가격이 오르면 Y재의 수요가 증가한다. 예컨대 코카콜라의 가격이 상승하면 사람들이 대체재인 펩시콜라를 더 많이 수요하게 된다. 제2장에서 이미 배웠던 대체재 관계를 이제 교차탄력성의 부호로 나타낼 수 있다.

(2) $\epsilon_c = 0$인 경우 두 상품은 독립재(independent goods) 관계이다. 즉 X재의 가격변화가 Y재의 수요에 전혀 영향을 미치지 못한다. 예컨대 요트가격이 오른다고 햄버거의 수요량이 변화하지 않는다. 이 두 상품은 서로 독립재이다.

(3) $\epsilon_c < 0$인 경우 두 상품은 서로 보완재(complementary goods) 관계이다. 즉 X재의 가격이 오르면 Y재의 수요가 감소한다. 휘발유의 값이 천정부지로 솟으면 휘발유를 연료로 쓰는 자동차의 수요가 줄어든다. 자동차와 자동차 타이어 같이 최종재와 부품 간의 관계도 대부분 보완재적인 특성을 가진다.

4.5.3 공급의 가격탄력성

지금까지 수요와 관련된 가격탄력성, 소득탄력성, 교차탄력성을 알아보았다. 마찬가지로 공급탄력성도 공급 측면의 요인변화가 공급량에 어떻게 영향을 미치는가를 측정한다.

공급의 가격탄력성은 재화나 서비스가격의 퍼센트 변화율에 대한 공급량의 퍼센트 변화율의 비율로 나타낸다.

$$\epsilon_{sp} = \frac{\text{공급량의 퍼센트 변화율}}{\text{가격의 퍼센트 변화율}} = \frac{\dfrac{\Delta Q_s}{Q_s}}{\dfrac{\Delta P}{P}} = \frac{P}{Q_s} \cdot \frac{\Delta Q_s}{\Delta P} \qquad (4\text{-}10)$$

여기서 ϵ_{sp}는 공급의 가격탄력성, P는 재화의 가격, Q_s는 공급량, Δ는 변화량이다.

공급의 가격탄력성과 수요의 가격탄력성을 비교해보면 두 가지 차이점이 있다. 첫째는 탄력성 공식에 음($-$)의 부호가 없다. 공급법칙이 작용하면 가격변화와 공급량변화가 동일한 방향으로 변화하기 때문에 공급의 가격탄력성 값이 항상 양수를 갖기 때문이다. 둘째, 가격변화에 대한 수요량이 아닌 공급량변화에 대한 것이다.

실제 예로 공급의 가격탄력성을 구해보자. 우유가 건강에 좋다는 인식이 퍼지면서 시장에서 파는 우유 가격이 1ℓ 종이팩 1통당 2,000원에서 2,200원으로 올랐다. 이에 따라 전국의 낙농업자들은 기존의 양인 종이팩 40만 통에서 42만 통으로 공급을 늘였다. 즉 가격 10% 변화에 대해 우유의 공급량은 5% 변화하였다. 우유공급의 가격탄력성은 다음 식과 같이 0.5가 된다.

$$\epsilon_{sp} = \frac{\dfrac{20,000}{400,000}}{\dfrac{200}{2,000}} = 0.5 \tag{4-11}$$

공급의 가격탄력성도 수요의 가격탄력성과 마찬가지로 0에서부터 무한대(∞)까지 수치를 가진다.

(1) $\epsilon_{sp} = 0$인 경우 가격에 대해 완전비탄력적인(completely inelastic) 상품이다. 즉 가격변화에 대해 공급이 전혀 영향을 받지 않는다. 그러므로 〈그림 4.16c〉에서 보듯이 공급곡선은 수직선이 된다. 골동품이나 작가가 고인이 된 예술품 등이 대체로 여기에 속한다.

(2) $0 < \epsilon_{sp} < 1$인 경우 가격에 대해 비탄력적인(inelastic) 상품이다. 즉 가격변화율에 대해 공급변화율이 더 적은 경우이다. 가격변화에 대해 공급변화가 덜 민감하게 영향을 받는다. 공급곡선은 큰 기울기를 가진 우상향곡선이 된다. 대체적으로 식품 등 생필품에 가까운 상품이 여기에 속한다.

(3) $\epsilon_{sp} = 1$인 경우 가격에 대해 단위탄력적인(unit elastic) 상품이다. 즉 가격변화율에 대해 동일한 공급변화율이 일어난다. 즉 탄력적인 경우와 비탄력적인 경우를 구분하는 기준역할을 한다. 〈그림 4.16b〉에서 보듯이 이때의 공급곡선은 원점을 지나는 사선이 된다.[13]

(4) $\epsilon_{sp} > 1$인 경우 가격에 대해 탄력적인(elastic) 상품이다. 즉 가격변화율에 대해 공

---

13 수요의 가격탄력성이 1인 경우와 공급의 가격탄력성이 1인 경우, 수요곡선과 공급곡선 모양이 다른 것은 수요법칙과 공급법칙 때문이다. 수요법칙에 의해 가격과 수요량이 상충관계이므로 수요의 가격탄력성이 1이 되려면 가격과 수요량의 곱이 상수가 되어야 한다. 즉 $PQ=k$로 직각쌍곡선이다. 반면 공급법칙에 의해 가격과 공급량이 비례관계이므로 공급의 가격탄력성이 1이 되려면 가격과 공급량의 비가 상수가 되어야 한다. 즉 $\frac{Q}{P}=k$, $Q=kP$가 되어 원점에서 그은 사선이 된다.

그림 4.16　공급곡선의 형태와 탄력성

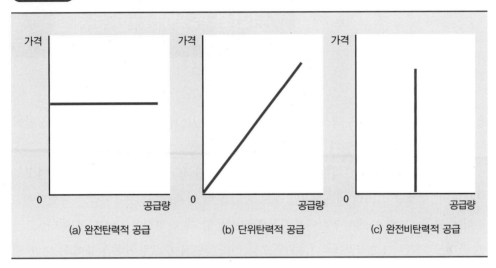

(a) 완전탄력적 공급 (b) 단위탄력적 공급 (c) 완전비탄력적 공급

급변화율이 더 큰 경우이다. 가격변화에 대해 공급변화가 더 민감하게 영향을 받는다. 공급곡선은 수평선에 가까운 완만한 형태를 갖는다.

(5) $\epsilon_{sp} = \infty$인 경우 완전탄력적인(completely elastic) 상품이다. 가격이 조금 오르면 공급이 무한대가 되고 조금 내리면 공급이 0이 되는 경우이다. 즉 아주 미세한 가격변화에 대해서도 공급변화가 극단적으로 민감하게 영향을 받는 경우이다. 그래서 공급곡선은 〈그림 4.16a〉와 같은 수평선 형태를 갖는다.

어떤 상품의 공급의 가격탄력성이 높을수록 공급곡선은 수평선에 가까워지고, 낮을수록 수직선에 가까워지는 것을 알 수 있다.

탄력성 측정에 대한 문제점

우리는 제2장 본문에서 탄력성을 측정하는 법을 배웠는데, 실제로는 이러한 측정법이 여러 문제점을 내포하고 있다.

본문에서 수요의 가격탄력성을 구할 때 아이스크림 가격이 1,000원에서 1,200원으로 오르면서, 수요량이 10만 개에서 8만 개로 줄었을 때 가격탄력성은 1이라고 하였다.

이는 보론 〈그림 1〉에서 T점에서 R점으로 이동할 때 탄력성을 추정한 것이다. 그러면 반대로 가격이 1,200원에서 1,000원으로 하락하면서 수요량이 8만 개에서 10만 개로 늘어났다면 가격탄력성은 어떻게 될까? 이때는 그림에서 T점에서 R점으로 이동하는 경우이다.

수요의 가격탄력성 공식을 이용해 탄력성을 구해보면 다음 식 (1)과 같이 1.5가 된다.

그림 1 수요의 가격탄력성

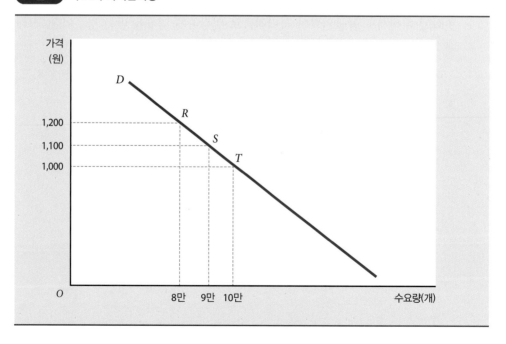

$$\epsilon_{dp} = -\ \frac{\dfrac{20,000}{80,000}}{\dfrac{-200}{1,200}} = 1.5 \tag{1}$$

　이렇게 동일한 수요곡선상에서 동일한 구간을 움직이더라도 기준수요량과 기준가격을 어디에 두고 탄력성을 측정하느냐에 따라 그 값이 다르게 나타나는 문제점이 생겨난다. 따라서 이러한 불합리성을 개선하기 위해 일부 학자들은 탄력성을 측정할 때 중간점 공식(mid-point formula)을 사용할 것을 주장한다. 이 공식의 기본 원리는 변화 전후의 가격 및 수요량을 각각 평균한 중간점을 선택해 탄력성을 계산하는 것인데, 그래프상에서는 S점에서 탄력성을 구하는 것으로 아래 식과 같이 정의된다.

$$\epsilon_{dp} = \left| \frac{\dfrac{\Delta Q}{(Q_1 + Q_2)/2}}{\dfrac{\Delta P}{(P_1 + P_2)/2}} \right| \tag{2}$$

　위의 예를 이용해 탄력성을 구해보면 식 (3)과 같이 탄력성은 1.2가 된다.

$$\epsilon_{dp} = \left| \frac{\dfrac{20,000}{(80,000 + 100,000)/2}}{\dfrac{200}{(1,000 + 1,200)/2}} \right| = 1.222 \tag{3}$$

　따라서 실제로는 이 세 가지 탄력성 모두 정답이 된다.

보론 2 **수요탄력성과 공급탄력성에 대한 도형적 고찰**

본문에서 가격탄력성을 공식을 통해 구하는 방법을 살펴보았는데, 여기에서는 탄력성의 의미를 도형을 통해 알아보자.

아래 〈그림 2〉에는 직선의 수요곡선이 그려져 있다. 이 수요곡선과 가격탄력성 공식을 연결시켜보자. 가격탄력성의 공식은 $\epsilon_{dp} = \left| \dfrac{\Delta Q}{\Delta P} \times \dfrac{P}{Q} \right|$ 인데 이 공식을 기준으로 〈그림 2〉의 점 B에서의 가격탄력성을 구해보면 $\epsilon_{dp} = \dfrac{ED}{EB} \times \dfrac{OA}{OE} = \dfrac{ED}{OE}(EB = OA)$가 된다.

도형을 이용해 구한 이 탄력성의 내용을 이해하면 동일한 수요곡선을 따라 구한 가격탄력성의 크기가 모두 다르게 나타나 〈그림 3〉과 같이 되는 것을 이해할 수 있을 것이다. 즉 〈그림 3〉의 A점은 전체 OB선상의 한가운데 있으므로 〈그림 2〉에 미뤄 살펴보

그림 2 직선 수요곡선의 탄력성

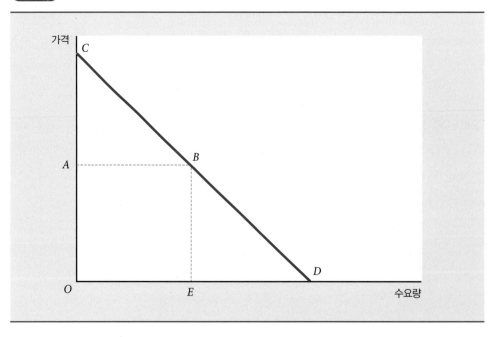

그림 3　동일한 수요곡선상에서의 탄력성

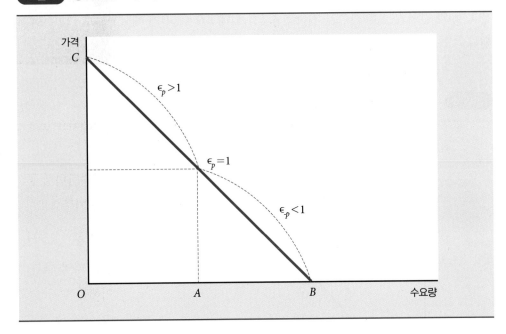

면 $OE = ED$여서 탄력성은 1이 된다. 한편 A점이 한가운데보다 좌측에 위치하면 〈그림 2〉에서 $OE < ED$가 되므로 탄력성이 1보다 커지고, A점이 한가운데보다 우측에 위치하면 〈그림 2〉에서 $OE > ED$이 되므로 1보다 작아진다.

　결과적으로 〈그림 3〉에서 C점으로 접근할수록 수요의 가격탄력성은 커지고, B점으로 접근할수록 작아진다.

　공급곡선의 탄력성도 도형을 이용해 구해보자.

　〈그림 4〉에는 공급곡선이 그려져 있는데, 이 그림과 공급탄력성 공식을 연관시켜보자. 공급의 가격탄력성 공식은 $\epsilon_{sp} = \dfrac{\Delta Q}{\Delta P} \times \dfrac{P}{Q}$인데, 이 공식을 기준으로 C점에서의 가격탄력성을 구해보면 $\epsilon_{sp} = \dfrac{AD}{CD} \times \dfrac{OB}{OD} = \dfrac{AD}{OD}(CD = OB)$가 된다. 따라서 탄력성은 AD와 OD 중 어느 쪽 길이가 긴지에 따라 탄력성이 1보다 큰지, 1과 같은지, 1보다 큰지가 결정된다.

　〈그림 5〉에는 직선인 공급곡선이 원점의 오른쪽으로 지나는 경우와 원점을 지나는 경우, 원점 왼쪽을 지나는 경우 세 가지가 그려져 있다. (a)와 같이 공급곡선이 원점의 우측을 지나게 되면 〈그림 4〉에서 $AD > OD$에 해당되므로 가격탄력성은 1보다 크게

되고, (b)와 같이 원점을 지나게 되면 〈그림 4〉에 $AD = OD$에 해당되므로 가격탄력성은 1, (c)와 같이 원점의 좌측을 지나면 〈그림 4〉에 $AD < OD$에 해당되므로 1보다 작게 된다.

그림 4   직선 공급곡선의 탄력성

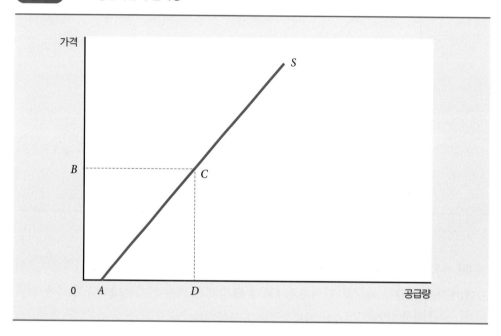

그림 5   여러 공급곡선의 탄력성

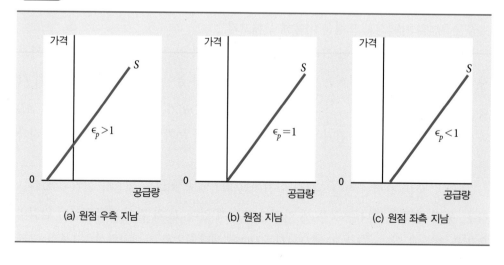

economics

알프레드 마샬

알프레드 마샬은 신고전파 경제학의 창시자 중 한 사람으로 추앙받고 있을 정도로 근대경제학의 거목이다. 경제학계가 애덤 스미스(A. Smith), 리카도(D. Ricardo), 맬더스(T. Malthus) 등 고전파 경제학의 노동가치설과 제본스(W. Jevons)와 오스트리아학파의 효용가치설로 양분되었을 때 비용생산원리와 한계효용원리를 결합

알프레드 마샬(Alfred Marshall, 1842~1924)

하여 시장균형이론으로 발전시킴으로써 현대 주류경제학의 초석을 닦았다. 현재 경제학에서 다루어진 중요한 개념은 마샬에 의해 정립되었다고 해도 과언이 아니다. 즉 수요와 공급의 원리에 의한 시장균형분석, 탄력성 개념, 소비자잉여 및 생산자잉여와 준지대 등은 이후 경제학 발전에 중요한 역할을 했다. 그래서 대표저작인 경제학 원리(*Principle of Economics*, 1890)는 경제학에서 가장 중요한 공로로 평가되고 있다.

또한 케임브리지대학교 정치경제학 교수로 재직하면서 케인즈(J. Keynes), 피구(A. Pigou), 로빈슨(J. Rovinson), 로버트슨(D. Robertson) 등 기라성 같은 제자들을 길러냈다. 그와 그의 제자들에 의해서 형성된 케임브리지학파는 상당 기간 동안 세계 경제학계의 흐름을 주도하였다.

마샬은 전형적인 영국신사다운 부드러운 풍모를 지녔지만 사회개혁 문제에 매우 열정적이었다. 학생들에게 경제학이 사람들의 경제적 복지를 향상시키는 데 도움을 줄 수 있어야 한다고 강조하고 사회의 빈곤문제 해결에 노력하였다. 그러나 이 문제는 '냉철한 머리와 따뜻한 가슴(cool head, warm heart)'이라는 유명한 경제 기사도 정신(spirit of economic knight) 위에서 해결될 수 있다고 강조했다. 약자를 외면하지 않는 따뜻한 마음과 문제의 본질을 꿰뚫어볼 수 있는 냉철한 지성을 함께 갖춘 경제학자가 되기를 요구했던 그는 영원히 후학 경제학자들의 사표로 남을 것이다.

✏️ 연습문제

객관식 문제

1. 다음 중 애덤 스미스(A. Smith)가 말한 '보이지 않는 손'의 작용을 나타내는 것은?

   ① 독자가 익명으로 자선단체에 돈을 기부하였다.

   ② 독점판매자가 가격을 경쟁수준보다 높게 책정하려고 시도하였다.

   ③ 노동자들의 임금이 상승함에 따라 공장 내에 자동화 설비를 도입하였다.

   ④ 자원의 효율적 분배를 위해 정부가 가격통제정책을 강화했다.

2. 다음 중 수요곡선을 이동하지 않고 수요량의 변화를 초래하는 요인은 무엇인가?

   ① 소비자의 예상변화   ② 해당재화의 가격변화

   ③ 소비자의 소득변화   ④ 관련재화의 가격변화

3. 다음 중 수요곡선 자체를 이동시키는 요인이 아닌 것은?

   ① 소득의 증가   ② 인구의 변화

   ③ 해당재화의 가격변화   ④ 관련재화의 변화

4. 수지는 직장을 잃게 되어 좋아하는 연애소설 책을 많이 살 수 없게 되었다. 수지에게 연애소설은?

   ① 사치재   ② 정상재   ③ 열등재   ④ 보완재

5. 다음 중 옳은 것은?

   ① 보완재의 가격이 상승하면 시장공급곡선이 좌측으로 이동한다.

   ② 생산요소의 가격이 하락하면 시장공급곡선이 좌측으로 이동한다.

   ③ 독립재의 가격이 하락하면 시장수요곡선이 좌측으로 이동한다.

   ④ 인구가 증가하면 시장수요곡선이 우측으로 이동한다.

6. 정상재의 경우 수요의 소득탄력성은 (   )이다.

   ① 양(+)   ② 음(−)   ③ 영(0)   ④ 무한대(∞)

7. A재의 가격이 상승하자 B재의 수요곡선이 아래 그림처럼 D_0에서 D_1으로 이동하였다. A재와 B재의 예로 적절한 것은?

① 소주와 맥주　　　　　　② 콜라와 사이다

③ 감자와 고구마　　　　　④ 피자와 콜라

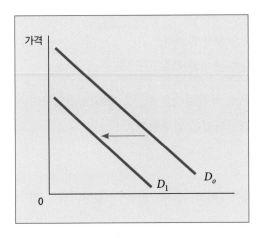

8. 석유가격의 하락으로 인하여 자동차의 수요가 증가하였고 석탄의 수요는 감소하였다고 할 때, 석유와 자동차, 석탄과 석유의 관계는 각각 무엇인가?

① 대체재, 보완재　　　　　　　　② 보완재, 대체재

③ 보완재, 독립재　　　　　　　　④ 독립재, 대체재

9. 다음 중 특정재화의 공급을 결정하는 요인이 아닌 것은?

① 기업의 목표　　　　　　　　　② 기술수준의 변화

③ 특정재화와 관련된 다른 재화의 가격변화　　④ 소득분배의 변화

10. 포도의 공급량을 정의한 것은?

① 포도농장이 일정기간 동안 판매하고자 하는 포도량

② 포도농장의 일정기간 동안 실제로 판매한 포도량

③ 포도농장이 일정 시점에서 실제로 판매한 포도량

④ 포도농장이 일정 시점에서 판매하고자 하는 포도량

11. 자원고갈에 대비한 과학자들의 노력으로 휘발유를 대체할 수 있는 신물질이 개발되고, 원유정제기술의 발달로 원유 1배럴당 생산할 수 있는 휘발유의 양이 증가하였다. 다음 중 맞는 것은?

① 휘발유의 가격은 하락하고, 거래량은 감소한다.

② 휘발유의 가격은 상승하고, 거래량은 증가한다.

③ 휘발유의 가격은 하락하고, 거래량은 불명확하다.

④ 휘발유의 가격은 상승하고, 거래량은 불명확하다.

12. 어떤 재화의 가격이 100원에서 80원으로 하락하였을 때, 그 재화의 수요량이 200개에서 210개로 증가한다면 수요의 가격탄력성은 얼마인가?

① $\dfrac{3}{7}$　　　② $\dfrac{1}{2}$　　　③ $\dfrac{1}{4}$　　　④ 1

13. 어떤 재화에 대한 수요의 가격탄력성이 1이고, 현재 가격이 100원이라고 하자. 다음 중 맞는 것은?

① 재화의 가격이 10원 오를 때 수요량은 1% 감소한다.

② 재화의 가격이 10원 오를 때 수요량은 10% 감소한다.

③ 재화의 가격이 10원 내릴 때 수요량은 1% 감소한다.

④ 재화의 가격이 10원 내릴 때 수요량은 10% 감소한다.

14. 다음 중 교차탄력성이 음수(−)인 것은?

① 피자와 햄버거　　　　　② 피자와 콜라

③ 버스와 지하철　　　　　④ 사이다와 콜라

15. 조선후기의 학자 추사(秋史) 김정희(金正喜, 1786~1856)가 그린 그림 〈세한도〉의 공급의 가격탄력성은 얼마인가?

① 0　　　　② 0.5　　　③ 1　　　④ ∞

16. 정부가 가격상한제나 가격하한제를 시행하면?

① 소비자와 공급자 모두 이익을 본다.

② 시장의 효율성이 높아진다.

③ 초과수요나 초과공급이 없어진다.

④ 가격은 더 이상 자원배분에 합리적 수단이 되지 못한다.

17. 시장균형임금보다 높은 수준의 최저임금제가 실시되고 있다. 이때 일어나는 현상
으로 올바르지 못한 것은?

① 실업 증가 　　　　　　　　　　　② 비효율적 자원배분

③ 사회 전체적인 효용증가 　　　　　④ 수요자잉여 감소

※ 아래 그림을 보고 답하라(18~20번 문제).

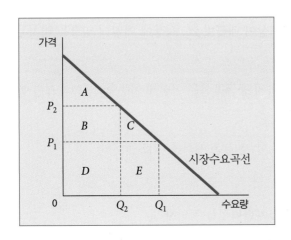

18. 앞 그림의 가격 P_1에서 소비자잉여는?

① A 　　　　　　② $A+B$ 　　　　　③ $A+B+C$ 　　　　④ $A+B+D$

19. 앞 그림의 가격이 P_1에서 P_2로 상승한다면 소비자잉여는?

① A만큼 늘어난다. 　　　　　　　② C만큼 줄어든다.

③ $B+C$만큼 늘어난다. 　　　　　　④ $B+C$만큼 줄어든다.

20. 어느 상품의 수요곡선은 $P=6-2Q$, 공급곡선은 $P=3+Q$와 같다. 다음 중 균형가
격과 소비자잉여의 크기를 올바르게 계산한 것은?

① 균형가격 $=4$, 소비자잉여 $=0.5$ 　　　② 균형가격 $=4$, 소비자잉여 $=1$

③ 균형가격 $=3$, 소비자잉여 $=0.5$ 　　　④ 균형가격 $=3$, 소비자잉여 $=1$

서술식 문제

1. 수요의 결정요인에 대해 논하라.

2. 공급의 결정요인에 대해 논하라.

3. 커피의 가격이 하락하면 대체재인 녹차의 수요는 어떻게 되는가?

4. 다른 조건이 일정할 때 향후 태블릿 PC의 가격이 상승할 것이라고 수요자와 공급자 모두 예상하고 있다면, 이러한 예상이 태블릿 PC 시장에 어떻게 영향을 미치는지를 그래프를 그려서 설명하라.

5. 원자재 가격이 급격히 상승하면 재화의 공급곡선은 어떻게 이동할까? 그래프를 통해 설명하라.

6. 자신의 소득이 증가하면 수요가 감소할 것 같은 재화를 예로 들어라.

7. 소비자잉여에 대해 설명하라.

8. 수요의 가격탄력성, 소득탄력성과 교차탄력성을 정의하라.

CHAPTER

05

생산요소시장과
소득분배

직장에 다니는 사람은 월급을, 은행에 예금한 사람은 이자를 받는다. 또한 주식을 사거나 채권을 사는 사람은 일정한 수익을 얻는다. 지주는 토지를 빌려주고 지대를 받기도 한다. 한편 기업은 자금을 모아 토지나 자본재를 사고(혹은 빌리거나), 일정한 임금을 주고 사람들을 고용한다.

이것은 제2장에서 소개한 경제순환모형에서 생산요소시장에 해당된다. 생산요소시장도 상품시장과 마찬가지로 수요와 공급원리에 의해서 작동된다. 상품시장에서는 가계가 상품의 수요자로 기업은 공급자로 행동한다. 반면 생산요소시장에서는 가계가 생산요소의 공급자로 기업이 수요자로 행동한다.

여기서 생산요소는 노동과 자본만 있다고 가정하고 있으므로 생산요소시장은 노동시장과 자본시장으로 구성되어 있다. 노동시장에서는 임금이, 자본시장에서는 자본수익률이 결정된다.[1] 가계의 입장에서는 이러한 임금과 자본수익이 소득이 되므로 생산요소시장 균형은 결국 가계소득을 결정하는 문제가 된다. 즉 소득분배문제이기도 하다.

단기에는 자본이 고정요소이고 장기에는 모든 생산요소가 가변요소가 된다. 이 장에서는 단기의 생산요소시장이 어떻게 작동되고, 장기의 생산요소시장에서 균형생산 요소량이 어떻게 결정되는지를 살펴보고자 한다.

5.1 단기생산요소시장

5.1.1 노동수요곡선

기업이 노동과 자본을 수요하는 것은 상품을 생산하기 위한 것이다. 즉, 상품수요가 증가해야 생산요소 수요도 증가한다. 이런 의미에서는 생산요소 수요는 파생수요의 성격을 갖는다.

이제 단기에 기업이 어떻게 생산요소 수요량을 결정하는지 살펴보자. 단기에는 자본은 고정요소이고 노동만이 가변요소가 된다. 〈표 5.1〉은 신발가격(P)은 200원, 시간당 임금(w)은 10원, 자본은 1단위일 때 투입 노동시간에 따른 신발 생산량을 나타내고 있다.

---

1 자본수익률에는 이자율, 주식 및 채권의 수익률, 부동산 수익률, 실물투자 수익률 등이 포함된다. 여기서는 현실의 여러 가지 자본형태를 하나의 자본으로 상정하고 있으므로 이러한 수익률의 평균으로 생각하면 이해하는 데 도움이 된다.

노동과 자본의 의미

이 장에서 언급되는 노동과 자본이라는 생산요소의 정확한 의미는 무엇일까? 독자들은 노동 1단위하면 노동자 한 사람으로, 자본 1단위하면 어떤 기계 1대로 생각할지 모른다. 제1장에서 경제변수를 저량변수와 유량변수로 나눌 수 있다는 것을 배웠다. 재화는 저량변수, 서비스는 유량변수이다.

노동은 재화와 서비스 측면으로 나눌 수 있다. 재화로서 노동은 인간시장에서 거래되는 생산요소를 말한다. 고대 로마시대나 19세기 미국에 있었던 노예시장이 여기에 해당된다. 그렇지만 현대는 이것을 불법화하기 때문에 이런 노동시장은 존재하지 않는다. 서비스로서 노동은 시장에서 거래된다. 여기서 결정되는 것이 바로 시간당 임금이다. 경제학에서 언급되는 노동은 정확히 일정기간 동안 제공되는 노동서비스를 의미하는 유량변수임을 알 수 있다.

자본도 재화와 서비스 측면으로 나눌 수 있다. 재화로서 자본은 기계나 공장설비 등으로 자본재(capital goods)를 의미한다. 이것은 자본재시장에서 거래되며, 기계나 설비 등의 재화 자체의 가격이 결정된다. 서비스로서 자본은 자본재를 일정기간 동안 사용함으로써 얻을 수 있는 서비스를 말한다. 이때 자본의 가격은 자본재의 가격이 아니라 자본재를 일정기간 사용한 대가로 지불한 임대료를 의미한다. 현실에서는 기업이 자본재를 임대해서 사용하는 경우보다 직접 구매하여 활용하는 사례가 더 많다. 이런 경우 자본재를 구매하여 자신에게 임대해주는 것으로 생각하면 된다. 기업이 회계장부에 적는 감가상각비가 자가 임대료에 해당된다. 경제학에서 이야기하는 생산요소로서 자본과 노동은 재화가 아닌 서비스로서 생산요소임을 명백히 인식해야 한다.

이제 기업이 단위시간 노동을 생산에 투여했을 때 얻을 수 있는 한계편익과 한계비용에 대해서 살펴보자. 단위시간 노동을 투입하면 한계생산(MP_L)만큼 생산이 증가한다. 이것을 가치로 환산하면 $P \times MP_L$이 된다. 이것을 노동의 한계생산가치(value of marginal product, VMP)라 한다. 한계생산가치는 한계생산체감의 법칙이 작용하면 노동투입이 증가할수록 감소한다는 것을 알 수 있다.

이 한계생산가치가 기업이 단위노동을 투입했을 때 얻을 수 있는 한계편익에 해당된다. 또한 기업은 단위시간 노동을 투입하면 임금만큼씩 비용을 지불하므로 한계비용에 해당된다.

〈표 5.1〉에서 보듯이 처음 노동 1단위가 투입되면 한계생산가치가 200원이고 그때 임금이 20원 지불되므로 이윤은 180원이 된다. 노동 2단위가 투입되면 한계생산가치가 82원이고 임금이 20원 지불되므로 62원의 이윤이 추가된다. 이런 식으로 노동이 계속 투입되면 각 투입노동단위당 한계이윤을 계산할 수 있다.

표 5.1 노동의 한계생산가치와 한계요소비용

노동자시간 (L)	자본량 (K)	생산량 (Q)	노동의 한계생산 (MP_L)	노동의 한계생산가치 (VMP_L)	임금 (w)	한계이윤 ($\Delta\pi$)
0	1	0	–	–		–
1	1	1.00	1.00	200	20	180
2	1	1.41	0.41	82	20	62
3	1	1.73	0.32	64	20	44
4	1	2.00	0.27	54	20	34
5	1	2.24	0.24	46	20	26
6	1	2.45	0.21	42	20	22
7	1	2.64	0.19	38	20	18
8	1	2.83	0.18	36	20	16
9	1	3.00	0.17	34	20	14
...	1	...	...	...	...	...
16	1	4.00	0.13	26	20	6
25	1	5.00	0.10	20	20	0
36	1	6.00	0.08	16	20	−4
49	1	7.00	0.05	10	20	−10
...	1	...	...	...	...	...
225	1	15	0.00	0	20	−20
256	1	14	−0.01	−2	20	−22

기업은 한계생산가치가 임금보다 크면(한계이윤이 0보다 크면) 노동투입 증가가 이윤증가로 나타나므로 노동수요를 늘린다. 반대로 한계생산가치가 임금보다 적으면(한계이윤이 0보다 작으면) 노동투입 증가로 오히려 이윤이 감소하므로 노동수요를 줄인다. 결국 노동의 한계생산가치와 임금이 일치하는 수준에서 기업의 이윤은 극대화되고 노동수요량이 결정된다. 즉 $P \times MP_L = w$인 수준에서 결정된다.[2]

---

2 식 $P \times MP_L = w$를 $MP_L = \dfrac{w}{P}$로 바꾸면 기업은 한계생산과 실질임금이 일치하는 수준에서 노동수요를 결정한다고 볼 수 있다.

〈표 5.1〉에서 보면 이 기업은 노동의 한계생산가치와 임금이 일치하는 25단위의 노동을 수요한다. 이때 최대이윤은 노동 25단위까지 한계이윤의 합이 된다. 여기서도 어김없이 한계편익과 한계비용이 일치하는 곳에서 균형이 이루어지는 경제원리가 작동되고 있음을 알 수 있다.

앞에서 설명했듯이 기업이 노동수요를 결정할 때 한계생산가치와 임금이 중요하다. 〈그림 5.1〉은 기업의 노동수요량의 결정과정을 보여주고 있다. 일반적으로 생산에서 한계생산체감의 법칙이 작용하므로 노동 한계생산가치곡선은 우하향한다. 노동수요량은 노동의 한계생산가치와 임금이 일치하는 곳에서 결정되기 때문에 현재 임금이 ω_0이면 〈그림 5.1〉에서 보듯이 노동의 한계생산가치곡선과 ω_0선이 일치한 a점에서 L_0만큼의 노동을 수요한다. 이때 최대이윤은 한계이윤의 합인 $\triangle w_0 ac$가 된다.[3]

만약 노동시장에서 임금이 w_1수준으로 상승하면 처음 균형점 a에서는 기존의 한계

그림 5.1   개별수요곡선

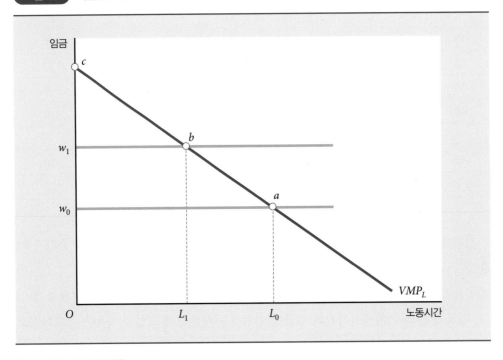

---

3 한계생산가치를 합하면 총생산가치가 된다(제3장의 한계비용과 총비용 간의 관계 참조). 노동투입량이 L_0일 때 총생산가치는 $\square OL_0 ac$이다. 이때 임금비용은 $\square OL_0 aw_0$이다. 이윤은 총생산가치에서 임금비용의 차인 $\triangle w_0 ac$가 된다.

생산가치가 새로운 임금수준보다 낮기 때문에 한계이윤이 음(−)이 된다. 기업은 새로운 환경에서 이윤을 극대화하기 위해 임금 w_1이 노동의 한계생산가치와 일치하는 b에서 노동수요를 결정한다.

〈그림 5.1〉에서 보듯이 임금이 상승하면 한계생산가치곡선을 따라 노동수요가 감소하고 임금이 하락하면 노동수요가 증가함을 알 수 있다. 이에 따라 개별기업의 한계생산가치곡선을 개별기업의 노동수요곡선이라 한다. 제4장에서 시장수요곡선을 유도한 것처럼 개별기업의 노동수요곡선을 수평적으로 합하면 노동시장수요곡선이 유도된다.

5.1.2 노동수요에 대한 영향변수

앞에서 노동수요곡선은 바로 한계생산가치곡선임을 알았다. 이 곡선은 임금변화가 노동수요에 어떻게 영향을 미치는지 잘 보여준다. 이 절에서는 임금 이외의 어떤 변수가 노동수요에 영향을 미치는지를 살펴보자.

상품가격

한계생산가치는 상품가격과 한계생산을 곱한 값으로 나타난다. 〈표 5.1〉은 신발가격이 2원일 때 한계생산가치와 임금은 20원에서 일치하여 25단위의 노동수요가 발생하는 것을 보여준다. 임금이 변하지 않은 상태에서 신발가격이 4원으로 상승하면 25단위에서 한계생산가치가 40원으로 임금 20원보다 더 크므로 노동수요는 증가해야 한다. 새로운 노동수요는 한계생산가치와 임금이 일치하는 49단위이다. 즉 신발가격이 상승하면 한계이윤이 양이 되므로 노동수요가 증가하고, 신발가격이 하락하면 한계이윤이 음이 되므로 노동수요는 감소한다.

〈그림 5.2〉는 상품가격이 상승할 때 노동수요의 증가를 그래프로 나타낸 것이다. 신발가격이 2원일 때 기업은 a점에서 노동 25단위를 고용한다. 이때 신발가격이 4원으로 증가하게 되면 노동 25단위일 때 한계생산가치는 c점이 된다. 이 점에서 한계생산가치가 임금보다 크기 때문에 노동수요는 증가하고 b점에서 다시 일치하게 된다. 즉 기업은 노동 49단위로 고용을 증가한다.

임금이 변하지 않는 상태에서 신발가격이 상승하면 한계생산가치는 전체적으로 증가하므로 노동수요곡선은 우측으로 이동한다. 마찬가지로 신발가격이 하락하면 한계생산가치가 감소하므로 노동수요곡선은 좌측으로 이동한다.

그림 5.2 상품가격이 상승할 때 노동수요의 이동

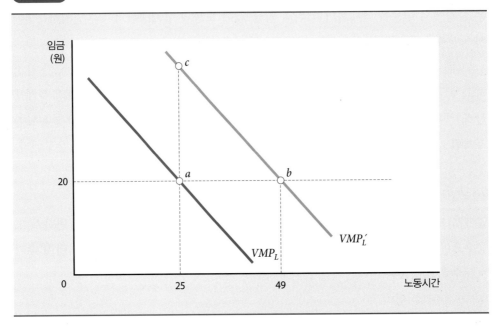

기술진보

어떤 기업이 생산량을 늘리는 방법에는 두 가지가 있다. 첫째, 노동과 자본 등 생산요소를 증가하는 방법이다. 노동과 자본의 한계생산이 양(+)인 한 노동이나 자본을 확대하면 생산량은 증가한다. 둘째, 생산요소 증가 없이 생산량을 늘리는 방법이다. 이러한 방법은 기술진보를 통해서 이루어진다.

과학자와 기술자들은 지식을 축적하여 새로운 생산기술을 찾아내거나 축적된 지식을 실용화하려는 혁신노력을 끊임없이 수행한다. 이것이 기술진보의 원천인 연구개발(research and development, R&D)활동이다.

기술진보가 발생하게 되면 노동수요가 증가할 것인가? 이윤을 극대화하는 기업의 입장에서는 상대적으로 생산성이 높은 생산요소 수요를 늘릴 것이다. 이에 따라 두 종류의 기술진보에 대해서 이야기할 수 있다. 첫째, 자본생산성이 상대적으로 높은 기술진보가 발생하는 경우이다. 이때 기업은 자본고용을 늘리고 노동고용을 감소시킨다. 이런 경우를 노동절약적 기술진보(labor-saving technological progress)라 한다. 이러한 기술진보가 발생하면 노동수요곡선은 좌측으로 이동할 것이다. 가전제품, 로봇 등을

활용하여 가사노동시간을 절약하거나 기업에서 투입인력을 줄이는 현상이 이에 해당된다. 한국 제조업에서 취업유발계수4가 2005년 12.2명에서 2011년 8.7명으로 지속적으로 감소하고 있다. 이러한 기술진보로 인해 제조업부문에서 고용 없는 성장이 이루어지고 있다는 것을 보여주고 있다.

둘째, 노동생산성이 상대적으로 높은 기술진보가 발생하는 경우이다. 노동생산성이 증가하므로 기업은 이윤을 극대화하기 위해 노동고용을 증가시킨다. 이 경우 자본절약적 기술진보(capital-saving technological progress)가 발생했다고 한다. 이러한 기술진보가 일어나면 노동수요곡선은 우측으로 이동한다. 예컨대, 컴퓨터 기술이 발전되면서 정보통신 등 여러 분야에서 노동생산성이 증가하고 고용이 증가하는 경우이다.

역사적 경험을 보면 산업혁명 이후 기술진보를 통해 임금이 꾸준히 상승했음에도 불구하고 지속적으로 고용이 증가해왔다. 다양한 기술진보가 다양하게 노동수요에 영향을 미쳤지만 고용증가가 이루어졌다는 것은 그만큼 노동생산성의 증가에 기여해왔다는 것을 알 수 있다.

5.1.3 노동공급곡선

지금까지 노동수요에 대해 자세히 알아보았다. 이제 노동시장의 공급 측면에 대해 알아보자. 노동공급은 가계가 만족극대화를 위해 시간을 어떻게 배분하는가와 관련이 있다.

일하는 시간이 늘어날수록 집에서 TV를 보거나, 친구와 저녁을 먹거나, 취미활동을 할 수 있는 시간이 줄어든다. 일정한 시간을 가지고 일할 것인가 아니면 여가를 즐길 것인가를 선택하게 되는데 이러한 선택이 바로 노동공급곡선의 배경이다.

한 시간 동안 가족과 함께 공원에서 여가를 즐겼다면 한 시간의 노동을 포기한 것이다. 이것은 바로 한 시간 동안 일해서 벌 수 있는 임금을 포기했다는 뜻이다. 예컨대 시간당 임금이 3만 원이라면 한 시간 휴식의 기회비용은 3만 원이 된다. 시간당 임금이 4만 원으로 높아지면 여가의 기회비용도 4만 원으로 증가할 것이다. 즉 임금이 상승할수록 여가의 기회비용은 커진다.

노동자의 만족은 어떻게 증가할까? 첫째, 여가 자체를 즐기면서 만족을 늘린다. 둘째, 노동하고 임금을 받은 다음 원하는 일반상품을 구매함으로써 만족을 늘린다. 여기

---

4 해당부분의 최종수요가 10억 원 늘어날 때 직·간접적으로 유발되는 취업자 수

서 여가를 하나의 재화(X재)로 간주하면 일반상품은 또 다른 재화(Y재)가 된다. 이때 여가의 가격은 기회비용으로 임금이 된다. 즉 일정한 재화가격과 소득하에서 상품 간의 선택문제를 다루는 제2장에서 배운 소비자이론을 그대로 적용할 수 있게 된다.

여가의 가격(임금)이 상승했다고 하자. 여가의 가격(임금)이 상승하면 가격효과에 의해 대체효과와 소득효과가 존재한다. 먼저 임금이 상승하면 여가가 상대적으로 비싸졌으므로 대체효과에 의해서 여가의 소비를 줄인다. 이것은 노동시간이 늘어난다는 것을 의미한다. 또한 임금이 상승하면 동일 노동시간에 대한 임금소득이 증가하므로5 소득효과에 의해서 여가가 정상재인 한 소비가 증가한다. 즉 노동시간이 감소한다. 다시 말해서, 대체효과가 소득효과보다 클 때 임금이 상승하면 노동공급이 증가한다. 즉 노동공급곡선은 우상향한다. 반면 대체효과가 소득효과보다 적을 때는 노동공급곡선은 우하향한다.

그림 5.3 노동공급곡선

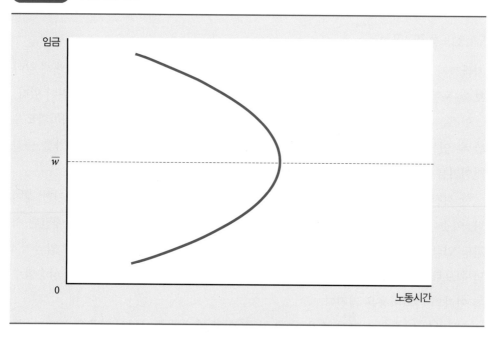

―――――――――――
5 소비자이론에서는 소득이 일정할 때 가격이 상승하면 실질소득이 감소한다. 이 경우는 일정시간의 분배문제이기 때문에 임금이 상승하면 동일 노동시간에 대해 실질소득이 상승한다. 이 점에서 소득효과를 다룰 때 앞에서 배운 소비자이론과 차이가 있다.

지금까지 경험으로 보면 일반적으로 노동공급곡선은 〈그림 5.3〉에서 보듯이 일정한 임금수준($\overline{w}$)까지는 우상향하지만 그 이상이 되면 우하향한다. 사람들이 임금수준이 높아 어느 정도 부유하게 되면 여가를 더 즐기면서 노동시간을 줄인다는 것을 보여준다. 즉 소득효과가 대체효과보다 더 커진다는 것을 알 수 있다.

5.1.4 노동공급에 대한 영향변수

지금까지 임금이 변화할 때 노동공급의 변화에 대해서 설명하였다. 이 절에서는 사람들이 주어진 임금수준에서 노동공급에 영향을 미치는 요인에 대해서 살펴본다.

첫째, 사회의식의 변화이다. 1960년 이전만 해도 대부분의 여성은 가정주부로서 역할을 담당하였지 직업을 갖고 싶어 하지 않았다. 갖고 싶어도 거의 사회적으로 용인되지 않았다. 그러나 2010년 현재 여성의 노동참여율은 선진국의 60% 수준에는 못 미치지만 54.7%에 이르고 있다. 여기에는 여러 가지 요인들이 있겠지만 사회 전반적인 의식의 변화와 직업에 대한 태도 변화도 한 요인으로 볼 수 있다.

둘째, 다른 노동시장의 변화이다. 자동차산업의 임금이 상승하면 농업부문의 인력이 자동차산업으로 이동하여 농업부문의 노동공급이 감소할 것이다. 한국의 산업구조를 보면 1965년에는 1차산업, 2차산업과 3차산업의 비중이 각각 58.5%, 10.4%, 31.2%였다. 그러나 2010년 현재 이것이 6.4%, 16.9%, 76.7%로 변화하였다. 한국경제에서 45년 동안 제조업과 서비스업의 발전으로 1차산업부문에서 노동공급의 감소가 이루어지고 2차산업부문과 특히 3차산업부문에는 급격한 노동공급증가가 일어났음을 알 수 있다.

셋째, 지역 간 국가 간 인구이동이다. 해외이민이 많은 국가나, 인구유출이 일어나는 지역은 노동공급이 감소하고 반대로 외국인 이민이 많은 국가나 인구유입이 일어나는 지역은 노동공급이 증가한다.

이러한 요인들 중 노동공급을 증가시키면 노동공급곡선은 우측으로 이동하고 감소시키면 좌측으로 이동한다.

5.1.5 단기생산요소시장의 균형

기업은 이윤을 극대화하기 위해서 노동을 수요한다. 이 과정에서 노동의 한계생산가치곡선이 개별기업의 노동수요곡선임을 알았다. 반면 가계는 만족을 극대화하는 시간배분 과정에서 개별 노동공급곡선이 유도되는 것을 배웠다.

그림 5.4 단기노동시장의 균형

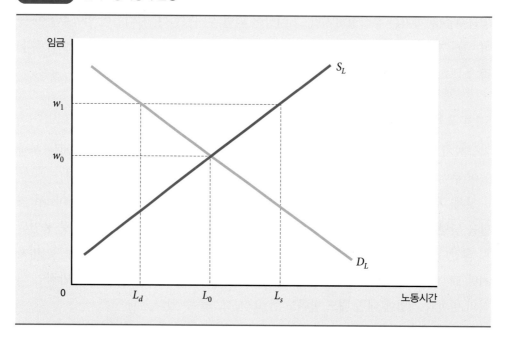

이러한 개별기업의 노동수요곡선을 수평적으로 합하고 개별 노동공급곡선을 수평적으로 합하여 시장노동수요곡선과 시장노동공급곡선을 유도한다. 이것을 동일한 좌표에 그리면 〈그림 5.4〉와 같이 그릴 수 있다. 여기서는 편의상 노동공급에서 대체효과가 소득효과보다 더 크다고 가정한다. 그래서 노동공급곡선은 우상향한다.

만약 임금이 w_1이라면 가계는 만족을 극대화하기 위해 노동을 L_s만큼 공급하려 한다. 반면 기업은 이윤극대화를 위해 오직 L_d만큼의 노동을 수요하려 한다. 시장에서 초과 노동공급이 발생하므로 임금은 하락압력을 받는다. 그래서 결국 노동공급과 노동수요가 일치하는 w_0수준에서 균형에 도달한다. 이때 균형노동량은 L_0가 된다. 임금이 w_0보다 낮은 수준이라면 초과 노동수요가 발생하므로 임금은 상승압력을 받게 되어 결국 다시 균형상태로 돌아온다.

이제 임금 이외의 다른 변수가 변화할 때 노동시장에 어떤 변화가 발생하는지를 살펴보자. 예컨대 어떤 산업에서 노동생산성이 증가하는 기술진보가 발생했다고 하자. 이러한 기술진보는 노동수요가 증가하는 방향으로 영향을 미친다. 이것은 〈그림 5.5〉에서 보듯이 노동수요곡선을 우측으로 이동하게 한다.

그림 5.5   단기노동시장의 변화

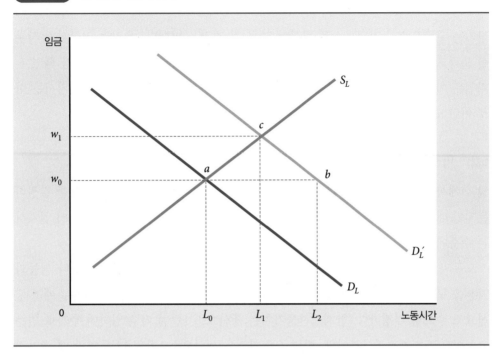

처음 임금수준 w_0에서 노동수요가 b점까지 증가한다. 이에 따라 노동시장이 초과수
요상태가 되어 임금상승의 압력을 받게 된다. 임금이 상승함에 따라 노동수요곡선 D_L'
선을 따라 노동수요는 감소하고 노동공급은 노동공급곡선을 따라 증가한다. 결국 c점
에서 새로운 균형에 도달한다. 처음 균형점 a와 비교하면 임금은 w_1으로 상승하고 균
형 노동량은 L_1으로 증가했다. 노동생산성이 증가하는 기술진보가 발생하면 임금이 상
승하고 노동균형량이 증가하는 것을 알 수 있다. 이런 점에서 이 기술진보는 경제에서
아주 중요하다. 노동자의 임금을 올려주면서 노동공급을 늘리고도 기업의 이윤을 확대
할 수 있기 때문이다. 또한 노동공급이 증가하므로 생산량이 늘어날 것이고 이에 따라
국민총생산량이 증가하고 경제성장이 가속화될 것이기 때문이다. 이러한 방법으로 다
른 경제적 변화가 노동시장에 미치는 영향을 분석할 수 있다.

5.2 장기생산요소시장의 균형

장기는 고정요소가 가변요소로 변화할 만큼 긴 기간을 말한다. 우리는 지금까지 자본을 고정요소로 가정해왔다. 이제는 이 자본이 노동과 마찬가지로 가변요소가 되었다. 기업은 이윤을 극대화하기 위해 노동뿐만 아니라 자본도 선택해야 한다. 여기서는 바로 이런 노동과 자본의 선택의 문제를 다룰 것이다.

5.2.1 이윤극대화원리

앞 절에서 가변요소가 노동 하나인 단기인 상황에서 기업이 어떻게 노동수요를 결정하는지를 배웠다. 즉 기업은 이윤극대화를 위해 노동의 한계생산물가치와 임금이 일치하는 수준에서 노동수요를 결정한다.

노동과 자본 모두 가변요소가 된 장기에 기업은 이윤극대화를 위해 얼마나 노동과 자본을 구매할까? 두 생산요소의 한계생산물가치와 요소가격이 일치하는 수준에서 생산요소 수요를 결정한다. 한계생산물가치는 생산요소 1단위 더 투입하여 추가로 얻는 가치이므로 한계편익부분이다. 반면 요소가격은 생산요소 1단위 더 투입할 때 추가적으로 지불되기 때문에 한계비용부분이다. 그러므로 기업은 이윤극대화를 위해서 $MB = MC$인 경제원리에 따라 노동수요는 노동의 한계생산가치와 임금이 일치하는 수준에서, 자본수요는 자본의 한계생산가치와 임대료가 일치하는 수준에서 결정된다. 이것을 수식으로 표시하면 $P \times MP_L = w$, $P \times MP_K = r$이 된다.

장기에는 이 두 식을 만족하는 노동수요와 자본수요가 동시에 결정된다. 이때 균형점을 (L_0, K_0)라 하자. 이때 기업이 자본수요를 더 늘리면, 즉 $K_1 > K_0$이면 한계생산체감의 법칙에 의해 자본의 한계생산은 감소하고 노동은 상대적으로 적어졌기 때문에 노동의 한계생산은 증가한다. 즉 $P \times MP_K < r$, $P \times MP_L > w$가 된다. 자본의 한계편익이 한계비용보다 적어지고, 노동의 한계편익은 한계비용보다 커진다. 이에 따라 자본수요는 줄고 노동수요는 증가한다. 이러한 자본수요의 감소는 노동의 상대적 증가를 가져오기 때문에 노동의 한계생산가치의 감소로 이어져 결국 균형점인 (L_0, K_0)로 다시 복귀한다.

5.2.2 자본의 수요곡선

앞 절에서 이미 설명했듯이 노동의 수요곡선은 노동의 한계생산가치곡선과 일치한다. 마찬가지로 자본의 수요곡선도 자본의 한계생산가치곡선과 일치한다. 경제원리에 따라 자본의 한계생산가치가 임대료보다 높으면 $MB > MC$이므로 자본수요를 늘리고 자본의 한계생산가치가 임대료보다 낮으면 $MB < MC$이므로 자본수요는 감소한다. 결국 자본의 한계생산가치가 임대료와 일치한 점에서 자본수요는 결정된다. 이러한 자본의 한계생산가치곡선을 개별기업의 자본수요곡선이라 한다.

　자본의 한계생산가치는 상품가격과 자본의 한계생산의 곱으로 나타난다. 즉 $P \times MP_K$이다. 그런데 한계생산체감의 법칙이 작용하기 때문에 자본수요가 증가할수록 자본의 한계생산은 감소한다. 이에 따라 〈그림 5.6〉에서 보듯이 자본의 한계생산가치곡선이 우하향하므로 자본의 수요곡선은 우하향한다. 자본가격이 r_0이면 기업은 이윤극대화를 위해서 자본의 한계생산곡선과 일치하는 A점에서 K_0만큼의 자본을 수요한다.

그림 5.6　자본의 수요곡선

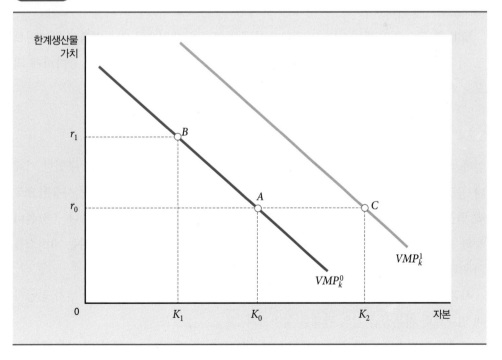

이때 자본가격이 r_1으로 상승하면 $P \times MP_K < r_1$, 즉 $MB < MC$인 상태가 되므로 이윤극 대화를 위해서 기업은 자본수요를 줄인다. 이 점은 〈그림 5.6〉에서 B점으로 자본의 한 계생산곡선을 따라 K_1으로 감소한다.

5.2.3 자본수요에 대한 영향변수

자본수요에도 수요법칙이 작용하고 있다. 즉 자본가격이 상승(하락)하면 자본수요는 자본수요곡선을 따라 감소(증가)한다. 이제 자본가격 이외에 어떤 요인들이 자본수요 에 영향을 미치는지를 살펴보자.

첫째, 상품가격이다. 자본의 한계생산가치는 상품가격과 자본의 한계생산의 곱으 로 나타난다. 상품시장에서 가격이 상승하면 자본의 한계생산가치가 상승하게 된다. 〈그림 5.6〉에서 자본가격이 r_0로 변화하지 않는 상태에서 상품가격 상승으로 자본의 한 계생산가치가 증가했기 때문에 자본수요는 C점 K_2로 증가한다. 이것은 자본수요곡선 이 우측으로 이동하는 것을 의미한다.

둘째, 기술진보이다. 노동생산성이 증가하는 기술진보(자본절약적 기술진보)가 발생 하면 자본수요곡선은 좌측으로 이동하고 자본생산성이 증가하는 기술진보가 발생하면 우측으로 이동한다.

셋째, 노동고용의 증가이다. 노동고용이 증가하면 상대적으로 자본비율이 낮아지므 로 자본의 한계생산이 증가하게 된다. 이에 따라 자본의 한계생산가치가 증가하게 되 므로 자본수요곡선은 우측으로 이동하게 된다.

5.2.4 자본공급곡선

앞에서 설명했듯이 여기서 자본은 장사 밑천이나 기업들이 투자비용으로 구입한 기계 나 공장설비 등 자본재가 아니다. 자본은 이러한 자본재를 일정 기간 동안 사용함으로 써 얻을 수 있는 '서비스'로서 자본을 의미한다. 그래서 자본가격은 기계나 공장설비 등과 같은 재화인 자본재가격이 아니다. 이것은 일정기간 자본재가 제공하는 서비스를 사용한 대가로서 임대료가 된다.

자본공급도 당연히 서비스로서 자본을 의미한다. 그러면 이러한 자본을 누가 공급하 며 임대료와 자본공급 간의 관계를 살펴보자.

가계가 일정소득 중에서 소비하고 남은 여유분이 있게 된다. 가계가 이 여유분을 활

자본의 가격이 이자율이다

여윳돈 1000만 원을 가지고 있다고 하자. 이 돈을 이용하여 어떻게 수익을 올릴까? 방법은 대체로 다음과 같을 것이다.

첫째, 기계 등 자본재를 구입하여 임대하는 방법이다. 수익으로 단위 자본당 임대료를 받는다. 이것이 우리가 정의한 자본의 가격이다. 여기에는 자신이 직접 자본재를 구입하여 운영하는 경우도 포함된다. 이 경우는 자신이 구매한 자본재를 자신에게 임대하여 임대료를 지불한 것으로 간주하기 때문이다. 이와 같은 임대료는 자본시장에서 결정된다.

둘째, 은행에 저축하는 방법이다. 수익으로 단위 화폐당 이자율만큼의 이자소득을 받는다. 이와 같은 이자율은 화폐시장에서 결정된다.

셋째, 채권을 구입하는 방법이다. 다시 말해서 돈을 빌려주는 것이다. 채권은 기업이 투자하기 위해 빚을 낼 때 발행하기 때문이다. 기업들이 채권을 많이 발행하면(빚을 많이 내면) 채권가격이 하락하므로 채권수익률은 높아진다. 예컨대 액면가 10,000원짜리 채권을 9,000원에 구입했다면 1년 후 10,000원을 받게 되므로 채권수익률은 11% 정도 된다. 이 채권가격이 8,000원이 되면 채권수익률은 12.5%가 된다. 채권가격과 채권수익률은 서로 역비례한다는 것을 알 수 있다.

넷째, 주식을 구입하는 방법이다. 이때 수익은 주식가격 상승으로 인한 자본이득(capital gain)과 배당금으로 이루어진다.

자본시장, 화폐시장과 금융시장(채권, 주식) 등이 잘 발달되어 있는 경제를 상정해보자. 만약 임대료가 이자율이나 채권 및 주식수익률보다 높으면 사람들은 저축하는 것보다, 또는 채권이나 주식을 사는 것보다 자본재를 구입하여 임대하려 할 것이다. 그러면 자본시장에서 자본공급이 늘어나 임대료는 하락한다. 반면 화폐시장에서는 화폐공급이 감소하여 이자율이 상승하고, 채권시장이나 주식시장은 채권과 주식가격이 하락하여 (기대)수익률이 증가한다. 결국 임대료, 이자율과 채권 및 주식 수익률은 같아진다. 즉 균형상태에서는 이들 지표들은 항시 같게 된다.

이처럼 이자율은 자본시장 상황을 잘 반영하고 있다. 또한 경제지표로서 광범위하게 사용되고 있고 통계자료로도 쉽게 구할 수 있다. 이러한 이유로 자본가격을 이자율로 많이 사용한다.

용할 수 있는 방법은 다음과 같다. 첫째, 은행에 예금한다. 이것의 대가로 이자를 받는다. 가장 안전한 저축의 전형적인 형태이다. 둘째, 주식이나 채권을 구입한다. 어느 정도 위험을 감수하고 배당금과 자산가격 상승으로 자본이득(capital gain)을 취함으로써 일정한 수익을 올릴 수 있다. 이것은 가계저축의 또 다른 형태이다. 이러한 가계의 저축은 은행을 통한 간접금융 형태로, 주식이나 채권을 통한 직접금융 형태로 기업 투자자금이 되어 자본을 구입하는 원천이 된다.

어떤 사람이 이런 투자자금을 가지고 자본재를 구입하여 기업에 임대해주는 리스기업을 설립했다고 하자. 이 리스기업은 임대료가 상승하면 더 많은 투자자금이 필요할

것이다. 이에 따라 투자자금 확보를 위해서 더 높은 이자율을 지급하거나 더 낮은 가격
으로 주식이나 채권을 발행한다. 가계의 입장에서는 이자율이 높아지고 주식과 채권가
격이 싸져서 수익률이 높아지므로 저축을 늘린다.

이러한 과정을 통해서 자본의 원천은 가계의 저축행위임을 알 수 있다. 즉 가계의 저
축이 원천이 되어 자본재가 구입되고 그 자본재에서 자본서비스가 공급된다. 임대료가
상승(하락)하면 이러한 과정을 통해서 자본공급은 증가(감소)하게 된다. 즉 개별기업의
자본공급곡선은 우상향한다는 것을 알 수 있다.

5.2.5 자본시장의 균형

이제 개별기업의 자본수요곡선을 수평적으로 합하면 시장 자본수요곡선이, 마찬가지
로 개별 자본공급곡선을 수평적으로 합하면 시장공급곡선이 유도된다. 이것을 동일한
좌표에 그래프로 그리면 〈그림 5.7〉과 같다.

시장원리에 따라 자본가격이 만약 r_0보다 높으면 자본시장에 초과공급이 발생하게

그림 5.7   자본시장균형과 균형변화

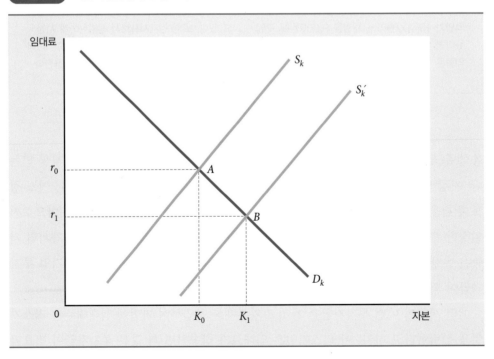

된다. 이 초과공급을 해소하기 위해 자본시장은 가격을 하락하게 한다. 반대로 자본가격이 r_0보다 낮으면 자본시장에 초과수요가 발생한다. 이때 자본시장은 가격을 상승하게 한다. 결국 시장수요곡선과 시장공급곡선이 만나는 A점에서 균형자본가격 r_0와 균형자본량 K_0가 결정된다.

이제 자본가격변수 이외의 요인, 예컨대 저축이 증가했다고 하자. 저축이 증가하게 되면 앞에서 설명했듯이 자본공급이 증가하게 된다. 이것은 〈그림 5.7〉에서 보듯이 자본의 시장공급곡선이 우측으로 이동하는 것을 의미한다. 그러면 시장균형점이 A점에서 B점으로 이동하게 된다. 이때 자본가격은 r_1으로 하락하고 자본균형량은 K_1으로 증가한다. 즉 저축이 증가하면 자본가격은 하락하고 자본균형량은 증가한다는 것을 알 수 있다.

5.2.6 제약조건하 이윤극대화 : 생산량 최대화

앞 절에서 생산요소시장에서 어떻게 생산요소가격이 결정되는지를 살펴보았다. 이제 이런 요소가격을 바탕으로 개별기업이 이윤극대화를 위해 장기에 얼마만큼 생산요소를 고용할 것인가를 살펴보자. 기업의 이윤은 총수입과 총비용의 차로 정의된다. 이에 따라 기업의 이윤극대화는 총수입을 최대화하고 총비용을 최소화하면 된다.

이윤극대화를 다른 측면에서 살펴볼 수 있다. 먼저 기업이 일정한 (투자)비용이라는 제약조건을 가질 때 이윤극대화 문제를 살펴보자. 총비용이 일정하므로 기업이 이윤을 극대화하려면 총수입을 최대화해야 한다. 총수입은 상품가격과 생산량의 곱으로 나타낸다. 상품가격이 일정하므로 총수입의 최대화는 결국 생산량의 최대화를 의미한다. 이때의 이윤극대화 문제는 일정한 비용을 가지고 생산량을 최대화할 수 있는 노동량과 자본량의 선택문제로 귀결된다. 이것은 일정한 소득을 가지고 만족을 극대화할 수 있는 소비량의 선택문제인 소비자이론과 아주 유사하다. 그래서 소비자이론에서 사용하였던 무차별곡선과 유사한 등량곡선(iso-quant), 예산선과 유사한 등비용선 개념을 가지고 설명할 것이다. 독자들께서 소비자이론을 염두에 두고 이 절을 이해하기 바란다.

생산요소 간 대체

가변투입요소가 하나밖에 없는 경우에는 생산량에 대응하여 생산요소의 투입량이 정해지고 이에 따라 생산비용도 결정된다. 이 경우에는 생산방식을 변화시켜 기업이 비용을 줄일 수 있는 여지가 없다. 그러나 가변투입요소가 둘 이상이면 생산요소 간 대체가 가능하게 되어 기업들은 생산요소를 잘 조합하여 생산량을 늘리거나 비용을 줄일 것인가 하는 문제에 당면하게 된다.

예를 들어 과수원에서 과일을 수확하는 일을 생각해보자. 낮은 가지에 달린 과일을 따는 것은 어렵지 않지만 높은 가지에 달린 과일을 사다리를 타고 올라가서 따는 것은 힘들고 시간도 많이 걸린다. 이때 리프트라는 장비를 쓰면 높은 데 올라가 작업을 할 수 있기 때문에 부녀자들도 쉽게 과일을 딸 수 있다. 다만 리프트를 사거나 빌려 쓰는 데는 적지 않은 비용이 든다. 이 예에서 과수원의 과일 수확량은 노동과 자본이라는 두 가지 생산요소의 투입량에 의해 결정되는데, 노동과 자본 간에는 대체성이 있다. 즉 리프트라는 자본장비가 있으면 노동시간이 적게 들고 이 장비가 없으면 노동시간이 많이 든다.

생산요소로 노동과 자본 중 어느 것을 많이 투입할 것인가는 각 생산요소의 기여도와 비용을 따져서 결정될 것이다. 임금이 낮은 경우에는 자본보다는 노동을 많이 투입하여 생산하는 것이 비용면에서 유리할 수 있고 임금이 높은 경우에는 자본을 많이 투입하더라도 노동을 절약하는 것이 더 유리할 수 있다.

등량곡선과 한계기술대체율

먼저 일정한 생산량을 얻을 수 있는 생산방식에 대해서 살펴보자. 이러한 생산방식은 **등량곡선**(iso-quant curve)으로 나타낼 수 있다. 이 곡선은 동일한 양의 상품을 생산할 수 있는 생산요소의 조합들을 나타낸다. 〈그림 5.8〉은 생산량이 다른 세 개의 등량곡선을 예로 보여주고 있다. A점은 상대적으로 자본을 많이 사용하고 B점은 노동을 많이 사용하지만 동일한 등량곡선상에 있으므로 모두 Q_1을 생산한다. 이에 비해 C점은 A점이나 B점보다 더 높은 등량곡선상에 있으므로 더 많은 생산량을 나타낸다.

등량곡선은 제2장에서 공부했던 무차별곡선과 모양이 같으며, 그 속성도 다음과 같이 매우 유사하다.

첫째, 등량곡선이 원점에서 멀수록 더 많은 생산량을 나타낸다. 노동과 자본의 한계생산이 양(+)인 한 노동과 자본이 증가하면 할수록 생산량은 증가한다.

둘째, 등량곡선은 우하향한다. 노동과 자본의 한계생산이 양(+)인 조건을 가지고 설명해보자. 〈그림 5.8〉의 A점에서 Q_1만큼 생산하고 있다. 이때 노동을 D점으로 늘리면

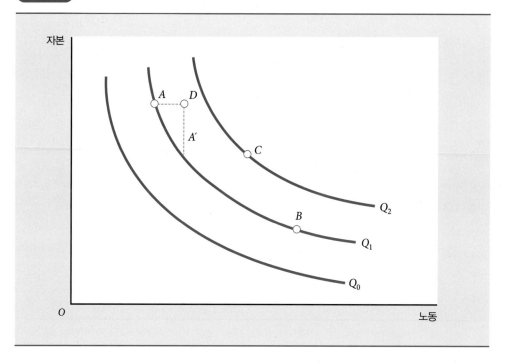

그림 5.8 등량곡선

D점은 A점보다 생산량이 더 많다. 노동의 한계생산이 양이기 때문이다. D점은 A점과 동일한 등량곡선상에 존재할 수 없다. D점에서 자본을 조정하여 A점과 같은 생산량을 찾으려면 자본을 줄여서 생산량을 줄여야 한다. 즉 A'점이다. 이러한 특성 때문에 노동과 자본의 한계생산이 양인 한 등량곡선은 우하향해야 한다.

셋째, 서로 다른 등량곡선은 교차하지 않는다. 무차별곡선에서와 마찬가지로 두 등량곡선이 교차한다고 가정하면 모순이 발생한다는 것을 보여줌으로써 증명할 수 있다.

넷째, 등량곡선은 원점에 대해 볼록하다. 이것을 이해하려면 먼저 한계기술대체율(marginal rate of technical substitution) 개념을 알아야 한다. 이는 동일한 생산량을 유지하면서 노동 1단위를 늘릴 때 줄어드는 자본의 양으로 측정하며, 수식으로 $MRTS_{LK}$ $= \dfrac{-\Delta K}{\Delta L}$로 나타낸다. 이것은 두 재화에서 두 생산요소로 바뀌었을 뿐, 무차별곡선에서 한계대체율 개념과 똑같다. 노동변화량이 미세할 때 한계기술대체율은 등량곡선의 기울기 크기와 같게 된다. 〈그림 5.9〉에서 보듯이 등량곡선이 원점에 볼록하게 되면 한계기술대체율은 체감하게 된다. A점 근방에서 노동 1단위가 증가할 때 대체되는 자본

그림 5.9 한계기술대체율 체감

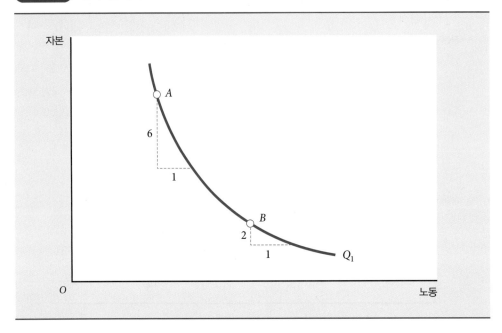

의 양은 6단위이지만 B점 근방에서는 노동 1단위가 증가할 때 대체되는 자본의 양은 2
단위에 불과하다. 이것은 투여되는 노동의 양이 많아질수록 그만큼 노동의 가치가 떨
어진다는 것을 의미한다. 즉 한계기술대체율은 자본의 양으로 나타낸 노동의 가치를
나타낸다. 환언하면, 한계기술대체율은 기업이 노동을 1단위 더 투입해서 얻을 수 있는
한계편익(MB) 측면을 나타낸다.

등량곡선이 원점에 대해 볼록하다는 것은 노동이 적은 상황에서는 노동의 가치가 높
아지고 노동이 많은 상황에서는 노동의 가치가 낮아지는 생산기술이 작동한 것을 의미
한다.[6] 이처럼 등량곡선은 기업의 생산기술 상황을 반영하고 있다.

자본을 많이 사용하는 A점에서 노동을 많이 사용하는 B점으로 생산방법이 변했다고
하자. 이때 노동 증가분이 ΔL이면 생산량 증가분은 $\Delta L \times MP_L$이 된다. 반면 자본 감소
분이 $-\Delta K$이면 생산량 감소분은 $-\Delta K \times MP_K$가 된다. 그런데 A점과 B점은 동일한 등

---

[6] 한계기술대체율 개념은 한계대체율 개념과 아주 유사하므로 좀더 이해하고자 하면 소비자이론을 참
조하기 바란다.

량곡선상에 있으므로 생산량은 변하지 않아야 한다. 즉 노동 증가에 따른 생산량 증가분과 자본 감소에 따른 생산량 감소분이 같다. $\Delta L \times MP_L = -\Delta K \times MP_K$가 된다. 이 수식을 변형하면 $-\dfrac{\Delta K}{\Delta L} = \dfrac{MP_L}{MP_K}$가 성립한다. 즉 한계기술대체율은 두 생산요소의 한계생산의 비율과 일치한다.

등비용선

소비자이론에서 주어진 예산 내에서 효용을 극대화하는 상품의 조합을 선택하는 문제를 다루었다. 이때 예산선은 주어진 예산 내에서 소비자가 구매할 수 있는 상품의 조합들을 나타낸다. 생산자이론에서 이에 대응하는 개념이 등비용선(iso-cost curve)이다. 등비용선은 생산요소시장의 상황을 반영하여 일정한 비용으로 구입할 수 있는 노동과 자본의 조합을 나타낸다. 노동비용과 자본비용의 합이 일정하므로 $\overline{C} = wL + rK$로 나타낼 수 있다.

여기서 w, r은 각각 노동과 자본의 가격인 임금과 자본임대료를 나타낸다. $\overline{C}$는 생산요소의 구입에 들어가는 일정한 총비용이다. 이것을 그래프로 나타내면 〈그림 5.10〉과 같다.

그림 5.10 등비용선

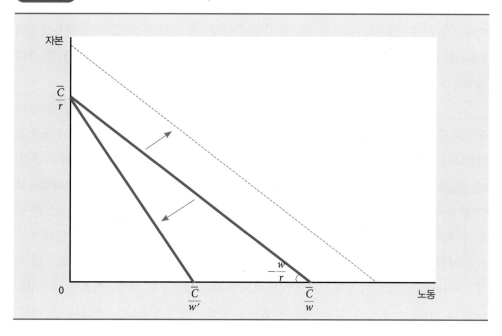

등비용선의 기울기가 $-\frac{w}{r}$로 마이너스 값을 가지는 것은 동일한 비용으로 노동을 더 많이 투입하면 자본의 투입량을 줄여야 한다는 것을 의미한다. 그 절대값인 $\frac{w}{r}$는 자본으로 표시한 노동의 가격(임금의 상대가격)을 나타낸다. 즉 노동 1단위 구입하는 데 몇 단위의 자본을 지불해야 하는가를 의미한다. 즉 $\frac{w}{r}$는 노동 1단위 구입의 한계비용(MC) 측면을 나타낸다. K축(수직선) 절편은 총비용으로 살 수 있는 자본의 양을, L축의 절편은 노동의 양을 나타낸다. 즉 예산선에서 실질소득처럼 여기서도 생산요소로 표시한 실질비용인 셈이다.

요소가격이 변하지 않는 상태에서 기업이 생산비용을 늘리면, 즉 $\overline{C}$를 증가시키면 더 많은 노동과 자본을 구매할 수 있다. 〈그림 5.10〉에서 보듯이 등비용선은 우측 화살표 방향으로 평행이동한다. 만약 임금이 상승하면(노동가격이 상승) 자본으로 표시한 실질비용은 변하지 않지만 노동으로 표시한 실질비용은 감소하므로 등비용선은 K축 절편을 중심점으로 하여 좌측으로 이동한다. 임대료가 상승하면 반대로 자본으로 표시한 실질비용이 감소하므로 L축 절편을 중심점으로 좌측으로 이동한다.

이윤극대화조건

이제 등량곡선과 등비용선을 이용하여 기업이 이윤극대화를 위해 일정비용을 가지고 어떻게 노동과 자본을 구매하는지를 살펴보자. 〈그림 5.11〉은 생산량 Q_0, Q_1과 Q_2를 나타내는 등량곡선 3개와 등비용선을 보여주고 있다. 결국 이윤극대화는 등비용선상에 있는 모든 점 중에서 가장 높은 등량곡선을 보여주는 생산요소 조합점을 찾는 문제로 귀결된다.

〈그림 5.11〉에서 일정 비용 C_1을 가지고 등량곡선 Q_2에 미치지 못하기 때문에 이 비용으로 Q_2만큼 생산할 수 없다. 이 비용을 가지고 자본을 많이 사용한 B점이나 노동을 많이 사용한 C점에서 Q_0만큼 생산할 수 있다. B점은 한계기술대체율(등량곡선 기울기)이 임금의 상대가격($\frac{w}{r}$)보다 더 크다. 즉 노동 1단위 증가할 때 한계편익이 한계비용보다 큰 상황이다($MB > MC$). 이때 기업은 자본을 노동으로 대체함으로써 생산을 더 늘릴 수 있다. 〈그림 5.11〉에서 등비용선을 따라 자본을 노동으로 대체하면 동일한 비용으로 생산이 더 늘어난다. 반대로 C점은 한계기술대체율이 임금의 상대가격보다 더 적다. 이것은 $MB < MC$인 상황이므로 이번에는 노동을 자본으로 대체함으로써 생산량을 늘릴 수 있다. 결국 한계기술대체율과 임금의 상대가격이 일치하는 점에서 생산량은

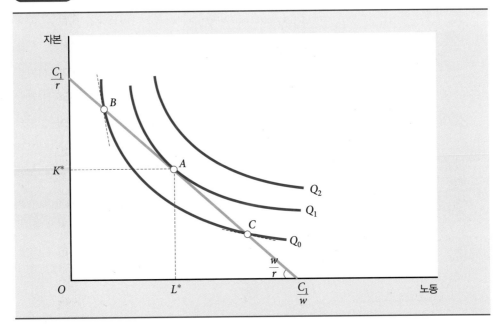

그림 5.11 이윤극대화 : 생산량 최대화

최대화된다. 즉 이윤극대화가 생산최대화와 일치된다. 이때 생산량은 Q_1이 되고 기업은 $A(L^*, K^*)$점에서 생산요소를 구매한다. 이 점을 생산자균형점이라 한다. 생산자균형조건을 수식으로 나타내면 $MRTS_{LK} = \dfrac{MP_L}{MP_K} = \dfrac{w}{r}$가 된다. 여기서도 경제원리인 $MB = MC$가 작동되고 있음을 확인할 수 있다.

5.2.7 제약조건하 이윤극대화 : 비용최소화

앞 절에서 설명하듯이 자본과 노동을 대체할 수 있는 상황에서 일정량을 생산하는 제약조건을 가질 때 기업의 이윤극대화 문제에 대해서 생각해보자. 생산량과 상품가격이 일정하면 총수입이 일정하게 된다. 총수입이 일정한 상태에서 이윤을 극대화하려면 비용을 최소화하여야 한다. 결국 비용최소화는 또 다른 이윤극대화의 한 형태임을 알 수 있다.

이제 등량곡선과 등비용선을 이용하여 기업이 어떻게 비용최소화하는 노동과 자본의 구매조합을 결정하는지를 살펴보자. 〈그림 5.12〉는 목표 생산량에 해당하는 등량곡선 Q_1과 3개의 등비용선을 보여주고 있다. 기업의 비용최소화는 이 등량곡선에서 비용이 가장 적게 드는 생산요소 조합점을 찾는 문제로 귀결된다.

그림 5.12 이윤극대화 : 비용최소화

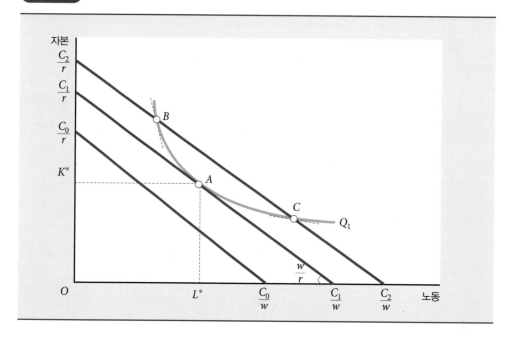

〈그림 5.12〉에서 C_0인 경우 가장 비용이 적지만 등량곡선 Q_1에 미치지 못하기 때문에 그 비용으로 Q_1만큼 생산할 수 없다. C_2인 경우 자본을 많이 사용한 B점이나 노동을 많이 사용한 C점에서 생산할 수 있다. B점은 한계기술대체율(등량곡선 기울기)이 임금의 상대가격($\frac{w}{r}$)보다 더 크다. 즉 노동 1단위 증가할 때 한계편익이 한계비용보다 큰 상황이다($MB > MC$). 이때 기업은 자본을 노동으로 대체함으로써 비용을 줄일 수 있다. 등량곡선 Q_1을 따라 자본을 노동으로 대체하면 C_2보다 적은 비용으로 Q_2만큼 생산할 수 있음을 알 수 있다. C점은 $MB < MC$인 상황이므로 노동을 자본으로 대체함으로써 비용을 줄일 수 있다. 결국 한계기술대체율과 임금의 상대가격이 일치하는 점에서 비용이 최소화된다. 이때 비용은 C_1이고 기업은 $A(L^*, K^*)$점에서 생산요소를 구매한다. 이때 생산자균형조건을 수식으로 나타내면 $MRTS_{LK} = \dfrac{MP_L}{MP_K} = \dfrac{w}{r}$ 가 된다.

이것은 앞에서 배운 생산량최대화 조건과 정확히 일치함을 알 수 있다. 또한 기업의 이윤극대화조건은 $P \times MP_L = w$, $P \times MP_K = r$임을 앞에서 배웠다. 앞 식을 뒤 식으로 나누면 역시 $MRTS_{LK} = \dfrac{MP_L}{MP_K} = \dfrac{w}{r}$ 가 된다. 다른 시각으로 이윤극대화 문제를 바라보지만 그 균형조건은 항상 일치한다는 것을 보여주고 있다.

여기서 주목할 것은 일정한 비용을 가지고 생산량을 최대화하는 문제와 일정한 생산량을 최소비용으로 생산하는 문제는 궁극적으로 같은 문제라는 것이다. 전자의 문제를 해결하고자 하나 어떤 이유로 그것을 할 수 없을 때 후자의 접근방법을 사용하는 것이 더 유용할 수 있다.

5.2.8 소득분배

지금까지 생산요소시장에 대해서 설명하였다. 여기서는 생산요소를 노동과 자본만 있다고 가정했기 때문에 노동시장과 자본시장만 존재한다. 노동시장에서는 임금(w)이, 자본시장에서는 자본임대료(r)가 각 시장의 수요와 공급에 의해서 결정된다.

이렇게 시장에서 결정된 임금과 자본임대료를 지불하고 개별기업들은 이윤극대화를 위해 자본과 노동을 고용한다. 앞에서 배운 것처럼 각 요소의 한계생산가치가 각 요소가격과 일치하는 수준에서 각 생산요소를 고용한다. 즉 $P \times MP_L = w$, $P \times MP_K = r$이다.

그런데 이것을 노동과 자본을 공급하는 가계의 입장에서 보면 소득이 된다. 노동을 공급했으면 노동단위당 임금으로 w만큼 받고, 자본을 공급했으면 자본단위당 임대료를 r만큼 받는다. 이것은 가계소득이 노동소득과 자본소득으로 구성된다는 것을 보여주고 있다. 저축을 할 수 없는 사람의 가계소득은 오직 노동소득으로만 이루어진다. 많은 유산을 상속 받아서 일할 필요가 없거나 은퇴한 사람은 오직 가계소득이 자본소득으로만 이루어질 것이다. 열심히 일해서 임금을 받아 덜 쓰고 저축을 많이 하는 사람은 점차적으로 자본소득이 늘어날 것이고, 소비를 많이 하는 사람의 자본소득은 크지 않을 것이다. 근검절약한 사람이 부자가 될 수 있다는 평범한 진리를 다시 한 번 확인해 주고 있다.

여기서 주목할 것은 첫째, 가계소득이 생산요소 시장가격으로 결정된다는 것이다. 즉 상품시장에서 가격메커니즘을 통해서 상품이 분배되듯이 소득분배 문제도 단순히 생산요소시장가격 결정문제에 불과하다는 것이다. 둘째, 실질 생산요소가격은 요소의 한계생산에 의해서 결정된다. 이윤극대화조건은 $P \times MP_L = w$, $P \times MP_K = r$이다. 이 식들을 $MP_L = \dfrac{w}{P}$, $MP_K = \dfrac{r}{P}$로 바꿀 수 있다. 실질임금이나 실질자본임대료는 노동의 한계생산과 자본의 한계생산과 정확히 일치한다는 것을 알 수 있다. 이 식은 노동의 한계생산이 높으면 실질임금이 높아지고, 자본의 한계생산이 높으면 실질임대료가 높아진다는 것을 보여준다. 이러한 소득분배이론을 **한계생산설**이라고 한다.

선진국의 노동자나 자본가들의 노동소득과 자본소득이 다른 나라보다 왜 더 높은 가? 이 식에 의하면 동일한 시간 동안 일해도 그만큼 노동의 한계생산과 자본의 한계생산이 높다는 것이다. 임금수준이 어떤 기업은 높고 어떤 기업은 낮은가? 이것 또한 그 기업의 한계생산과 관련이 있다는 것을 이제 이해할 수 있을 것이다. 한계생산설에 의하면 능력이 있는 사람은 노동의 한계생산이 높기 때문에 고임금을 받아야 한다.

이처럼 생산요소시장의 가격메커니즘에 의해서 소득분배가 이루어질 때 이것이 공평한 소득분배인가에 대해서는 경제학에서 중요한 이슈이며 학자 간에 논쟁이 이루어지고 있다.

연습문제

객관식 문제

1. 다음 중에서 자본의 가격이 아닌 것은?
   ① 건물사용료   ② 감가상각비   ③ 지대   ④ 아파트 가격

2. 다음 중에서 기업의 이윤극대화와 관계없는 것은?
   ① 노동의 한계생산가치와 임금이 일치한다.
   ② 자본의 한계생산과 실질 자본임대료가 일치한다.
   ③ 한계기술대체율과 임금의 상대가격이 일치한다.
   ④ 자본과 노동의 한계생산 비율이 한계기술대체율과 일치한다.

3. 여가의 가격은 얼마인지 다음에서 고르면?
   ① 자본임대료   ② 임금   ③ 0   ④ 상품가격

4. 임금이 상승하는 경우 경제주체들의 행동변화를 설명한 것이다. 이 중 맞지 않는 것은?
   ① 기업은 노동 고용을 줄인다.
   ② 가계의 실질소득이 증가하므로 재화의 소비를 늘린다.
   ③ 기업은 장기에 생산요소를 자본으로 대체한다.
   ④ 가계는 반드시 노동공급을 늘린다.

5. 다음은 가계 간 소득차이가 발생하는 이유에 대해서 설명한 것이다. 이 중 관계가 가장 먼 것은?

① 능력에 따라 노동한계생산의 차이가 있기 때문이다.

② 부모로부터 받은 상속재산에 대한 차이가 있기 때문이다.

③ 개인의 근면절약의 정도가 다르기 때문이다.

④ 정부가 복지정책을 쓰기 때문이다.

6. 해양 컴퓨터사의 생산함수는 $Q = K\sqrt{L}$ 이다. 노동과 자본가격은 각각 $w = 20$, $r = 10$이다.

(1) $K = 1$인 단기에 노동을 2단위 투입했을 때 노동의 한계생산은 대략 얼마인가?

　　① 1　　　　② 0.36　　　　③ 0.30　　　　④ 0.25

(2) 컴퓨터 가격이 80원일 때 이 기업의 노동수요는 얼마인가?

　　① 4　　　　② 5　　　　③ 6　　　　④ 7

(3) 문제 (2)에서 이 기업의 생산비용은 얼마인가?

　　① 80　　　　② 90　　　　③ 100　　　　④ 110

(4) $w = 40$원으로 상승할 때 이 기업의 노동수요는 얼마인가?

　　① 1　　　　② 2　　　　③ 3　　　　④ 4

7. 안전 중공업사는 선박건조회사이며, 생산함수는 $Q = LK$이다. 임금은 w, 자본임대료는 r이다.

(1) 임의의 한 점에서 노동한계생산과 자본한계생산을 옳게 짝지은 것은?

　　① (L, K)　　　② $(2L, 2K)$　　　③ (K, L)　　　④ $(2K, 2L)$

(2) 등량곡선을 그리면 어떤 모양이 되겠는가?

　　① 우상향 직선　　　② 우하향 직선　　　③ 직각쌍곡선　　　④ 우하향 포물선

(3) $Q = 1$일 때 비용을 최소화할 수 있는 노동량과 자본량의 조합은?

　　① $(\frac{r}{w}, \frac{w}{r})$　　　② $(\frac{w}{r}, \frac{r}{w})$　　　③ $(\sqrt{\frac{r}{w}}, \sqrt{\frac{w}{r}})$　　　④ $(\sqrt{\frac{w}{r}}, \sqrt{\frac{r}{w}})$

(4) 총비용이 $\overline{C}$일 때 이윤극대화를 위한 노동량과 자본량의 조합은?

　　① $(\frac{\overline{C}}{w}, \frac{\overline{C}}{r})$　　　② $(\frac{\overline{C}}{2w}, \frac{\overline{C}}{2r})$　　　③ $(\frac{\overline{C}}{3w}, \frac{\overline{C}}{3r})$　　　④ $(\frac{\overline{C}}{4w}, \frac{\overline{C}}{4r})$

8. 다음 중 임금 상승요인이 아닌 것은?

    ① 노동생산성의 증가   ② 상품가격 상승

    ③ 출생률 감소   ④ 자본의 감소

9. 다음 중 자본임대료의 상승과 관련이 없는 것은?

    ① 저축 증가   ② 자본생산성 증가

    ③ 상품가격 상승   ④ 채권가격 하락

ᄀ 서술식 문제

1. 어떤 기업의 생산요소는 노동뿐이며 그 기업의 생산함수는 다음과 같다.

노동시간	생산량
0	0
1	6
2	11
3	16
4	20
5	23
6	25

  (1) 노동의 한계생산을 계산하라.

  (2) 상품의 시장가격은 10원이다. 노동의 한계생산가치를 계산하라.

  (3) 이 기업의 노동수요곡선을 그려라.

  (4) 임금이 40원일 때 노동수요량은 얼마인가?

  (5) 임금이 20원에서 50원으로 상승했을 때 노동수요의 변화는 얼마인가?

2. 청년실업이 증가하면서 정부는 해외취업정책을 적극 지원하고 있다. 이때 노동시장변화에 대해서 설명하라.

3. '마당발' 식당은 배달 시스템을 잘 갖추어 음식배달의 장점을 가지고 있다. 현재 노동자 한 명 시간당 만 원을 지급하고 있다.

  (1) 이 식당이 이윤극대화를 위해 노동수요를 결정할 때 어떤 원칙을 따라야 되는가?

  (2) 마지막 고용된 노동의 한계생산이 음식을 요리해서 배달한 숫자가 1시간에 4

번이었다. 음식가격은 얼마인가?

(3) 식당 노동시장의 원리를 그래프를 그려서 설명하라.

(4) 식당에서 아르바이트로 일하던 학생들이 대학을 졸업하고 해양산업에 취직하였다. 이것이 식당의 노동시장에 미치는 영향에 대해서 설명하라.

4. 한국은 1996년 경제협력개발기구(OECD)에 가입하기 위해 자본시장을 개방하였다. 이런 자본시장 개방정책이 자본시장에 미치는 영향에 대해서 설명하라.

5. 장기에 다음 조건하에서 기업의 이윤극대화조건을 유도하라. 단 상품가격, 임금과 자본임대료는 일정하다.

(1) 비용이 일정한 경우

(2) 생산량이 일정한 경우

6. 냉해로 인하여 한국의 배추농사가 전반적으로 흉작이라고 하자.

(1) 배추가격과 농부의 한계생산은 어떤 영향을 받겠는가?

(2) 배추가격이 2배로 오르고 농부의 한계생산이 30% 감소했다면 농부의 노동시장에 미치는 영향에 대해서 설명하라.

7. 희망기업은 '비전'이라는 상품을 판매한다. 이 상품의 가격은 P이고 생산함수는 $Q = \sqrt{LK}$이다. 임금은 w이고 자본임대료는 r이다.

(1) $K = 1$인 단기에 노동의 한계생산이 체감하고 있는지 확인하라.

(2) $K = 1$일 때 이 기업이 이윤극대화를 위해 얼마만큼 노동을 고용하겠는가?

(3) $Q = 1$일 때 등량곡선을 그리고 한계기술대체율이 체감하는지 확인하라.

(4) $Q = 1$을 생산할 때 기업이 비용최소화를 위해 얼마만큼의 자본과 노동을 고용해야 하는가?

(5) 문제 (4)를 바탕으로 임금과 자본임대료가 변화할 때 노동과 자본의 고용량변화에 대해서 설명하라.

8. 다음과 같은 경제적 현상이 발생할 때 노동시장에 어떤 영향을 미치는가?

(1) 노동절약적인 기술진보

(2) 출생률 감소

(3) 여가 선호현상

(4) 자본 임대료 상승

9. 다음과 같은 경제적 현상이 발생할 때 자본시장에 어떤 영향을 미치는가?

    (1) 기술진보로 자본생산성 증가

    (2) 임금 상승

    (3) 저축성향 증가

10. 정부는 예산절감을 이유로 무료급식으로 떡을 더 이상 제공하지 않는다는 법률을 제정하였다.

    (1) 이 법률은 떡 시장에 어떤 영향을 미치겠는가?

    (2) 이 법률이 쌀 농부의 노동한계생산과 한계생산가치에 어떤 영향을 미치겠는가?

    (3) 이 법률이 노동시장에 미치는 영향에 대해서 설명하라.

11. 다음은 노동공급곡선에 관한 사항이다.

    (1) 노동공급과 임금 간의 관계에 대해서 설명하라.

    (2) 아버지 세대는 낮은 임금으로 주말에 일을 했지만, 젊은 아들세대는 현재 임금의 2배를 줘도 주말에 일을 하지 않는다. 이런 현상을 경제적으로 설명하라.

    (3) 노동공급곡선이 우하향하는 경우 생산량을 늘리기 위한 기업전략에는 어떤 것이 있을까?

시장조직이론

비행기를 타면 동일한 이코노미석이라도 비행기 삯이 다양하다. KTX도 마찬가지로 주중과 주말의 기차 삯이 다르다. 또한 같은 현대자동차가 생산한 자동차라도 미국시장에서 팔릴 때와 국내시장에 팔릴 때 가격이 다르다. 제4장과 제5장에서 배운 시장원리에 의하면 동일한 재화나 서비스는 하나의 가격을 형성해야 하지만, 이런 현상은 이러한 시장원리로 잘 설명되지 않는다.

이처럼 어떤 상품이 있을 때 이것이 어떤 형태의 시장에서 거래되느냐에 따라 가격과 거래량이 다르게 결정된다. 결국 제4장과 제5장에서 배운 시장원리도 하나의 시장형태임을 알 수 있다. 이 장은 경제주체가 합리적으로 행동할 때 시장형태가 가격과 거래량에, 그리고 사회후생에 어떻게 영향을 미치는가에 대해 초점을 맞춘다. 또한 이러한 분석을 통해 현실의 경제상황이 바람직한 시장구조와 괴리될 때 이것을 개선하려는 정책적 의미도 포함하고 있다.

여기서는 경쟁정도에 따라 네 가지 시장형태에 대해서 설명한다. 즉 완전경쟁시장, 독점, 과점과 독점적 경쟁이다. 시장형태의 두 극단에는 완전경쟁시장과 독점이 있고 그 중간에 다양한 스펙트럼이 존재한다. 완전경쟁시장은 개별경제주체의 시장에 대한 영향력이 거의 없는 상태이고 독점시장은 경쟁 없이 독점자의 시장 영향력이 절대적인 경우이다. 그 중간에 개별경제주체들이 서로 상호작용 등을 통해 어느 정도의 영향력을 행사하는 시장형태로 과점과 독점적 경쟁 등이 있다.

6.1 완전경쟁시장

6.1.1 완전경쟁시장의 조건

우리나라의 자동차 대수는 2014년 현재 거의 2천만 대에 이른다. 이렇게 자동차가 많으니 당연히 주유소도 많을 것이다. 대도시의 경우 길 건너 주유소가 있을 정도이다. 이때 한 주유소에서 오일 가격을 10% 인상했다면 그 주유소는 당장 매출이 급격히 줄어들 것이다. 그러므로 어느 한 주유소에서 쉽게 가격인상을 할 수 없을 것이다.

이처럼 수많은 기업들과 소비자들이 존재하여 서로 경쟁함으로써 어느 한 기업이나 한 소비자가 시장에 영향력을 미칠 수 없을 때 이 시장을 완전경쟁시장(perfect competitive market)이라 한다. 이 시장을 좀 더 구체적으로 살펴보면 다음과 같은 조건을 갖추고 있다.

 (1) 생산된 상품이 동질적이다.

 (2) 다수의 소비자와 기업이 존재한다.

 (3) 진입장벽이 없다.

 (4) 정보가 완전하다.

첫째 조건은 모든 기업이 생산한 상품이 모든 측면에서 완전히 동일해야 한다. 현실세계에서 이 조건을 충족하는 상품의 예를 찾는 것이 쉽지 않다. 쌀, 보리 등 농산물시장이나 우유 등 유제품시장이 여기에 근접할 것이다.

둘째 조건은 소비자는 구매자로서, 기업은 판매자로서 시장에 참여한다. 그럼에도 불구하고 개별소비자나 개별기업이 시장가격 결정에 영향을 미칠 수 없을 만큼 다수를 의미한다. 만약 한 기업가가 시장가격보다 높게 가격을 설정하면 첫째 조건에 의해 소비자는 똑같은 상품을 생산하는 다른 기업의 것을 구매할 것이다. 이에 따라 그 기업은 시장에 하나도 판매할 수 없게 된다. 반대로 시장가격보다 낮게 설정했다고 하자. 기업이 생산한 상품을 모두 판매할 수 있다. 그렇지만 시장가격으로도 전부 판매할 수 있는데, 그보다 낮은 가격으로 판매하여 이윤감소를 받아들일 기업은 없을 것이다. 즉 기업의 이윤극대화 원칙에 위배된다.

소비자도 마찬가지이다. 시장가격에 구매할 수 있는데, 굳이 높은 가격을 지불하지 않는다. 또한 시장가격보다 낮은 가격을 지불하면 구매할 수 없기 때문에 시장가격을 지불할 수밖에 없다. 이처럼 소비자나 기업 모두 시장에 참여하지만 개별소비자나 개별기업이 시장가격에 영향을 미치지 못한다. 단지 그 시장가격을 받아들여 소비자는 자신의 만족을 극대화할 수 있는 소비량을 결정하고 기업은 이윤을 극대화하는 생산량을 결정한다. 이와 같이 완전경쟁시장에서 개별소비자나 기업은 가격순응자(price taker)로 행동한다.

제2장에서는 상품가격이, 제3장에서는 생산요소가격이 일정하다고 가정한 것은 그 이면에 두 시장 모두 완전경쟁시장을 전제한 것이다.

셋째 조건은 기업이 시장에 진입(entry)하거나 이탈(exit)할 때 이것을 방해하는 어떠한 장벽도 없어야 한다는 것이다. 진입장벽은 잠재적인 경쟁자가 시장에 못 들어오게 막는 장치이다. 어떤 기업이 기술상의 우위에 있어 다른 기업이 시장에 진입하지 못한 경우 진입장벽은 자연발생적이다. 반면 정부규제나 기존기업의 전략으로 인위적인 진입장벽이 발생하기도 한다. 삼성이 처음 세계 반도체시장에 진입하려 할 때 일본기업들이 반도체 가격을 대폭 하락하는 진입저지가격 전략이 대표적인 예이다. 완전경쟁시장에서는 어떠한 형태의 진입장벽도 존재하지 않아야 한다.

여기서 주목할 것은 이러한 진입장벽 없이 기업들의 진입과 퇴출이 자유롭다는 조건과 기업들이 가격순응자가 되는 것은 크게 관련이 없다는 사실이다. 완전경쟁시장에서 기업은 시장가격을 받아들여 이윤을 극대화하는 생산량만 결정하게 된다. 제3장의 기업이론에서 이미 배운 것처럼 한계수익(MR)과 한계비용(MC)이 일치하는 곳에서 생산량이 이루어질 것이다. 이때 이 시장에 참여한 많은 기업의 최대이윤이 양(+)이면 진입장벽이 없기 때문에 새로운 기업이 이 시장에 진입할 것이다. 또한 최대이윤이 음(−)이면 기존기업들이 이탈하여 결국 기업들의 이윤은 0이 된다. 이것은 제3장의 기업이론에서 배운 기업의 장기균형상태를 의미한다. 즉 진입장벽은 완전경쟁시장에서 장기균형과 관련이 있다.

넷째 조건은 구매자인 소비자와 판매자인 기업 모두 시장에 관련된 모든 정보를 공유한다는 의미이다. 예컨대 신발제조업체인 A사가 있다고 하자. 이 회사가 자기 제품에 대해 서울시장에서는 가격탄력성이 높고 부산시장에서는 낮다는 것을 알았다. 그러나 서울과 부산 소비자는 서로 교류가 없기 때문에 다른 시장의 사정을 잘 모른다. 기업이 소비자보다 더 많은 정보를 가지게 되는 경우이다. 이때 이 기업은 동일한 신발을 서울시장에는 싸게, 부산시장에는 비싸게 판매하는 것이 이윤극대화 전략이 된다. 이런 전략을 설명하기 위해 제4장에서 배운 탄력성 개념을 활용해보자. 가격탄력성이 높으면 가격이 1% 하락할 때 수요량은 1% 이상 늘어난다. 즉 총수입이 증가하므로 가격을 낮추는 것이 유리하다. 반대로 탄력성이 낮으면 가격을 높이는 것이 유리하다.

이렇게 동일한 상품을 서로 다른 시장에서 정보우위를 바탕으로 다른 가격으로 팔수 있다. 정보가 완전하다면 부산사람은 더 싼 서울시장에서 신발을 구입할 것이다.[1] 그러면 서울시장은 수요가 늘어나서 가격이 상승하고, 부산시장에서는 수요가 감소하여 가격이 하락한다. 결국 두 시장에서 가격이 일치하는 수준에서 균형이 이루어질 것

1　신발을 사기까지 신발가격 이외의 비용은 없다고 가정한다. 즉 원하는 신발을 사기 위한 탐색비용, 배달비용, 운송비용 등은 없다.

이다. 이처럼 완전경쟁시장에서는 동일한 상품에 대해서 동일한 시장가격이 이루어지는 이른바 '일물일가의 법칙(law of indifference)'이 작용한다.

6.1.2 소비자이론, 생산자이론과 완전경쟁시장

제2장과 제3장에서 모두 상품의 가격은 일정하다고 가정하고 있다. 앞에서 언급한 것처럼, 이것은 소비자와 생산자 모두 상품시장에서 가격순응자로 행동하는 것을 의미한다. 즉 상품시장은 완전경쟁시장을 이미 전제로 했다는 것이다.

이제 완전경쟁시장에서 가격결정이 소비자이론 및 생산자이론과 어떤 관련이 있는지 살펴보자. 먼저 소비자이론에서 소비자들은 일정한 소득과 상품가격하에서 자신의 만족을 극대화하는 소비량을 결정한다. 가격이 변화하면 소비자균형점도 변화한다. 이 과정에서 소비자의 개별수요곡선이 유도된다. 이 수요곡선은 시장에서 가격이 주어질 때 개별소비자가 자신의 만족을 극대화하기 위해 얼마만큼 수요할 것인지를 보여준다. 이러한 수많은 개별수요곡선을 수평적으로 합하면 시장수요곡선이 구해진다. 즉 시장수요곡선은 가격이 주어질 때 시장에 참여한 모든 소비자들의 만족을 극대화할 수 있는 전체의 수요량을 나타낸다. 다시 말해서, 그 가격에서 모든 소비자들은 자신의 만족을 극대화할 만큼 충분히 상품을 구매할 수 있다는 것을 의미한다.

생산자이론에서는 일정한 상품가격하에서 이윤을 극대화하는 생산량을 결정한다. 가격이 변화하면 이에 따라 이윤극대화 생산량이 결정된다. 이 과정에서 개별기업의 공급곡선이 유도된다. 이 공급곡선은 시장에서 가격이 주어지면 개별기업들이 이윤을 극대화하기 위해 얼마만큼 생산할 것인지를 보여준다. 이러한 수많은 개별공급곡선을 수평적으로 합하면 시장공급곡선이 구해진다. 즉 시장공급곡선은 가격이 주어질 때 시장에 참여한 모든 기업들의 이윤을 극대화할 수 있는 전체 공급량을 나타낸다. 다시 말해서, 그 가격에서 모든 기업들은 자신의 이윤을 극대화할 만큼 충분히 상품을 생산할 수 있다는 것을 의미한다.

〈그림 6.1〉은 이미 제4장에서 배운 시장수요곡선과 시장공급곡선을 이용한 시장균형을 나타낸 것이다. 이때 상품가격은 P_0, 균형량은 Q_0임을 알 수 있다.

이러한 시장균형에 도달하기 위해 첫째, 수많은 소비자와 기업들이 참여하고 있다. 개별소비자와 개별기업들은 시장가격 P_0에 순응하여 의사결정을 내린다. 둘째, 거래 상품가격이 P_0로 하나만 형성되고 있다. 즉 일물일가의 법칙이 작용하고 있다. 이것은

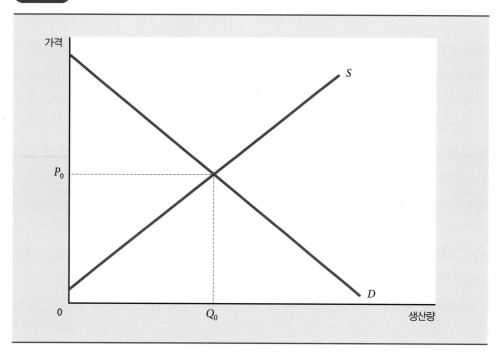

그림 6.1　완전경쟁시장의 가격결정

개별기업이 생산하는 상품이 동질적이고 정보가 완전하다는 것을 반영한다. 셋째, 이 시장에서는 기업들이 자유롭게 진입하거나 이탈할 수 있다.

　이러한 모든 특성이 정확히 완전경쟁시장 조건과 일치함을 알 수 있다. 앞에서 배운 제2장의 소비자이론과 제3장의 생산자이론은 결국 완전경쟁시장을 유도하기 위한 기초이론임을 알 수 있다. 그리고 제4장의 상품시장이 바로 완전경쟁시장 모형을 제시하고 있다. 흔히 이야기되는 수요공급원리는 바로 이러한 완전경쟁시장에서 자원배분 원리를 의미한다. 이미 제4장에서 언급한 개별기업의 장단기균형이 바로 완전경쟁시장에서 개별기업들이 어떻게 장단기에 이윤극대화를 위해 생산량을 결정하는가를 보여준 것이다. 이제 독자들은 제4장의 내용을 완전경쟁시장의 특징으로 잘 정리하기 바란다.

6.1.3 기업이 직면한 수요곡선

세상에는 다양한 시장형태가 존재한다. 이러한 시장형태를 분석하는 데 가장 중요한 개념이 기업이 직면한 수요곡선이다. 이 수요곡선은 어떤 한 개별기업이 생산한 상품의 가격에 대해서 소비자들이 어떻게 수요량을 결정하는가를 보여준다.

완전경쟁시장에서 수많은 기업 중에서 어떤 개별기업 A가 있다고 하자. 이 기업은 다른 기업과 똑같은 상품을 생산하고 있다. 그 상품가격은 〈그림 6.1〉의 P_0수준에서 균형을 이루고 있다. 만약 이 기업이 조금이라도 P_0 수준보다도 높은 가격을 제시하면 소비자들은 이 A기업의 제품을 하나도 구입하지 않을 것이다. 즉 $P > P_0$이면 A기업의 제품에 대한 소비자의 수요는 0이 된다. $P \leq P_0$이면 소비자들은 이 기업의 생산량을 모두 다 구매할 것이다. 그런데 기업은 이윤극대화를 위해서 P_0 이하의 가격으로 판매하지 않을 것이기 때문에 소비자는 P_0 수준에서 기업의 생산량을 전부 구매한다. 이와 같이 완전경쟁시장에서는 개별기업이 직면하는 수요곡선은 소비자가 P_0 수준보다 조금만 높으면 수요가 0이고 P_0 수준에서 개별기업의 총생산량을 수요한다는 것을 보여준다. 이 수요곡선은 가격에 극단적으로 민감하게 반응하므로 완전탄력적이다. 즉 가격탄력성이 무한대이다. 이에 따라 완전경쟁시장에서 개별기업이 직면하는 수요곡선은 시장가격 P_0와 일치하는 수평선이 된다.

제4장에서 개별기업의 공급곡선은 그 기업의 평균가변비용의 최저점 위에 있는 한

그림 6.2 완전경쟁시장과 기업이 직면하는 수요곡선

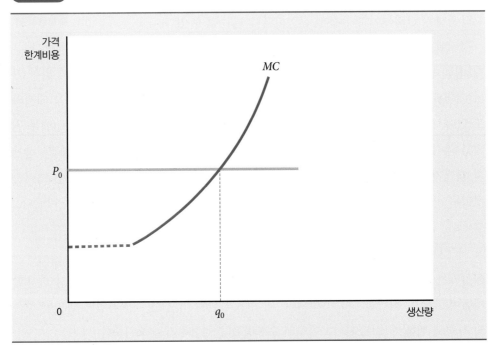

계비용곡선과 일치한다는 것을 배웠다. 〈그림 6.2〉는 개별기업이 직면하는 수요곡선과 개별공급곡선을 함께 그린 것이다. 여기서 수평선 P_0는 A기업이 직면한 수요곡선이고 MC선은 이 기업의 개별공급곡선이다. $P_0 = MC$인 점에서 이 두 곡선은 교차한다. 가격이 시장에서 결정되고 각 개별기업이 가격순응자로 행동하기 때문에 개별기업의 총수입은 $TR = P_0 q$가 된다. 판매를 1단위 추가적으로 늘릴 때마다 시장가격인 P_0만큼씩 증가한다. 즉 한계수입(MR)이 시장가격과 일치한다. 바로 완전경쟁시장에서 $P_0 = MR = MC$가 개별기업의 이윤극대화조건이 된다. 이것은 제3장에서의 기업의 이윤극대화와 정확히 일치한다. 그러므로 완전경쟁시장의 장단기 균형은 바로 제3장에서 논의한 장단기균형을 의미한다. 독자들은 이 점을 다시 한 번 확인하기 바란다.

6.1.4 완전경쟁시장과 사회후생

〈그림 6.3〉은 완전경쟁시장의 수요공급의 원리에 따른 시장균형을 나타내고 있다. 즉 시장균형가격은 P_0이고 균형량은 Q_0이다. 제4장에서 이미 배운 사회후생의 지표로서 소비자잉여와 생산자잉여를 이용하여 이 균형점에서 총잉여, 즉 사회후생을 나타내보자. 균형가격 P_0의 윗부분과 시장수요곡선의 아랫부분 사이의 보라색 공간은 소비자잉여, 균형가격 P_0의 아랫부분과 시장공급곡선 사이의 엷은 보라색 공간은 생산자잉여이다. 균형량 Q_0가 균형가격 P_0로 이 시장에서 거래될 때 이 사회가 얻는 총잉여(사회후생)는 위 두 부분의 합이 된다.

이런 균형상태에서 사회후생은 최대화되는가? 다시 말해서, 자원배분은 효율적인가? 제4장에서 지적했듯이 시장수요곡선은 시장에 참여한 소비자들의 지불용의가격을 높은 차순으로 배열한 것이다. 즉 시장은 공급된 재화를 지불용의가격을 높게 제시한 소비자에게 먼저 배분한다. 또한 이것은 사회적 입장에서 한계편익을 의미한다. 시장공급곡선은 시장에 참여한 기업들의 생산비용을 낮은 차순으로 배열한 것이다. 즉 시장은 생산비가 낮은 생산자에게 우선적으로 판매하도록 한다. 또한 이것은 사회적 입장에서 한계비용을 의미한다.

〈그림 6.3〉에서 보듯이 시장 거래량이 Q_1 수준이면 소비자의 지불용의가치가 생산자의 생산비보다 더 높다. 사회적으로 한계편익이 한계비용보다 더 높은 상태, 즉 $MB > MC$이다. 이것은 상품의 거래량을 더 늘리면 총잉여를 증가시킬 수 있다는 것을 의미한다. Q_2 수준일 때는 반대로 생산자의 생산비가 소비자의 지불용의가치보다 더 높다.

그림 6.3 완전경쟁시장과 사회후생

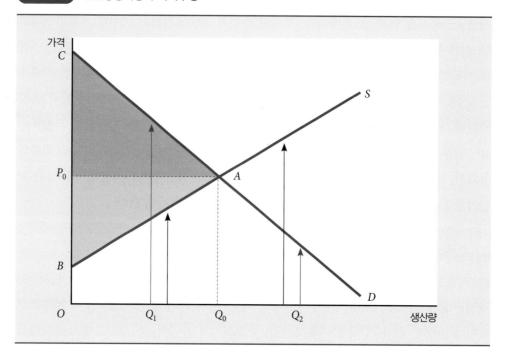

즉 $MB < MC$이다. 이때는 거래량을 축소함으로써 총잉여를 증가시킬 수 있다. 이제 소비자의 지불용의가치가 생산자의 생산비와 일치하는 수준에서 총잉여는 최대화된다는 것을 알 수 있다. 즉 $MB = MC$이다. 이처럼 시장은 균형량보다 거래량이 적으면 거래량을 늘리게 하고, 거래량이 많으면 거래량을 줄이게 하는 경제원리를 내장하고 있다. 다시 말해서, P_0가격에서 Q_0만큼 거래에 참여한 모든 소비자들은 모두 만족을 극대화하고(시장수요곡선은 개별수요곡선의 합임을 상기하라.), 모든 기업들은 이윤을 극대화한다.(시장공급곡선은 개별공급곡선의 합임을 상기하라.) 이 거래에 참여한 경제주체들의 목적이 모두 달성되었으므로 사회적으로 효율적인 배분상태에 도달하게 된다. 이것을 배분적 효율이라 한다. 시장원리 자체가 정확히 경제원리의 결과임을 다시 한 번 확인할 수 있다.

6.1.5 완전경쟁시장과 정책적 의의

완전경쟁시장은 자본주의 경제체제의 가장 이상적인 형태를 보여준다. 개인(가계와 기업)이 자유롭게 합리적으로 행동(가계의 효용극대화, 기업의 이윤극대화)하면 시장은 경제원리에 따라 자동으로 배분적 효율성을 달성하는 사회적으로 바람직한 결과를 가져온다. 즉 개인의 경제적 자유보장이 바로 사회후생 극대화로 귀결된다는 것이다.

따라서 정부는 시장에 간섭할 필요가 없다. 오히려 간섭하는 것이 효율성을 저해할 뿐이다. 작은 정부가 정당화되는 상황이다. 이러한 상황은 애덤 스미스의 통찰력을 보여준 '보이지 않는 손'의 원리가 이상적으로 작동되는 상태이다.

현실적으로는 시장참가자는 충분히 다수가 아닌 경우가 대부분이고 그들의 제품 또한 동질적이지도 않다. 그러한 완전경쟁의 조건이 충족되지 않는 것이 더 일반적인 상황이다. 그럼에도 불구하고 왜 우리는 이런 비현실적인 시장원리를 배워야 하는가? 완전경쟁시장은 사회후생을 극대화하는 이상적인 시장형태로 하나의 기준이 될 수 있기 때문이다. 예컨대 물리학자가 현실에 거의 존재하지 않는 진공상태의 물리현상을 연구함으로써 현실의 물리현상의 기준으로 삼는 것과 같다. 다음 절에서 배울 다른 시장행태인 독점, 과점 등이 자원배분 측면에서 왜 사회적으로 문제가 되는가는 완전경쟁시장의 자원배분을 기준으로 평가한다.

또한 완전경쟁시장이 자원배분의 최고 지향점을 제시하고 있다는 점에서 정책적 의미를 갖는다. 현실의 자원배분 시스템이 비효율적일 때 완전경쟁시장 조건에 맞게 제도, 법과 경제구조 등을 바꿀 수 있도록 하는 동인이 되고 있다.

우리나라를 포함한 대부분의 선진국들은 독점금지법을 제정하였다. 이러한 독점금지법은 시장의 참여 기업 수 확대, 진입장벽 철폐, 모든 담합행위 금지 등 경쟁을 확대하는 내용을 대부분 포함하고 있다. 우리나라의 독점금지법은 독점규제 및 공정거래에 관한 법이며, 이 법을 바탕으로 공정거래위원회가 경쟁제한 행위를 감시 감독하고 있다. 신문의 경제면에서 제약회사나 통신회사의 불공정거래 행위에 대해 공정거래위원회가 엄청난 과징금을 부과하는 것을 종종 보게 된다. 바로 이런 행위의 정당성은 시장이 경쟁적일 때 자원이 더 효율적으로 배분될 수 있다는 의미를 완전경쟁시장의 이론이 제공하고 있는 것이다.

6.2 독점

한국 사람들은 대부분 문서를 작성할 때 흔글 소프트웨어를 사용한다. ㈜한글과 컴퓨터는 이 소프트웨어를 처음 개발했을 때 한국정부에 저작권(copy right)을 신청하였다. 이 회사는 저작권을 가짐으로써 흔글 소프트웨어의 제작과 판매에 대해서 독점적 권한을 사용할 수 있게 되었다. 이제 흔글 소프트웨어를 구입하여 문서를 작성하려면 이 회사가 정한 가격을 지불해야 한다.

이것은 앞에서 배운 완전경쟁시장에서 가격결정으로 잘 설명되지 않는다. 완전경쟁시장에서는 동일한 제품을 판매하는 수많은 기업들이 있기 때문에 어느 개별기업도 가격결정에 영향을 미칠 수 없었다. 그러나 흔글 소프트웨어를 판매하는 기업은 오직 (주)한글과 컴퓨터밖에 없다. 이처럼 공급자가 하나만 존재하는 시장형태를 독점(monopoly)이라 한다.[2] 이때 기업은 더 이상 완전경쟁시장처럼 가격순응자로 행동하지 않는다. 이제 이런 독점기업은 이윤을 극대화하기 위해 어떻게 행동하는가를 살펴보자.

6.2.1 독점의 특징과 독점 요인

독점은 완전경쟁시장과 비교할 때 어떤 특징을 가지는가? 일반적으로 다음과 같이 정리할 수 있다. 첫째, 공급자가 하나 존재한다. 독점에서는 경쟁이 존재할 수 없다. 또한 독점에서는 기업 자체가 하나의 산업이 된다. 예컨대 한전이 한국에서 유일하게 전기를 생산하는 기업이므로 이것이 한국의 전기산업을 구성한다. 둘째, 대체재가 존재하지 않는다. 만약에 대체재가 존재한다면 경제변화에 따라 수요가 이전할 수 있기 때문에 독점이 유지되기 어렵다. 셋째, 완벽한 진입장벽이 존재한다. 기업이 어느 시장에서 양의 이윤을 얻고 있으면 끊임없이 잠재적 진입기업과 경쟁하게 된다. 이런 기업이 진입하지 못하도록 완벽한 진입장벽을 구축해야 한다. 넷째, 가격설정자(price setter)로 행동한다. 경쟁기업이 없기 때문에 자신의 상품가격의 결정에 영향을 미친다.

이처럼 독점이 성립되려면 인위적이든 자연적이든 다른 기업이 그 시장에 들어올 수 없어야 한다. 그러기 위해서는 진입장벽이 완전하게 구축되어야 한다. 이런 의미에서

---

2 이런 경우 정확히 표현하면 공급자 독점이다. 시장에서 판매자는 많으나 구매자가 하나인 경우도 있기 때문이다. 이 경우를 특히 수요자 독점(monopsony)이라 한다. 정부조달의 경우 구매자는 정부이지만 여기에 납품하려는 기업은 수없이 많다. 이에 따라 조달청 공무원은 수요자 독점적 지위에 있게 된다.

미국의 독점금지법 역사

미국의 독점금지법은 100여 년의 오랜 역사를 가지고 있다. 현재는 3개의 법령과 판례, 즉 1890년에 제정된 셔먼법(Sherman Antitrust Act), 1914년의 클레이턴법(Clayton Antitrust Act), 연방거래위원회법(Federal Trade Commission Act)으로 구성되어 있다.

미국의 독점금지법은 석유왕인 록펠러의 석유와 철도를 결합한 기업연합(Trust) 형태의 독과점을 금지하면서 시작되었다. 1870년 록펠러가 설립한 석유회사인 스탠더드오일사(Standard Oil Co.)는 철도업체와 결합하여 석유수송망을 확보한 후 운송요금 차별화를 통해 석유시장을 독점하였다. 19세기 말 스탠더드오일사는 미국에서 시장점유율이 90%에 이르렀다. 이러한 시장독점으로 석유가격이 급상승하자 소비자와 중소기업들은 큰 타격을 받게 되었다. 1890년 오하이오 주 상원의원인 존 셔먼이 제안하여 독점금지를 규정한 셔먼법을 제정하였고, 1903년 법무부 내의 독점금지국이 설립되고 업무를 총괄하였다. 당시 "정치체제로서 군주를 원하지 않듯 경제체제로서 독점을 원치 않는다."는 셔먼의 주장에 많은 사람들이 공감하였다. 이 법이 최초로 독점을 규제하였기 때문에 '경쟁의 마그나카르타'로 불린다.

셔먼법은 독점금지를 규정한 다음과 같은 두 가지 핵심조항을 가지고 있다. 첫째, 국내외 거래를 제한하는 기업들의 어떤 형태도 불법이다. 둘째, 미국에서 거래 또는 통상에 대한 어떤 독점도 허용할 수 없다. 이에 따라 독점 기도 및 공모, 가격담합, 생산량 제한 등 불공정행위를 포괄적으로 금지하였다. 위반할 경우 법원이 기업에 해산명령 또는 불법활동금지명령 등을 내릴 수 있다. 또한 회사나 당사자를 벌금과 구금에 처할 수 있을 뿐만 아니라 피해 당사자들이 피해액의 3배를 청구할 수 있는 권리를 부여하고 있다.

결국 이 법에 의해 미국 대법원은 1911년 스탠더드오일사를 30개로 분할할 것을 명령했다. 이후 담배 독점기업인 아메리카토바고사도 1911년 16개 회사로 분리되었고, 1977년 미국 통신회사인 AT&T사도 22개 지역전화회사로 분리되었다.

이후 1914년 셔먼법의 애매모호한 규정이 보완되어 클레이턴법이 제정되었다. 이 법은 1936년 가격 등 각종 수단에 의한 소비자차별행위, 경쟁제한의 우려가 있는 기업합병 또는 회사 상호간의 주식취득을 금하는 로빈스-패트먼법(Robbinson-Patman Act)으로 수정되었다.

미국 독점금지법의 시행기관으로는 법무부 산하의 반독점국과 행정위원회인 연방거래위원회(Federal Trade Commission)가 있다. 이 두 기관은 상호보완적인 활동을 통해 셔먼법과 클레이턴법을 가지고 독점행위를 규제하고 클레이턴법과 연방거래위원회법을 가지고 법정에 기소하고 있다.

독점의 근본원인은 진입장벽이라 할 수 있다. 이러한 진입장벽을 발생하게 하는 요인은 무엇인가를 살펴보자.

생산요소의 독점

해운서비스는 선박을 이용하여 제공된다. 만약에 어떤 한 해운회사가 우리나라 선박을 전부 다 사버렸다면 다른 회사는 해운서비스를 제공할 수 없게 된다. 당연히 이 회사는 우리나라에서 해운서비스의 가격인 운송료를 결정하는 데 지배적인 영향력을 행사할 것이다.

이러한 생산요소의 대표적인 예로 다이아몬드 시장을 들 수 있다. 남아프리카공화국의 드비어스(DeBeers)사는 아프리카 다이아몬드 광산을 대부분 흡수·합병하여 전 세계 다이아몬드 생산의 80%를 차지하고 있다. 이것을 바탕으로 세계 다이아몬드 시장을 지배하고 있다.

그러나 최근에는 개방경제하에서 한 회사가 전 세계의 자원을 독점할 만큼 시장이 좁지 않다. 또한 많은 자원들이 국제시장에서 거래되기 때문에 생산요소독점에 따른 독점사례는 많지 않다.

정부에 의한 독점

독점은 많은 경우 정부가 한 사람이나 기업에게 배타적인 권리를 부여함으로써 발생한다. 첫째, 정치적 영향력에 의한 독점이다. 예컨대 중상주의 시대에 국왕이 자신의 친척이나 신하에게 특정사업 인허가권을 부여하는 경우이다. 또한 담배, 인삼 등의 상품처럼 공익 증진의 목적으로 정부의 판단하에 독점권이 부여되기도 한다.

둘째, 법률적 독점이다. 정부가 특허권이나 저작권 등을 통해 법률로 보호해주는 제도이다. 신약, 신상품과 신기술을 발명하면 정부는 해당기업에게 특허권을 부여한다. 그러면 해당기업은 특허기간 동안(한국은 20년) 독점적으로 새로운 발명품을 생산·판매할 권리가 있다. 저작권도 마찬가지이다. 저자의 동의 없이 타인은 그 작품을 인쇄·복제·판매할 수 없도록 정부가 보장해준다. 이 제도에 따라 독점권을 허용함으로써 해당기업이나 저자에게 높은 이윤을 가져다준다. 이것은 기업들에게는 연구개발 유인을, 저자에게는 더 좋은 작품을 쓰게 하는 유인을 제공한다.

자연독점

시장수요를 한 생산자가 충족하는 경우 오히려 생산비용이 더 낮아지는 시장조건을 자연독점(natural monopoly)이라 한다. 규모의 경제가 존재하는 경우 자연독점이 발생한다. 규모의 경제는 장기 평균총비용이 지속적으로 하락하는 현상을 말한다. 이것은 여러 기업이 나누어 생산하면 그만큼 평균총비용이 상승한다는 의미이다. 이런 경우는 대부분 상수도, 항만과 발전소처럼 초기에 막대한 고정비용이 들어가는 산업이다. 생산자원에 대한 독점력이나 정부가 보장하는 독점권이 없이 기업이 독점지위를 유지하기가 사실 쉽지 않다. 독점이윤이 오히려 경쟁자를 시장으로 유인하기 때문이다. 그러나 자연독점기업이 지배하는 시장에는 경쟁기업들이 진입할 유인이 그다지 높지 않다. 새로운 기업이 기존기업보다 더 많은 양을 생산하지 않는 한 평균총비용이 더 높을 것이기 때문이다.

인위적인 진입장벽

어느 기업이 정치적 권력이나 경제력을 이용하여 진입장벽을 구축하는 경우이다. 자본이 많은 기업이 대규모 광고를 통해 신규 경쟁자의 진입을 막거나 일시적인 출혈을 감수하면서까지 가격을 낮추어 경쟁기업을 시장에서 몰아내는 약탈적 가격전략(predatory pricing)을 사용하는 경우도 이에 해당된다.

6.2.2 독점균형

지금까지 독점이 어떻게 발생하고 어떤 특징을 가지고 있는지 살펴보았다. 이제 이런 독점상황에서 기업은 이윤을 극대화하기 위해 어떻게 상품가격과 균형량을 결정하는지를 살펴보자.

독점기업이 직면하는 수요곡선

완전경쟁시장에서 기업은 시장규모에 비해 작고, 수많은 기업들이 서로 경쟁하기 때문에 자신이 생산하는 상품의 가격에 아무런 영향을 미치지 못한다. 이것은 시장가격을 조금도 변화시킬 수 없을 만큼 가격변화에 대해 소비자들이 완전탄력적으로 반응한다는 의미이다. 완전경쟁시장에서 개별기업이 직면하는 수요곡선은 수평선이 된다. 이에 따라 개별기업들은 시장가격을 받아들여 이윤을 극대화하는 생산량을 결정할 뿐이다.

  이제 독점기업이 직면하는 수요곡선은 어떤 모양인지 살펴보자. 독점기업은 유일한 공급자이기 때문에 소비자들은 이 기업의 상품을 구입할 수밖에 없다. 소비자들이 상품가격에 따라 얼마만큼 이 상품을 구매할 것인가는 시장수요곡선에 나타나 있다. 독점기업은 이러한 소비자들의 수요상황을 고려해서 이윤극대화를 추구해야 한다. 바로 이 시장수요곡선이 독점기업이 직면한 수요곡선이 된다.

시장수요곡선은 우하향한다. 즉 독점기업이 가격을 올리면 소비자들의 시장수요가 감소하고 가격을 내리면 시장수요가 증가한다. 독점기업은 높은 가격에 많은 양을 팔아 이윤을 무한정 올리고 싶지만 가격과 시장수요량 간에 상충관계가 존재하기 때문에 그렇게 될 수 없다. 그러므로 독점기업의 이윤도 일정수준에 머문다.

독점기업의 한계수입

어떤 신발 독점기업을 생각해보자. 〈표 6.1〉의 1열과 2열은 이 기업이 직면한 시장수요곡선을 나타내고 있다. 즉 소비자들의 가격에 따른 수요량이다. 3열은 독점기업의 총수입이다. 총수입은 가격과 수요량의 곱으로 나타낸다. 4열은 평균수입이다. 총수입을 수요량으로 나눈 값으로 가격과 정확히 일치한다. 이것을 다음과 같이 수식 $AR = \dfrac{TR}{Q} = \dfrac{P \times Q}{Q} = P$로 확인할 수 있다. 또한 1열 가격과 4열 평균수입이 일치하고 있음을 알 수 있다. 5열은 한계수입이다. 이것은 상품 1단위 수요량이 늘어날 때 추가로 늘어나는 총수입의 변화이다.

〈표 6.1〉에서 가격(평균수입)과 한계수입을 비교하면 항시 독점기업의 한계수입은 가격보다 낮다. 이것은 독점기업이 직면한 수요곡선, 즉 시장수요곡선이 우하향하기 때문이다. 예컨대 독점기업의 신발가격을 7원으로 하면 4개의 신발을 판매할 수 있다. 총수입은 28원이다. 가격을 6원으로 낮추면 5개의 신발을 판매할 수 있어 총수입은 30원이다. 이때 한계수입은 2원이다. 가격이 한계수입보다 높다는 것을 확인할 수 있다.

독점기업이 가격을 변화시키면 총수입이 변화하는데, 두 가지 효과가 발생한다. 첫

표 6.1 독점기업의 시장수요

가격 (P)	신발판매량 (Q)	총수입 ($TR = P \times Q$)	평균수입 ($AR = TR/Q$)	한계수입 ($MR = \Delta TR/\Delta Q$)
11	–	0	–	–
10	1	10	10	10
9	2	18	9	8
8	3	24	8	6
7	4	28	7	4
6	5	30	6	2
5	6	30	5	0
4	7	28	4	-2
3	8	24	3	-4

그림 6.4 독점, 시장수요곡선과 한계수입곡선

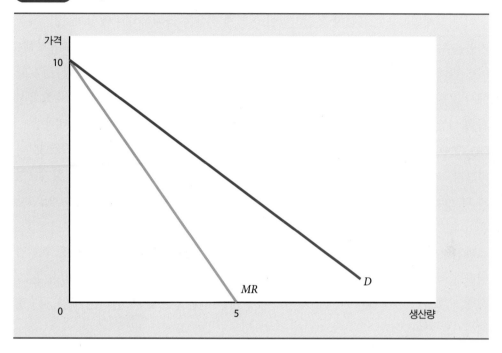

째, 가격효과(price effect)이다. 가격이 하락하면 총수입은 감소한다. 둘째, 산출량효과
(output effect)이다. 산출량이 증가하면 총수입도 증가한다.

완전경쟁시장에서 기업들은 시장가격에서 원하는 만큼 판매할 수 있으므로 가격효
과는 발생하지 않는다. 이때 한계수입은 산출량효과에 의한 총수입변화만으로 이루어
진다. 판매량이 1단위 변화할 때마다 가격만큼씩 변화하므로 가격은 한계수입과 일치
한다. 반면에 독점기업이 총수입을 늘리기 위해 판매량을 1단위 늘리면 시장수요곡선
이 우하향하기 때문에 가격을 인하해야 한다. 이때 한계수입은 산출량증가에 의한 총
수입 증가분이 가격하락에 의한 총수입 감소분으로 어느 정도 상쇄되기 때문에 한계수
입은 가격보다 더 적게 된다.

독점기업의 이윤극대화조건

앞 절에서 독점기업의 한계수입은 상품가격보다 적다는 것을 배웠다. 즉 $P > MR$이다.
또한 한계수입은 독점기업이 1단위 판매를 늘렸을 때 늘어나는 총수입으로 한계편익에
해당한다. 이제 독점기업의 비용 측면을 살펴보자. 제3장에서 배웠듯이 독점기업의 한

계비용과 평균비용이 〈그림 6.5〉와 같다고 하자.

이제 경제원리를 이용하여 독점기업이 어떻게 이윤을 극대화하는지 살펴보자. 독점기업은 $MR > MC$이면 이윤을 극대화하기 위해 판매량을 늘릴 것이다. 반면 $MR < MC$이면 판매량을 줄일 것이다. 결국 $MR = MC$인 점에서 이윤을 극대화한다. 〈그림 6.5〉에서 보면 독점기업은 $MR = MC$인 A점에서 Q_0만큼 판매한다. 시장가격은 수요곡선과 만나는 B점, 즉 P_0 수준에서 결정한다. 이때 총수입은 □OQ_0BP_0이고 총비용은 □OQ_0CD이다. 그러므로 독점기업의 이윤은 총수입과 총비용의 차인 보라색 면으로 나타난다. 이런 독점이윤이 장기에도 사라지지 않는다는 점에서 완전경쟁시장 장기균형과 다르다. 독점기업은 진입장벽을 통해서 장기에도 이런 독점이윤을 지킬 수 있기 때문이다.

완전경쟁시장의 경쟁기업들도 한계수입과 한계비용이 일치하는 곳에서 생산량을 결정한다. 이 점에서 독점기업과 완전경쟁시장의 경쟁기업들의 의사결정은 동일하다. 그 이유는 지금까지 배워온 기본 경제원리이기 때문이다. 앞으로 이 원리는 어떤 시장형태에서도 성립된다.

그림 6.5 독점시장과 이윤극대화

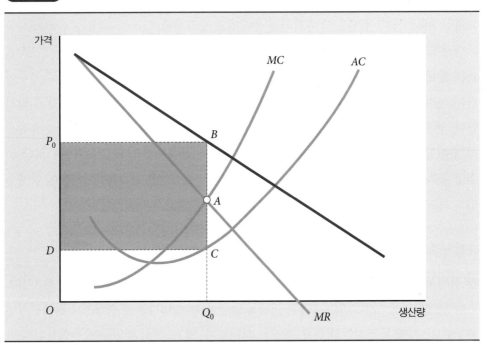

완전경쟁시장과 독점의 이윤극대화조건에서 중요한 차이가 존재한다. 완전경쟁시장에서는 가격이 한계수입과 일치하는 반면, 독점에서는 가격이 한계수입보다 크다.

이것을 수식으로 정리하면 다음과 같다.

$$\text{완전경쟁시장 이윤극대화조건} : P = MR = MC$$
$$\text{독점기업 이윤극대화조건} : P > MR = MC$$

독점기업은 먼저 한계수입과 한계비용이 일치하는 점에서 생산량을 결정한다. 그리고 시장수요곡선에서 이 생산량을 판매할 수 있는 최고가격을 찾아낸다. 이렇게 함으로써 독점이윤을 최대화한다. 즉 독점기업은 이윤극대화를 위해 생산량뿐만 아니라 가격도 결정한다. 이런 의미에서 독점기업은 가격설정자로 행동한다. 다시 말해서, 생산량과 가격을 조정함으로써 시장지배력을 갖는다.

여기서 주목할 것은 첫째, 가격이 한계수입보다 높다는 것이다. 이윤극대화조건이 $P > MR = MC$이면 완전경쟁시장이 아닌 시장형태에서 기업의 이윤극대화조건이라는 사실을 알 수 있다. 둘째, 가격이 시장수요곡선상에서만 결정된다. 완전경쟁시장에서는 수요공급원리에 의해 시장수요곡선과 시장공급곡선이 교차하는 점에서 균형가격이 결정된다. 반면 독점기업은 사전에 각 가격에 이윤극대화를 위해 얼마만큼 생산할 것인가를 나타내는 계획선을 가지지 않는다. 이런 의미에서 독점기업의 한계비용곡선은 존재해도 공급곡선은 존재하지 않는다. 즉 독점기업은 가격이 주어지더라도 한계비용곡선에 따라 생산량을 결정하지 못한다. 시장수요곡선이 주어지면 한계수입곡선이 유도되고 한계비용곡선과 교차하는 점에서 생산량을, 수요곡선상에서 가격을 결정한다.

독점은 상품을 사고파는 의미에서 시장이라 할 수 있겠지만, 공급곡선이 없이 가격과 생산량이 결정된다는 점, 즉 수요 · 공급원리가 작동되지 않는다는 점에서 시장이라 할 수 없다.

6.2.3 가격차별

이준구 교수의 **열린경제학**을 보면 어느 시골의사의 이야기가 나온다. 내용은 이러하다.[3] 시골의 어떤 한 마을에 오랫동안 병원을 운영해온 한 의사가 있었다. 그는 환자의

---

3 이준구, 열린경제학, 도서출판 삼성, 1996년, p. 91

경제적 능력에 따라 치료비를 달리 받는 독특한 점을 가지고 있다. 즉 같은 종류의 치료를 해주고서도 부자에게는 진료비를 많이 받는 한편, 가난한 사람에게는 진료비를 적게 받았다. 이렇게 환자의 경제적 능력에 따라 치료비를 달리 받기 때문에 마을 사람들은 그를 더욱 좋아했다. 가난한 사람의 형편을 생각해주어 적은 치료비만을 받는 것은 인술을 펴는 그의 자세를 더욱 돋보이게 한다는 게 마을 사람의 중론이었다.

이 시골의사처럼 동일한 상품을 다른 가격으로 판매하는 행위를 **가격차별**(price discrimination)이라 한다. 이 시골의사가 의도적으로 수입을 늘리기 위해서 치료비를 차등한 것은 아닐지라도 독점기업이 이윤극대화를 위해서 하는 가격차별과 아주 유사하다.

독점기업은 특성이 다른 시장들을 분리할 수만 있다면 가격차별을 함으로써 이윤을 더 증가할 수 있다. 〈그림 6.6a〉는 독점기업이 가격차별 없이 이윤을 극대화할 때의 상황이다. 독점기업은 $MR = MC$인 점에서 생산량 Q_m을, 수요곡선상에서 가격 P_m을 결정한다. 이때 이윤은 총수입인 $OQ_m \times OP_m$에서 총비용인 $OQ_m \times OP_c$를 뺀, 보라색 부분이고 회색 부분은 자중손실로 사라진다. 완전경쟁시장 균형은 시장수요곡선과 시장공급곡선(MC선)이 교차하는 B점이다. 이때 소비자잉여는 $\triangle P_c BC$인데, 시장이 독점화됨으로써 $\triangle P_m AC$ 부분으로 축소된다.

이제 이 독점기업이 시골의사처럼 부자동네, 중산층동네, 빈자동네로 나누어 가격차별을 한다고 하자. 부자에게는 독점가격 수준에, 빈자에게는 MC 수준에, 중산층에게는 이 가격의 중간수준에 맞추어 설정하였다고 하자. 이 경우 독점기업의 이윤을 〈그림 6.6b〉가 보여주고 있다. 독점기업은 생산량을 Q_c로 확대하고 Q_m만큼은 부자들에게 P_m 가격으로 높게 책정한다. 나머지 생산량 일부는 중산층에게 P_1 가격으로, 일부는 가난한 사람에게 P_c 가격으로 책정한다. 이때 자중손실은 사라진다. 자중손실 중 일부는 기업의 이윤으로, 일부는 소비자잉여로 귀속된다는 것을 알 수 있다. 다시 말해서, 독점기업이 독점가격으로 일률적으로 판매하는 것보다는 각 시장의 특성에 맞게 가격차별하는 것이 이윤을 더 높인다.

독점기업이 가격차별을 하면 생산량을 늘린다. 이것은 자중손실의 감소를 가져와 사회후생을 증진한다. 자원배분의 효율성을 높인다는 것이다. 이 중 일부는 기업의 이윤으로 일부는 소비자잉여로 분배된다. 기업의 독점행위보다는 가격차별행위가 사회적으로 더 바람직하다는 것을 알 수 있다. 그러나 완전경쟁시장과 비교하면 소비자잉여의 일부가 기업의 이윤으로 이전됨으로써 독점기업에게 더 유리하게 자원배분된다.

그림 6.6 가격차별과 후생효과

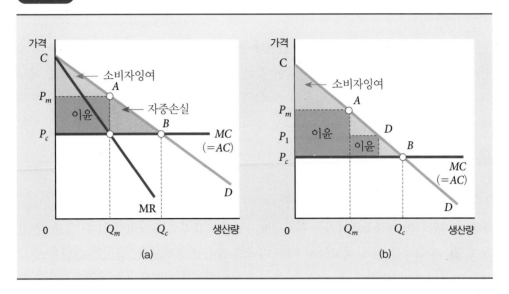

(a)

(b)

　현실에서 독점기업의 상품의 가격탄력성이 시장에 따라 달라 가격차별이 발생하는 경우가 많다. 상품이 가격탄력적이면 가격이 1% 상승할 때 수요량은 1% 이상 감소한다. 이때 총수입은 가격이 상승하면 줄어들고 가격이 하락하면 늘어난다. 반면 상품이 비탄력적이면 가격이 높을수록 총수입은 증가한다. 이것은 독점기업이 가격탄력적인 곳에서는 가격을 낮추고 가격비탄력적인 곳에서는 가격을 높이는 이윤극대화 전략이다.

　시장지배력을 갖는 기업들은 앞에서 설명했듯이 가격차별을 하면 더 많은 이윤을 얻을 수 있다는 것을 알고 있다. 그래서 이러한 가격차별 행위는 우리 일상생활에서 흔히 찾아볼 수 있다. 성적장학금의 예를 살펴보자. 대학당국은 성적을 통해서 공부를 열심히 하는 학생과 그렇지 않은 학생을 분리한다. 공부를 열심히 하는 학생에게 장학금을 줌으로써 등록금을 낮게 책정하는 효과를 가져온다. 대표적인 가격차별이라 할 수 있다.

　특히 이동통신서비스업의 경우 그 복잡한 가격구조는 혀를 내두를 정도이다. 2009년 방송통신위원회의 자료에 의하면 3개 통신사가 채택하고 있는 요금제도가 189가지이다. 유비무환프리요금제, 신표준요금제, 링미니요금제 등 어떤 성격의 요금제도인지 알 수가 없다. 이런 요금제를 각각 통신사들은 수십 가지씩 운용하고 있다. 이것은 각 통신사가 가지고 있는 시장지배력을 이용하여 소비자를 분할하여 가격차별을 통해서 이윤을 극대화하고 있는 것이다. 이윤이 늘지 않으면 이런 복잡한 요금제를 왜 기업이 운영하겠는가?

이외에도 극장의 조조할인이나, 공원이나 동물원과 식물원 등에서 어린이와 노인 할인, 신문이나 잡지광고를 통해서 다양한 할인권을 제공하는 행위, 열차나 비행기 회사의 다양한 가격정책들 모두 기업들의 가격차별행위라 볼 수 있다. 독자들은 이런 가격차별을 하기 위해 기업들이 어떤 수단으로 시장을 분리하여 다른 가격을 책정하고 있는지를 생각해보기 바란다.

6.2.4 독점과 사회후생

독점이 바람직한 시장구조인가는 완전경쟁시장과 비교하면 뚜렷하게 알 수 있다. 완전경쟁시장과 독점을 쉽게 비교하기 위해 다음과 같이 가정해보자. 동일한 신발을 생산하는 공장이 여러 개 있다. 이 여러 개 공장을 독립적으로 경영하면 완전경쟁시장이 된다. 반면 어떤 한 기업이 이것을 전부 소유하게 되면 독점이 된다. 〈그림 6.7〉에서 완전경쟁시장인 경우 개별기업의 한계비용곡선을 수평적으로 합한 것이 시장공급곡선이 된다. 반면 독점인 경우 독점기업의 한계비용곡선이 된다.

먼저 완전경쟁시장의 균형은 A점에서 이루어지고 이때 균형가격은 P_c, 균형거래량은 Q_c이다. 시장에 참여한 소비자 모두 만족을 극대화하고, 참여기업들은 모두 이윤을 극대화한다. 또한 사회 전체적으로 한계편익과 한계비용이 일치($MB = MC$)함으로써 소비자잉여와 생산자잉여의 합인 사회후생이 최대화된다. 즉 자원이 효율적으로 배분된 상태이다.

독점균형은 $MR = MC$인 B점에서 이루어지고 이때 생산량 Q_m이고 가격은 그 생산량에서 최대가격인 수요곡선 위의 D점에서 결정된 P_m이다. 독점기업 입장에서는 $MR = MC$인 점에서 이윤극대화를 실현했으므로 합리적으로 행동한 것이다. 그러나 사회 전체의 입장에서 보면 독점균형에서 D점이 B점보다 더 높기 때문에 한계편익이 한계비용보다 더 큰 상태이다($MB > MC$). 아직 사회후생이 극대화되지 못했기 때문에 자원은 비효율적으로 배분된 상태이다.

이제 이것을 〈그림 6.7〉에서 확인해보자. 시장이 독점되면 완전경쟁시장과 비교해보면 생산량이 줄고 가격은 상승한다. □P_cCDP_m 부분은 소비자잉여였던 부분이 생산자잉여로 이전된다. 한편 ΔCAD 부분은 시장이 독점화되면서 가격이 상승하자 시장에 참

그림 6.7 완전경쟁시장과 독점

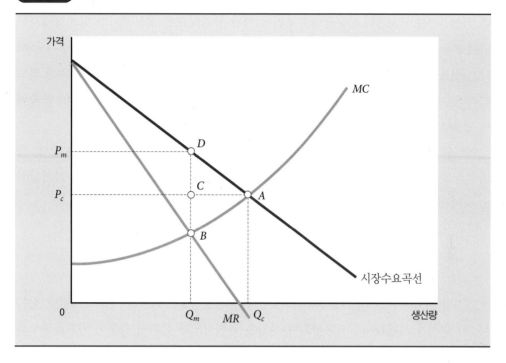

여할 수 있었던 소비자가 이탈되면서 사라진 소비자잉여분이다. ΔBAC는 독점이 되면
서 생산량이 감소하자 사라진 생산자잉여분이다. 이렇게 사라진 사회후생을 **자중손실**
(dead weight loss)이라 한다. 이 자중손실은 시장이 독점화되면서 잃게 되는 경제적 순
손실을 의미한다.

　시장이 독점화되면 다음 두 가지로 정리할 수 있다. 첫째, 소비자잉여가 생산자잉여
로 이전됨으로써 독점기업에게 유리하게 자원배분된다. 독점기업이 소비자의 후생을
빼앗아 자신의 후생을 증가시키는 소득분배의 전형을 보여주고 있다. 둘째, 자중손실
의 발생으로 사회 전체적인 사회후생 감소를 가져온다. 즉 독점은 비효율적인 자원배
분을 유발한다.

　여기서 우리는 다시 완전경쟁시장의 균형조건과 독점의 균형조건을 상기할 필요가
있다. 완전경쟁시장의 균형조건은 $P = MR = MC$이고 독점의 균형조건은 $P > MR =$
MC이다. 여기서 $MR = MC$는 모든 기업의 이윤극대화조건이다. 반면 $P = MC$는 효율
성의 지표이다. $P = MC$일 때 효율적 자원배분으로 사회후생은 극대화되고 $P > MC$인

경우는 자원배분의 비효율성으로 경제적 순손실을 가져와 사회후생을 저하시킨다. 모든 기업은 $MR = MC$의 이윤극대화조건에 따라 합리적으로 행동하지만 완전경쟁시장만이 $P = MC$ 조건을 만족함으로써 사회후생을 극대화시킨 반면, 독점은 그렇지 못하다는 것을 보여준다. $P = MR = MC$라는 짧은 식 안에 개인의 합리적 행동에 의해 의도하지 않지만 완전경쟁시장에 의해 공익을 실현한다는 애덤 스미스의 통찰력이 응축되어 있음을 알 수 있다.

이러한 의미를 바탕으로 어떤 사회의 자원배분의 효율성 정도를 측정할 수 있다. 즉 가격과 한계비용 사이의 괴리가 크면 클수록 비효율성 정도가 크다. 이것을 가격단위로 나타내면 다음과 같은 식으로 나타낼 수 있다.

$$L_1 = \frac{P - MC}{P}$$

이것을 **러너지수**(Lerner's index)라 한다. 완전경쟁시장은 $P = MC$이므로 0값을 갖는다. 이 수치가 크면 클수록 그 사회나 산업은 독점정도가 심하여 자원이 비효율적으로 배분되고 있다고 볼 수 있다.

이런 이유로 각국은 독점을 경쟁시장으로 전환하려고 노력하고 있다. 앞 절에서 설명하였듯이 대부분 국가들은 독점금지법을 제정하여 감시감독을 하고 있다.

6.3　과점

우리나라에서 스마트폰을 하나 구입하면 반드시 SK텔레콤, KT, LG텔레콤 3개 이동통신사 중 하나와 접속해야 한다. 이동통신서비스에 대해서는 이 3개 통신사가 가격과 생산량을 모두 결정한다.

이동통신서비스 시장은 과점(oligopoly)의 좋은 예이다. 과점의 가장 중요한 특징은 공급자가 소수라는 점이다. 따라서 한 기업의 행동은 다른 기업의 이윤에 실질적으로 영향을 미친다. 이처럼 과점기업들은 의사결정과정이 상호의존관계를 갖는다. 이 절에서는 과점기업들의 상호의존관계가 기업행태에 어떤 영향을 미치는 살펴본다.

6.3.1 과점의 특징

과점은 소수의 기업이 생산 및 공급하는 시장형태이다. 현실에서 흔히 볼 수 있다. 자동차, 가전제품, 석유제품, 약품, 금융서비스 등 우리 일상에 필요한 상품들이 대부분 이런 과점 시장형태에서 거래되고 있다.

과점에는 상당한 정도의 진입장벽이 존재한다. 독점시장만큼 강력하지는 않지만 실질적인 효과를 발휘할 수 있을 정도이다. 또한 제품차별화가 이루어질 가능성이 높은 시장형태이다. 소수의 기업들이 치열하게 경쟁하는 시장이기 때문에 차별화를 통해 시장점유율을 확대하려는 노력을 끊임없이 하기 때문이다.

과점기업들은 항시 '전략적 상황(strategic situation)'에서 의사결정을 해야 한다. 전략적 상황은 상대방의 대응전략에 따라 결과가 달라지기 때문에 상대방의 대응을 고려하여 의사결정을 내려야 하는 상황을 말한다. 대표적인 예로 바둑이나 장기를 들 수 있다. 상대방이 어떤 수를 두느냐에 따라 나의 승패가 결정되기 때문에 내가 승리하기 위해서는 상대방의 수를 고려하지 않으면 안 된다. 이것은 전략적 사고를 요구하는 게임 상황과 유사하다. 그래서 게임이론을 이용해서 과점을 분석해보려는 시도가 최근 활발해지고 있다.

그런데 바둑이나 장기를 둘 때처럼 상대방의 수를 알아내는 것이 쉽지 않다. 마찬가지로 전략적 상황에서 상대방 기업의 대응전략을 알기 힘들다. 알았다 하더라도 그것을 고려해서 의사결정을 내리면 상대방도 나의 의사결정을 고려해서 대응전략을 바꾸고, 그것을 고려해서 나의 대응전략을 바꾸고……, 이런 끊임없는 의사결정과정을 명쾌하게 이론화하기는 어렵다. 이런 이유로 과점의 특성을 잘 설명해주는 이론보다는 잡다한 모형들이 많이 존재한다.

과점기업들은 전략적 상황에서 치열하게 경쟁한다. 그러다 보니 자신의 이익을 위한 결정이 상대방의 파멸을 불러올 수 있다. 예컨대 자신의 시장점유율확대를 위해 가격을 낮춘다면 상대방은 자신의 점유율을 유지하기 위해 가격을 더 낮춘다. 이렇듯 과점에는 가격전쟁처럼 모두가 공멸할 수 있는 가능성이 존재한다. 이런 상황에서 과점기업들은 무모한 경쟁을 피하고 담합(collusion)을 통해 공동이익을 추구하려는 유인을 갖게 된다.

담합행위는 불공정거래 행위로 우리나라는 불법행위로 규정하고 있다. 그럼에도 불구하고 공정거래위원회가 담합행위로 해당회사들에게 수백억 원의 과징금을 부과하는 것을 신문지상에서 종종 본다. 이것은 그만큼 과점에서 담합유인이 강하다는 것을 보여주고 있다.

6.3.2 꾸르노 모형

먼저 꾸르노 모형(Cournot model)이 설정하고 있는 가정을 살펴보자. 첫째, 두 개의 기업이 시장에서 경쟁하고 있다. 이런 시장형태를 과점 중에서 특히 복점(duopoly)이라 한다. 둘째, 두 기업은 서로 담합하지 않고 독자적으로 의사결정을 한다. 셋째, 경쟁기업이 현재의 생산량을 그대로 유지할 것이라는 추측하에서 의사결정을 한다. 즉 상대방의 현재 생산량을 주어진 것으로 보고 자신의 이윤극대화 생산량을 결정한다. 이러한 형태의 경쟁을 **꾸르노 경쟁**(Cournot competition)이라 한다.[4] 이 가정이 꾸르노 모형의 중요한 특징이다.

어떤 마을 뒷산에 옹달샘이 있다고 하자. 이 샘물은 미네랄 성분이 많아 건강에 좋다는 소문을 타고 시장에도 팔리게 되었다. 이 샘물은 1리터 단위로 판매되는데, 그때 시장수요곡선은 $P = 60 - 2Q$이다. 1리터 샘물 한 통을 얻는 데 특별히 들어가는 비용은 거의 없으므로 한계비용은 0이다. 총수입이 이윤과 동일하게 된다.

만약에 완전경쟁시장이라면 이윤극대화조건은 $P = MC = 0$이 성립된다. 이에 따라 $P = 60 - 2Q = 0$이 되므로 30리터가 거래된다. 즉 아무나 찾아와서 공짜로 필요한 만큼 물을 길러가면 되는데 그것이 30리터이다.

어느 날 뒷산 주인인 허생이 철조망을 치고 자신만이 이 샘물을 판매하였다. 즉 이 주인이 샘물을 독점하게 된 것이다. 이때 이윤극대화조건은 $P > MR = MC = 0$이 된다. 한계수입(MR)은 1단위 샘물이 증가할 때 추가적인 총수입의 변화를 의미한다. 즉 $MR = \dfrac{\Delta TR}{\Delta Q}$이다.

이제 MR을 구해 보자. 처음 생산량이 Q_0라 하면 이때 가격은 $P_0 = 60 - 2Q_0$가 된다. 이에 따라 총수입은 가격과 판매량의 곱이므로 $TR_0 = P_0 Q_0$이 된다. 이때 생산량이 $Q_1(= Q_0 + \Delta Q)$으로 변했다면 가격은 P_1이 되고 총수입은 $TR_1 = P_1 Q_1$이 된다. 이때 총

---

4 꾸르노 경쟁은 생산량에 초점을 맞추고 있는데 이런 개념을 가격에 적용할 수 있다. 즉 상대방이 현재의 가격수준을 그대로 유지할 것이라는 추측하에 자신의 이윤극대화 가격수준을 결정한다. 이런 경우 베르뜨랑 경쟁(Bertrand competition)이라 한다.

수입의 변화량은 $\Delta TR = TR_1 - TR_0$가 된다.[5] 이것을 정리하면 $MR = \dfrac{\Delta TR}{\Delta Q} = 60 - 4Q_0$가 된다. 이 독점기업의 이윤극대화 생산량은 $P > MR = MC = 0$이므로 15리터가 된다. 이것을 시장수요곡선에 대입하면 가격은 30원이 되고 총수입은 450원으로 최대화된다.

옆 산 주인인 김선달이 보아하니 옹담샘이 자기 산 경계 근방에 있었다. 그래서 측량을 해보니 경계선이 정확히 그 옹담샘의 중앙을 통과한 것이다. 그래서 김선달은 허생을 찾아가서 측량결과를 보여주며 옹담샘의 권리를 주장하였다. 허생은 그 사실을 인정하고 대신 꾸르노 경쟁을 하자고 제안하고 둘은 합의하였다. 이제 시장수요곡선은 $P = 60 - 2(Q_1 + Q_2)$로 될 것이다. Q_1은 허생이 퍼올린 샘물량이고, Q_2는 김선달이 퍼올린 샘물량이다.

이제 허생은 김선달이 일정생산량 $\overline{Q_2}$ 만큼 생산한다고 추측하고 자신의 이윤을 극대화할 것이다. 허생의 이윤극대화조건은 $MR_1 = MC = 0$이기 때문에 허생의 한계수입을 구해야 한다. 즉 $MR_1 = \dfrac{\Delta TR_1}{\Delta Q_1} = 60 - 4Q_1 - 2\overline{Q_2}$가 된다.[6] 허생은 자신의 이윤극대화조건이 $60 - 4Q_1 - 2\overline{Q_2} = 0$이므로 $Q_1 = -\dfrac{1}{2}Q_2 + 15$식에 따라 행동할 것이다. 즉 김선달이 5리터를 생산할 것으로 추측하면 자신은 12.5리터, 김선달 10리터면 자신은 10리터, 김선달이 15리터면 자신은 2.5리터를 생산한다. 이것은 김선달의 생산량에 대응하여 허생의 이윤극대화 생산량을 결정하는 선이다. 이것을 허생의 **반응곡선**이라 한다.

마찬가지로 김선달의 반응곡선을 구해보자. 김선달도 허생이 일정생산량 $\overline{Q_1}$ 만큼 생산한다고 추측하고 자신의 이윤을 극대화할 것이다. 마찬가지 방식으로 구하면 김선달의 한계수입은 $MR_2 = 60 - 4Q_2 - 2\overline{Q_1}$가 된다.[7] 김선달은 자신의 이윤극대화조건이 $60 - 4Q_2 - 2\overline{Q_1} = 0$이므로 김선달의 반응곡선은 $Q_2 = -\dfrac{1}{2}Q_1 + 15$가 된다.

$$\text{허생의 반응곡선} : \quad Q_1 = -\frac{1}{2}Q_2 + 15$$

---

5 $\Delta TR = TR_1 - TR_0 = P_1 Q_1 - P_0 Q_0 = (60 - 2Q_1)Q_1 - (60 - 2Q_0)Q_0 = (60 - 2(Q_0 + \Delta Q))(Q_0 + \Delta Q) - (60 - 2Q_0)Q_0$ $= (60 - 2(2Q_0 + \Delta Q))\Delta Q.$ $MR = \dfrac{\Delta TR}{\Delta Q} = 60 - 2(2Q_0 + \Delta Q).$ 그런데 ΔQ가 0에 가까울 정도로 미세한 변화이므로 $MR = \dfrac{\Delta TR}{\Delta Q} = 60 - 4Q_0$가 된다.

6 좀 복잡할 수도 있으나 $\overline{Q_2}$을 고정시켜 놓고 Q_1만 변화시켜서 독점기업의 한계수입을 구하는 방식대로 하면 된다.

7 좀 복잡할 수도 있으나 $\overline{Q_1}$을 고정시켜 놓고 Q_2만 변화시켜서 독점기업의 한계수입을 구하는 방식대로 하면 된다.

$$김선달의\ 반응곡선 : \quad Q_2 = -\frac{1}{2}Q_1 + 15$$

〈그림 6.8〉은 허생과 김선달의 반응곡선을 동일한 좌표에 그린 것이다. 김선달이 현재 5리터($Q_2 = 5$)를 생산한다고 하자. 허생은 김선달이 5리터를 생산한다고 전제하고 자신은 12.5리터를 생산하면서 이윤을 극대화한다. 김선달은 허생이 12.5리터를 생산하니까 자신은 이윤극대화를 위해서 8.75리터로 생산을 늘린다. 허생은 김선달이 8.75리터를 생산하니 다시 이윤극대화를 위해서 10.626리터를 생산한다. 이런 식으로 꾸르노 경쟁을 하면 결국 두 반응곡선의 교점인 각각 10리터 생산하면서 균형에 도달하게 된다. 반대로 허생이 5리터 생산에서 출발해도 마찬가지 결과에 도달하게 된다. 바로 이 점을 꾸르노 균형이라 한다. 총생산량은 20리터이므로 이것을 시장수요곡선에 대입하면 시장가격은 20원임을 알 수 있다.

이제 세 시장의 균형을 비교해보자. 완전경쟁시장은 가격과 생산량은 (0, 30), 꾸르노 복점은 (20, 20), 독점은 (30, 15)이다. 시장이 경쟁상태로 되면 될수록 가격은 낮아지고 생산량은 늘어나는 것을 알 수 있다. 또한 과점은 완전경쟁시장보다는 자원배분에 있

그림 6.8 꾸르노 균형

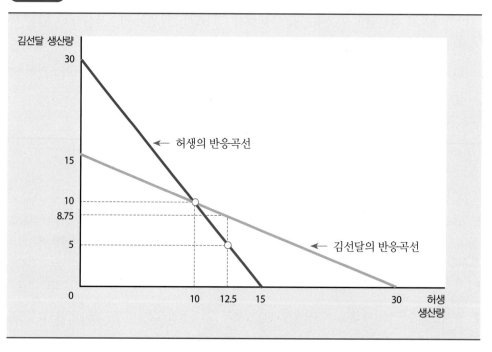

어 비효율적이지만 독점보다는 더 효율적이다.

꾸르노 경쟁 개념은 내쉬(John Nash)[8]에 의해 게임이론 틀 속에서 내쉬 균형으로 발전되었다. 내쉬 균형은 게임참여자들이 상대방의 전략을 주어진 것으로 전제하고 이에 대해 최선의 전략을 선택하여 형성된 균형상태를 의미한다.

6.3.3 카르텔 모형

카르텔(cartel)은 상품의 생산이나 판매를 일정한 형태로 제한하거나 독점할 목적으로 조직된 회사나 개인의 연합체를 말한다. 참여기업은 목적달성을 위한 공동정책을 시행하지만 각각 재정이나 경영에서 독립성을 유지한다. 이런 점에서 독립성을 상실하는 트러스트(trust)와 구분된다.

과점기업들이 담합해서 카르텔을 형성하면 실질적인 독점기업이 된다. 카르텔의 이윤극대화는 〈그림 6.9〉에서 보듯이 독점기업의 이윤극대화와 거의 비슷하다. 여기서

그림 6.9 카르텔의 이윤극대화

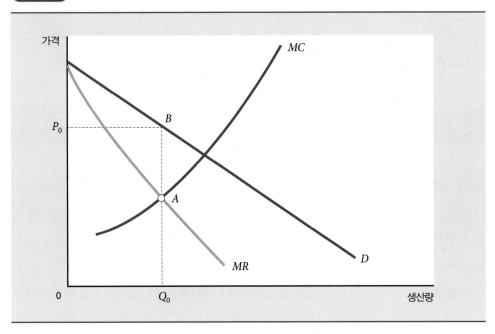

---

[8] 영화 〈뷰티풀 마인드(beautiful mind)〉의 주인공으로 소개된 수학자이며 경제학자로서 1994년 게임이론을 경제학에 적용한 공로로 노벨경제학상을 받았다.

MC 곡선은 카르텔 참여기업의 한계비용을 수평적으로 합한 전체 한계비용곡선을 나타낸다. 카르텔은 하나의 기업과 같으므로 직면하는 수요곡선은 시장수요곡선이 된다. 이윤극대화조건이 $P > MR = MC$이므로 한계수입곡선과 한계비용곡선이 교차하는 A점에서 생산량 Q_0를 결정한다. 이 생산량에 따른 가격은 수요곡선상 B점에서 P_0로 결정하면서 카르텔 전체의 이윤을 극대화한다.

카르텔의 이윤극대화를 위한 총생산량과 그에 따른 이윤은 위와 같이 결정된다. 그러나 문제는 참여기업들에게 어떻게 배분할 것인지를 결정해야 한다. 즉 어떤 기업에게 얼마만큼 생산량을 할당하고 그에 따른 이윤은 어떤 방식으로 배분할 것인가를 합의해야 한다.

서로 많은 할당량과 이윤을 차지하려 하기 때문에 합의과정에서 참여기업들 간 갈등이 발생할 가능성이 높다. 또한 카르텔 협정을 무시하고 가격을 몰래 내려 할당량 이상으로 상품을 판매하려는 기업이 나타날 가능성이 있다. 카르텔 협정을 지키는 것보다 어길 경우 이윤이 더 늘어나기 때문이다. 이처럼 카르텔은 참여기업의 이기적 행위로 붕괴될 수 있는 원천적 취약성이 존재한다.

카르텔이 제대로 운영되기 위해서는 참여기업들의 이기적 행위를 제대로 관리할 수 있어야 한다. 협정을 위반한 행위를 쉽게 적발할 수 있는 장치를 마련하고 적발할 경우 강력한 제재를 가할 수 있어야 한다.

이런 원천적 취약성 때문에 역사적으로 보면 수많은 카르텔들이 명멸하기도 했지만 한편 오랜 기간 동안 결속력을 가지고 유지된 카르텔도 적지 않다. 이런 카르텔은 참여기업의 이기적 행위를 잘 통제할 수 있는 그들 나름대로 역량이 있었을 것으로 보인다.

6.3.4 굴절수요곡선 모형

이 모형은 원래 스위지(Paul Sweezy)가 자본주의 시장메커니즘의 경직성을 비판하기 위해 제시했던 모델이었다. 여기서 설정된 시장이 과점형태이기 때문에 이 모형은 과점의 가격경직성을 설명하는 데 많이 이용된다.

이 모형은 이런 가정에서 출발한다. 즉 자신이 가격을 올릴 때 경쟁기업은 기존가격을 유지하고 자신이 가격을 내릴 때는 같이 내릴 것으로 추측한다. 이 기업이 가격을 올리면 경쟁기업들은 현재 가격을 유지함으로써 자신의 가격 이점을 활용하여 고객을 더 늘릴 가능성이 있다. 반면 가격을 내릴 때는 경쟁기업들이 고객을 뺏기지 않으려고

그림 6.10 굴절수요곡선 모형

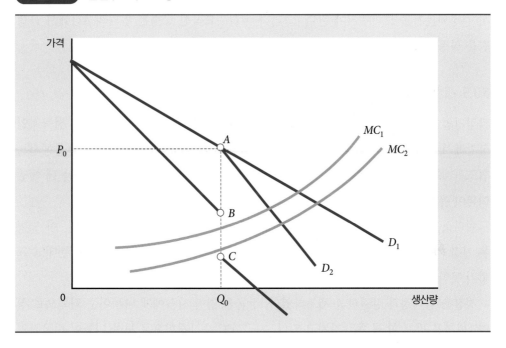

같이 내릴 가능성이 있다. 이런 점에서 나름대로 이런 전제의 타당성이 있다.

〈그림 6.10〉은 이런 가정하에서 굴절수요곡선을 그린 것이다. 이 기업이 직면하는 원래 수요곡선은 D_1선이다. 어떤 점 A에서 균형을 유지하고 있는데, 이 기업이 A점 이상으로 가격을 인상하면 경쟁기업들이 반응을 하지 않는다. 그러므로 이 기업의 직면하는 수요곡선은 원래의 곡선이 된다. 반면 A점 이하로 가격을 내리면 경쟁기업들이 가격을 내리므로 이 기업의 수요량이 감소하므로 직면하는 수요곡선은 D_2곡선으로 수축된다. 전 가격대에서 이 기업이 직면하는 수요곡선은 A점에 굴절되는 수요곡선이 된다.

이와 같이 굴절수요곡선에 대응한 한계수입곡선을 그리면 〈그림 6.10〉에서 보듯이 B점과 C점 사이에서 불연속적인 한계수입곡선을 갖게 된다. 이런 불연속적인 면 안에서 기업의 비용조건이 변화해도 이윤극대화조건에 의해 생산량과 가격이 변화하지 않는다. 한계비용이 MC_2에서 MC_1으로 변해도 가격과 생산량에 아무런 영향을 미치지 않는다.

그러나 이 모형은 임의의 한 점이 정해지면 그 점을 기준으로 굴절수요곡선을 유도하고 그에 따라 과점에서 가격의 경직성이 있다는 것을 보여줄 뿐이다. 어떤 모형이 이론으로서 의미를 갖기 위해서는 시장에서 균형가격과 균형생산량이 어떻게, 어느 수준에서 결정되는가를 보여주어야 한다. 그러나 굴절수요곡선 모형은 임의의 A점에서 균형점을 설정하고 있다. 이런 점에서 이 모형은 심각한 약점을 가지고 있다.

6.3.5 게임이론과 과점기업

과점기업은 자신의 시장지배력을 이용하여 독점이윤을 얻으려 한다. 그러나 전략적인 상황에서 이것은 쉽지 않다. 이것은 상대방과 협조가 필요하기 때문이다. 현실에서는 협조관계를 유지할 수 없는 경우가 많다. 전략적 상황에서 이런 문제를 다루는 데 게임이론이 유효하다.

여기서는 게임이론 중 용의자 딜레마(prisoners' dilemma) 모형을 소개한다. 이 모형은 가장 기본적이면서 중요하다. 현실에서 서로 협조하면 이득을 얻을 수 있는데도 그렇지 못한 상황을 잘 설명해주기 때문이다.

경찰은 임꺽정과 장길산을 체포하였다. 장물을 일반 사람에게 나누어준 죄목으로 징역 1년형을 받게 할 물증은 가지고 있다. 지금까지 수사경험으로 보아 이들이 전국적인 절도조직의 보스라는 느낌은 드는데 딱히 증거가 마땅치 않다. 즉 범죄에 대한 심증은 있는데 물증이 없다.

경찰은 임꺽정과 장길산을 분리하여 심문하기로 하였다. 그리고 이들에게 다음과 같이 제안하였다. "한 사람이 자백하고 다른 사람이 버티면 자백한 사람은 수사에 협조한 대가로 석방한다. 대신 버틴 사람은 주범으로 간주하여 20년형을 받는다. 둘 다 자백하면 모두 공범으로 처리하여 10년형을 받는다. 둘 다 버티면 1년형으로 교도소로 당장 보낸다."

〈그림 6.11〉은 임꺽정과 장길산의 형량을 자백 여부에 따라 정리한 것이다. 먼저 임꺽정의 입장에서 생각해보자. 서로 자백하지 않은 것이 가장 좋은데 장길산을 믿을 수 없다. 장길산이 자백하지 않으면 자백하는 것이 유리하다. 바로 석방되기 때문이다. 장길산이 자백해도 자백하는 것이 유리하다. 20년형보다 10년형이 더 적기 때문이다. 임꺽정은 장길산이 어떻게 하든 자백하는 것이 유리하다. 이처럼 상대방이 선택하는 전략과 관계없이 자기에게 유리한 전략을 우월전략이라 한다. 임꺽정에게는 바로 자백하는 것이 우월전략이다. 장길산도 마찬가지로 자백하는 것이 우월전략이다. 그래서 둘은 서로 자백하고 각각 징역 10년형을 받게 된다.

그림 6.11 용의자 딜레마

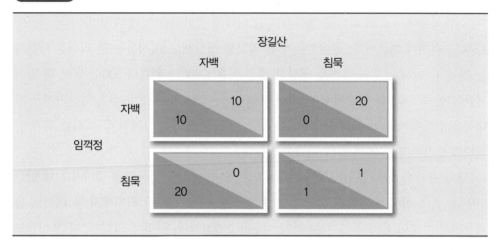

이처럼 둘이 협조할 수 없으면 최선의 선택이 있음에도 불구하고 그보다 못한 선택을 하게 된다. 역으로 이것은 최선을 선택하기 위해서는 구성원이 협력해야 한다는 것을 의미한다.

이러한 용의자 딜레마 모형을 가지고 과점기업의 행태에 대해서 설명해보자. 우리나라 석유시장을 SK석유와 현대석유 두 회사가 지배하고 있다고 하자. 두 회사는 석유공급량을 오천 리터와 만 리터 두 가지 중 하나를 결정해야 한다. 두 회사의 의사결정에 따른 이윤은 〈그림 6.12〉에 나타나 있다.

그림 6.12 과점게임   (단위 : 만 원)

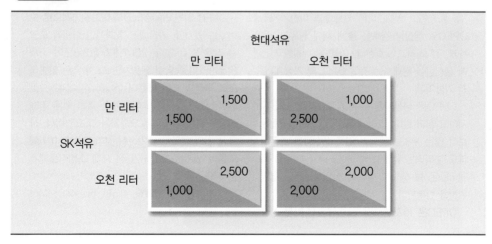

SK석유는 모두 오천 리터를 생산하면 최선인 줄 안다. 그런데 현대석유를 믿을 수 없다. 현대석유에서 오천 리터를 생산하면 만 리터를 생산하는 것이 더 이익이다. 이윤이 2,500만 원이기 때문이다. 현대석유가 만 리터를 생산해도 SK석유는 만 리터를 생산하는 것이 유리하다. 오천 리터를 생산할 경우 이윤 1,000만 원보다 500만 원이 더 많기 때문이다. 즉 SK석유 입장에서 만 리터를 생산하는 것이 우월전략이다. 마찬가지로 현대석유 입장에서도 만 리터를 생산하는 것이 우월전략이다. 그래서 두 회사는 각각 만 리터씩 생산하고 1,500만 원의 이득을 얻는다.

1년이 지나 두 회사 영업과장이 은밀히 만나 오천 리터로 생산량을 줄이자는 데 합의하였다. 즉 담합이 이루어진 것이다. 시중에 석유공급량은 2만 리터에서 만 리터로 줄어들면서 가격이 올라 두 회사는 각각 이윤을 2,000만 원을 얻게 되었다. 담합 이전보

알고
넘어가기

OPEC과 세계석유시장

1960년에 세계 원유생산의 대부분을 차지하는 국가들이 OPEC이라는 카르텔을 결성했다. 처음 회원국은 이란, 이라크, 쿠웨이트, 사우디아라비아, 베네수엘라였으며 1973년까지 8개국(카타르, 인도네시아, 리비아, 아랍에미리트, 알제리, 나이지리아, 에콰도르, 가봉)이 추가로 가입했다. 이 국가들은 전 세계 원유 매장량의 4분의 3을 차지하고 있다. 다른 카르텔과 마찬가지로 OPEC도 생산량 감축을 통해 세계 원유가격을 높게 유지하려고 노력한다. 이를 위해 회원국 간에 생산량을 분배하는 것이 OPEC의 가장 중요한 기능이다.

OPEC은 생산량을 줄여 원유가격을 높게 유지하고 싶어 한다. 그러나 동시에 각 회원국들은 보다 많은 수입을 올리기 위해 생산량을 조금이라도 늘리려는 유인이 있다. 그 결과 OPEC 회원국들은 늘 생산량 감축에 합의하면서도 협약 위반을 반복한다.

OPEC은 1973년부터 1985년까지 가장 성공

적으로 높은 가격을 유지할 수 있었다. 원유가격이 1972년 배럴당 3달러에서 1974년 11달러로 상승했고 이어 1981년에는 35달러까지 상승했다. 그러나 1980년대 중반 생산량 배분을 놓고 이견이 발생한 이후 OPEC은 회원국 간의 협조 관계 유지에 실패했다. 그 결과 1986년에는 원유가격이 배럴당 13달러 수준으로 하락했다.

OPEC 회원국들은 최근까지도 정기적으로 모이고는 있지만, 카르텔로 효과적인 합의에 도달한 적은 별로 없다. 2007년과 2008년에 국제 원유가격이 상당히 올랐지만 그 이유는 기본적으로 공급의 제한 때문이 아니라 전 세계적으로 원유수요가 증가했기 때문이다. 특히 빠른 경제성장을 하는 중국의 수요증가가 그 요인이다. 산유국 간의 협조가 불완전한 것이 그들의 이익에 도움이 되지는 못했지만 전 세계 소비자들에게는 혜택을 주고 있다.

(맨큐의 경제학, 제5판, pp. 445~446)

다 500만 원의 수익이 늘어난 것이다.

현대석유 영업과장은 실적향상 공로로 영업부장으로 승진하였다. 이 영업부장은 실적을 더 올려 더 승진하고 싶었다. 그래서 약속을 어기고 슬그머니 만 리터를 시장에 공급하였다. 그러자 회사이윤은 2,500만 원으로 껑충 뛰었다. 영업부장은 능력 있는 사원으로 회자되고 다음 승진의 강력한 후보로 거론되었다.

한편 SK석유는 갑자기 이윤이 1,000만 원으로 곤두박질치는 것을 보고 현대석유에서 약속을 어겼다는 것을 알았다. 그래서 보복조치로 즉각 만 리터를 시장에 공급하였다. 이윤은 1,500만 원으로 늘어났지만 예전에 미치지 못했다. 현대석유의 영업부장의 운명은 어떻게 되었을까? 독자들의 상상에 맡긴다.

이 예를 통해서 과점기업들이 왜 독점이윤을 얻기 어려운지 알 수 있다. 협력하면 독점이윤을 얻는 것이 과점기업에게 합리적이다. 그러나 약속을 어기면 개별기업 입장에서 더 큰 이익을 얻을 수 있는 유인이 강하다. 용의자들이 이기심 때문에 자백하듯이, 과점기업들도 이기심 때문에 약속대로 생산량을 줄여 가격을 높임으로써 독점이윤을 얻기가 쉽지 않다.

이러한 용의자 딜레마 게임모형은 경제분야만이 아닌 다른 분야에도 활발하게 적용되고 있다. 특히 군비경쟁 등 군사분야, 외교분야, 공유자원 등 전략적 상황에서 사람들의 행동을 이해하고 정책적 함의를 찾아내는 데 유효하다.

6.4 독점적 경쟁시장

마트에 가서 만두, 김치, 두부, 라면 또는 비누, 세탁세제 등을 사려고 하면 각 제품마다 그 종류들의 다양성에 놀랄 것이다. 다들 나름대로 인지도가 있는 고유 브랜드를 가지고 있다.

각 제품마다 공급자수가 많아 완전경쟁시장처럼 보이지만 대체성이 높고 질이 같지가 않아 딱히 완전경쟁시장이라고 할 수도 없다. 또 나름대로 고유한 특성이 있어 일정한 시장지배력을 가지고 있기 때문에 독점과 무관하다고 할 수도 없다. 이와 같이 완전경쟁시장과 독점의 중간적 시장형태를 독점적 경쟁(monopolistic competition)이라 한다. 이 이론은 경제학자 챔벌린(E. Chamberlin)이 개발한 불완전경쟁시장의 한 유형이다.

6.4.1 독점적 경쟁의 특징

독점적 경쟁은 독점과 과점처럼 불완전경쟁시장의 한 형태이지만 완전경쟁시장의 특징을 일부 가지고 있기도 한다. 독점적 경쟁이론을 위해 가정을 정리하면 다음과 같다.

첫째, 한 상품그룹에 질이 다른 상품이 존재한다. 즉 제품차별화가 이루어지고 있으며 제품 간 상당히 밀접한 대체성을 갖는다. 이런 제품차별화로 독점적 경쟁기업은 일정부분 시장지배력을 가진다. 예컨대 색깔이 다양한 티셔츠 시장을 생각해보자. 빨간색을 좋아하는 소비자는 다른 색깔의 티셔츠보다 약간 가격을 더 주고라도 구매하고자 할 것이다. 다른 색깔에 대해서도 마찬가지이다. 이에 따라 독점적 경쟁기업이 직면하는 수요곡선은 우하향한다. 티셔츠의 기능은 같으므로 아무리 빨간색을 좋아하는 소비자라도 다른 티셔츠보다 아주 높은 가격을 지불하려 하지 않는다. 이런 밀접한 대체성으로 직면하는 수요곡선은 수평선에 가까운 우하향곡선이 된다.

둘째, 다수의 공급자와 소비자가 존재한다. 개별기업이나 소비자가 시장에 영향을 주지 못한다. 과점처럼 전략적 상황에 의한 상호의존관계가 없다.

셋째, 진입장벽이 없다. 기업들의 진입과 이탈이 자유롭게 이루어진다.

이러한 가정들 중에서 가장 핵심적인 것은 상품의 이질성을 인정하는 제품차별화이다. 이것이 독점적 경쟁의 특징을 결정한다고 해도 과언이 아니다. 나머지 가정은 완전경쟁시장과 유사하지만 이 가정만이 다르기 때문이다. 제품차별화에는 두 가지 형태가 있다.

첫째, 수평적 차별화(horizontal differentiation)이다. 제품의 품질보다는 다양한 소비자의 선호에 맞추기 위한 차별화 방식이다. 예컨대 동일한 배기량의 자동차이지만 제조사마다 디자인을 다르게 한다. 그뿐만 아니라 동일한 제조사의 동일한 브랜드임에도 다양한 색깔의 자동차를 생산한다.

둘째, 수직적 차별화(vertical differentiation)이다. 다른 경쟁상품보다 나은 질적 우위를 소비자들에게 인식시키기 위한 차별화 방식이다. 예컨대 세계시장에 다양한 위스키들이 판매되고 있다. 그중에서 특히 어느 나라 산 위스키가 특별한 재료와 특수한 공정을 거쳐 최고의 위스키라고 소비자들이 인식하였다면 그 회사는 수직적 차별화에 성공한 것이다.

여기서 설명하려는 독점적 경쟁의 제품차별화는 수평적 차별화로 어느 정도 독점력을 가진다. 반면 다른 기업과 경쟁해야 하고 잠재적 진입자를 고려해야하기 때문에 이런 독점력은 한계를 가질 수밖에 없다는 것이 독점적 경쟁의 특징이다.

6.4.2 독점적 경쟁의 단기균형

독점적 경쟁에는 조금씩 다르지만 대체 가능성이 높은 상품을 생산하는 다수의 기업들이 존재한다. 이 기업들은 자신이 갖는 차별성으로 그 범주 안에서 각각 독자적인 시장을 갖는다면 그 시장에서 지배력을 갖는다. 예컨대 빨간색 티셔츠를 생산하는 기업은 빨간색을 좋아하는 사람에게 시장 지배력을 갖는다. 이런 점에서 이 기업은 독점과 비슷하다. 그러므로 개별 독점적 경쟁기업이 직면하는 수요곡선은 우하향하게 된다. 이 수요곡선은 독점에서처럼 시장수요곡선은 아니지만 〈그림 6.13〉에서 보듯이 더 수평선에 가까운 우하향곡선이 된다. 많은 대체 가능한 상품이 존재하기 때문이다. 이제 독자들은 기업의 시장지배력이 클수록 그 기업이 직면하는 수요곡선의 기울기가 가파라진다는 것을 이해할 것이다.

　독점적 경쟁이 독점과 유사한 점은 우하향하는 수요곡선에 기업이 직면한다는 것이다. 이 점에서 독점적 경쟁의 단기균형은 독점의 단기균형과 유사하다. 〈그림 6.13〉에

그림 6.13　**독점적 경쟁의 단기균형**

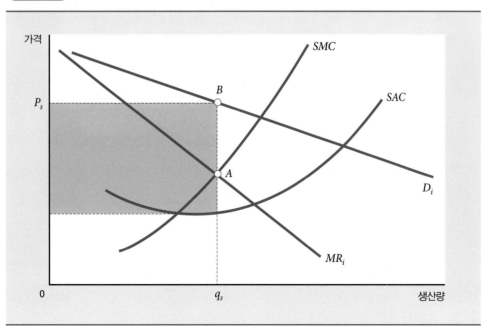

서 보듯이 수요곡선이 우하향하기 때문에 독점에서와 같이 수요곡선이 평균수입곡선과 일치한다. 또한 한계수입곡선은 항시 평균수입곡선의 아래에 위치한다.

독점적 경쟁은 이윤극대화를 위해 $MR = MC$인 A점에서 생산량 q_s를 결정한다. 가격은 그 생산량에서 받을 수 있는 최고가격인 수요곡선상의 B점에서 P_s로 결정된다. 다른 기업들은 각각 직면하는 수요곡선이 약간씩 다르기 때문에 균형가격과 균형량은 다를 수 있다. 이때 이 독점적 경쟁기업의 이윤은 보라색 부분의 사각형에 해당한다.

6.4.3 독점적 경쟁의 장기균형

독점적 경쟁의 단기균형은 오래 지속되지 않는다. 양(+)의 이윤은 신규기업의 진입을 유인하기 때문이다. 새로운 기업이 진입하면 상품종류가 늘고 소비자의 선택의 폭이 넓어짐으로써 기존기업들의 상품수요가 감소한다. 이렇게 수요가 감소하면 이윤도 감소한다. 이것은 독점적 경쟁기업이 직면하는 수요곡선이 좌측으로 이동하는 것을 의미한다. 이러한 신규기업의 진입은 완전경쟁시장에서처럼 이윤이 0이 될 때까지 이루어진다.

〈그림 6.14〉는 독점적 경쟁기업의 장기균형을 나타내고 있다. 독점적 경쟁기업은 장

그림 6.14   독점적 경쟁의 장기균형

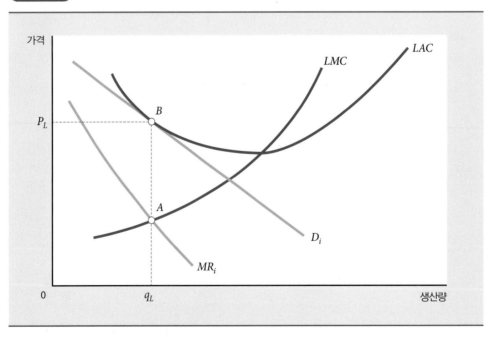

기에도 이윤극대화조건인 $MR = MC$인 A점에서 생산량 q_L을 결정한다. 이때 가격은 수요곡선상의 B점에서 P_L로 결정된다. 그런데 장기에는 이윤이 0이므로 B점이 수요곡선상의 점과 동시에 장기평균비용곡선상의 점이 되어야 한다. 그런데 수요곡선이 우하향하므로 이 곡선은 장기평균비용곡선의 최저점이 아닌 좌측에서 접하게 된다.

만약에 독점적 경쟁기업이 손실을 보고 있다면 이번에는 기업들이 시장에서 이탈할 것이다. 이것은 기존기업들의 수요가 증가한다는 것을 의미하므로 수요곡선은 장기평균비용곡선과 접할 때까지 우측으로 이동할 것이다. 즉 기존기업의 이윤이 0이 될 때까지 기업들의 이탈이 이루어진다.

6.4.4 독점적 경쟁과 사회후생

독점적 경쟁의 성과를 사회적 관점에서 살펴보자. 앞에서 설명했듯이 균형조건 $P = MR$는 효율성배분의 척도이다. 독점적 경쟁의 장단기균형조건을 살펴보아도 모두 $P > MR$임을 알 수 있다. 독점적 경쟁 상태에서 자중손실이 발생하고 있고 이에 따라 자원이 비효율적으로 배분되고 있다는 것을 의미한다.

완전경쟁시장과 독점적 경쟁의 장기균형을 비교해보자. 완전경쟁시장의 장기균형에서 $P = MC = AC$ 조건이 성립한다.[9] 이것은 개별기업들이 장기평균비용곡선의 최저점에서 생산해야 한다는 것을 의미한다. 반면 독점적 경쟁 장기균형조건은 $P = AC > MC$이다. 이것은 독점적 경쟁기업은 장기평균비용이 하락하는 부분, 즉 최저점보다 적은 규모에서 생산되고 있다는 것을 의미한다. 즉 유휴시설을 가지고 있어 기업의 입장에서 비효율성을 보여주는 것이다. 독점적 경쟁기업이 직면하는 수요곡선이 수평선에 가까울수록 이런 유휴시설은 더 적어질 것이다.

이런 이유 때문에 독점적 경쟁이 완전경쟁시장보다 사회후생이 낮다고 평가할 수 있는가? 독점적 경쟁의 중요한 특징인 제품다양성을 고려해볼 필요가 있다. 정부가 독점적 경쟁이 비효율적이기 때문에 완전경쟁시장구조로 바꾸기 위해 관련제품을 동질화하는 정책을 할 수 있겠는가?

---

9 평균비용과 한계비용 간의 관계를 다시 한 번 상기하기 바란다. $AC > MC$이면 AC는 하락하고 $AC < MC$이면 AC는 상승한다. AC 최저점에서 $AC = MC$가 성립한다. 이것은 단지 한계비용과 평균비용 간의 관계만이 아니다. 평균수입과 한계수입, 평균생산과 한계생산 등 어떤 변수라 하더라도 한계와 평균으로 분리할 수 있으면 성립되는 관계이다.

　　자동차시장이 완전경쟁시장이라 하자. 예컨대 모든 자동차가 동질적이어야 하므로 색깔도 검은색 하나뿐이다. 소비자들은 색깔은 마음에 안 들지만 자동차의 편리성 때문에 구매할 것이다. 다양한 색깔의 자동차가 생산되면(완전경쟁시장이 독점적 경쟁으로 바뀌면) 꼭 마음에 드는 색깔의 자동차를 소비자는 구입할 수 있게 된다. 이때 소비자의 만족도는 증가할 것이다. 이러한 제품다양성에 따른 사회후생의 증가를 독점적 경쟁은 가져온다. 그러나 이런 제품차별화가 소비자 후생에 어떻게 영향을 미치는지 알기가 쉽지 않다.

　　이런 이유로 독점적 경쟁을 사회후생 측면에서 평가할 때 명확하게 결론을 내릴 수 없다. 다만 독점적 경쟁기업 입장에서 제품차별화가 소비자의 만족을 증가시킬 수 있기 때문에 이 시장에서는 가격경쟁보다는 제품차별화 경쟁 방향으로 나아갈 가능성이 높다. 배달방법, 상품 질 제고 또는 애프터서비스 등에 차이를 두는 비가격경쟁이 더 치열하게 전개될 것이다. 또한 소비자에게 자기 회사 제품의 특징을 부각시키기 위해 광고경쟁 현상도 발생할 것이라고 예상된다.

6.5　시장형태의 특징 비교

지금까지 네 가지 시장형태에 대해서 살펴보았다. 여기서는 시장 내 기업수, 상품동질 여부, 진입장벽 유무, 시장지배력 유무, 직면하는 수요곡선 형태, 시장균형조건, 장기이윤 등 비교될 만한 항목 중심으로 정리한다. 〈표 6.1〉은 각 시장형태별 특징을 요약한 것이다.

　　〈표 6.1〉을 보면 완전경쟁시장과 불완전경쟁시장을 구분하는 중요한 특징은 기업이 직면하는 수요곡선 형태와 균형조건에서 찾아볼 수 있다. 완전경쟁시장에서 기업이 직면하는 수요곡선은 수평선인 데 비해 불완전경쟁시장에서 수요곡선은 우하향한다. 이때 이 수요곡선의 기울기 크기가 시장에서 독점력을 반영하고 있다. 즉 수평선에 가까울수록 독점력이 약하고 기울기가 가파를수록 강하다는 것을 나타낸다.

　　시장균형조건은 두 차원에서 볼 수 있다. 이윤극대화 차원에서 모든 기업이 $MR = MC$를 만족하므로 완전경쟁시장이나 불완전경쟁시장에서 차이는 없다. 그러나 두 시장의 사회적 효율성 측면에서 차이가 난다. 완전경쟁시장은 $P = MC(= MR)$이므로 사회후생이 최대화되지만 불완전경쟁시장은 $P > MC(= MR)$로 나타나 최대화되지 못했

표 6.1　각 시장형태별 특징 비교

	완전경쟁	독점	과점	독점적 경쟁
시장 내 기업수	다수	1	소수	다수
상품동질 여부	동질적	동질적	동질적/차별화	차별화
진입장벽	없음	매우 높음	상당히 높음	거의 없음
수요곡선 형태	수평선	시장수요곡선	우하향곡선	우하향곡선
시장균형조건	$P=MR=MC$	$P>MR=MC$	$P>MR=MC$ 전략적 결정	$P>MR=MC$
시장지배력	없음	있음	있음	약간 있음
장기이윤	0	+	+	0
경쟁형태	가격	잠재적 경쟁	가격/비가격	비가격

다는 것을 의미한다. 앞으로 이 두 가지 특징으로 완전경쟁시장과 불완전경쟁시장의
차이를 좀 더 명확하게 파악할 수 있을 것이다. 기타 불완전경쟁시장의 개별적 특성은
〈표 6.1〉을 참조하여 비교하기 바란다.

✏️ **연습문제**

▣ 객관식 문제

1. 다음 중에서 완전경쟁시장의 조건이 아닌 것은?
   ① 다수의 공급자와 소비자가 존재한다.
   ② 정보가 완전하다.
   ③ 제품차별화가 존재한다.
   ④ 기업이 자유롭게 진입과 이탈을 할 수 있다.

2. 완전경쟁시장에서 어떤 개별기업이 현재 운동화 100개를 생산하고 있다. 평균수입
   이 만 원이고 평균총비용은 8,000원이다. 고정비용은 20만 원이다. 이윤과 평균가
   변비용은 얼마인가?

① (20만 원, 6천 원)   ② (0원, 8천 원)

③ (20만 원, 8천 원)   ④ (0원, 만 원)

3. 신발시장은 완전경쟁 상태이다. 어떤 개별기업의 장기평균비용곡선과 장기한계비용곡선은 다음과 같다.

$$LAC = Q + \frac{100}{Q}, \ LMC = 2Q$$

(1) 장기균형에서 개별기업이 생산하는 신발량은 얼마인가?

   ① 40   ② 30   ③ 20   ④ 10

(2) 신발의 시장수요곡선이 $Q = -100P + 5,000$일 때 시장 전체의 생산량은 얼마인가?

   ① 2,000   ② 2,500   ③ 3,000   ④ 3,500

(3) 이 시장에는 장기에 몇 개의 기업이 존재하는가?

   ① 200   ② 250   ③ 300   ④ 350

4. 다음은 독점에 대한 설명이다. 이 중 옳지 않은 것은?

① 독점기업은 가격설정자로 행동한다.

② 독점에는 공급곡선이 없다.

③ 독점은 경제적 순손실을 유발한다.

④ 독점기업이 직면하는 수요곡선은 수평선이다.

5. 어떤 독점기업의 한계비용곡선은 $MC = 3Q + 50$이다. 시장수요곡선은 $Q = -P + 150$이다.

(1) 이 독점기업의 생산량은 얼마인가?

   ① 15   ② 20   ③ 25   ④ 30

(2) 이 독점기업의 의사결정으로 발생하는 경제적 순손실은 얼마인가?

   ① 20   ② 30   ③ 40   ④ 50

6. 두 기업이 협력을 하면 더 많은 이득을 얻을 수 있다는 것을 알면서도 각 기업의 이기적 행위로 서로 손해보는 상황이 이루어질 수 있는 시장형태는?

① 완전경쟁시장   ② 독점   ③ 과점   ④ 독점적 경쟁

7. 다음 중에서 기업의 가격차별행위가 아닌 것은?

① 영화관의 조조할인   ② 이중곡가제도

③ KTX의 주말과 주중의 요금차이   ④ 신문과 잡지의 다양한 할인티켓

8. 모든 국가들은 독점이 자원배분을 왜곡하기 때문에 이것을 시정하기 위해 독점을 금지하고 경쟁을 촉진하는 법과 제도를 가지고 있다. 다음 중 이에 해당하지 않는 내용은 어느 것인가?

① 독점기업을 여러 개로 분할한다.   ② 진입장벽을 없앤다.

③ 담합행위를 불법화한다.   ④ 조세를 부과한다.

9. 과점에 대한 이론을 정립하기가 어려운 이유에 대해 옳게 설명한 것은?

① 전략적 상황에서 경쟁기업의 행동을 추측하기 힘들기 때문이다.

② 사회후생 측면에서 정부가 개입을 하기 때문이다.

③ 과점기업은 다른 시장의 기업처럼 이윤극대화를 목표로 하지 않기 때문이다.

④ 시장공급곡선이 존재하지 않기 때문이다.

10. 다음은 독점적 경쟁에 대한 설명이다. 이 중 옳지 않은 것은?

① 장기균형의 이윤은 0이다.

② 장기에 유휴설비가 존재한다.

③ 개별기업이 직면하는 수요곡선은 시장수요곡선이다.

④ 비가격경쟁이 일어난다.

서술식 문제

1. 한국의 소주시장이 완전경쟁시장이라고 가정하자. 다음은 어떤 한 기업의 생산량과 총비용을 나타내고 있다.

소주 생산량(병/일)	총비용
0	50
1	59
2	74
3	93
4	128
5	175
6	234

(1) 소주가 1병당 35만 원이면 이 기업의 하루 소주 생산량은 얼마이고 그때 이윤을 구하라.

(2) 고정비용이 매몰비용일 때 조업중단점을 구하라.

(3) 이 기업의 단기공급곡선을 유도하라.

2. 야구공 시장은 완전경쟁시장을 이루고 있다. 개별기업들의 장기평균비용곡선은 U자형이고 최저점은 비용이 5천 원이며, 생산량은 500이다. 이때 시장수요곡선은 $Q_D = -2P + 80,000$이다.

(1) 장기균형상태에서 시장 전체의 야구공 생산량은 얼마가 되는가?

(2) 이때 시장에는 몇 개의 기업이 존재하겠는가?

3. 포스틱 시장은 완전경쟁시장이다. 현재 이 시장의 기업들은 손실을 보고 있지만 생산을 하고 있다.

(1) 현재 포스틱 가격, 평균총비용, 평균가변비용과 한계비용의 크기를 비교하라.

(2) 이런 상황에서 포스틱 시장의 장기균형에 대해서 전체시장상황과 개별기업상황을 그래프로 그려 설명하라.

4. 조정래 작가는 소설 태백산맥에 대해 저작권을 가지고 있다. 이 작가는 A출판사에게만 출판을 허용하였다. 이 소설에 대한 시장수요는 다음 표와 같다. 이 작가에게 20억 원을 선불로 지급했고 책 한 권 인쇄하는 데 한계비용은 만 원이다.

가격(만 원)	수요량(천)
10	0
9	100
8	200
7	300
6	400
5	500
4	600
3	700
2	800
1	900
0	1,000

(1) 총수입, 총비용과 이윤을 계산하라. 이때 이윤을 극대화하는 가격과 생산량은 얼마인가?

(2) 한계수입을 계산하고 가격과 한계수입을 비교하여 그 관계에 대해 설명하라.

(3) 한계수입, 한계비용과 수요곡선의 그래프를 한 좌표에 동시에 그려라. 이때 한계수입곡선과 한계비용곡선의 교차점의 의미는 무엇인가?

(4) (3) 그림에서 경제적 순손실을 표시하고 그 의미를 설명하라.

(5) 작가에게 30억 원을 선불로 지급했다면 이 출판사는 가격을 얼마로 결정하겠는가?

(6) 출판사에서는 크게 비용차이도 없는데, 보통 하드커버 책과 소프트커버 책으로 나누어 발행한다. 이것을 이윤극대화 차원에서 설명하라.

5. 다음은 음반시장의 시장수요곡선과 B기업의 한계비용곡선을 나타내고 있다.

$$P = 1,000 - 10Q, \quad MC = 100 + 10Q$$

(1) 이 기업이 시장지배력을 가질 때 이윤극대화의 가격과 생산량을 구하라.

(2) 이 기업이 사회후생 최대화를 위해 가격과 생산량을 결정하면 얼마인가?

(3) 독점 상태의 사회적 순손실을 계산하라.

6. 어떤 학생은 시장에 대해 다음과 같이 주장하였다. "시장의 구성요소는 수요와 공급이다. 수요공급원리에 따라 초과수요가 발생하면 가격이 상승하고 초과공급이 발생하면 하락한다. 결국 수요와 공급이 일치하는 곳에서 균형이 이루어진다. 그런데 독점은 이런 원리가 작동이 되지 않기 때문에 시장이 아니다." 이것에 대해서 논평하라.

7. 정부는 복지예산을 확충하기 위해 독점기업 생산량 단위당 세금 t원을 부과하였다. 이런 세금부과가 독점기업의 의사결정에 어떤 영향을 미치는가를 그래프로 그리고 설명하라.

8. 어떤 산업의 수요곡선은 $Q = -10P + 100$이다. 이 산업의 전형적인 개별기업의 한계비용은 5원이다.

   (1) 이 산업이 완전경쟁체제라면 이 시장에서 가격과 생산량을 구하라.

   (2) 이 산업이 한 기업에 의해 독점화되었을 때 가격과 생산량을 구하라.

   (3) 꾸르노 복점체제인 경우 산업 전체의 생산량과 그때 가격을 구하라.

   (4) (1)(2)(3)의 결과를 가지고 사회후생의 관점에서 비교하라.

9. 1993년 11월 30일자 뉴욕타임스는 "OPEC이 생산량 감축에 합의하는 데 실패함으로써 원유시장이 혼란에 빠졌다…. 그 결과 원유가격은 1990년 이래 최저가로 하락했다."고 보도했다.

   (1) OPEC 회원국이 생산량을 감축하려는 이유는 무엇인가?

   (2) OPEC이 생산량 감축 동의에 실패해서 원유시장이 혼란에 빠진 이유는 무엇일까?

   (3) 이 신문은 "OPEC 회원국이 아닌 노르웨이나 영국 같은 원유생산국도 생산량 감축을 통해 그들의 역할을 담당해야 한다."는 OPEC의 주장을 보도했다. 이것은 OPEC이 그들 국가와 어떤 관계를 갖기를 원한다는 것일까?

10. 꾸르노 복점모형에서 두 기업의 한계수입과 한계비용은 다음과 같다.

    1기업 : $MR_1 = -2Q_1 - Q_2 + 32$, $MC_1 = 6$

    2기업 : $MR_2 = -2Q_2 - Q_1 + 30$, $MC_2 = 5$

    (1) 각 기업의 반응곡선을 구하라.

(2) 꾸르노 균형의 두 기업의 산출량을 구하라.

11. 굴절수요곡선에 직면해 있는 기업이 있다. 정부가 이 기업에 상품 단위당 조세를 a 만큼 부과하였다. 그럼에도 불구하고 이 기업은 가격을 올리지 않았다. 이것을 설명하라.

12. 완전경쟁시장과 독점적 경쟁의 장기균형을 비교하여 설명하고 사회후생 차원에서 평가하라.

제6장 객관식 문제 정답
1. ③ 2. ① 3. (1) ④ (2) ③ (3) ③ ④ 4. ④ 5. (1) ② (2) ④ 6. ③ 7. ② 8. ④ 9. ① 10. ③

07 _{CHAPTER}

CHAPTER

공공경제학

지금까지 논의한 시장경제의 원리에 의하면 개별경제주체가 합리적으로 행동하면 시장은 사회 전체의 자원을 효율적으로 배분하도록 작동한다. 즉 가계가 일정소득으로 자기만족을 극대화하도록 소비하고 기업은 이윤이 극대화하도록 생산하면, 상품시장은 두 경제주체의 목적을 실현할 수 있는 균형가격을 설정하여 사회후생(공익)을 극대화한다. 생산요소시장도 마찬가지이다. 가계가 자기만족을 극대화하도록 생산요소(노동과 자본)를 공급하고, 기업은 이윤이 극대화되도록 생산요소를 수요하면 생산요소시장은 생산요소가격을 통해서 사회후생이 극대화되는 방향으로 생산요소를 분배한다. 정말 아름다운 이야기이다.

그런데 왜 시장이 작동되고 있음에도 불구하고 현실에서는 강물이 오염되고 시장에 불량상품이 넘쳐나고 노동자들은 위험한 환경에서 일을 해야 하는가? 이제는 이런 문제들이 심각한 사회문제가 되었다. 이것은 시장이 이런 문제를 해결하는 데 무력하다는 것을 의미한다. 이 장에서는 왜 시장이 이런 문제 해결에 무력한가? 이것을 교정하기 위해서 어떤 대안이 필요한가에 대해서 설명한다.

7.1 시장실패와 공공경제학

우리가 살고 있는 현 시대에 해결해야 할 문제를 기술하면 대부분 다음과 같을 것이다. 기업이 흘려 보낸 독극물과 폐수 그리고 가계가 내다버린 쓰레기로 강물과 바다가 오염되고 있다. 노동자들은 위험이 상존하고 불결한 작업환경에서 일하고 심지어 개도국에서는 어린이도 일한다. 가짜 휘발유, 가짜 명품 등 불량제품이 끊임없이 시장에 나돌고 있다. 또한 재벌기업들의 기업형 슈퍼마켓(SSM)이 골목길 상권을 침해한다고 소상인들은 아우성이다.

이것은 기업과 가계는 합리적으로 행동했지만 사회후생 극대화는 이루지 못한 것을 의미한다. 다시 말해서, 시장메커니즘에 무엇인가 문제가 있다는 것이다. 이처럼 시장이 효율적 자원배분을 실현해내지 못할 때 **시장실패**(market failure)가 발생했다고 말한다. 앞에서 이미 배웠듯이 시장이 $P = MR = MC$이 아닌 $P > MR = MC$ 상태에서 균형에 도달함으로써 사회후생 극대화에 실패했다는 것을 의미한다.

시장실패가 발생하면 사회 전체의 효율적인 생산량보다 시장이 더 많이 혹은 더 적게 생산하게 함으로써 비효율이 유발된다. 현재 기회균등(equal opportunity), 직업안전

(job safety), 생산품안전(product safety), 빈곤(poverty)과 환경(environment)이 사회적으로 심각하게 문제가 되고 있다. 이것은 시장이 가계와 기업에 효율성을 높이기 위한 충분한 인센티브를 제공하지 못한다는 것을 의미한다.

시장실패가 발생하면 개별경제주체들의 합리적 경제행위가 저절로 사회후생 극대화로 연결되지 않는다. 이에 따라 시장실패로 인한 비효율적 자원배분을 교정할 수 있는 여러 가지 방법을 모색해야 한다. 이처럼 시장실패가 발생할 경우 사회후생을 극대화할 수 있는 방법을 모색하고 탐구하는 학문을 **공공경제학**이라 한다.

7.2 시장실패 요인분석

7.2.1 시장실패 분석방법론

시장경제는 수많은 개별시장들로 구성되어 있다. 이들 개별시장들은 서로 밀접하게 연관되어 있으며 서로 영향을 미치고 있다. 예컨대 커피수요가 증가하면 커피가격과 보완재인 크림이나 설탕가격이 상승하고, 대신 대체재인 녹차수요는 감소하여 녹차가격은 하락할 것이다. 이런 연관관계 속에서 시장경제가 궁극적으로 어떻게 자원을 배분하는가를 이해하려면 시장을 하나하나 분리하기보다는 모든 시장들을 고려하여 분석해야 한다. 이것을 위해 두 가지 분석방법인 부분균형분석과 일반균형분석이 있다.

부분균형분석은 특정시장을 제외한 모든 시장이 균형상태에 도달했다는 전제하에 특정시장의 균형상황을 분석하는 것이다. 지금까지 여러분에게 설명한 소비자이론, 생산자이론, 시장이론은 모두 부분균형분석틀에서 논의되어 왔다. 이 방법은 특정시장의 균형상황을 파악하는 데 유용하지만 시장 간 연관관계를 이해하는 데 한계가 있다.

일반균형분석은 개별시장들 간의 상호작용의 결과 궁극적으로 어떠한 균형이 성립하는가를 분석하는 이론적 방법론이다. 사회 전체적 측면에서 자원의 효율적 배분을 고려하기 위해서는 일반균형분석에 대한 정확한 이해가 필요하다. 이 분석방법은 거시경제부분에서 유용하다. 예컨대 정부가 확대 금융정책을 실시했을 때 재화시장, 화폐시장, 외환시장, 노동시장 등의 균형변화를 총체적으로 이해해야 하기 때문이다. 일반균형분석에 대한 자세한 설명은 거시경제 부분에서 다루기로 하고, 여기서는 부분균형분석틀을 바탕으로 하되 필요한 경우 일반균형분석이 갖는 직관적 설명을 이용한다.

그림 7.1 시장실패의 세 가지 요인

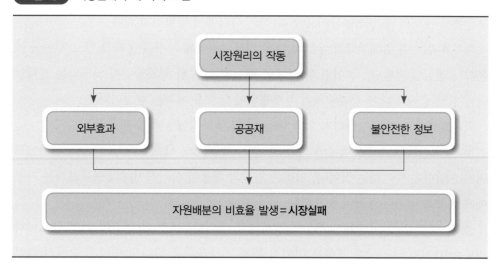

시장실패를 분석할 때 기준이 되는 시장형태는 완전경쟁시장이다. 이 시장만이 개인의 합리적 행동을 통해 사회후생 극대화를 실현하였기 때문이다. 이때 시장균형조건은 $P = MR = MC$이다. 앞으로 이 기준을 가지고 시장실패 여부를 평가할 것이다. 이런 조건들을 충족하지 못하여 시장실패를 유발하는 것으로 독점을 포함한 불완전경쟁시장, 외부효과, 공공재, 불완전한 정보 등을 들 수 있다.

제6장에서 독점, 과점, 독점적 경쟁 등 불완전경쟁시장에 대해서 이미 배웠다. 이들 시장형태는 공통적으로 $P > MR = MC$에서 균형에 도달하였다. 즉, 시장이 기업들의 합리적 행동을 통해 사회후생의 극대화를 가져오지 못한다. 시장실패는 불완전경쟁시장에서 일반적인 현상이다.

여기서는 불완전경쟁시장 이외의 요인인 외부효과, 공공재, 불완전한 정보에 대해서 다룰 것이다. 이에 따라 각각 어떤 요인이 어떻게 시장실패를 발생시키며, 그것을 교정하기 위해 어떤 대안(공적, 사적)이 필요한지 살펴본다.

〈그림 7.1〉은 시장실패의 세 가지 요인에 대한 개념도이다. 세 가지 요인하에서는 시장이 작동되어도 결국 자원배분의 비효율성이 발생하게 된다.

7.2.2 외부효과

"사촌이 논을 사면 배가 아프다."는 옛말이 있다. 인간의 시기심을 간파한 절묘한 비유이다. 사촌이 내 배를 일부러 아프게 하려고 논을 사지는 않았을 것이다. 이처럼 일상생활에서 우리의 많은 행동들이 우연히 다른 사람에게 영향을 미친다.

외부효과는 한 경제주체가 우연히 다른 경제주체에게 시장을 통하지 않고 자원을 배분하는 현상을 말한다. 즉 어떤 한 사람이 자신을 위해 한 경제행위가 의도와는 관계없이 우연히 공짜로 다른 경제주체의 경제행위에 영향을 미치는 현상이다.

외부효과를 정확히 이해하기 위해 다음 네 가지 특징에 주목할 필요가 있다.

첫째, 인간(경제주체)[1] 행동에 의한 것이다. 기후변화, 생태변화 등 자연이 인간에게 미치는 영향은 아니라는 것이다. 이러한 인간의 행동이 합리적이냐의 여부보다는 타인에게 영향을 미쳤다는 것이 중요하다.

둘째, 의도 없이 이루어진 행동의 결과라는 것이다. 어떤 한 인간이 어떤 목적이나 의도를 가지고 타인에게 영향을 미치기 위해 선택행위를 한다면 이것은 앞에서 다룬 죄수의 딜레마와 같은 게임이론의 영역이 된다. 타인의 편익을 염두에 두지 않고 오직 나의 편익만을 위한 행동이었는데, 결과적으로 우연히 타인의 이익에 영향을 미쳤다는 것이다. 이때 편익 증가 방향으로 영향을 미치는 경우 긍정적 외부효과(외부경제효과)가, 편익 감소 방향으로 영향을 미치는 경우 부정적 외부효과(외부불경제효과)가 발생했다고 한다. 여기서 편익은 단순히 금전적인 것뿐만 아니라 만족(효용) 등 비금전적인 것도 포함한다.

셋째, 시장을 통하지 않고 자원배분이 이루어진다는 점이다. 외부효과가 시장실패의 요인이 되는 것은 바로 이 점 때문이다. 한 소비자가 시장에서 일정한 가격을 지불하고 어떤 상품을 구입했기 때문에 다른 사람이 그것을 구입하지 못했다면, 타인의 행동에 영향을 받은 것이다. 이 경우에는 시장을 통해서 이루어졌기 때문에 타인에게 영향을 미쳤다 할지라도 외부효과가 될 수 없다. 즉 외부효과는 나의 행동이 내 의도와 관계없이 우연히 공짜로 타인에게 행운을 주기도 하고 불행을 주기도 한다. 타인의 행동도 나에게 마찬가지이다.

넷째, 개인의 이익(손실)과 사회적 이익(비용)에 차이가 발생한다. 앞의 시장이론에

---

1 인간은 자연인과 법인으로 구성되어 있다. 법인은 설립등기와 함께 권리를 갖고 청산등기로 소멸된다. 주식회사가 대표적인 법인이다. 경제주체는 가계, 기업과 정부로 구성되어 있다. 그러므로 인간을 자연인과 법인으로 분리할 수 있다. 여기서 경제주체로서 인간은 자연인과 법인을 아우르는 통합적인 인간이다.

서 개별수요곡선의 수평적 합이 시장수요곡선이 되고 개별공급곡선의 수평적 합이 시장공급곡선이 된다는 것을 배웠다. 전체(사회)는 개별(경제주체)의 합과 정확히 일치하는 구조이다. 사회적 편익과 사회적 비용은 개별경제주체의 편익과 비용을 정확히 반영하고 있다.

이에 비해 긍정적 외부효과가 발생하면 사회적 생산비용이 사적 생산비용보다 더 적다. 반대로 부정적 외부효과인 경우는 사회적 비용이 더 크다.

긍정적 외부효과

먼저 긍정적 외부효과를 예를 들어 설명해보자. 어떤 마을에 한 농부가 배 과수원을 하고 있었다. 어느 날 과수원 옆 숲에 양봉업자가 나타나 벌통을 설치하였다. 꿀벌들은 과수원으로 날아가 배꽃의 꿀을 따고, 그 과정에서 활발하게 수분작용이 일어나게 되었다. 이에 따라 과수원 주인은 예년보다 더 많은 배를 수확하였고, 양봉업자는 야생 들판에 벌통을 설치하는 것보다 더 많은 꿀을 얻었다. 과수원 농부나 양봉업자가 추가적인 비용을 지불하면서 한 경제적 행위는 없다. 다만 우연히 양봉업자가 과수원 옆에 벌통을 설치했을 뿐인데 과수원 주인과 양봉업자의 수확이 늘어나는 편익을 얻었다. 즉 과수원 주인과 양봉업자는 시장을 통해 아무런 거래도 하지 않았지만, 모두 긍정적 외부효과를 누렸다.

가을이 되어 배꽃이 떨어지자 양봉업자는 과수원을 떠났다. 과수원 주인은 이 경험을 통해 과수원 옆에서 양봉업을 하면 꿀뿐만 아니라 배 수확도 늘어났다는 사실을 알았다. 다음 해 봄이 되자 과수원 농부는 시장에 가서 꿀벌과 벌통을 구입하여 남들이 하기 전에 과수원 옆에 먼저 벌통을 설치하였다. 지난해처럼 꿀뿐만 아니라 배 수확도 증가했다.

그러나 올해 수확량 증가는 지난해 것과 비교해서 성격이 달라졌다는 것에 주목해야 한다. 지난해는 아무런 경제적 비용도 지불하지 않고 우연히 얻은 행운에 속한다. 즉 긍정적 외부효과에 의한 것이다. 그러나 올해 것은 과수원 주인이 배 수확을 증가시키기 위해 의도적으로 꿀벌과 벌통을 구입하여 이루어졌다는 것이다. 이러한 과수원 주인의 행위는 우리가 앞에서 배운 생산자이론에서 기업가가 이윤을 극대화하기 위해 생산요소시장에서 생산요소를 구입하는 행위와 동일하다. 이런 경우 배 수확 증가는 외부효과에 의한 것이 아니고 시장을 통한 과수원 주인의 생산활동의 결과이다. 이처럼 외부효과를 생산활동의 결과로 전환하는 것을 외부효과를 **내부화**(internalization)시켰다고 한다. 긍정적 외부효과를 발생시키는 기업들이 있다면 한 기업으로 통합하여 내부화함으로써 시너지효과를 얻을 수 있다는 것을 알 수 있다.

이제 긍정적 외부효과와 사회후생의 관계에 대해서 알아보자. 〈그림 7.2〉는 긍정적 외부효과가 발생한 경우 시장상황을 나타낸 것이다. 제4장에서 이미 언급한 것처럼 시장수요곡선은 사회적 편익(MB)을, 시장공급곡선은 사회적 비용(MC)을 반영한다. 외부효과가 없다면 사회적 편익과 사적 편익, 사회적 비용과 사적 비용은 일치한다. 이때 시장균형은 $MB = MC_1$인 a점에서 이루어지며, 사회후생이 최대가 된다. 긍정적 외부효과가 발생하면 앞에서 설명한 것처럼 사회적 비용(MC_2)이 사적 비용(MC_1)보다 더 적어지기 때문에 더 우측에 존재한다.

앞의 예로 돌아가자. 과수원 주인은 옆에 양봉업자가 있으면 긍정적 외부효과가 발생한다는 사실을 모를 수도 있고, 알았다 하더라도 양봉기술이 없어서 내부화할 수 없다고 하자. 이럴 경우 외부효과가 발생하지 않으므로 시장은 사적 비용선과 수요곡선

그림 7.2 긍정적 외부효과와 사회후생

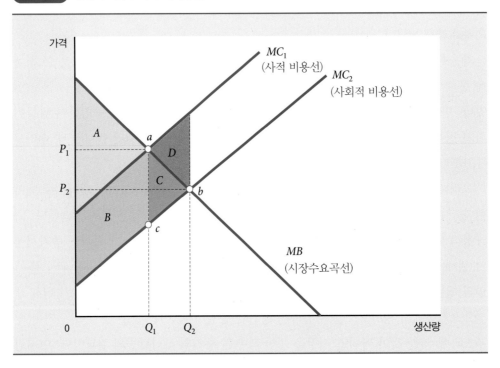

이 만나는 a점에서 자원배분한다. 개별경제주체 입장에서는 $MB = MC_1$에서 의사결정했으므로 합리적으로 행동한 것이다. 이때 사회후생은 'A' 영역만큼 발생한다.

그러나 사회 입장에서 보면(사회적 비용선) 기업이 Q_1만큼 생산할 때 $MB > MC_2$임을 알 수 있다.(c점이 a점 아래에 있다.) 이 균형점은 사회적 최적 상태에 이르지 못했다. 즉 과소생산이 이루어지고 있다. 각 개별경제주체들은 합리적으로 행동했지만 시장은 사회후생 극대화를 유도하지 못했다. 즉 시장실패가 발생했다는 것을 알 수 있다.

이제 사회적 최적배분점에 도달하려면 어떤 방법이 필요한가? 누군가가 양봉업자와 과수원 주인과 협의를 주선하여 과수원 옆에서 벌통을 설치하게 하거나 과수원 주인에게 양봉기술을 가르쳐서 양봉업을 겸하게 하는 것이다. 현실에서 '누군가'의 역할은 대부분 정부가 담당한다.

이제 정부가 기업이 Q_1 이상으로 생산하면 단위당 보조금을 ac만큼 지불한다고 하자. 그러면 기업의 사적 비용은 MC_2 수준으로 낮아져 사회적 비용과 일치하게 된다. 즉 b에서 $MB = MC_2$가 성립되어 새로운 균형에 도달하게 된다.

사회후생은 증가된 후생 $A + B + C$에서 보조금 $C + D$를 뺀 $A + B - D$이다. 이것은 정부가 보조금 정책을 실시하기 전인 사회후생 A보다 크다. 즉 정부는 보조금정책 등을 통해서 사적 비용을 낮춰줌으로써 사회적 최적상태에 도달하게 한다.

사회에서 긍정적 외부효과를 유발하는 대표적인 것은 교육이다. 교육 수준이 높은 사람일수록 노동생산성이 높다. 그러나 가난한 부모들이 많다면 자녀들을 교육시킬 수 없다. 그러면 사회 전반적으로 노동생산성이 낮게 된다. 이런 비효율성을 방지하기 위해 대부분 정부는 대대적인 보조금 정책을 실시한다. 우리나라는 기초교육에 해당하는 초·중교육은 의무교육을 실시하고 있다. 고등교육의 경우 국가가 국립대학을 세워 사립대학보다 저렴한 등록금을 받고, 다양한 장학금제도를 실시하고 있다. 이제 장학금 기부자를 개인의 미덕 측면뿐만 아니라 사회적 최적배분에 공헌한 측면에서도 칭찬해야 할 것이다.

기업의 사원교육 경우도 마찬가지이다. 기업이 사원교육을 하면 노동생산성이 올라가서 이윤이 증가한다는 것은 다 아는 사실이다. 그러나 한 기업이 교육하고 다른 기업에서 그 사원을 스카웃하면 투자비용을 회수할 수 없다. 개별기업 입장에서 사원을 교육할 인센티브가 별로 없다. 그러나 사원이 교육받으면 어느 기업에서 일하든 관계없이 노동생산성이 높기 때문에 사회적으로 바람직하다. 이때도 정부가 기업의 사원교육에 보조금을 지불하면 사회적 효율성을 높이는 데 기여할 수 있다.

차범근(차붐)의 외부경제효과

1988년 지금의 유럽챔피언시리즈 전신인 EUFA 컵 결승 2차전 경기였다. 1차전에서 독일의 레버쿠젠 팀이 스페인 바르셀로나 팀에게 0-3으로 패해 2차전에서 3점차 이상의 승리를 거두지 못하면 우승할 수 없는 절박한 상황이었다. 독일 팀이 2-0으로 리드한 상태에서 스페인 선수의 반칙으로 프리킥이 선언되었다. 프리킥으로 공이 골문 앞으로 날아오자 한 선수가 마치 돌고래처럼 솟구쳐 올라와 헤딩으로 골문을 갈랐다. 관중석 모든 사람이 기립하여 목청껏 '차붐'을 외쳤다. 3-0 승리로 1, 2차전 무승부, 결국 승부차기로 레버쿠젠이 우승하였다. 경기 후 독일감독은 오랫동안 차붐을 끌어안고 뜨거운 고마움을 표시했다.

차범근 선수의 활약상을 학생들의 이해를 돕기 위해 미국의 메이저리그에서 활약하고 있는 류현진 선수로 비유하여 이야기해보겠다. "류현진 선수가 데뷔 첫 해 풀타임 메이저리거로 투수부문 7위 성적을 거두고, 그 다음해 동양인 최초로 투수부문 최고상인 사이어영상을 한 번, 동양인 최초로 최우수선수상(MVP)을 두 번 받았다고 생각해보라. 또한 다저스를 월드시리즈 결승에 두 번이나 진출시키고 그때마다 마지막 7차전에서 완벽한 투구로 승리투수가 되는 장면을 상상해보라. 그리고 그가 마운드에 등장하면 관중들이 류현진을 연호하고 기립박수를 보내고 야구명예의 전당에 헌액되어 유니폼이 영구 전시되고 웬만한 미국인이면 류현진을 알아보고……. 이것이 20~30대에겐 차두리 선수의 아버지쯤으로 기억되는 차범근 선수가 이룩한 공로이다.

배불리 먹기 위해 공을 찼던 차범근 선수의 활동이 자신이 의도하지 않았지만 많은 긍정적인 영향을 광범위하게 미쳤다.

첫째, 한국의 이미지가 좋아졌다. 당시 한국은 1950년 한국전쟁 이래 가난한 개도국 중의 하나에 불과한 나라였다. 그러나 '차붐'을 통해서 한국의 존재가 독일을 거쳐 전 유럽에 알려지게

되었다. 독일의 유명시인 헨샤이트가 "차붐의 찬가"(1979)를 노래할 정도였다. "… 태곳적부터/남성다움과 고결함이/찬란했던 곳/용맹스런 한국이여/그대가 차붐을/우리에게 보냈도다/환희의 음악이여/더 크게 울려라/차붐/자네를 오랫동안 사랑하리……."

둘째, 한국인에게 자신감을 심어주었다. IMF 시절 박세리가 LPGA대회에서 우승함으로써 힘겨운 한국인들을 따뜻하게 위로해주었다면 가난하고 초라하여 내세울 것 하나 제대로 없었던 시절 차범근은 세계무대에서도 우리가 해낼 수 있다는 자신감을 높여주었다.

셋째, 재독동포들의 자긍심을 높였다. 경제개발 초기 독일에서 앞으로 받을 10년 임금을 담보로 차관을 얻기 위해 대량으로 광부와 간호사들을 독일에 파견하였다. 그들이 낯설고 물 설은 타국 땅에서 겪었을 온갖 궂은 일, 냉대와 서러움은 남달랐으리라. 어느 날 '차붐'이 나타나 독일 사람들이 자신들을 대하는 태도가 달라졌다고 생각해보라. 그가 심어준 자긍심은 재독동포들이 독일사회에서 생활하는 데 심리적 안정감을 주었으리라.

넷째, 세계진출의 '플랫폼'을 제공하였다. 당시 세계 최고 축구리그였던 분데스리가에서 '차붐'의 성공은 축구선수의 수요자인 유럽명문 팀에게 한국축구의 우수성을 알렸고, 공급 측면에서 한국선수에게 실력이 있으면 세계 축구수준에서 통할 수 있다는 희망을 주었다. 이것이 발판이 되어 허정무, 박지성, 이청용, 기성용 등이 유럽리그에 진출할 수 있었다.

다섯째, 선진축구의 전략과 기술에 대한 정보를 얻게 되었다. 지금은 영국의 프리미어리그가 최고로 인정받지만 70~80년대는 독일의 분데스리가가 최고였다. 세계 최고수준의 축구의 전략과 전술, 훈련방법 등과 장기적인 인재육성책으로 유소년 축구 등이 소개되었다.

브라질 월드컵 당시 독일을 우승으로 이끈 요

하임 뢰브 감독 사진이 경기장 화면에 떠오르자 "아, 저 선수…… 이름이 뭐더라, 제 대체선수였습니다."라고 말하던 해설위원 차범근. 독일 슈뢰더 총리의 한국 방문 첫마디가 "한독 우호증진이 중요하지만 제일 먼저 '차붐'을 만나고 싶다."라고 할 정도인 사람.

프랑크푸르트 구단 역대 베스트 11로 프랑크푸르트 지하철역에 헌정된 사람. 영국의 유명한 퍼거슨 감독이 '차붐'을 막지 못해 EUFA에서 졌다고 인정한 사람. 독일 귀화를 원하는 독일친구들을 뿌리치고 조국의 축구발전을 위해 영구

귀국했던 사람. 밖에서는 베켄바우어, 클리스만, 요한크루프 등과 동열로 평가하는데 안에서는 승부조작 등 축구비리를 비판했다는 이유로 대한민국의 축구 주류에서 밀려난 사람. 그가 가진 축구와 국제적 자산이 충분히 활용되지 못해 안타까울 뿐이다. 그러나 그의 축구에 대한 헌신, 열정 그리고 프로정신은 앞으로도 많은 사람의 귀감이 될 것이다. 그가 남긴 귀중한 외부경제효과이다. 아무도 가보려고 생각조차도 하지 않았던 험한 길을 홀로 개척한 한국 축구의 진정한 영웅, 그에게 경의를 표한다.

부정적 외부효과

부정적 외부효과의 예를 들어보자. 어느 강 하류에 한 마을이 있었다. 그 강 상류에 염색산업단지가 있다. 의류 1단위 염색하고 그 강물에 헹구어 내려 보내는 데 생산비용이 1,000원 들어간다. 하류에 사는 마을 사람들은 이 물을 마시고 질병에 시달렸다. 의류 1단위 염색할 때 흘려보낸 물을 마시고 병에 걸렸을 때 치료비는 500원이다. 염색기업은 의류 1단위 염색비용을 1,000원으로 회계장부에 기록할 것이다. 그러나 실제 사회가 부담해야 할 비용은 1,500원이 되어야 한다. 기업이 지불한 1,000원과 마을 사람이 지불한 500원의 합이기 때문이다. 부정적 외부효과가 작용할 때 사회적 비용이 기업이 계산한 사적 비용보다 더 크다는 것을 알 수 있다.

〈그림 7.3〉은 부정적 외부효과가 발생한 경우 시장상황을 나타내고 있다. 긍정적 외부효과와 반대로 이 경우 사회적 비용선이 사적 비용선보다 위에 그려진다. 시장에 맡겨두면 a점에서 균형에 도달한다. 즉 개별경제주체는 $MB = MC_1$인 의사결정을 한 것이다. 그러나 사회적 관점에서 보면 이 균형점은 $MB < MC_2$이므로 사회적 최적상태는 아니다. 즉 시장은 사회 최적배분보다 과잉생산을 유도하고 있다.

이제 사회적 최적상태에 도달하기 위해서 사적 비용선을 사회적 비용선과 일치시켜야 한다. 앞의 예로 돌아가서 살펴보자. 한 가지 방법은 마을 사람들이 자기 질병의 원인을 염색기업의 폐수로 밝혀내고 손해배상을 청구하는 것이다. 이것을 기업이 받아들이면 부정적 외부효과는 기업의 생산비용으로 내부화된다. 이것은 민간 자율협상에 의

그림 7.3 부정적 외부효과와 사회후생

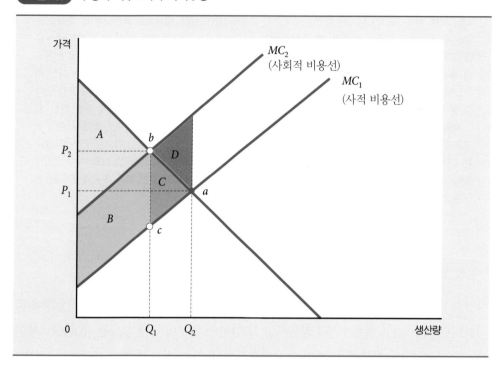

한 해결방법이다. 둘째, 정부가 염색기업에 세금을 부과하는 방법이다. 세금은 생산비용을 높이는 효과가 있기 때문이다. 특히 환경오염에 의한 부정적 외부효과를 교정하기 위해 부과되는 세금을 **피구세**(Pigouvian tax)라 한다. 이 방법을 생각해낸 경제학자 피구(A. Pigou)의 이름을 딴 것이다. 현실에서는 정부가 기업에 정화시설을 설치하도록 강제하거나, 이에 관련된 환경부담금을 지급하게 하는 것으로 나타난다.

이제 사회후생의 변화에 대해서 살펴보자. 균형점 a에서 사회후생은 $A-D$이다. 즉 각 경제주체가 얻은 후생인 $A+B+C$에서 부정적 외부효과에 의한 사회적 비용인 $B+C+D$를 뺀 값이다. 정부가 피구세를 부과하면 균형점 b에서 사회적 최적상태에 도달하게 된다. 이때 사회후생은 A가 된다. 경제주체가 얻는 후생은 $A+B$인데, 부정적 외부효과에 의한 사회적 비용 B를 뺀 값이다.

일상생활에서 대표적인 부정적 외부효과의 예로 담배를 들 수 있다. 어떤 사람이 담배를 피우면 옆 사람이 간접흡연으로 피해를 입는다. 우리나라 정부는 현재 조세의 일종인 건강증진기금을 담배에 부과하고 있다. 건강증진기금을 부과하게 되면 담배가격이 인상되고, 담배수요가 감소하여 부정적 외부효과를 줄일 수 있다는 것이다. 또한 건강증진기금은 복지당국의 기금으로 조성되어, 건강보험공단 운영과 건강증진사업(금연클리닉 등)에 활용되어 부정적 외부효과에 의한 사회적 비용을 상쇄한다.

승용차도 마찬가지이다. 승용차의 이용은 교통혼잡, 대기오염, 교통사고 등의 부정적 외부효과를 발생시킨다. 이러한 부정적 외부효과를 겨냥해서 정부는 휘발유에 교통세를 정액세2의 형태로 부과하고 있다. 교통세 부과를 통해 차량통행량을 줄여 교통혼잡과 대기오염을 줄여 부정적 외부효과를 최소화한다.

이상에서 살펴보았듯이 긍정적 외부효과나 부정적 외부효과가 발생할 경우 시장에 의한 자원배분은 사회적 최적배분 상태에 이르지 못한다. 사회적 최적 상태에 도달하기 위해서는 정부정책이 유효할 수 있다는 것을 보여주고 있다. 이에 따라 정부의 시장개입은 정당성을 가지게 된다.

자율협상

외부효과로 인한 시장실패는 사회적 최적배분 상태에 이르지 못하므로 자원배분이 비효율적이다. 이러한 비효율성을 해소하기 위해 정부는 정책적으로 개입하게 된다. 즉 정부는 긍정적 외부효과인 경우 보조금정책을, 부정적 외부효과인 경우 조세정책을 사용한다.

이러한 정부개입이 자원배분의 비효율성을 해소할 수 있다면 정부는 시장실패를 해결할 수 있는 유효한 경제주체로 평가를 받을 수 있다. 그런데 정부의 정책실행에서 가장 큰 문제점은 외부효과에 의한 사회적 편익과 비용을 정확히 측정하기가 어렵다는 점이다. 이러한 불명확한 사회적 편익증가와 비용감소를 위해 정부는 정책을 실행하는 데 비용을 지불해야 한다. 외부효과를 교정하기 위해 조직을 관리 및 운영해야 하기 때문이다. 이때 정부정책 실효성 여부를 판단하는 것이 쉽지 않게 된다. 어떤 경우 시장실패로 인한 편익감소분이나 비용증가분보다 시장개입에 의한 정책비용이 더 크게 발생하는 경우도 있다. 이런 경우 **정부실패**(government failure)라 한다. 이런 의미에서 정부도 시장실패를 해결할 수 있는 경제주체로서 한계를 갖는다.

---

2 정액세는 해당재화가 얼마가 되었든 부과해야 하는 조세에 해당한다. 담배의 경우 한 갑당 건강증진기금이 부과되며, 휘발유의 경우 1ℓ당 교통세가 부과된다. 즉 휘발유의 수입금액이 '0'원이라 할지라도 정액세로 인하여 1ℓ당 교통세를 내야 승용차를 이용할 수 있다는 것이다.

외부효과가 없는 우리의 일상생활은 상상할 수 없다. 그만큼 각 개인의 행동 하나하나가 어떤 거래 없이 일방적으로 서로 영향을 주고 받는다. 그만큼 외부효과는 일반적인 현상이라는 것이다. 이때마다 정부가 개입할 수 있는 것도 아니다.

외부효과가 발생하면 시장실패가 일어나고 이것을 교정하려는 정부정책도 한계가 있다면 다른 방법은 없는가? 예를 들어 흡연자와 비흡연자가 한 집에서 같이 산다고 하자. 흡연자가 담배 1개비를 피우면서 얻는 만족도가 40,000원어치이고, 비흡연자가 간접흡연으로 인하여 받는 고통이 30,000원어치이다. 담배 1개비 피울 동안 밖에서 추위로 받는 고통은 50,000원어치이다. 정부는 집안에서 비흡연자의 권리를 인정해주고 있다. 즉 집안에서 흡연결정권을 비흡연자에게 준다는 것을 의미한다. 여기서 거래비용3은 0이라 가정한다. 흡연자는 결코 밖에서 담배를 피우지 않는다. 밖에서 피울 때 얻는 편익이 40,000원이고 비용이 50,000원이기 때문이다. 그 대신 흡연자는 비흡연자에게 집안에서 담배를 피우는 대가로 35,000원(30,000원과 40,000원 사이의 어떤 값)을 주겠다고 제안하면 비흡연자는 받아들일 것이다. 자신이 얻는 편익이 자신이 받을 고통보다 크기 때문이다. 흡연자도 불만이 없다. 자신의 만족증가가 비용보다 더 크기 때문이다. 흡연자가 집안에서 담배를 피울 때 사회후생은 10,000원(40,000원 − 30,000원)으로 최적화된다. 흡연자가 담배를 못 피우게 될 때 사회후생은 −10,000이 되기 때문이다.

이제 흡연자에게 권리를 인정한다고 하자. 흡연자는 기꺼이 집안에서 담배를 피울 것이다. 집안에서 담배를 못 피게 하려면 적어도 40,000원이 필요한데 비흡연자는 30,000원 이상 낼 용의가 없기 때문이다.

이상을 정리하면 사회적 입장에서는 누구의 권리를 인정하는 것은 중요하지 않다. 중요한 것은 집안에서 담배를 피우는 것이 사회적 최적이 된다는 것이다. 이처럼 거래비용이 0인 상황에서 외부효과가 발생한 경우 권리주체가 누가 되느냐와 관계없이 당사자 간 자율협상을 통해 사회적 최적상태에 이를 수 있다. 이것을 처음 생각한 사람의 이름을 따서 **코즈의 정리**(Coase theorem)라 한다. 위의 예에서 만약에 흡연자가 담배 1개비 피울 때 만족도가 30,000원어치이고 비흡연자의 고통이 40,000원어치라면 사회적 최적은 흡연자가 담배를 피우지 않는 것이 된다. 학생 여러분이 앞의 논리를 이용하여

---

3 거래비용은 거래과정에서 발생하는 물질적, 시간적, 심리적 일체의 비용을 포함한다. 여기에는 탐색비용, 정보비용, 운송비용과 협상비용 등이 포함된다.

스스로 설명해보기 바란다.

만약에 거래비용(협상비용)이 15,000원이라면4 첫 번째 경우 흡연자에게 권리를 인정한 경우는 차이가 없다. 그러나 비흡연자에게 권리를 인정하게 되면 흡연자가 담배를 피우기 위해서 비흡연자에게 보상비용 30,000원과 협상비용 15,000원을 합한 총 45,000원을 지불해야 한다. 흡연자는 담배를 피울 때 편익보다 비용이 5,000원(40,000원－45,000원)만큼 초과되므로 담배를 피우지 않는 것이 합리적이다. 두 번째인 경우 흡연자에게 권리를 인정하면 앞의 논리와 마찬가지로 흡연자가 담배를 피우는 것이 더 합리적이다. 이렇듯 거래비용이 발생하게 되면 누구에게 권리를 인정하게 되는가가 중요하게 된다.

현실 세계에서는 흡연자들의 만족도도 다양하고 비흡연자의 고통도 서로 상이하여 측정하기가 불가능하다. 또한 두 그룹이 협상하는 것 자체가 불가능하므로 거래비용은 엄청나게 크다. 이런 거래비용을 줄이기 위해 국민들은 국민의 대표를 뽑아 협의하게 하고 법률을 통해서 당사자의 권리를 인정한다.

간접흡연이 건강에 심각한 영향을 미친다는 사실들이 밝혀지면서 비흡연자들의 고통이 그만큼 더 증가하게 되었다. 비흡연자들의 고통이 증가하면 앞의 예에서 보듯이 담배를 피우지 않는 것이 사회후생을 높인다. 그러므로 거래비용이 있는 경우에 비흡연자의 권리를 인정하는 방향으로 법을 제정하는 것이 사회적으로 더 바람직하다. 현재 흡연자들의 입지가 점점 더 줄어들고 있는 것은 이런 이유를 반영하고 있다고 볼 수 있다. 이처럼 우리사회를 규율하고 있는 많은 법, 제도, 규칙과 공중도덕은 이러한 외부효과와 밀접한 관련이 있다. 그러므로 이런 것들이 진정 우리 사회의 최적 자원배분에 기여하고 있는가는 끊임없이 검증하고 분석해야 할 사안이다.

7.2.3 비(非)사적재(non-private goods)

상품유형

제1장에서 우리는 상품을 정의하고 형태에 따라 재화와 서비스로 분류한 바 있다. 여기서는 배재성(excludability)과 경합성(rivalry)의 개념을 가지고 상품을 유형화할 것이다.

---

4 10,000원 이상이면 똑같은 논리가 적용된다.

먼저 **배제성**이란 가격을 지불하지 않은 사람은 어떤 경우에도 재화나 서비스를 이용할 수 없는 특성을 의미한다. 즉 가격을 지불해야만 이용할 수 있다. 시장에서 구입한 대부분의 상품은 배제성을 갖게 된다는 것을 알 수 있다. 반면 **비배제성**은 가격을 지불하지 않은 사람도 재화나 서비스를 이용할 수 있는 특성을 말한다. 많은 공기, 아름다운 바다경관은 공짜로 즐길 수 있기 때문에 비배제적이다.

경합성은 한 경제주체가 특정 재화나 서비스를 사용할 때 다른 경제주체가 그 재화나 서비스를 사용하는 데 제한을 받는 특성을 의미한다. 서점에서 내가 경제학 책을 구입하면 다른 사람이 살 수 있는 수량이 적어지므로 경합적이다. 반대로 비경합성은 한 경제주체가 재화나 서비스를 사용할 때 다른 경제주체의 재화나 서비스 사용에 아무런 영향을 미치지 못하는 것을 의미한다. 한가한 고속도로에 차량이 한 대 더 늘어났다고 내가 운전하는 데 불편하거나 혼잡을 느끼지 않는다. 배제성은 상품이용에서 가격지불 여부가, 경합성은 나의 경제활동이 타인에게 미치는 영향 여부가 중요한 기준이 되는 것을 기억해야 한다.

〈표 7.1〉은 배제성과 경합성을 기준으로 네 가지 형태로 상품을 유형화하고 해당 상품의 예를 제시하고 있다.

사적재

배제성과 경합성을 모두 갖춘 상품이다. 소비자가 일정한 가격을 지불해야만 구입할 수 있고 구입하면 사적 소유권이 인정된다. 일단 구입하면 그 상품으로 나오는 편익은 소유자에게 배타적으로 귀속된다. 이와 같이 배타성과 경합성을 갖춘 재화는 수요공급

표 7.1 재화의 유형

구분	배제성	비배제성
경합성	사적재(private goods) • 경제학 책 • 스마트폰 • 붐비는 고속도로	공유자원(common resources) • 바다 속의 물고기 • 야생동물 • 붐비는 국도
비경합성	자연독점재(natural monopoly) • 항만, 전력 • 대학 • 한가한 고속도로	공공재(public goods) • 국방 및 치안서비스 • 일기예보 • 한가한 국도

원리에 따라 시장에서 가장 효율적으로 배분된다. 애덤 스미스가 말한 시장원리는 바로 이 사적재를 대상으로 했음을 알 수 있다.

공유자원

소비에 경합성은 있지만 배제성이 없는 상품을 말한다. 공동초지에 아무나 소를 키울 수 있지만(비배제성), 한 사람이 많이 키우면 다른 사람이 먹일 초지는 줄어든다(경합성). 이때 소 한 마리 더 키울 때 편익(MB)을 1이라 하면 비용(MC)은 n명이 공동으로 부담하므로 $1/n$이 된다. 개인의 입장에서는 항시 $MB > MC$이므로 아무나 초지에 소를 키우게 된다. 그러나 사회 전체의 입장에서 초지가 감당할 수 있는 것보다 소가 더 많아지면 $MC > MB$로 된다. 그런데도 개인의 입장에서는 $MB > MC$이므로 소를 더 늘리게 되고 결국 초지는 아무도 소를 키울 수 없도록 황폐화된다. 즉 하딘(G. Hardin)이 지적한 '공유의 비극(tragedy of the commons)'이 발생하게 된다. 이처럼 공유자원은 민간의 자율에 맡기면 공유의 비극이라는 일종의 시장실패에 직면하게 된다.

자연독점재

배제성을 갖지만 비경합성을 갖는 재화는 자연독점적 속성을 지닌다. 대학교육의 예를 들어보자. 등록금을 내지 않으면 입학할 수 없다(배제성). 빈자리가 있는데 학생 한 명을 더 입학시킨다고 다른 학생의 교육에 영향을 미치지 않는다(비경합성). 이런 재화의 특징은 처음 투자되는 고정비용이 아주 높다는 것이다. 즉 대학을 설립하려면 강의실, 넓은 운동장, 교육기자재 등에 들어가는 막대한 고정비용과 교직원 고용과 전기와 수도의 사용 등에 지불되는 가변비용이 필요하다. 학생이 한 명만 입학한다면 총비용에서 고정비용의 비중이 엄청나게 높을 것이다. 학생 수가 증가하면 총가변비용은 증가한다. 제3장에서 배웠듯이 평균고정비용은 감소하고 평균가변비용은 생산량이 증가함에 따라 증가하게 된다. 그런데 이 경우 고정비용의 비중이 높기 때문에 학생 수가 증가함에 따라 평균고정비용 감소폭이 평균가변비용 증가폭보다 항시 크게 나타나므로 장기적으로도 평균비용이 감소하게 된다. 이처럼 생산량(학생 수)이 늘어남에 따라 장기평균비용이 감소하는 현상을 **규모의 경제**(economy of scale)라 한다.

규모의 경제는 이 재화의 주요한 특징이며, 이런 비용상의 우위로 인하여 결국 독점에 이르게 된다. 이 재화도 독점에 의한 시장실패가 발생하게 된다. 공항, 한전, 도로공사, 항만 등이 이런 대표적인 재화이다. 이런 시장실패 요인으로 인해 대부분 정부가 관여한 공사형태로 생산활동을 하고 있다.

공공재

배제성과 경합성이 모두 없는 재화를 말한다. 공공재는 사람들이 그 재화를 소비하는 것을 막을 수 없을 뿐만 아니라, 한 사람의 공공재 소비가 타인의 공공재 소비를 방해하지도 않는다. 예를 들어 일반 태풍경보가 울리면 특정 개인이 경보를 듣지 못하도록 막을 수 없다(비배제성). 또한 어떤 사람이 태풍경보의 편익을 누린다고 해서 다른 사람들이 누릴 수 있는 편익이 줄어들지 않는다(비경합성).

A씨가 자기비용을 들여 태풍을 연구하여 태풍경보를 울리면 그 외 모든 사람은 태풍경보의 비배제성과 비경합성으로 한계편익은 양(+)이지만 한계비용은 0이 된다. 오직 A씨만 한계비용이 한계편익보다 더 크다. 이때 합리적인 행동은 누군가가 태풍경보를 울릴 때까지 기다리는 것이다. 결국 아무도 태풍경보를 울리지 않는다.

이처럼 공공재의 경우 어떤 대가를 지불하지 않고 소비가 가능하고 타인의 소비도 방해하지 않으므로 모두가 공짜로 사용하려는 유인이 발생한다. 즉 **무임승차문제**(free rider)가 발생한다. 실제적으로 사회적 필요성이 있음에도 불구하고 개인의 입장에서는 무임승차하는 것이 합리적이므로 아무도 공공재를 생산하지 않는다. 사적 소유권을 설정할 수 없고 시장을 통해서 자원배분을 할 수도 없어 시장실패를 가져온다.

네 가지 상품유형 중에서 사적재일 경우만 시장에 의한 효율적 자원배분이 이루어진다. 그 외 공유자원, 자연독점재와 공공재인 경우 시장실패 현상이 발생하고 있음을 알수 있다. 이러한 시장실패 현상을 어떻게 교정할 것인가? 첫째, 배제성과 경합성을 갖도록 하는 정책을 실시한다. 즉 공유자원, 자연독점재와 공공재를 사적재로 변화시켜 시장에 의해 효율적 자원배분을 하게 하는 것이다. 왜냐하면 이들 재화는 비배제성이나 비경합성으로 인해 시장실패가 발생하기 때문이다. 둘째, 첫 번째 방법이 불가능한 경우 정부가 직접 개입하여 자원배분을 하는 것이 더 효율적이다. 예컨대 국방과 치안을 유지하기 위해 정부가 강제로 국민들에게 조세를 부과하는 것이 이에 해당된다.

7.2.4 정보의 비대칭성

경제학에서 정보는 상품이나 시장상황에 대한 지식이나 자료로 경제주체의 의사결정과정에 영향을 미쳐야 한다. 단편적으로 책을 읽는다거나, 강의를 들으면서 접하는 과정에서 우리가 받아들이는 것은 지식 혹은 데이터라 할 수 있다. 즉 정보는 경제주체가 합리적 의사결정 과정에서 반영된 지식이나 자료를 의미한다.

모든 경제주체들은 자신이 알고 있는 정보를 바탕으로 경제행위를 한다. 완전경쟁시장 조건에 구매자와 판매자가 완전한 정보 또는 적어도 구매자와 판매자가 알고 있는 정보가 동일(정보의 대칭성)해야 한다는 것이 포함되어 있다. 이처럼 시장이 자원배분의 효율성을 극대화하기 위해서 정보는 아주 중요한 요소가 된다. 이 절에서는 이러한 정보와 시장실패 간의 관계에 대해서 설명한다. 사실 현실세계에서는 이러한 정보를 얻기 위해 가격을 지불하는 것이 일반적이다. 그러나 여기서는 원론 수준에서 정보는 대가 지불 없이 얻는 자유재(free goods)로 가정한다.

현실경제에서 특정재화에 대해 알고 있는 정보가 판매자와 구매자 사이에 서로 다른 것(정보의 비대칭성)이 일반적이다. 예컨대 특정재화의 정보가 100으로 구성되어 있다고 하자. 판매자는 해당 재화의 정보를 다 알고 있다. 반면 구매자는 60만 알고 있다면, 정보의 비대칭성이 성립한다.

이러한 비대칭적 정보 상황은 우리 일상생활에서 광범위하게 찾아볼 수 있다. 중고차시장의 경우 판매자는 자기 차의 상태에 대해서 잘 알지만 구매자는 겉만 보고 중대한 사고를 당한 차인지 아니면 잘 유지된 차인지 그 상태를 잘 알 수 없다. 건강보험의 경우도 마찬가지이다. 일반 사람들은 자신의 병력에 대해 보험회사보다는 더 잘 안다. 노동시장의 경우 수요자인 기업이 공급자인 노동자(취업 준비생)보다 노동력에 대한 정보가 부족할 것이다. 이 때문에 기업은 고용할 때 노동력을 선별하기 위해 다양한 스펙을 요구하고 단체면접 및 연수 등을 통해 검증을 시도한다. 재화시장도 마찬가지이다. 재화의 성능 및 품질에 대한 정보는 생산을 직접 담당하는 판매자가 구매자보다는 더 많이 가지고 있을 것이다. 의료시장에서 의사가 환자를 위해 최선을 다한 진료인지, 오진인지에 대해서는 알기 어렵다.

시장에는 수많은 다양한 주체들이 서로 다른 정보와 목적을 가지고 참여한다. 경제주체들은 자신의 경제적 행동을 위해 다양한 정보를 입수하고, 이를 바탕으로 의사결정을 하게 된다. 현실경제에서 이러한 주체 간의 동일한 정보는 거의 불가능하다. 우리가 의사결정 이전에 많은 시간을 사용하여 정보를 얻으려고 하는 것은 거래 당사자와의 정보 갭을 축소하여 보다 정보대칭적 상황으로 바꾸려는 노력이라 할 수 있다.

그러나 사회 전체적으로 보면 비대칭적 정보는 다양한 시장공간에서 존재하기 때문에 사회후생을 극대화하는 시장균형에 도달하기가 어렵게 된다. 이를 비대칭적 정보로 인한 시장실패라 한다.

비대칭적 정보의 원인

감춰진 속성 : 역선택 비대칭적 정보의 원인으로 감춰진 속성과 감춰진 행동 두 가지를 들 수 있다. 두 가지 모두 무엇인가를 감추고자 하는 것에서 비대칭적 정보가 발생한다. 감춰진 속성은 중고품 시장에서 흔히 발견된다. 판매자가 자신이 가지고 있던 재화를 다른 사람에게 판매하는 과정에서 재화의 문제점에 대해서 더 많이 알고 있지만, 판매하는 과정에서 이를 정확하게 밝히기를 꺼린다.

금융시장도 마찬가지이다. 대출자는 자기의 대출상환능력을 정확하게 알고 있다. 대출자도 은행에 자신에게 불리한 정보를 밝히길 꺼린다. 그러므로 은행은 대출자의 상환능력을 정확히 파악할 수 없다.

이러한 비대칭적 정보로 인하여 낮은 품질의 재화나 서비스를 선택하게 되는 경우가 발생한다. 이것을 역선택(adverse selection)이라 한다. 이것은 값싸고 질 좋은 상품을 선별해내는 시장기능을 왜곡시킨다.

이제 비대칭적 정보 상황에서 경제주체들은 어떤 선택을 하는가를 살펴보자. 미국의 경제학자 에컬로프(G. Akerlof)는 1970년 '레몬마켓(market for lemons)'[5]이라는 논문에서 중고차 시장의 예를 가지고 정보의 비대칭문제를 처음으로 다루었다. 그는 이 공로로 2001년 노벨경제학상을 받았다.

중고차 판매자는 자신이 직접 사용했기 때문에 구매자보다 그 차에 대해서 더 잘 안다. 중고차시장에서는 일반적으로 사용연수나 마일리지 등 일정한 평가기준에 따라 비슷한 차들의 평균상태를 바탕으로 가격이 제시된다. 예컨대 '좋은' 중고차 가격이 200만 원이고 '나쁜' 중고차 가격이 100만 원이라면 이 시장에서 중고차의 평가액은 평균가격인 150만 원으로 형성될 것이다. '좋은' 중고차를 팔려는 사람은 200만 원짜리를 150만 원에 팔아야 하기 때문에 50만 원을 손해보고 팔려고 하지 않는다. 이 때문에 중

---

5 겉만 번지르르하고 알맹이가 없는 것을 미국인들은 레몬으로 비유한다. 우리나라의 빛 좋은 개살구와 비슷하다. 여기서 레몬마켓은 중고차 시장을 의미한다.

고차 시장에서는 '빛 좋은 개살구'들인 '나쁜' 중고차만 넘쳐난다. 결과적으로 시장에서 구매자는 질 좋은 자동차(상품)보다 역으로 질이 낮은 자동차를 선택할 가능성이 높아진다.

건강보험 시장도 마찬가지이다. 사람들의 건강상태는 곧 운명할 사람부터 병이 전혀 없는 사람까지 다양할 것이다. 그리고 자신의 건강상태는 자신이 가장 잘 안다. 보험회사는 모든 사람의 건강상태를 정확히 모른다. 과거 건강기록을 활용하든 여러 가지 자료를 사용하든 보험회사는 평균적인 건강상태를 기준으로 보험료를 책정할 것이다. 건강한 사람들은 이 보험료가 비싸다고 느낄 것이고 이에 따라 보험에 가입하지 않는다. 반면 건강이 좋지 않는 사람은 싸다고 생각하고 보험에 가입한다. 결국 건강보험회사에는 건강하지 못하는 사람만이 보험에 가입한다. 이런 상황에서 이 건강보험회사의 보험금 지급은 보험료 수입보다 커지게 된다. 이에 따라 결국 파산하게 된다. 이런 이유 때문에 대부분의 국가에서 정부가 강제적 방법으로 의료보험료를 징수하는 사회보험 형태로 건강보험을 운영하고 있다.

이제 독자는 노동시장에서도 평균 임금을 주고 능력 있는 인재를 고용할 수 없다는 것을 이해할 것이다. 젊은 시절 에컬로프는 미연방은행 총재인 부인 엘런(J. Yellen)과 함께 아이들을 위해 '좋은' 베이비시터를 구하기 위해 노동시장 평균임금의 1.5배를 주겠다고 광고한 적이 있다. 물론 마음에 드는 베이비시터를 구하였다. 이런 경험은 부인 엘런과 공저로 노동시장의 효율임금모형(efficiency wage model)을 개발하였다. 효율임금모형에 의하면 기업들이 인재를 고용하기 위해 노동시장의 임금보다 더 높은 임금을 지급하기 때문에 노동시장은 항시 초과공급 상태가 되어 실업이 발생한다는 것이다. 이것은 정보의 비대칭성으로 인해 노동시장이 왜곡되는 것을 보여준다.

감춰진 행동 비대칭적 정보의 다른 원인으로 감춰진 행동을 들 수 있다. 경제활동은 일반적으로 상호간의 계약을 통해 이루어진다. 두 당사자 간에 계약이 체결되면 상호간에 최선을 다한다는 내용을 명시적으로 계약서에 적는다. 이것이 신의성실의 원칙이다. 감춰진 행동은 이런 신의성실의 원칙이 과연 얼마나 지켜지느냐와 관련이 있다.

자동차 보험을 예로 들어보자. 보험 가입과정에서 보험설계사들은 고객들을 열심히 설득한다. 여기에는 사고처리와 보상내용 등이 포함될 것이다. 보험가입자는 이런 내용을 믿고 계약을 체결한다. 보험가입자 입장에서는 자신의 사고 위험을 보험회사로 이전했기 때문에 방어운전 등 사고예방을 소홀히 하는 것이 합리적인 행동이 된다. 예전에는 사고 두려움 때문에 저속도로 안전운전을 했다. 이제는 사고 위험을 감수하더라도 좀 더 빠른 속도로 운전하여 회사에 출근한다. 그러나 보험회사는 보험가입자의 신의성실의 의무를 확인하기가 쉽지 않다. 여기에 보험회사와 보험가입자 간 정보의 비대칭성이 존재한다. 상가의 화재보험자들이 화재예방조치를 소홀히 하는 것도 마찬가지이다. 보험가입자의 이런 태도는 결국 자동차사고와 화재발생을 더 유발한다. 결국 사회적 자원의 낭비를 가져온다.

이런 정보의 비대칭성에 의한 인간의 행위를 **도덕적 해이**(moral hazard)라 한다. 이런 도덕적 해이는 보험 분야뿐만 아니라 다양한 분야에서 관찰된다. 현대 기업경영을 예로 들어보자. 현대사회에서 기업은 대부분 주식회사 형태이고 기업의 소유와 경영이 분리되어 있다. 주주는 계약을 통해 경영자를 고용하고 주주이익 극대화를 위해 일하도록 필요한 권한을 위임한다. 경영자는 계약서에 따라 신의성실의 의무를 다하여 주주의 이익에 봉사하면 자원은 효율적으로 배분된다. 즉 경영자 고용시장이 잘 작동된 것이다.

그러나 경영자가 주주이익을 위해 일을 잘 하고 있는지 감시하기가 쉽지 않다. 현대의 주식회사는 주주가 다수일 뿐만 아니라 지속적인 감시도 쉽지 않기 때문에 경영자의 도덕적 해이가 발생할 수 있는 확률이 높다. 즉 경영자는 자신의 정보를 활용하여 주주의 이익보다는 자신의 이익을 추구할 가능성이 높다. 조직을 확대하기 위해 수익률이 낮음에도 투자를 확대하거나 승용차를 비싼 차로 바꾸거나 집무실을 호화롭게 꾸미는 것 등이 이러한 도덕적 해이에 해당할 것이다.

도덕적 해이는 소송당사자와 변호사 간의 관계에서도 발견할 수 있다. 의뢰인은 변호사를 선임하여 자신의 소송을 위임한다. 의뢰인은 변호사가 자신의 소송에 최선을 다해줄 것으로 기대하지만 이것을 확인하기가 쉽지 않다. 또한 이 변호사는 자신의 소송만 맡은 것이 아니기 때문에 도덕적 해이가 발생할 가능성이 높다.

이런 도덕적 해이는 다음과 같은 구조에서 자주 일어난다는 것을 알 수 있다. 주인이 어떤 일을 하려고 머슴(대리인)을 고용한다. 그런데 이 머슴이 주인이 자기가 하는 일을 잘 감시할 수 없는 구조를 이용하여 자신의 이익을 추구할 수 있는 경우이다. 이런 도덕적 해이는 주인과 머슴 사이의 정보의 비대칭성 때문에 발생한다. 이것을 대리인 문제(agency problem)라 한다. 이런 대리인 문제는 국민과 대통령을 포함한 정치가 간의 관계, 국민과 관료 간의 관계와 사장과 종업원 간의 관계 등 어떤 조직에서도 발견할 수 있다.

대리인 문제는 자신의 이익을 위해 일하고 자신의 주인의 이익을 소홀히 하는 것이다. 즉 대리인의 합리적 행동이 주인의 이익 최대화에 기여하지 못한다. 이것은 사회전체의 효율적 자원배분을 가로막는 또 다른 형태의 시장실패를 의미한다.

대안

지금까지 정보의 비대칭성 발생 요인이 감춰진 속성과 감춰진 행동에 있다는 것을 살펴보았다. 이러한 정보의 비대칭성은 결국 시장실패를 가져와 자원배분의 비효율성을 유발한다. 다음 〈표 7.2〉는 두 가지 요인에 대해 정리한 것이다.

정보의 비대칭성 발생시점에 대해서 살펴보자. 감춰진 속성은 사전적이며, 감춰진 행동은 사후적이다. 역선택은 구매행위 이전에 감춰진 속성 때문에 발생하는 시장실패의 유형이다. 반면 도덕적 해이는 계약 이후 감춰진 행동 때문에 발생하는 시장실패의 유형이다. 이처럼 속성과 행동의 차이는 정보의 비대칭성 발생시점에 따라 구분할 수 있다.[6]

이제 이러한 정보의 비대칭성으로 인해 발생하는 시장실패를 극복하기 위한 대안을 살펴보자. 가장 일반적인 대안은 정보의 갭을 줄이는 것이다. 시장이 할 수 없기 때문에 시장 이외의 조직이 이 역할을 수행해야 할 것이다.

표 7.2 정보의 비대칭성과 시장실패

원인	감춰진 속성	감춰진 행동
정보의 비대칭성 발생시점	사전적	사후적
시장실패	역선택	도덕적 해이(대리인 문제)
대안	신호발송과 선별장치	인센티브

6 강의를 하는 과정에서 이러한 정보의 비대칭성을 설명할 때, 예로 많이 드는 것은 결혼이다. 결혼 전에 배우자의 성격을 정확하게 파악하지 못하여 역선택을 하는 경우가 발생하게 된다. 반면 결혼 후에는 시간이 지남에 따라 사랑의 정도가 시들해지면서 서로에게 최선을 다하지 않는 도덕적 해이가 발생한다. 과연 이러한 관계 또한 시장실패인지 다같이 고민해보자.

먼저 감춰진 속성이 존재하면 구매자는 정부가 제도적으로 갖추어 놓은 공식적인 정보를 이용하는 것이 바람직하다. 정부가 시행하고 있는 재화의 품질인증제도가 좋은 예이다. 이것은 중고시장에서 거래되는 고가의 재화에 대해서는 정부가 주요내용에 대해 명시하도록 하는 제도이다. 이처럼 정부개입은 정보 갭을 줄이면서 정보의 비대칭성에 의한 시장실패를 어느 정도 해결할 수 있다. 그러므로 정부는 정보를 감추려는 유인이 있는 그룹이나 사람들이 정보를 공개할 수 있도록 법적·제도적 장치를 마련해야 한다.

외국에 여행 가서 그 나라 음식을 먹는 것은 커다란 모험이 아닐 수 없다. 그러나 맥도날드 햄버거가게가 보이면 주저하지 않고 들어갈 것이다. 이것이 글로벌 기업들이 전 세계에 표준화된 상품을 공급하는 한 가지 이유가 될 수 있다. 이미 자기 국가에서 표준화된 상품에 정보를 갖고 있기 때문에 외국에 가서도 정보의 갭이 그렇게 크지 않다. 이렇게 보면 글로벌 시장 자체가 정보의 비대칭성을 해결할 수 있는 하나의 방안이 될 수 있다.

판매자는 자신의 시장을 지키기 위해서 구매자의 역선택 피해를 줄어야 한다. 그렇지 않으면 심각한 시장실패로 인해 시장 자체가 위협을 받게 된다. 예컨대 중고차 시장에 '빛 좋은 개살구'들만 진열되어 있다면 누구 중고차를 구매하겠는가? 머지않아 그 중고차 시장은 사라질 것이다.

좋은 품질의 상품을 선택하고자 하는 소비자에게 기업의 광고를 통해 품질에 대한 확신을 심어주는 것이 필요하다. 이 중 많이 사용되고 있는 것이 품질보증제도이다. 예를 들어 자동차의 경우 10년 무상수리, 10만Km 무상수리 등을 보장하는 제도이다. 즉 자신이 제조한 자동차의 품질에 대한 확신을 심어주는 것이다. 이것을 신호발송이라고 한다. 이러한 과정에서 신호발송비용이 발생하지만 품질의 자신감을 통해 창출된 이윤이 이것보다 큰 경우 전략적으로 선택된다.

도덕적 해이의 문제는 신상필벌이 가장 효과적인 방법이다. 주인을 위해 일을 잘 하면 상을 주고 잘못하면 반드시 벌을 준다는 것을 대리인이 확실하게 인식하도록 하는 것이다. 주식회사의 경우 대리인 문제를 해결하기 위해 매년 재무제표를 작성하여 공표하게 한다. 주주들은 이 재무제표를 통해서 경영자의 능력을 평가한다. 실적이 안 좋으면 경영자를 해고하는 큰 벌을 내린다. 실적이 좋으면 큰 보너스가 지급될 것이다. 요즈음은 주식시장이 발전하면서 자사 주식의 가격을 통해서 경영자를 평가한다. 주식가격이 상승하면 경영자가 그만큼 주주이익을 위해 일한 것이고 주식가격이 하락하면 경영자에 문제가 있는 것이다. 주식가격이 신상필벌의 중요한 도구로 사용된다. 이런 제도를 스톡옵션7이라 한다. 경영자는 주식가격을 높이기 위해서 열심히 노력하면 결국 자신보다는 주주이익에 봉사하게 된다. 이런 과정에서 별도의 감시체계 없이 경영자가 주주이익을 위해 최선을 다하게 되는 경제적 유인을 제공한다는 측면에서 도덕적 해이를 해소할 수 있다는 평가를 받고 있다.

---

7 1998년 주택은행장으로 취임한 김정택 행장은 연봉을 1원만 받는 대신 40만 주의 스톡옵션을 받았는데, 4년 후 스톡옵션을 통해 110억 원의 수익을 올렸다.

✏️ 연습문제

⬛ 객관식 문제

1. 다음 시장형태 중에서 시장실패가 일어나지 않는 것은?
   ① 독점   ② 과점   ③ 독점적 경쟁   ④ 완전경쟁

2. 한 경제주체가 우연히 다른 경제주체에게 시장을 통하지 않고 자원배분하는 현상을 무엇이라 하는가?
   ① 죄수의 딜레마   ② 무임승차   ③ 외부효과   ④ 역선택

3. 다음은 외부효과에 대한 설명이다. 이 중 옳지 않은 것은?
   ① 자연환경이 우연히 인간에 미치는 영향이다.
   ② 사적 비용과 사회적 비용 간에 괴리가 발생한다.
   ③ 시장실패의 요인이 된다.
   ④ 의도 없이 이루어진 인간의 행동결과이다.

4. 외부효과를 생산활동의 결과로 전환하는 것을 무엇이라 하는가?
   ① 내부화   ② 역선택   ③ 공유지의 비극   ④ 무임승차

5. 교육처럼 긍정적 외부효과가 작용할 때 시장은 최적상태보다 적은 양을 생산하게 한다. 이것을 보정하기 위한 적절한 정책은?

① 조세정책   ② 보조금정책   ③ 관세환급   ④ 수량제한

6. 다음 중 피구세를 옳게 설명하고 있는 것은?

① 사우디아라비아처럼 석유수출에 부과되는 세금

② 환경오염에 의한 부정적 외부효과를 교정하기 위해 부과되는 세금

③ 수익자부담원칙에 따른 공공재 사용료

④ 상대국의 보조금정책에 대항하여 부과되는 세금

7. 다음은 무엇을 설명하고 있는가?

> 거래비용이 0인 상황에서 외부효과가 발생한 경우 권리주체가 누가 되느냐와 관계없이 당사자 간 자율협상을 통해 사회적 최적상태에 이를 수 있다.

① 공유지의 비극   ② 공공재   ③ 코즈정리   ④ 대리인 문제

8. 다음 설명 중 옳지 않은 것은?

① 배제성은 가격을 지불해도 상품을 이용할 수 없는 특성이다.

② 경합성은 한 사람의 상품사용이 다른 사람의 사용에 영향을 미치는 특성이다.

③ 사적재는 배제성과 경합성을 동시에 갖는 상품이다.

④ 공공재는 비경합성과 비배제성 때문에 무임승차의 특성을 갖는다.

9. 다음 상품 중 성격이 다른 하나는?

① 바다 속 물고기   ② 야생동물   ③ 붐비는 국도   ④ 항만

10. 다음은 어떤 현상에 대해서 설명하고 있다. 옳은 것은?

> A씨가 자기비용을 들어 태풍을 연구하여 태풍경보를 울리면 그 외 모든 사람은 태풍경보의 비배제성과 비경합성으로 한계편익은 양(+)이지만 한계비용은 0이 된다. 오직 A씨만 한계비용이 한계편익보다 더 크다. 이때 합리적인 행동은 누군가가 태풍경보를 울릴 때까지 기다리는 것이다.

① 무임승차   ② 대리인 문제   ③ 역선택   ④ 정보의 비대칭

11. 금융시장에서 대출자는 자기의 대출상환능력을 정확히 알고 있지만 불리한 정보는 은행에게 말하지 않는다. 이러한 비대칭적 정보로 인하여 낮은 품질의 상품을 선택하게 되는 경우를 무엇이라 하는가?

① 무임승차   ② 대리인 문제   ③ 역선택   ④ 도덕적 해이

12. 다음 중 시장실패 요인이 아닌 것은?

① 무임승차   ② 대리인 문제   ③ 사적재   ④ 정보의 비대칭

서술식 문제

1. 시장실패와 그 원인에 대해서 설명하라.

2. 외부효과(긍정적 외부효과와 부정적 외부효과)를 예를 들어 설명하라.

3. 시장실패와 부정적 외부효과에 대해서 정부개입의 사례를 들어보라.

4. 공공재와 사유재를 구분하는 중요한 기준은 무엇인가?

5. 무임승차에 대해서 공공재와 사유재의 특징을 바탕으로 설명해보라.

6. 도로는 어떤 재화인가?

7. 긍정적 외부효과에 따른 사회후생 변화를 설명하라.

8. 정보의 비대칭성이 어떠한 경로로 시장실패로 이어지는지 설명하라.

9. 기업에서 경영자와 소유주가 분리된 경우 둘 간의 관계에서 발생하게 되는 문제점들에 대해서 생각해보고, 이를 경제학적 이론을 바탕으로 설명하라.

10. 정보의 비대칭성으로 인해 발생하는 문제들에 대해서 생각해보고 이를 위한 대안에 대해서 설명하라.

제7장 객관식 문제 정답
1. ④ 2. ③ 3. ① 4. ① 5. ② 6. ② 7. ③ 8. ① 9. ④ 10. ① 11. ③ 12. ③

08 CHAPTER

거시경제의
기본개념

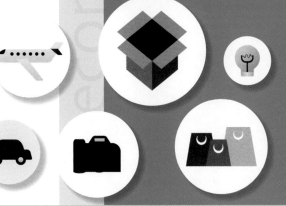

8.1 거시경제의 분석방법

제7장까지 미시경제학에 대해서 공부하였다. 즉 개별경제주체인 가계와 기업이 어떻게 의사결정을 하고 이들이 시장에서 어떻게 상호작용하는지를 다루었다. 즉 개인(가계와 기업)들이 각자 자기 목적에 맞추어 행동하면 그 결과가 시장에서 합해지고 조정되어 자동으로 사회후생이 최대화된다. 이것의 분석과정을 보면 다수의 가계, 기업, 상품과 생산요소를 설정하고 대표적인 하나의 가계와 기업이 2개의 상품(가장 간단한 복수)과 2개의 생산요소를 가지고 의사결정을 한다. 그 결과를 수평적으로 합하여 각 상품과 생산요소의 수요곡선과 공급곡선을 유도하여 시장을 분석한다.

반면 거시경제학은 국가경제 전체를 하나의 분석대상으로 한다. 그러면 전체를 어떻게 나타내는가? 일반적으로 단위가 같으면 부분을 합해서 나타내고, 단위가 다르면 추상적인 개념을 가지고 나타낸다. 예를 들면 일정기간 동안 우리나라 전체 상품의 소비량과 생산량은 얼마나 될까? 우리나라 올해 물가상승률은 얼마나 될까? 우리나라 생산량은 매년 얼마씩 증가하는가? 우리나라 노동자들의 취업률은 얼마나 될까? 모두 전체에 관한 질문이다.

이때 노동인구수나 시간의 경우 단위가 같으므로 인구수나 시간을 합하여 국가 전체의 노동인구수와 노동시간을 구할 수 있다. 그러나 소비량과 생산량의 경우 개별가계에서 소비 상품의 종류가 다양하고 또한 기업들도 다양한 상품을 생산하고 있기 때문에 총소비량이나 총생산량을 단순히 합해서 구할 수 없다. 예컨대 오늘 한 식사량, 데이트하면서 본 영화 1편, 리포트를 내기 위해 사용한 노트 한 권, 볼펜 한 자루도 물리적으로 합할 수 없다. 그래서 우리나라에서 다양하게 생산되는 상품들을 하나로 묶을 수 있는 하나의 추상적인 상품을 만들면 국가 전체적인 입장에서 경제상황을 파악하기가 용이할 것이다.

이 상품은 다양한 방법으로 측정되고 있다. 현재는 일반적으로 GDP(gross domestic product, 국내총생산) 방식이 사용되고 있다. 앞으로 이 추상적인 상품을 GDP라 하자. 또한 여기서 가계나 기업도 개별경제주체로서가 아니라 GDP를 소비하고 생산하는 경제주체로서 총합적인 가계와 기업을 의미한다.

거시경제학에서는 그 사회에 존재하는 전체 생산요소를 투입하여 GDP라는 하나의 상품만 생산하는 경제에서 출발한다. 미시경제학에서는 소고기, 볼펜, 책 등 다양한 상품들이 다양한 시장에서 거래되지만 거시경제학에서는 오직 GDP시장에서 GDP만 거래될 뿐이다. 소고기, 볼펜과 책을 살 때도 거시경제학을 공부할 때는 가계는 GDP를 구입하고 기업은 GDP를 생산한다고 인식해야 한다.

GDP를 여러분이 어릴 때 미술시간에 이용했던 찰흙으로 상상해보라. 한 반은 이것으로 배, 사과, 오이, 포도 등 과일을 만들었다. 반면 다른 반은 비행기, 선박 등 수송수단을 만들었다. 어느 반이 더 많이 만들었을까? GDP 방식은 가짓수가 아니고 각 반에서 만든 것들을 다시 하나로 뭉친 다음 찰흙의 양을 측정하면 된다. 더 많은 찰흙을 사용한 반이 더 많이 만든 것이다.

시장은 상품이 교환되는 곳이다. 미시경제학에서는 복수개의 상품이 존재하므로 중요한 의사결정은 상대가격으로 결정된다. 예컨대 소비자균형은 한계대체율과 두 재화의 상대가격이 일치하는 점에서, 생산자 균형은 한계기술대체율과 두 생산요소의 상대가격이 일치하는 점에서 이루어진다. 상대가격은 제3장에 배운 것처럼 상품 간 교환비율을 의미하며, 상대가격이 실질적인 분배기능을 수행한다.

이러한 세계에서 통화량이 두 배 늘어나면 두 재화의 가격이 두 배 상승하기 때문에 상대가격에는 변화가 없다. 이 때문에 소비량, 생산량과 생산요소량은 전혀 변화하지 않는다. 화폐(불환지폐)는 단지 교환의 매개수단의 역할만 수행할 뿐이다. 그래서 화폐가 존재하지 않는다고 해도 미시경제학 체계를 이해하는 데 크게 방해되지 않는다. 미시경제학은 단순히 물물교환의 세계, 즉 하나의 상품이 화폐 역할을 하는 체계와 크게 다르지 않다.

거시경제학에서는 상품시장에 GDP라는 상품이 하나만 존재한다. 〈그림 8.1〉은 거시경제틀에서 경제순환모형도를 그린 것이다. 가계는 자신이 보유하고 있는 생산요소(자본, 노동)를 생산요소시장에 판매하고 이자율, 배당금, 지대와 임금 형태로 소득을 얻는다. 이것을 바탕으로 상품시장에서 GDP를 구입한다. 반면 기업은 자본과 노동을 생산요소시장에서 구매하여 GDP를 생산 및 공급한다. 이때 GDP의 수요를 개별상품 수요와 구분하기 위해 총수요(aggregate demand), GDP의 공급을 총공급(aggregate supply)이라 한다. 〈그림 8.1〉에서 보라색 화살표는 실물의 흐름을, 검정색 화살표는 화폐의 흐름을 나타낸다. 이것을 통해서 소득 측면의 GDP, 지출 측면의 GDP, 수입 측면의 GDP와 비용 측면의 GDP는 모두 같다는 것을 알 수 있다.

거시경제 순환모형과 미시경제 순환모형을 비교하면 상품시장에서 차이가 난다. 즉

그림 8.1 거시경제 순환모형도

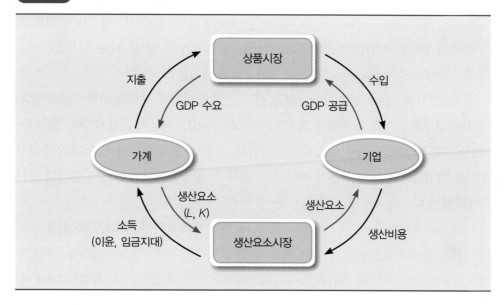

전자는 상품이 1개(GDP), 후자는 2개(복수)가 존재한다. 미시경제의 경우 상대가격(물물교환)으로 두 재화의 교환이 가능하다. 반면 거시경제의 경우 GDP와 화폐만이 교환이 가능하다. 이제 화폐를 하나의 상품으로 받아들이면 상품시장에 2개의 상품이 존재하므로 거시경제 체계도 미시경제 틀에서 이해할 수 있다. 다만 화폐는 기업이 아닌 정부가 공급(발행)하는 것이 다를 뿐이다.

이제 GDP시장과 화폐시장 두 개가 존재하게 된다. 가계는 노동의 대가로 일정 액수의 임금을 화폐로 받는다. 이 화폐의 일부를 가지고 GDP를 구입하고 남은 화폐는 저축한다. 즉 가계는 GDP시장에서는 수요자로, 화폐시장에서는 공급자로 나타난다. 이에 비해 기업은 은행이나 금융기관에서 대출받아 노동과 자본을 구입하여 GDP를 생산하고 시장에 공급한다. 기업은 GDP시장에서는 공급자로, 화폐시장에서는 수요자로 나타난다. 이처럼 GDP시장에서는 수요 · 공급원리에 따라 GDP가격(물가)이, 화폐시장에서는 화폐가격(이자율)이 결정된다.

2개의 상품이 존재하므로 어느 것을 측정단위로 사용하느냐에 따라 두 가지 경제변수로 구분을 할 수 있다. 즉 화폐단위로 나타내는 것을 명목변수(nominal variable)라 하고, GDP단위로 나타내는 것을 실질변수(real variable)라 한다. 예컨대 GDP 1단위의 가격이 100원이라 하자. 어떤 나라의 GDP가 5단위라면 화폐단위로 나타낼 때 500원이 된다. 즉 명목소득(GDP)이 500원이다. 반면 (명목)임금이 1,000원일 때 GDP단위로 환산하면 10개이다. 이 GDP 10개는 실질임금을 의미한다. 즉 실질GDP는 명목소득으로 살 수 있는 GDP의 양을 나타낸다는 점에서 실질구매력을 의미한다.

거시경제학에서는 시장의 불완전성을 전제로 하기 때문에 정부의 역할이 강조된다. 정부는 GDP를 소비하고 화폐를 발행하는 주체로서 GDP시장과 화폐시장에 개입하여 정책목표를 달성하기 위해 영향력을 행사한다. 또한 수출과 수입의 차로 정의된 국제수지는 개별가계와 기업 차원이 아닌 국가 전체 차원의 문제이기 때문에 당연히 거시경제학에서 다루어져야 할 부분이다.

이제 거시경제학의 체계를 다음과 같이 단순화하여 정리하면 이해하기가 쉬울 것이다. 1개의 가계가 존재한다. 전체는 둘일 수 없기 때문이다. 이 가계는 생산요소시장에 생산요소(노동과 자본)를 공급하고 상품시장에서는 GDP를 소비한다. 기업도 1개이다. 생산요소시장에서 생산요소를 구입하여 GDP를 생산하고 상품시장에서 GDP를 판매한다. 정부는 화폐를 정책적 판단에 따라 발행하고 GDP를 소비할 수 있다. 외국도 하나 존재한다. 이 국가는 우리나라 GDP를 국제시장에서 구입한다. 이것이 우리 입장에서 수출이다. 외국은 자국의 GDP를 우리나라에 판매한다. 이것이 수입이다. 앞으로 이런 상황에서 GDP시장, 화폐시장(외환시장 포함)과 생산요소시장 간의 상호작용을 다룰 것이다.

8.2 GDP 측정

거시경제에서 생산요소를 투입하여 기업이 생산한 상품은 GDP뿐이다. 이것을 어떻게 측정할 수 있을까? 일반적으로 한 나라에서 일정기간 동안 생산된 모든 최종 재화와 서비스의 시장가치로 측정한다. 이렇게 측정되는 GDP의 특징을 정리하면 다음과 같다.

첫째, GDP는 한 국가의 영토 내에서 일어나는 총생산을 가치단위로 측정한다. 인도네시아나 베트남 국민이 산업연수생으로 임시로 한국에서 일해서 창출한 생산가치도 한국 GDP에 포함된다. 이것은 일정기간 동안 한 나라 국민들이 생산한 모든 최종재 상품들의 시장가치로 나타내는 GNP(국민총생산, gross national product)와 구분된다. 이 측정방법은 세계화가 이루어지기 이전에 사용되었다.

둘째, 보통 1년 기간으로 측정하지만 필요에 따라 분기별로 측정하기도 한다. 그리고 그 기간 동안 생산된 재화와 서비스만이 포함된다. 이 기간 이전에 생산된 중고차나 중고책 매매는 GDP에 포함되지 않는다.

셋째, 중간재는 GDP에 포함되지 않고 최종재만 계산된다. 농부의 예를 들어보자. 노동과 자본을 투입해서 쌀 100만 원어치를 생산하였다. 이때 제분업자가 쌀 100만 원어치를 구입하여 쌀가루 200만 원어치를 만들었다. 쌀과자업자는 이 200만 원어치의 쌀가루를 사용하여 300만 원어치의 쌀과자를 만들어 시장에 판매하였다. 이때 GDP는 300만 원이다. 최종재인 쌀과자 안에 이미 농부가 창출한 가치 100만 원, 제분업자 100만 원, 그리고 쌀과자업자가 창출한 가치 100만 원이 모두 포함되어 있기 때문이다. 이때 각자가 창출한 가치를 부가가치(added value)라 한다. 결국 GDP는 부가가치의 합임을 알 수 있다. 다음 연도에 사용하기 위해 비축하고 있는 중간재는 최종재로 간주하여 GDP에 포함된다. 또한 당해 연도에 팔리지 않은 재고는 최종재로 간주하여 GDP에 포함된다. 반면 다음 연도에 사용되거나 팔리면 그 해 GDP에서 계산되지 않는다.

넷째, 시장을 통하지 않는 거래는 GDP에 포함되지 않는다. 불법적으로 생산 및 거래되는 상품은 제외된다. 마약이나 불법과외 또는 무자료 거래 등 암시장에서 거래되는 상품 등은 포함되지 않는다. 그래서 암시장거래의 비중이 크고 부정부패가 심한 개도국의 GDP 통계 신뢰성에 대해 의문을 갖는다. 또한 가정에서 생산 및 소비되는 상품도 제외된다. 예컨대 두 남녀가 학생시절 공부에 전념하기 위해 파출부를 고용하면 파출부 월급은 GDP에 포함되지만 결혼 후 가사 일을 자신들이 하게 되면 포함되지 않는다. 결혼 후 동일한 일을 자신이 하면 오히려 GDP가 감소되는 이상한 결과가 나올 수도 있다. 소련과 같은 사회주의 국가는 시장을 통해서 자원배분을 하지 않았기 때문에 GDP로 국가총생산량을 측정하지 않았다. 가용할 수 있는 생산요소와 이것을 통해서 생산할 수 있는 개별상품의 총생산량을 계산하고 가계, 기업과 정부의 수요량에 맞추어 생산하였다. 이런 현물균형계획(material balance planning) 방식에는 시장가격이 존재할 수 없다. 그러므로 북한과 같은 사회주의 국가의 GDP를 작성하려면 생산된 상품을 소득 수준이 비슷한 국가의 시장가격이나 국제가격을 사용하여 재평가하여야 한다.

알고 넘어가기

GDP 외의 추가지표

한 국가의 총생산량을 나타내는 지표 다섯 가지를 금액이 큰 순서대로 소개한다.

국민총생산
(gross national product, GNP)

한 나라 국민들이 일정기간 동안 생산한 총소득이다. GNP는 GDP에 우리나라 국민들이 벌어들인 소득을 더하고, 외국인들이 우리나라에서 벌어들인 소득을 뺀 것이다. 북한과 쿠바처럼 대외활동이 활발하지 않은 폐쇄형 국가들은 GNP와 GDP 간의 차이가 크게 나지 않는다.

국민순생산
(net national product, NNP)

이것은 GNP에서 감가상각을 뺀 것이다. 감가상각은 한 경제가 보유한 자본장비 및 자본설비가 소모되는 것을 말한다. 예를 들면 1000만 원짜리 기계설비의 수명이 10년이라면 평균 1년에 100만 원어치의 기계가 소모되는 것이다.

국민소득(national income, NI)

한 나라의 국민들이 재화와 서비스 생산과정에서 벌어들인 소득을 합한 것이다. 이것을 좀 더 구체적으로 표현하면 국민소득은 국민순생산에서 간접세(판매세 등)를 빼고 기업에 주는 보조금을 합한 금액이다.

개인소득(personal income, PI)

가계가 보유자원을 제공해서 얻은 모든 종류의 소득의 합을 의미한다. 기업이윤 중 주주에게 지급되지 않은 유보이윤, 법인세와 사회보장세는 제외된다. 반면 가계가 구입한 국채의 이자소득, 또는 복지수당과 사회보장급여 같은 정부로부터 받은 이전수입은 포함된다.

개인가처분소득
(disposable personal income, DPI)

가계가 정부에 내는 세금을 납부한 후 남는 소득을 의미한다. 이 소득은 개인소득에서 세금과 교통위반 범칙금 등 여타 납부금을 뺀 금액이다.

8.3 명목GDP와 실질GDP

앞에서 설명한 바와 같이 거시경제에는 기업이 생산하는 GDP와 정부가 발행하는 화폐 두 가지 상품이 존재한다. 예컨대 한 국가에서 GDP가 100개이고 정부 발행 화폐가치가 10,000원이라 하자. 이때 두 가지 방법으로 국가총생산을 나타낼 수 있다. 첫째, 상품으로 나타내는 방법이다. 즉 총생산량은 GDP 100개이다. 이것을 실질GDP(real GDP)라 한다. 둘째, 화폐가치로 나타내는 방법이다. GDP 100개가 교환되어야 할 화폐가치는 10,000원이므로 총생산량을 현재의 화폐가치로 나타내면 10,000원이 된다. 이것을 명목GDP(nominal GDP)라 한다. 이때 GDP 1단위당 가격은 100원임을 알 수 있다.

실질GDP와 명목GDP를 구체적인 예를 들어서 설명해보자. 실제로는 수많은 상품이

표 8.1 가격과 생산량

(단위 : 원)

연도	라면가격	라면생산량	김밥가격	김밥생산량	철강가격	철강생산량
2016	10	150	20	100	30	100
2017	20	130	30	100	40	100
2018	30	160	40	110	50	110

시장에서 살고 팔리겠지만 라면, 김밥과 철강만 시장에서 거래되는 가상경제를 생각해 보자. 〈표 8.1〉은 이 국가의 1년 동안 각 상품의 생산량과 가격을 나타내고 있다.

연도별 생산량을 화폐가치로 환산하기 위해, 즉 명목GDP를 계산하기 위해 각 상품 가격과 생산량을 곱하고 그 결과를 합해야 한다. 이것을 식으로 나타내면 명목GDP $= \sum_{i=1}^{n} p_i x_i$가 된다. 여기서 p_i는 개별상품가격, x_i는 개별상품의 생산량을 나타낸다. 이 결과는 〈표 8.2〉에 나타나 있다.

표 8.2 명목GDP 계산

연도	명목GDP 계산
2016	(라면가격 10원×150개) + (김밥가격 20원×100개) + (철강가격 30원×100개)=6,500원
2017	(라면가격 20원×130개) + (김밥가격 30원×100개) + (철강가격 40원×100개)=9,600원
2018	(라면가격 30원×160개) + (김밥가격 40원×110개) + (철강가격 50원×110개)=14,700원

이 계산에 의하면 이 국가의 총생산량은 2016년 6,500원, 2017년 9,600원, 2018년 14,700원으로 매년 증가하는 것으로 나타나고 있다. 이 방식은 계산하기 쉬운 장점이 있는 반면, 다음과 같은 문제점이 발생한다. 2017년의 경우 2016년과 비교하면 라면생산량이 20개 줄어들었음에도 불구하고 GDP는 증가하는 것으로 나타나고 있다. 명목 GDP는 가격부분과 생산량부분 크게 두 부분으로 구성되어 있다. 이것은 가격변화가 크지 않을 때는 생산량변화를 잘 반영한다. 그러나 가격변화가 클 경우 앞의 예에서처럼 실제로 생산량이 감소되었음에도 GDP가 증가하는 왜곡현상이 발생한다.

이것을 바로 잡기 위해 가격변화를 제거하고 실질적인 생산량변화만 측정할 수 있는 지표를 찾아야 한다. 이 방법은 특정년도(기준년도)의 상품가격을 가지고 다른 연도

표 8.3 실질GDP 계산

연도	실질GDP 계산
2016	(라면가격 10원×150개) + (김밥가격 20원×100개) + (철강가격 30원×100개)=6,500원
2017	(라면가격 10원×130개) + (김밥가격 20원×100개) + (철강가격 30원×100개)=6,300원
2018	(라면가격 10원×160개) + (김밥가격 20원×110개) + (철강가격 30원×110개)=7,100원

(비교년도)의 생산량의 가치를 계산하는 것이다. 이것을 앞의 예를 통해서 계산한 것이
〈표 8.3〉에 나타나 있다.

2016년 6,500원, 2017년 6,300원, 2018년 7,100원으로 생산량변화와 일치하고 있음
을 보여주고 있다. 비록 이 지표는 화폐단위로 표시되어 있지만 생산량이 많은 연도는
큰 숫자로, 적은 연도는 작은 숫자로 나타나고 있어 생산량의 크기를 정확히 반영하고
있다. 이런 방식으로 구해진 것을 실질GDP라 한다. 실질GDP는 기준년도 가격을 사
용함으로써 가격변화를 제거하고 생산량의 변화만 반영하게 된다. 이런 이유로 이 실
질GDP를 앞에서 설명한 기업이 생산하는 추상적인 상품으로 간주할 수 있다. 즉 실질
GDP는 비록 화폐가치로 계산되지만 가격변화가 제거된 생산량의 변화를 반영하므로
물리적 단위로 인식해야 한다.

경제성장은 바로 이 실질GDP가 증가하는 현상을 말한다. 그러므로 경제성장률을
구하려면 실질GDP의 증가율을 계산하면 된다. 실질GDP를 사용하면 연속된 두 해의
경제성장률이 다음과 같은 방식으로 계산된다.

$$\hat{Y}_2 = \frac{Y_2 - Y_1}{Y_1} \times 100$$

여기서 $\hat{Y}_2$는 2차년도 경제성장률, Y_2는 2차년도 실질GDP, Y_1은 1차년도 실질GDP
를 나타낸다. 〈표 8.3〉의 자료를 가지고 각 연도의 경제성장률을 구하면 2017년에는
−3.1%, 2018년에는 12.7%임을 알 수 있다.

앞으로 거시경제 체계 내에서 모든 변수는 실질GDP로 나타내거나 화폐가치로 나타
낼 것이다. 실질GDP로 나타내는 경우 **실질변수**(real variable), 화폐가치로 나타내는 경
우 **명목변수**(nominal variable)라 한다. 우리가 시장에서 구입하는 모든 상품의 가격, 한
달 임금, 월세, 정기예금 이자, 주식배당금 등은 모두 화폐가치로 나타내는 명목변수들

이다. 우리가 일상생활에서 접하는 모든 것들은 명목변수라 해도 과언이 아니다. 그러나 실질적으로 중요한 것은 화폐가치가 아니라 이 화폐가치가 갖는 실질구매력이다. 예컨대 라면이 하나에 1,000원인데 가격이 2,000원으로 올랐다고 하자. 그러면 1,000원의 화폐가치가 갖는 실질구매력은 1/2로 떨어진다. 이 실질구매력은 거시경제학에서 실질GDP로 나타낸다. 유일한 상품이기 때문이다. 이 실질구매력을 알기 위해서 우리는 실질GDP의 가격이 필요하다.

8.4 물가지수 : 실질GDP의 가격

8.4.1 GDP 디플레이터

명목GDP는 모든 재화의 가격과 생산량을 모두 반영하고 있다. 실질GDP는 가격변화가 제거되고 생산량만을 반영하고 있다. 그러므로 명목GDP는 실질GDP의 시장가치를 나타내고 있다. 실질GDP를 하나의 상품으로 간주한다면 명목GDP는 실질GDP의 가격에 실질GDP의 양을 곱한 것과 일치해야 할 것이다. 그러므로 실질GDP의 가격은 명목GDP와 실질GDP의 비율로 구해진다. 식에 보듯이 GDP 디플레이터는 실질GDP 1단위당 가격을 퍼센트로 나타내고 있다.

$$\text{GDP 디플레이터} = \frac{\text{명목GDP}}{\text{실질GDP}} \times 100$$

이 실질GDP의 가격을 GDP 디플레이터(GDP deflator)라 한다. 이것이 바로 한 국가의 전반적인 물가수준을 나타낸다. 마치 거대한 바스켓에 모든 상품을 다 집어넣고 찰흙처럼 뭉개어 하나의 상품(실질GDP)을 만든 것과 같다. 그러면 수많은 개별상품을 사고팔던 시장을 합하여 하나의 거대한 실질GDP 시장으로 추상화할 수 있고 그 시장에서 결정되는 가격을 그 나라의 물가수준을 나타내는 GDP 디플레이터로 이해할 수 있다.

앞의 예를 바탕으로 2016년도를 기준년도로 하여 GDP 디플레이터를 구하면 〈표 8.4〉처럼 나타난다.

기준년도에는 명목GDP와 실질GDP는 같으므로 기준년도의 GDP 디플레이터는 항

표 8.4 GDP 디플레이터

연도	GDP 디플레이터 계산	인플레이션율 계산
2016	(6,500/6,500)×100=100	–
2017	(9,600/6,300)×100=152	52.0
2018	(14,700/7,100)×100=207	36.2

시 100이 된다. 2017년과 2018년에 GDP 디플레이터가 각각 152, 207이다. 이것은 각 연도별 물가수준이 152, 207인 것을 의미한다. 우리는 이 지표를 가지고 각 연도의 물가상승률(인플레이션율)을 계산할 수 있다. GDP 디플레이터를 사용하면 연속된 두 해의 인플레이션은 다음과 같은 방식으로 계산된다.

$$\hat{P}_2 = \frac{P_2 - P_1}{P_1} \times 100$$

여기서 $\hat{P}_2$는 2차년도 인플레이션율, P_2는 2차년도 GDP 디플레이터, P_1은 1차년도 GDP 디플레이터를 나타낸다. 이에 따르면 〈표 8.4〉에서 보듯이 2017년에는 52%, 2018년에는 36.2%의 물가상승이 이루어졌다는 것을 알 수 있다.

이제 GDP 디플레이터를 가지고 실질GDP의 가격을 측정할 수 있게 되었다. 이것을 통해 우리는 실질변수를 쉽게 구할 수 있게 되었다. 예를 들면 어떤 노동자의 명목임금이 10,000원이고 GDP 디플레이터가 100이라면 이 노동자는 10,000원을 가지고 실질GDP 100개를 살 수 있다. 이것을 실질임금이라 한다. 만약 물가가 100% 상승하여 GDP 디플레이터가 200이 되었다면 동일한 명목임금으로 살 수 있는 실질GDP는 50개로 줄어든다. 그만큼 실질구매력이 감소했다는 의미이다. 이렇듯 실질임금은 $w = \frac{W}{P}$로 나타낸다. 여기서 W는 명목임금, P는 GDP 디플레이터를 나타낸다. 이와 같이 GDP 디플레이터를 사용하면 모든 명목변수를 실질변수로 만들 수 있다. 물가가 110으로 10% 오르고 명목임금이 10,500으로 5% 올랐다면 좋아할 노동자는 한 명도 없을 것이다. 이 명목임금으로 내가 살 수 있는 실질GDP(실질구매력)는 95.5가 되어 실질임금이 5% 감소했기 때문이다. 적어도 실질임금이 감소하지 않기 위해서는 물가상승률 10%만큼 명목임금도 11,000으로 10% 상승해야 한다는 것을 알 수 있다. 우리가 어떤 의사결정을 할 때 궁극적으로 명목변수보다 실질변수에 의해 영향을 받는다는 것을 인식해야 할 것이다. 그래서 거시경제학에서 중요한 변수는 실질변수임을 알 수 있다.

8.4.2 소비자물가지수

정부는 물가상승률이 별로 높지 않다고 그러는데 내 시장바구니에 담긴 상품은 점점 적어지는, 다시 말해서 체감물가상승률은 왜 이리 높을까? 여러분은 이런 경험을 해본 적이 없는가? 첫째는 정부의 통계처리 능력이 부족하거나 의도적으로 통계를 조작하여 국민을 속이는 경우이다. 이런 경우 대부분 후진국에서 발생한다. 둘째는 정부가 사용하고 있는 물가지수가 소비자들이 주로 소비하는 상품들의 물가수준을 제대로 반영하지 못하고 있는 경우이다. 셋째는 소비자가 물가지수를 제대로 이해하지 못하는 경우이다. 우리나라도 통계조작에 대한 논란이 전혀 없지는 않지만 통계청이 공개된 방법에 의해서 통계자료를 모으고 발표하기 때문에 첫 번째 가능성은 거의 없다.

이런 현상을 이해하기 위해 물가지수의 의미를 살펴보자. 앞에서 설명했듯이 GDP 디플레이터는 명목GDP를 실질GDP로 나누어 계산된다. 그래서 그 나라에서 생산되는 모든 상품가격을 반영하는 전반적인 물가수준을 나타낸다. 이처럼 여러 상품가격을 반영하는 물가수준을 나타내는 지표를 **물가지수**라 한다. 그러므로 GDP 디플레이터도 하나의 물가지수에 해당한다.

그런데 호화 요트가격, 우주 여행비, LNG선박가격, 잠수함가격 등이 오르면 일반 소비자들은 자신의 임금으로 구입하여 시장바구니에 담을 상품량이 줄어든다고 느낄까? 만약 정부가 GDP 디플레이터로 물가수준을 평가한다면 이런 상품들의 가격상승은 어느 정도 물가상승 요인으로 작용하므로 물가가 상승했다고 발표할 것이다. 그러나 일반 소비자들은 자기들이 일상적으로 소비하는 상품이 아니기 때문에 물가상승을 전혀 못 느낀다. 따라서 GDP 디플레이터는 일반 소비자들이 체감하는 물가수준을 제대로 반영하지 못한다. 그러므로 일반 소비자들의 물가수준을 제대로 반영하는 새로운 물가지표를 만들어낼 필요가 있다. 이것을 **소비자물가지수**라 한다.

통계청은 수천 개의 재화와 서비스에 대한 가격자료를 사용하여 소비자물가지수와 인플레이션율을 계산한다. 이 지표가 어떻게 계산되는지 정확히 알아보기 위해 앞에서 상정한 오직 라면, 김밥과 철강만 생산하는 가상경제를 생각해보자. 일반 소비자들은 라면과 김밥을 주로 소비하고 철강은 거의 소비하지 않는다고 가정하자. 통계청은 다음과 같은 4단계의 절차를 거쳐 소비자물가지수를 계산한다. 또한 GDP 디플레이터를 가지고 한 것처럼, 소비자물가지수를 이용하여 인플레이션율을 계산할 수 있다.

(1) 소비자물가지수에 포함되는 품목과 소비량을 결정한다. 대표적인 소비자가 일상 생활에서 흔히 소비하는 품목을 선택해야 한다. 여기서는 라면과 김밥은 포함시 키고 철강은 제외시킨다. 또한 통계청은 대표적인 소비자의 지출구조를 조사하 여 라면과 김밥의 소비비중을 결정해야 한다. 여기서는 대표적인 소비자가 라면 150개와 김밥 100개를 소비한다고 가정한다.

(2) 가격을 조사한다. 각 시점에 물가지수에 포함되는 각 상품의 가격을 찾아낸다. 〈표 8.1〉에 3년 동안의 라면과 김밥의 가격이 나타나 있다.

(3) 지출금액을 계산한다. 가격자료를 이용하여 각 시점에서 정해진 재화를 소비하 는 데 들어가는 지출액을 계산한다. 여기서는 대표적인 소비자는 라면 150개와 김밥 100개로 소비량이 고정되어 있기 때문에 이 지출액은 가격변동효과만을 반 영하고 있음을 알 수 있다. 각 연도의 지출액은 일반 국민의 생계비와 일치한다. 대표적인 소비자가 일상생활을 영위하기 위해 필요한 상품을 구입하는 데 지출 되는 비용이기 때문이다.

(4) 기준년도를 정하고 물가지수를 계산한다. 소비자물가지수는 비교년도 지출액을 기준년도 지출액으로 나누어 퍼센트화하여 구해진다. 이것을 수식화하면 다음과 같다.

$$\text{소비자물가지수} = \frac{\text{비교년도 지출액}}{\text{기준년도 지출액}} \times 100$$

〈표 8.5〉는 이런 방식으로 소비자물가지수를 구하고 이것을 바탕으로 인플레이션을 계산하는 과정을 보여준다.

우리가 일상생활에서 이야기하는 물가는 바로 소비자물가지수를 의미한다. 매년마 다 정부가 발표하는 물가상승률도 위에서 본 것처럼 이러한 소비자물가지수를 가지고 계산된 것이다. 정부가 발표한 물가상승률과 자신의 체감상승률과 차이가 난다면 다음 두 가지 이유 때문일 것이다. 첫째, 소비자들의 소비패턴이 바뀌었는데 선정된 품목에 포함되지 않거나 비중을 높이지 않는 경우이다. 예를 들면 10년 전에 선정된 품목들을 가지고 현재의 물가상승률을 구한다고 생각해보라. 그때는 스마트폰이 없었지만 지금 은 얼마나 광범위하게 사용하고 있는가? 그래서 정부는 대표적인 소비자들의 소비패턴 의 변화를 조사하여 품목과 비중을 조정한다. 둘째, 소비자 개인의 소비패턴에 따른 해

표 8.5 소비자물가지수와 인플레이션 계산 방법

1단계 : 소비자 지출행태를 조사하여 대표적인 소비자의 품목과 소비량 결정

라면 150개, 김밥 100개

2단계 : 연도별 품목 가격 자료 수집

연도	라면가격	김밥가격
2016	10	20
2017	20	30
2018	30	40

3단계 : 연도별 고정 소비량에 대한 지출금액

연도	고정소비량에 대한 지출액
2016	(라면가격 10원×150개)+(김밥가격 20원×100개)=3,500원
2017	(라면가격 20원×150개)+(김밥가격 30원×100개)=6,000원
2018	(라면가격 30원×150개)+(김밥가격 40원×100개)=8,500원

4단계 : 기준년도를 2016년으로 정하고 각 연도의 소비자물가지수 계산

연도	소비자물가지수
2016	(3,500/3,500)×100=100
2017	(6,000/3,500)×100=171
2018	(8,500/3,500)×100=243

5단계 : 소비자물가지수를 이용하여 인플레이션 계산

연도	인플레이션율
2017	100×(171−100)/100=71.0%
2018	100×(243−171)/171=42.1%

석의 차이이다. 앞의 예에서 라면과 김밥의 소비비중은 3:2로 되어 있다. 소비자물가지수는 라면의 가격과 김밥의 가격을 3:2 비율로 반영한 평균값 수준으로 나타난다. 라면만 먹는 사람은 정부가 물가를 과소평가했다고, 김밥만 먹는 사람은 과대평가했다고 불평할 것이다.

소비자물가지수는 대표적인 소비자가 일상생활을 영위하기 위해 필요한 상품과 상품량을 전제하고 만들었다. 그러므로 일반 소비자들의 생계비 변동을 측정하는 데 유용하다. 이것을 이용해서 현재 일정한 생활수준을 유지하기 위해 어느 정도 소득이 필요한가를 쉽게 알아낼 수 있다. 그러나 소비자물가지수는 생계비를 측정하는 데 해결

하기 어려운 세 가지 문제점이 있다.

첫째, 가격의 대체효과를 반영하지 못한다. 가격의 대체효과란 소비자들은 상대적으로 가격이 더 오르는 상품의 소비를 줄이고, 상대적으로 덜 오르거나 하락하는 상품의 소비는 늘리는 것을 말한다. 그러나 소비자물가지수는 고정 품목의 고정생산량을 가정하고 구하기 때문에 소비자들의 실제 소비활동과 괴리됨으로써 실제 생계비와 격차가 발생한다.

둘째, 신상품의 등장이다. 신상품이 시장에 나오면 소비자의 선택의 폭이 넓어진다. 이렇게 되면 더 낮은 비용으로 동일한 생활수준을 유지할 수 있다. 그러나 소비자물가지수는 소비자들이 항상 고정된 상품과 양을 소비한다고 가정하고 있기 때문에 신상품에 따른 화폐가치 증가를 반영하지 못한다.

셋째, 품질변화가 반영되지 않는다. 1년 사이 품목에 선정된 상품의 가격이 변화하지 않는데 품질이 떨어질 수 있다. 품질이 떨어지면 수요가 줄고 품질이 좋아지면 수요가 증가한다. 그러나 소비량이 고정되어 있기 때문에 이런 변동을 반영하지 못한다. 품질변화를 정확히 측정할 수 있다면 이것을 반영하여 가격을 조정함으로써 이 문제를 해결할 수 있다. 그러나 대부분 품질변화 측정이 쉽지 않기 때문에 소비자물가지수에 반영하는 데 애로가 있다.

소비자물가지수를 구하는 방식을 생산자에게도 적용할 수 있다. 즉 대표적인 생산자가 필요로 하는 상품의 품목과 수요량을 정하여 소비자물가지수를 구하는 방식을 적용하면 생산자물가지수를 구할 수 있다. 이 물가지수는 기업가들이 생산과정에서 구매하는 생산요소의 물가수준을 파악하는 데 도움을 준다.

8.4.3 GDP 디플레이터와 소비자물가지수

정부당국자나 경제학자들은 물가의 동향을 알아보기 위해 소비자물가지수와 GDP 디플레이터를 관찰한다. 일반적으로 두 물가지수는 비슷하게 움직이지만 개념적으로 두 가지 점에서 차이점이 존재한다.

첫째, GDP 디플레이터는 국내에서 생산되는 모든 재화와 서비스의 가격을 반영한다. 반면, 소비자물가지수는 소비자가 주로 구입하는 재화와 서비스의 가격만 포함한다. 예컨대 우리나라에서 생산되는 LNG선박은 GDP에 포함되어 그 가격이 GDP 디플레이터에 반영된다. 반면 소비자가 소비하는 상품품목에는 들어가지 않으므로 소비자물가지

수 산정에는 포함되지 않는다. 또한 BMW 승용차는 독일에서 생산되어 우리나라 GDP
에 포함되지 않으므로 GDP 디플레이터에 반영되지 않는다. 반면, 자동차는 소비자 상
품 품목에 들어가므로 BMW 승용차의 수입가격은 소비자물가지수에 반영된다.

둘째, GDP 디플레이터와 소비자물가지수의 가중치 산정방식이 다르다. GDP 디플
레이터와 소비자물가지수는 비교년도 가격으로 평가한 생산가치나 소비가치를 기준년
도 가격으로 평가한 가치로 나눈 값이다. 이때 당해 연도 각 상품의 생산량이나 소비량
이 가중치 역할을 한다. GDP 디플레이터는 매년 모든 상품의 생산량이 변화하므로 가
중치가 자동으로 변화한다. 반면, 소비자물가지수는 소비량을 고정시켰기 때문에 가중
치가 고정되어 있다. 모든 상품가격이 비례적으로 변동할 때는 이러한 차이가 크게 문
제되지 않지만 여러 상품가격의 변동폭이 서로 다를 경우 가중치가 어떻게 되어 있는
냐에 따라 인플레이션율이 상당히 달라질 수 있다.

8.5 인플레이션의 효과

앞에서 경제 전체의 물가수준을 나타내는 지표로 GDP 디플레이터와 소비자물가지수
를 살펴보았다. 물가상승은 소비자의 실질구매력에 영향을 미친다는 것을 경험적으로
잘 알고 있다. 이제 물가지수를 통해 인플레이션율을 계산할 수 있게 되었다. 이에 따
라 이런 인플레이션율이 실질GDP와 소비자의 실질구매력에 미치는 영향도 알 수 있게
되었다. 또한 이러한 물가지수를 가지고 서로 다른 시점의 화폐가치도 서로 비교할 수
있게 된다.

8.5.1 물가연동제

직장에서 은퇴를 하게 되면 일정액의 연금을 받게 된다. 그런데 매년 인플레이션율이
높다면 연금의 실질구매력은 떨어진다. 이렇게 떨어진 실질구매력을 보상하기 위해 인
플레이션율만큼 연금을 올려준다. 예컨대 인플레이션율이 5%이면 연금을 5% 인상시
켜 실질구매력을 유지해준다. 이처럼 법이나 계약에 따라 자동으로 인플레이션효과를
조정하는 것을 **물가연동제**(indexation)라 한다. 이러한 물가연동제는 다양하게 활용되고
있다. 예컨대 기업과 노동조합이 장기고용계약을 맺을 때 임금을 소비자물가에 연동시
켜 실질임금을 보장한다. 또한 국가유공자의 연금도 매년 물가상승을 감안하고 조정하

여 일정한 실질소득을 보장해주고 있다.

이때 어떤 물가지수를 사용하느냐에 따라 보상률이 달라진다. 대부분은 일반 국민들의 생계와 관련되어 있기 때문에 GDP 디플레이터보다는 소비자물가지수가 사용된다. 그렇다고 소비자물가지수를 사용하면 완벽하게 낮아진 실질구매력을 보상해주는 것은 아니다. 예컨대 은퇴 후 나이가 들수록 의료비가 많이 들어간다. 그러나 정부는 소비자물가지수로 인플레이션을 계산하여 실질소득을 보상해준다. 만약 의료비상승률이 인플레이션율보다 높으면 연금의 실질구매력은 제대로 보상받지 못하게 된다. 이 때 의료비의 비중을 높인 노인용 소비자물가지수를 만들고 이것의 인플레이션율로 보상해주면 실질소득을 현실에 맞게 조정할 수 있다.

8.5.2 다른 시점의 화폐가치 비교

1970년의 쌀 한 가마의 가격이 1,000원이고 2018년에는 20만 원이라고 하자. 1970년의 화폐가치 2,000원은 2018년 화폐가치로 얼마나 될까? 1970년 2,000원의 실질구매력은 쌀 두 가마이다. 2018년 쌀 두 가마를 구입하려면 40만 원을 지불해야 하므로 1970년의 2,000원은 2018년 화폐가치로 환산하면 40만 원이 되어야 한다. 이것을 수식으로 나타내면 다음과 같다.

$$\text{쌀 두 가마} = \frac{\text{1970년 화폐가치}(2{,}000)}{\text{1970년 쌀 가격}(1{,}000)} = \frac{\text{2018년 화폐가치}(40\text{만 원})}{\text{2018년 쌀 가격}(20\text{만 원})}$$

여기서 쌀을 실질GDP라 하고 각 연도의 쌀가격을 각 연도의 물가수준이라 하면 위식을 그대로 적용할 수 있다. 과거에 일정 실질GDP를 살 수 있는 화폐가치는 현재에도 동일한 실질GDP를 구매하는 화폐가치와 동일해야 한다.

$$\frac{T\text{년도 화폐가치}}{T\text{년도 물가수준}} = \frac{\text{현재의 화폐가치}}{\text{현재의 물가수준}}$$

이 식을 다음과 같이 변형하면 과거의 어떤 화폐가치도 물가수준 자료만 있으면 현재의 화폐가치로 계산할 수 있다.

$$\text{현재의 화폐가치} = T\text{년도 화폐가치} \times \frac{\text{현재의 물가수준}}{T\text{년도 물가수준}}$$

8.5.3 명목이자율과 실질이자율

어떤 은행에 10만 원을 예금하면 1년 후 이자 1만 원을 포함해서 원리금 11만 원을 받을 수 있다. 이때 이자율은 10%임을 알 수 있다. 이때 이자율은 은행이 지급하고 화폐가치비율로 표시되므로 **명목이자율**(nominal interest)이라 한다. 같은 해 쌀 가격은 한 가마에 1만 원이다. 어떤 사람이 쌀 10가마를 친구에게 빌려주고 1년 후 이자로 쌀 한 가마를 받기로 하였다. 이때도 이자율은 10%인데, 쌀이라는 실물로 표시하므로 **실질이자율**(real interest)이라 한다. 쌀 가격이 변화하면 명목이자율에 의한 이자 화폐가치의 실질구매력은 영향을 받는다. 결국 실질이자율은 상품가격이 변화할 때 실질구매력의 변화율을 나타낸다. 이제 쌀 가격의 변화에 따라 실질이자율이 어떻게 변화하는가 살펴보자. 쌀을 실질GDP로 쌀 가격은 당연히 물가지수로 확대하여 생각할 수 있다.

- 인플레이션율이 0인 경우 : 쌀 가격이 변하지 않았으므로 원리금 11만 원으로 쌀 11가마를 살 수 있다. 이것은 마치 쌀 10가마를 빌려주고 이자로 쌀 1가마를 받는 것과 같다. 즉 명목이자율과 실질이자율은 일치하게 된다. 화폐가치의 실질구매력에 변화가 없다.
- 인플레이션율이 5%인 경우 : 쌀 가격이 5% 상승하면 10,500원이 된다. 원리금 11만 원으로 살 수 있는 쌀은 10.5가마가 된다. 즉 명목이자율은 10%이지만 실질이자율은 5%라는 것을 보여준다. 실질구매력이 5% 증가하였다.
- 인플레이션율이 10%인 경우 : 쌀 가격이 10% 상승하면 11,000원이 된다. 이제 원리금 11만 원으로 살 수 있는 쌀은 10가마가 된다. 즉 명목이자율은 10%이지만 실질이자율은 0%이다. 즉 실질구매력에 변화가 없다.
- 인플레이션율이 15%인 경우 : 쌀 가격이 15% 상승하면 11,500원이 된다. 이제 원리금 11만 원으로 살 수 있는 쌀은 9.5가마로 0.5가마가 감소한다. 실질이자율은 −5%가 되는 셈이다.
- 인플레이션율이 −5%인 경우 : 쌀 가격이 5% 하락하면 9,500원이 된다. 이제 원리금 11만 원으로 살 수 있는 쌀은 11.5가마가 된다. 즉 명목이자율은 10%이지만 실질이자율은 15%가 됨을 알 수 있다.

이상의 예에서 인플레이션율이 높을수록 실질이자율이 낮아진다는 것을 알 수 있다.

즉 실질구매력 증가율이 감소한다. 인플레이션율이 명목이자율을 초과하면 오히려 실질구매력은 실제로 감소한다. 그리고 디플레이션으로 인플레이션율이 음(−)이 되면 실질이자율은 명목이자율보다 더 커진다. 즉 실질구매력이 그만큼 증가한다는 것을 의미한다.

이 예를 통해서 실질이자율은 명목이자율에 인플레이션율을 감안하여 조정한 이자율임을 알 수 있다. 명목이자율, 실질이자율과 인플레이션율의 관계는 다음과 같이 표시할 수 있다.

$$실질이자율 = 명목이자율 - 인플레이션율$$

앞의 예를 통해서도 이 관계를 확인할 수 있다. 명목이자율은 우리가 예금을 하면 시간이 지남에 따라 얼마나 빠르게 화폐가치가 증가하는가를 나타낸다. 반면 실질이자율은 예금의 구매력이 얼마나 빨리 상승하는지를 보여준다.

8.6 GDP의 수요와 공급

현실의 시장을 보면 수많은 재화와 서비스가 거래된다. 우리나라 시장에서는 국산과 수입품이 거래되고 있다. 한편 국산은 수출되어 외국시장에서도 팔린다. 이렇게 많이 거래되는 재화와 서비스를 거시경제학적 틀에서 이해하기 위해 우리나라에서 일정기간동안 생산되는 모든 재화와 서비스를 합해서 하나의 추상적인 상품, 즉 실질GDP(앞으로 GDP로 사용)를 만들었고 그 가격을 물가지수로 측정할 수 있게 되었다. 이런 단순화과정을 통해서 수많은 개별상품시장은 거대한 하나의 GDP시장으로 통합된다. 이제 우리는 GDP의 양과 물가를 미시경제 부분에 배운 시장원리에 따라 설명할 수 있게 된다. 여기서는 GDP시장의 주요 구성요소인 수요 측면과 공급 측면에 대해서 설명한다.

8.6.1 GDP의 공급 측면

기업은 GDP를 생산하고 시장에 공급하는 경제주체이다. 즉 이윤을 극대화할 만큼, 다시 말해서 최소비용으로 최대수익을 얻을 만큼의 노동(L)과 자본(K)을 고용한다. 여기서 말하는 노동과 자본은 현실세계에 존재하는 수많은 기업들이 이윤극대화를 위해 생산요소시장에서 고용한 노동과 자본을 합해 놓은 것이다. 이러한 노동과 자본을 가지고 이윤을 극대화할 만큼 GDP를 생산하여 시장에 공급한다. 이것을 수식으로 표시하면 다음과 같다.

$$Y_S = f(K, L)$$

여기서 Y_S는 공급 측면의 GDP를 나타낸다. 이 식은 한 국가에서 고용된 총노동과 총자본을 사용하여 GDP를 생산하는 생산함수를 의미한다. 이것은 앞에서 배운 개별기업의 생산함수와 크게 다르지 않다. 다만 개별기업이 고용한 노동과 자본으로 개별상품을 생산하는 것이 아니라 한 국가경제의 전체 차원에서 고용된 노동과 자본을 사용하여 GDP라는 상품을 생산한다는 점에서 다를 뿐이다. 이것을 개별기업차원의 공급과 구분하기 위해 **총공급(aggregate supply)**이라 한다. 이때 자본의 한계생산은 자본 1단위 증가할 때 늘어나는 GDP의 양이고 노동의 한계생산은 노동 1단위 증가할 때 늘어나는 GDP의 양으로 나타낸다.

8.6.2 GDP의 수요 측면

생산된 GDP를 사용하기 위해 시장에 수요자로 나타나는 경제주체는 가계, 기업, 정부와 외국을 들 수 있다. 이것을 수식으로 표현하면 다음과 같다.

$$Y_D = C + I + G + NX$$

여기서 Y_D는 수요 측면의 GDP를 나타낸다. 즉 우리나라 GDP에 대한 수요를 의미한다. C는 가계의 소비지출, I는 기업의 투자지출, G는 정부지출, NX는 순수출을 나타낸다. 여기서 소비지출, 투자지출과 정부지출에는 국산GDP뿐만 아니라 외국GDP(수입)도 포함되어 있다. 그래서 수입된 외국GDP는 빼야 한다. 그래서 순수출(NX)은 수출(X)과 수입(M)의 차로 계산된다. 이 네 가지 형태의 GDP 수요에 대해서 살펴보자.

소비지출

소비지출은 가계가 시장에서 구입하는 재화와 서비스에 대한 지출액의 합을 의미한다. 실제 상품시장에서 가계는 자동차, 냉장고와 가전제품처럼 한 번 사면 꽤 오래 쓸 수 있는 내구재 구매를 위해 지출한다. 또한 음식과 일상소모품과 같은 비내구재에 대한 지출과 미용, 의료와 영화, 교육과 같은 서비스에 대한 지출도 포함된다. 다만 신축주택

구입 등 부동산에 대한 지출은 소비가 아닌 투자로 간주한다. 가계소득 중에서 소비하고 남는 부분을 저축이라 한다. 저축은 미래의 소비를 더 늘리기 위해서 현재의 소비를 포기하는 행위를 말한다. 저축은 대부분 예금을 하거나 주식과 채권을 사거나 뮤추얼 펀드에 가입하는 형태로 나타난다. 주식과 채권을 가계에서 사는 행위는 흔히 말하는 투자행위가 아닌 저축행위임을 주목하기 바란다. 이제 여러분은 이런 구체적인 재화와 서비스에 대한 가계 소비를 GDP 차원의 소비지출로 인식하는 데 익숙해졌을 것이다.

투자지출

기업은 GDP를 생산하기 위해 자본재를 구입해야 한다. 이처럼 미래에 더 많은 재화와 서비스를 생산하기 위해 자본재를 구입하는 것을 투자(investment)라 한다. 투자지출은 자본장비, 재고품과 건축물 구입에 대한 지출의 합으로 나타낸다. 여기서 건축물 구입에는 신축주택에 대한 지출도 포함되는데, 관행에 따라 가계가 구입했어도 소비지출이 아닌 투자지출로 분류한다.

재고품이 투자지출에 포함되는 것에 대해 부연설명이 필요하다. 예를 들면 엘지전자가 생산한 냉장고를 판매하지 않고 재고로 쌓아두고 있다고 하자. 이것은 엘지전자가 만든 냉장고를 자사가 구입한 것으로 간주하여 투자지출의 일부로 취급한다. 재고품을 이렇게 처리하는 것은 GDP를 한 나라 경제가 일정기간 동안 생산한 최종재의 시장가치로 측정하기 때문에 재고품도 그 기간 동안 생산된 상품의 일부로 보기 때문이다. 다음 기간에 판매되면 소비지출은 증가하는 반면 동일액의 재고감소로 투자지출이 줄어들어 서로 상쇄된다. 그래서 전년도 재고품은 다음 연도의 GDP수요에 포함되지 않는다. 여기서 말하는 투자는 자본장비, 재고품과 건축물 등 다른 재화생산에 투입되는 자본재구입을 의미하기 때문에 주식, 채권이나 뮤추얼 펀드 등 재무적 투자와는 다르다는 것에 주목할 필요가 있다.

정부지출

정부지출은 중앙정부와 지방정부가 구입하는 재화와 서비스에 대한 지출액의 합으로 계산된다. 정부지출에는 정부가 고용한 공무원의 봉급, 사회간접자본에 대한 투자 등이 포함된다. 그러나 정부가 사회복지 차원에서 은퇴한 노년층에 지불한 국민연금이나 해고된 노동자에게 지불하는 실업수당은 포함되지 않는다. 이것은 정부가 재화나 서비스를 구입한 대가로 지불한 것이 아니고 일방적으로 지불한 것이 때문이다. 이처럼 반 대급부 없이 일방적으로 지출하는 것을 이전지출(transfer payment)이라 한다. 이전지출 은 조세처럼 가계소득에 영향을 주지만 GDP 생산과는 관련이 없다.

순수출

순수출은 수출에서 수입을 뺀 차이를 말한다. 여기서 수출은 외국 사람들이 우리나라 GDP를, 수입은 우리나라 사람이 외국 GDP를 소비하는 것이다. 가계의 소비지출, 기 업의 투자지출과 정부지출에 외국 GDP가 포함되어 있다. 전체적으로 이 부분을 빼야 만 우리나라 GDP에 대한 진정한 수요가 계산될 수 있다. 또한 순수출은 국제수지를 의 미한다. 이것이 양(+)이면 우리나라 사람이 외국 GDP를 구매한 것보다 외국인이 우리 나라 GDP를 더 많이 구매했다는 것이다. 이때 국제수지는 흑자가 된다. 음(−)이면 반 대의 의미를 가지며 국제수지가 적자이다.

GDP시장이 균형에 도달하면 수요와 공급은 같아진다. 이때 GDP 수요를 나타내는 식을 다음과 같이 변형하여 나타낼 수 있다.

$$Y - (C + I + G) = X - M$$

여기서 Y는 균형GDP를 의미한다. 이 식에서 $(C + I + G)$ 부분은 가계, 기업과 정부의 총지출을 의미한다. 이 식은 한 국가의 GDP생산에서 경제주체들이 소비한 GDP(총지 출)를 뺀 것이 순수출, 즉 국제수지와 정확히 일치한다는 것을 보여주고 있다. 이것은 국제수지 흑자는 한 나라에서 생산한 것보다 덜 소비해서 남은 부분을 외국인에게 빌 려주는 것을 의미한다. 즉 외국에 대해 채권을 갖는다. 반면 국제수지 적자는 한 나라 에서 생산한 것보다 더 많이 소비해서 부족한 부분을 위해 빚을 냈다는 것을 의미한다. 즉 외국에 대해 채무를 진 것이다. 이처럼 순수출, 즉 국제수지는 국가의 소득과 지출 을 반영한다. 이것은 마치 알뜰한 가정주부가 적는 가계부와 같다.

economics

거시경제학의 창시자

케인즈는 영국의 경제학자로 케임브리지 대학교 킹스칼리지(King's College)를 졸업하였다. 대학시절 철학에 큰 관심을 가졌지만 당시 유명한 경제학자인 알프레드 마샬(Alfred Marshall)의 권유를 받고 경제학자가 되었다. 졸업 후 케인즈는 정부 관료가 되어 제1차 세계대전 전후 처리를 위해 베르사이유 회담에 참여하였다. 여기서 독일에 대한 가혹한 배상금 정책이 결국 세계경제에 재앙을 가져올 것이라는 자신의 주장이 받아들여지지 않자 사퇴하고 평화의 경제적 귀결(The economic consequence of the peace)을 저술하였다. 이 책으로 케인즈는 학자로서 명성을 얻게 되었다.

존 메이너드 케인즈(John Maynard Keynes, 1883~1946)

케인즈의 초기 관심은 주로 화폐와 외환 문제에 있었다. 제1차 세계대전 후에는 자본주의 사회에서 고용 및 생산수준을 결정하는 요인에 관하여 종래의 경제이론을 재검토하였다. 이런 노력의 결과는 1936년 고용·이자 및 화폐의 일반 이론, 흔히 일반이론이라고 불리는 책의 발간으로 나타났다.

케인즈는 시장의 완전성을 믿는 신고전파 경제학자들을 비판하고 시장은 불완전하기 때문에 경기후퇴와 불황이 발생할 때 정부가 역할을 해야 한다고 주장하였다. 즉 완전고용을 달성하기 위해서 시장에 의한 민간부분의 소비지출과 투자지출로는 유효수요가 부족하기 때문에 정부지출을 늘려야 한다는 유효수요이론을 제시하였다. 이러한 케인즈이론은 케인즈 경제학의 뿌리가 되었을 뿐만 아니라 거시경제학의 창시자가 되었다. 20세기에서 가장 큰 영향을 미친 경제학자로 인정받고 있으며 그의 추종자들은 케인즈학파라 불린다. 1930년대를 거쳐 제2차 세계대전 이후 대부분 서구 국가들은 케인즈의 경제정책을 채택했으며 1950년대와 1960년대에 케인즈학파 정책의 유효성은 절정을 이루었다.

1970년대에는 석유파동 등으로 인해 인플레이션과 경기침체가 동시에 진행되는 스태그플레이션을 겪게 되었다. 이때 케인즈 학파의 경제정책은 무력하였다. 오히려 시장을 중시하는 밀턴 프리드먼 등 신자유주의 경제학자들의 이론이 유효하게 되자 케인즈학파의 영향력이 크게 감소하게 되었다. 그러나 2007~2010년 금융 위기의 등장과 함께 케인즈 경제학이 다시 조명받고 있다.

케인즈는 20세기 가장 영향력 있는 100인 중 한 명으로 '정부가 없는 돈을 만들어 써야 한다는 급진적 생각으로 자본주의를 구했다.'라는 평가를 받고 있다. 그는 경제학자이면서 고위공무원, 영국 중앙은행 총재, IMF창설멤버, 예술후원자 및 수집가, 개인투자자, 작가, 농부 등 다채로운 경력을 가지고 있다.

연습문제

객관식 문제

1. 다음 중 거시경제학에서 다루는 주제로 보기 어려운 것은?
   ① 원유가격 상승이 국내물가와 실업률에 어떤 영향을 끼칠까?
   ② 최근의 청년 실업률 증가는 어떻게 장기적으로 경제에 영향을 끼칠까?
   ③ 우리나라 자동차 산업의 국제경쟁력을 높이기 위해서는 어떤 정책을 실시해야 하는가?
   ④ 외환위기의 원인은 무엇이며, 외환위기가 발생하였을 때 정부는 어떠한 역할을 해야 하는가?

2. 다음 중에서 우리나라 가계의 저축행위가 아닌 것은?
   ① 정기예금　　② 주식매입　　③ 채권매입　　④ 주택구입

3. 다음 중에서 한 국가의 GDP 수요 구성요소가 아닌 것은 ?
   ① 수출　　② 항만건설　　③ 자본설비 구입　　④ 외국채권 구입

4. 다음 경제행위 중에서 GDP를 계산할 때 포함되는 것은 어느 것인가?
   ① 중고차 구입　　② 자동차부품　　③ 자원봉사활동　　④ 안 팔린 중고책

5. 1980년 등록금은 10만 원이었다. 이때 물가지수는 100이고 2012년 현재 물가지수는 900이다. 1980년의 등록금을 현재가치로 나타내면 얼마나 될까?
   ① 45만 원　　② 90만 원　　③ 100만 원　　④ 120만 원

6. 탐라국은 GDP만 생산하는 국가이다. 2011년에 세훈이는 은행에서 10,000원을 연리 5%로 빌려 집을 장만하였다. 이때 GDP가격은 100원이다. 2012년 GDP가격이 오르지 않는 경우, 104원으로 오른 경우, 110원으로 오른 경우 세훈이가 지불하는 실질이자율을 차례대로 구하면 어느 것인가(단위 : %)?
   ① (5, 1, −5)　　② (0, 1, −5)　　③ (5, 1, 5)　　④ (−5, −1, 5)

7. 2012년 농부는 밀 100원어치와 쌀 300원어치를 생산하였다. 제분업자는 이 밀로 밀가루를 200원어치 생산하였다. 햇반업자는 이 쌀을 구입하여 600원어치의 햇반을 만들어 시장에 판매하였다. 제빵업자는 밀가루를 구입하여 400원어치의 빵을 만들어 팔았다.

   (1) GDP는 얼마인가?

   ① 1,600원   ② 1,000원   ③ 800원   ④ 400원

   (2) 부가가치는 생산자의 생산량가치에서 중간재가치를 뺀 것으로 정의된다. 농부, 제분업자, 햇반업자와 제빵업자의 부가가치 합은 얼마인가?

   ① 1,600원   ② 1,000원   ③ 800원   ④ 400원

8. 우리나라에 3개 기업, 즉 한진해운, 포스코와 현대자동차만 존재한다고 하자. 이들 기업의 생산가치는 아래 표와 같다. 이때 GDP는 얼마인가?

매출액	한진해운(철광석 운송)	포스코(철강)	현대자동차(자동차)	총요소소득
	7,200	12,000	24,500	
중간투입물	3,000	7,200	12,000	15,700
임금	2,000	3,700	10,000	2,600
이자	1,000	600	1,000	1,000
임대료	200	300	500	2,200
이윤	1,000	200	1,000	
기업 총지출	7,200	12,000	24,500	21,500
기업 부가가치	4,200	4,800	12,500	

   ① 24,500   ② 21,500   ③ 12,000   ④ 7,200

9. 국가총생산량을 나타내는 지표로 GDP 외에 여러 가지가 있다. 다음 설명 중 틀린 것은 어느 것인가?

   ① 국민총생산(GNP)은 한 나라 국민들이 일정기간 동안 생산한 총소득이다.

   ② 국민소득(NI)은 한 나라의 국민들이 재화와 서비스 생산과정에서 벌어들인 소득을 합한 것이다.

   ③ 국민순생산(NNP)은 GNP에서 감가상각을 뺀 것이다.

   ④ 개인가처분소득(DPI)은 가계가 보유자원을 제공해서 얻은 모든 종류의 소득 합을 의미한다.

10. 2014년 명목GDP가 1,000조 원이고 2010년 기준년도 실질GDP가 800조 원일 때 GDP 디플레이터는 얼마인가?

① 100   ② 125   ③ 150   ④ 200

서술식 문제

1. 율도국 경제는 쌀, 컴퓨터와 자동차 세 가지 재화를 생산한다. 다음 표는 2010년, 2011년과 2012년 세 재화의 가격과 산출량을 나타내고 있다.

연도	쌀		컴퓨터		철강	
	가격	생산량	가격	생산량	가격	생산량
2010	100	30	200	50	500	20
2011	110	35	250	55	600	15
2012	120	32	210	70	650	25

(1) 3년간 명목GDP는 얼마인가?

(2) 2010년 기준년도로 3년간 실질GDP과 경제성장률은 얼마인가?

(3) 각년도 GDP 디플레이터와 물가상승률을 구하라.

(4) 소비자들에 필요한 재화는 쌀과 컴퓨터이다. 2010년도를 기준년도로 하고 소비 가중치는 3년간 평균생산량으로 한다. 이때 각년도 소비자물가지수와 인플레이션율을 구하라.

2. 소비자물가지수로 생계비를 측정할 때 나타나는 문제점에 대해서 설명하라.

3. 다음 각 거래는 GDP의 어떤 항목에 영향을 미치는가?

(1) 현대자동차가 재고로 가지고 있던 제네시스 한 대를 팔았다.

(2) 남해고속도로의 굽어진 도로를 터널공사로 일직선으로 만들었다.

(3) 자녀들이 나이 든 부모를 위해 새 집을 사드렸다.

(4) 집에 손님이 오셔서 프랑스산 포도주를 구입하여 대접하였다.

(5) 요즘 중국 사람들이 제주도로 여행을 많이 온다.

(6) 학생들이 시험을 준비하면서 밤늦게 피자를 시켜먹었다.

(7) 어머니가 끓여주신 해물탕을 맛있게 먹었다.

(8) 아시안게임에 자원봉사자로 참여하였다.

(9) 옆집 학생에게 수학을 지도해주고 월 30만 원을 받아 용돈으로 쓰고 있다.

4. "일정기간 동안의 부가가치의 합이 GDP가 된다."라는 진술에 대해서 설명하라.

5. 대양해운회사는 하루에 1,000만 원의 매출을 올리고 있다. 선박의 감가상각은 100만 원이다. 부가가치세로 50만 원을 납부하고 임금으로 500만 원, 은행차입 이자로 100만 원, 나머지는 미래투자를 위해 유보하였다. 이 나라는 매일 GDP를 계산하고 소득세 10%, 법인세 15%라면 다음 국민소득 지표에 대해 이 회사가 기여한 금액에 대해 계산하라.

   (1) 국내총생산(GDP)

   (2) 국민순생산(NNP)

   (3) 국민소득(NI)

   (4) 개인소득(PI)

   (5) 개인가처분소득(DPI)

6. 케네디 대통령의 동생이며, 법무부장관을 지낸 로버트 케네디는 GDP에 대해서 다음과 같이 비판하였다.

> "GDP는 우리 자녀들의 건강, 교육의 질 혹은 그들이 놀이에서 얻는 즐거움 등을 반영하지 않는다. 시의 아름다움이나 결혼생활의 건강함, 국정에 대한 논쟁에서 나타나는 예지, 공무원들의 정직성 등도 포함하지 않는다. 우리의 용기나 지혜, 국가에 대한 헌신도 반영하지 않는다. 요컨대 GDP에는 우리의 삶을 가치 있게 만들고 우리가 미국인임을 자랑스럽게 만드는 것들을 제외한 나머지 모든 것들이 포함된다."

GDP의 사회후생지표로서 유용성 입장에서 반론을 제기하라.

7. 경제학자들이 경제후생을 측정하고 경제상황을 파악하기 위해 명목GDP보다 실질GDP를 사용하는 이유에 대해 설명하라.

8. 노동자들이 은퇴 후를 대비하여 연금 등의 형태로 저축을 한다. 어떤 저축을 하더라도 이자율을 감안해야 한다. 명목이자율인가? 실질이자율인가? 그 이유를 설명하라.

9. 1970년대 두 번의 석유파동으로 일반사람들이 예상했던 것보다 높은 인플레이션이 발생하였다. 이때 고정이자율로 주택자금을 대출받은 사람과 대출을 해준 은행은

각각 어떤 영향을 받았는가?

10. 은퇴한 노인들이 정부가 물가상승률만큼 연금을 올려주지 않는다고 불평이 많았다. 정부는 소비자물가지수로 측정한 인플레이션율만큼 연금을 올려주고 있었다. 그러나 약값과 진료비 상승률이 소비자물가로 측정한 인플레이션율보다 더 높아 노인들의 불만에 충분한 근거가 있다는 것을 발견하였다. 물가지수를 사용하여 해결방안을 모색해보라.

11. 거시경제학에서 경제를 단순화하면 상품시장에 기업이 생산한 GDP와 정부가 발행한 화폐, 두 종류의 상품이 존재하여 상호교환되면서 거래가 이루어진다고 볼 수 있다. 이런 틀을 이용해서 정부가 화폐발행을 늘리면 인플레이션이, 화폐발행을 줄이면 디플레이션이 발생하는 이유를 설명하라.

노동시장과
실업

제 5장에서 이미 노동시장을 다룬 바 있다. 개별기업이 이윤극대화를 위해 얼마만큼 노동을 고용하는가? 가계는 자신들의 만족극대화를 위해 얼마만큼 노동을 공급할 것인가? 이것들이 노동시장수요와 시장공급의 바탕이 되어 완전고용수준에서 임금수준을 결정하는 노동시장 작동원리에 대해서 설명했다. 다시 말해서, 미시경제적 틀에서 노동시장을 다루었다.

제7장에서는 정보비대칭성으로 인한 노동시장의 시장실패 가능성에 대해서 언급하였다. 이렇게 되면 노동시장은 완전고용수준에서 임금을 결정하지 못하여 실업이 발생할 수 있다. 여기서는 이런 상황을 전제하고 거시경제적 틀에서 노동시장을 분석한다.

9.1 노동시장 지표

'일자리' 문제는 현재 사회적으로 가장 큰 이슈 중 하나라 할 수 있다. 일자리에 대한 경제학적 논의의 바탕이 되는 것이 바로 노동시장이다. 일자리 창출, 일자리 감소라는 표현은 법적으로나 경제학적으로 자리잡은 표현은 아니다. 언론 및 정책입안자들이 쓰고 있는 표현으로 취업을 우리말로 바꾸어 놓은 것이라 할 수 있다.

공식적인 통계를 바탕으로 경제현상을 설명하는 과정에서는 일자리라는 표현은 그 범위가 명확하지 않아 많은 오해를 불러일으킬 수 있다. 따라서 우리나라에서 공식적으로 사용되고 있는 노동시장에 관한 어휘들을 보다 명확하게 이해하는 것이 노동시장을 이해하는 데 기본적인 바탕이라 할 수 있다.

먼저 우리가 실업률, 취업률 등의 다양한 노동시장의 지표를 이해하기 위해서는 가장 기본적인 단어인 '경제활동인구'[1]에 대한 정의를 명확하게 할 필요가 있다.

> 경제활동인구(economically active population)란 만 15세 이상 인구 중 조사대상기간 동안 상품이나 서비스를 생산하기 위하여 실제로 수입이 있는 일을 한 취업자와 일을 하지 않았으나 그 일을 즉시 하기 위하여 구직활동을 하는 실업자를 합한 인구를 말한다.
>
> (통계청 : 통계표준용어)

---

1 시중에 널리 판매되고 있는 경제학 원론 서적은 주로 미국에서 발간한 원서를 번역하여 미국에서 사용하고 있는 기준으로 집필되어 있는 것이 많다. 저자들은 이 책에서 가급적 우리나라에서 통계를 작성하는 기준을 바탕으로 설명하고, 통계를 제시하여, 우리나라의 경제현황을 반영하기 위해 노력하였다.

경제활동인구의 정의에는 다양한 의미가 내포되어 있다. 이 정의에 포함되어 있는 단어들을 잘 해석함으로써 경제활동인구에 대해 보다 정확하게 이해할 수 있다. 우리나라는 1963년부터 경제활동인구조사라는 이름으로 통계청에서 매월 15일을 기준으로 조사하고 있다. 경제활동인구의 정의와 조사 원리를 이해한다면, 경제활동인구에 대한 개념을 명확하게 이해할 것이다.

첫째, '만 15세 이상 인구'란 노동(생산)가능인구를 의미한다. '만 15세'라는 표현은 경제활동인구조사 과정에서 매월 조사대상의 변화가 있음을 의미한다. '조사대상기간'은 매월 15일이 포함된 1주간(일요일~토요일)을 의미한다.

노동가능인구는 크게 경제활동인구와 비경제활동인구 두 가지로 구분된다. 경제활동인구는 취업자와 실업자로 구성되어 있다. 비경제활동인구는 육아, 가사, 통학(정규교육기관, 입시 및 취업 학원), 연로(정년퇴직 이후), 심신장애, 취업준비, 진학준비, 군대, 기타(자선사업, 종교단체에 관여한 자) 등으로 분류된다. 경제활동인구의 정의에 따라 취업자와 실업자만을 대상으로 조사가 실시된다.

둘째, '상품이나 서비스를 생산하기 위하여 실제로 수입이 있는 일'을 경제활동이라 한다. 수입이 있더라도 다음 세 가지는 경제활동으로 보지 않는다. ① 법률에 위배되는 비생산적인 활동(예 : 도박 등) ② 법률에 의한 강제노역 및 봉사활동 ③ 경마, 경륜, 증권, 선물 등 투자활동이다.

셋째, '일을 하지 않았으나 그 일을 즉시 하기 위하여 구직활동'으로 실업자를 정의한다. 즉 수입이 있는 일을 하지 않았고, 조사일을 기점으로 지난 4주간 일자리를 찾아 적극적으로 구직활동을 한 사람으로 일자리가 주어지면 즉시 취업이 가능한 사람을 실업자로 정의하는 것이다. 다시 말해서, 적극적으로 구직활동을 하지 않은 사람은 비경제활동인구로 분류된다. 이상의 논의를 정리하면 〈그림 9.1〉과 같다.

여기서 중요한 것은 경제활동인구는 취업자와 실업자의 합으로 구성된다.

$$경제활동인구 = 취업자 + 실업자$$

이것이 바탕이 되어 실업률은 경제활동인구 중 실업자가 차지하는 비율로 정의된다. 실업률 산출과정에서 비경제활동인구가 제외된다는 점을 주의할 필요가 있다.

$$실업률 = \frac{실업자}{경제활동인구} \times 100$$

그림 9.1 경제활동인구

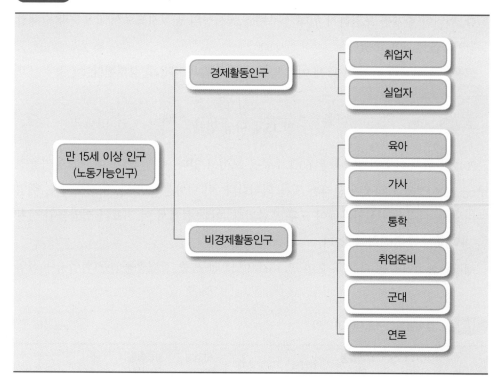

《표 9.1》에서 보듯이 2012년 우리나라의 실업률은 대체로 3% 수준을 유지하고 있다. 미국(10%), 일본(5%) 등 선진국과 비교할 때 상대적으로 낮고, 통계적으로 자발적 실업만 존재하는 완전고용수준에 가깝다. 그럼에도 불구하고 이들 국가 못지않게 우리나라도 '실질적으로' 실업률이 높다는 주장이 많다. 즉 국민이 실제 피부로 느끼는 체감실업률과 공식실업률 간에 괴리가 발생할 수 있다. 실업률을 작성하는 통계기준은 미국, 일본 등 주요국과 큰 차이가 없지만 한국의 경우 실질적인 실업자인 취업준비생 등의 비중이 더 높다. 이들은 비경제활동인구로 분류되어 실업률 산정에서 빠지기 때문에 실업률이 낮게 계산된다.

이 점에서 실업자와 비경제활동인구의 구분에 모호한 점이 있다. 그러나 경제활동인구조사 과정에서 "일자리를 찾아 적극적으로 활동하였는가?"라는 질문의 응답에 따라 차이를 구분하고 있다. 그러므로 이런 점을 감안하여 실업률 데이터를 해석해야 할 것이다.

이러한 조사원리에 따라 구직활동 중인 사람만 경제활동인구 가운데 실업자로 분류된다. 이러한 한계를 보완하기 위해 정부는 노동시장의 공식지표로서 고용률과 경제활동참가율을 발표하고 있다.

고용률은 다음과 같이 만 15세 이상 인구 중 취업자의 비율로 정의된다.

$$고용률 = \frac{취업자}{만\ 15세\ 이상\ 인구} \times 100$$

2012년 현재 한국의 고용률은 60% 수준을 보이고 있다. 즉 만 15세 이상 노동가능인구 중 40% 정도가 직장이 없다는 것을 의미한다. 이 안에는 실업자, 구직포기자, 취업준비생 등 실질적인 실업자들이 모두 포함된다. 이런 점에서 이 지표가 실업률의 상황을 파악하는 데 유효할 수 있다.

경제활동참가율은 다음과 같이 만 15세 이상 인구 중 경제활동인구(취업자 + 실업

표 9.1   경제활동인구조사(2012년)

시점	15세 이상 인구 (천 명)	경제활동 인구 (천 명)	취업자 (천 명)	실업자 (천 명)	비경제 활동인구 (천 명)	경제활동 참가율 (%)	실업률(%)	고용률(%)
2012.01	41,321	24,585	23,732	853	16,736	59.5	3.5	57.4
2012.02	41,369	24,825	23,783	1,042	16,544	60.0	4.2	57.5
2012.03	41,415	25,210	24,265	945	16,205	60.9	3.7	58.6
2012.04	41,459	25,653	24,758	895	15,805	61.9	3.5	59.7
2012.05	41,519	25,939	25,133	807	15,579	62.5	3.1	60.5
2012.06	41,561	25,939	25,117	822	15,622	62.4	3.2	60.4
2012.07	41,629	25,901	25,106	795	15,727	62.2	3.1	60.3
2012.08	41,664	25,623	24,859	764	16,042	61.5	3.0	59.7
2012.09	41,696	25,755	25,003	752	15,942	61.8	2.9	60.0
2012.10	41,730	25,787	25,069	718	15,943	61.8	2.8	60.1
2012.11	41,775	25,652	24,941	710	16,123	61.4	2.8	59.7
2012.12	41,847	25,139	24,402	737	16,709	60.1	2.9	58.3

출처 : 국가통계포털, 고용, 노동, 임금 → 경제활동인구조사 → 경제활동인구총괄에서 확인

자)의 비율로 정의된다.

$$경제활동참가율 = \frac{경제활동인구}{만\ 15세\ 이상\ 인구} \times 100$$

　2012년 현재 경제활동참가율은 62% 수준으로 나타나고 있다. 이 지표에는 실업자가 포함되어 계산된다. 이 지표는 경제활동에 참여하고 있고 적극적으로 참여할 의사가 있는 사람들의 비율로 나타낸다.

9.2　실업

9.2.1 실업의 정의

실업은 일할 의사와 능력을 가지고 있으나 수입이 생기는 일자리를 가지고 있지 못한 상태를 의미한다. 경제학에서는 실업에 대해서 보다 엄밀하게 정의하고 있다. 일반적으로 말하는 무직과 경제학에서 다루는 실업 간의 분명한 차이가 존재한다. 경제활동인구조사에서는 실업을 다음과 같이 정의하고 있다.

> 실업(unemployment)이란 ① 수입 있는 일을 하지 않았고, ② 조사일을 기점으로 지난 4주간 일자리를 찾아 적극적으로 구직활동을 하였고, ③ 일자리가 주어지면 즉시 취업이 가능한 상태이다.
>
> (통계청 : 통계표준용어)

　모든 국가들은 대부분 실업률을 중요 경제지표로 분류한다. 이 지표가 경기순환 및 경제성장과 상당한 상관관계를 보여주기 때문이다. 특히 경제학자나 정책당국은 일반적으로 매년 실업률 수치보다는 그것의 지속적인 변화에 관심을 더 갖는다. 만약 실업률이 지속적으로 상승하고 있다면 노동시장이 제대로 작동되지 않고 있어 자원이 비효율적으로 배분되고 있다는 것을 알 수 있기 때문이다. 즉 자원의 사회적 낭비가 지속되고 있다는 것이다.

　또한 지속적인 실업률의 상승은 다음과 같은 경제의 악순환고리를 형성할 수 있기 때문이다. 실업자의 증가로 가계소득이 줄어들면 소비가 감소하고, 이것은 기업의 생산 감소로 이어진다. 기업이 투자를 줄이면서 경제성장이 정체되기 시작한다. 이러한 기업의 생산 감소가 이윤 감소로 이어지면서 기업은 노동자를 해고하기 시작한다. 이제 경기침제(recession)로 경제가 빠져든다. 실업이 증가하니 다시 소비가 감소하고 결국 또 실업이 증가하는 악순환이 이루어지면서 경제공황(depression)으로 치달을 수 있다.

9.2.2 실업이론

실업의 원인에 대해서 다양한 이론들이 제시되었다. 이러한 실업이론은 크게 두 가지 접근방식, 즉 미시적 접근방식과 거시적 접근방식으로 분류된다. 미시적 접근방식은 개별노동시장에서 나타나는 실업을 다룬다. 현실에서는 지역별, 직업별 노동시장에서 발생하고 있는 실업이 주요 대상이다. 이때의 실업을 미시적 실업이라 한다. 거시적 접근방식은 미시적 접근방식에서 다룬 개별노동시장을 바탕으로 경제 전체에서 나타나는 실업을 다룬다. 이때의 실업을 거시적 실업이라 한다.

미시적 실업으로 마찰적 실업, 구조적 실업, 경기적 실업, 계절적 실업을 다루고, 거시적 접근방식으로 자연실업률에 대해서 다룬다. 〈그림 9.2〉는 이러한 실업을 정리한 것이다.

그림 9.2 실업의 원인

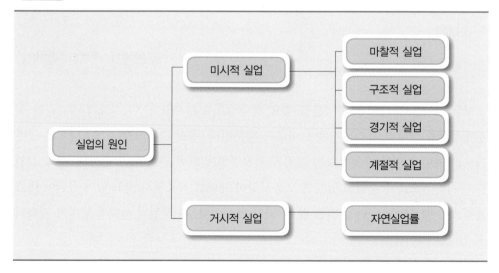

미시적 실업

마찰적 실업 마찰적 실업(frictional unemployment)은 새로운 일자리를 찾거나 이직하는 과정에서 일시적으로 발생하는 실업을 의미한다. 즉 구직자(노동공급)와 고용자(노동수요) 사이에 서로 요구조건이 일치하지 않아 일종의 마찰이 생겼기 때문으로 볼 수 있다. 예컨대 학교를 졸업하고 직장을 찾는 사람, 더 나은 직장을 찾기 위해 실업상태인 사람, 거주지를 옮겨 새로운 지역에서 직장을 찾는 사람 등이 여기에 속한다.

마찰적 실업이 발생하는 원인은 크게 두 가지로 나눌 수 있다.

첫째, 취업정보 부족(노동시장의 정보 불완전성)이다. 구직자들의 노동의 질이 다르고 고용주가 제공하는 일자리 또한 조건이 동일하지 않아 정보의 비대칭이 발생한다.[2] 이에 따라 구직자는 자신의 능력을 제대로 평가해주는 고용주를 찾기 위해, 고용주는 자신이 원하는 인재를 찾기 위해 기다린다. 즉 구직자는 원하는 직장을 찾았을 때 얻게 되는 기대이익이 새 직장을 찾기 위해 지불하는 탐색비용보다 크면 기꺼이 실업으로 남는다.[3] 고용주는 더 나은 인재를 고용하기 위해 일자리가 있어도 비워둔다. 이때 조사대상에 포함되면 실업자로 집계된다. 이 구직자는 원하는 직장을 구하기 위해 일정 비용(시간, 통신비, 경비)을 투입하게 된다. 이런 부분에 초점을 맞추어 마찰적 실업은 최근 직업탐색(job search) 이론으로 발전하고 있다.

둘째, 지속적인 경제변화이다. 예컨대 IT산업 분야가 활성화되고 있으면 IT산업에서는 많은 일자리가 늘어나 새로운 인력이 필요하게 된다. 이때 다른 산업 분야의 노동자들이 IT산업으로 이직하게 된다. 이 과정에서 일시적으로 실업이 발생할 수 있다. 이처럼 끊임없이 경제가 변화하면 산업 간 노동이동이 불가피하게 된다. 이런 과정에서 노동시장 미스매치(mismatch)에 의해서 일시적으로 실업이 발생할 수 있다.

구조적 실업 구조적 실업은 노동시장이 어떤 특정요인으로 일정한 임금수준에서 노동

---

2 피터 다이아몬드(Peter Diamond)는 실직자들은 자신들이 원하는 수준 이상의 일자리를 찾을 때까지 탐색을 계속 하고 고용자들은 원하는 인력을 채용할 때까지 탐색을 계속 하므로 일자리가 있어도 실업이 발생한다고 하였다. 미국경제는 2008년 국제금융위기로 침체를 겪었다. 그런데 경제가 플러스 성장세로 돌아선 후에도 실업률이 2010년 말에 10% 정도의 높은 수준을 유지하자 다이아몬드 이론이 다시 주목 받게 되었다. 이 이론으로 다이아몬드는 2010년 노벨 경제학상을 받았다.

3 조지 스티글러(George Stigler)는 마찰적 실업을 탐색비용을 이용한 실업이론으로 발전시켰다. 이 공로로 1982년 노벨경제학상을 받았다.

공급이 항시 노동수요를 초과함으로써 발생한다. 노동시장원리에 따라 초과공급이 발생하면 임금이 하락하면서 다시 균형에 도달해야 한다. 그러나 노동시장에서 어떤 특정 요인 때문에 가격조정보다 수량조정이 더 빨리 이루어져 실업이 발생한다. 이런 요인이 개선되려면 시간이 걸리므로 이 실업은 장기적이고 만성적이다. 그러면 구조적 실업을 초래하는 특정 요인에는 어떤 것이 있는가?

첫째, 노동절약적 기술진보가 발생한 경우이다. 이 기술진보가 발생하면 노동수요가 감소한다. 그러면 고용주는 임금을 낮추기보다는 필요 없는 노동자를 해고한다. 예컨대 몇 십 년 동안 손으로 설계도를 그려온 건축설계사가 새로운 컴퓨터 설계기술을 익히지 못해 직장을 잃게 되는 경우이다. 이런 실업은 대부분 산업이 요구하는 새로운 기술에 부응하지 못해 발생한다. 또한 산업구조의 변화가 발생하는 경우이다. 사양산업에서는 노동수요가 줄어 방출되지만 이들이 신성장산업에서 요구하는 기술을 습득하기에는 상당한 시간이 걸린다. 이에 따라 이 실업은 장기화될 가능성이 높다.

둘째, 인구구조에 변동이 발생한 경우이다. 특정 세대의 인구가 급격히 증가한 경우, 즉 베이비붐 세대가 노동시장에 진입하게 되면 노동시장에 초과공급이 발생하게 된다.4 예컨대 경제 전체의 일자리는 500개지만, 베이비붐 세대가 노동시장에 진입함에 따라 600명이 일자리를 구하고 있는 상황이다. 이에 따라 100명의 실업이 발생하게 된다. 경제에서 다른 조건의 변화가 없는 한 이 실업도 장기화될 가능성이 높다.

셋째, 제도적 요인이다. 정부가 최저임금제를 실시하거나 노동조합이 단체교섭권을 통해 균형임금 수준보다 높은 경직적 임금수준을 결정하는 경우이다. 또한 고용주가 인재를 고용하기 위해 균형임금보다 높은 임금을 지불하는 경우도 마찬가지이다. 높은 임금을 지불하여 고용된 인재가 노동생산성을 높여 오히려 기업의 이윤을 증가시켜주기 때문이다. 이때 고임금을 효율임금이라 한다.

이러한 요인들로 형성된 경직적 임금수준이 균형임금수준보다 높기 때문에 〈그림 9.3〉에서 보듯이 시장이 초과공급 상태가 된다. 노동시장이 신축적으로 작동된다면 균

---

4 한국에서 베이비붐 세대는 1955~1960년에 태어난 세대로 보고 있다. 한국전쟁 이후 경제가 어느 정도 회복되자 가임여성들의 출산율이 획기적으로 높아졌다. 그러나 이 세대가 노동시장에 진입하게 될 때 한국경제는 중화학공업분야 중심으로 고도성장을 이루고 있었다. 그래서 노동수요가 많았기 때문에 여기서 말하는 구조적 실업은 거의 없었다. 다만 이제 이런 베이비붐 세대의 은퇴가 시작되면서 연금 등 여러 가지 사회적 문제가 대두되고 있다.

그림 9.3 구조적 실업

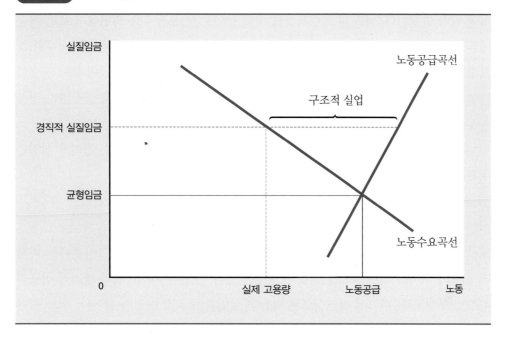

형임금은 낮아지고 노동균형량이 증가하면서 실업은 제거될 것이다. 그러나 임금이 신축적이지 못하면서 수량(노동)이 조정될 수밖에 없는 구조이기 때문에 실업이 발생한다.

마찰적 실업과 구조적 실업의 동일한 점은 노동시장의 초과공급 상태에서 발생한다는 것이다. 전자는 정보부족으로 인해 실업이 일시적이지만, 후자는 구조적 요인으로 장기적이라는 점에서 차이가 있다.

경기적 실업과 계절적 실업 경기적 실업은 경기변동에 따라 발생하게 되는 실업을 의미한다. 경기변동은 전체 경제활동수준이 주기적으로 상승과 하강을 반복하는 현상이다. 일반적으로 회복기 → 확장기(고점) → 후퇴기 → 침체기(저점) 4단계를 반복한다. 1987년 한국의 외환위기 당시의 명예 퇴직자들과 같이 주로 경기침체와 저점의 구간에서 실업이 발생하게 된다. 경기적 실업은 정부의 경기 활성화정책으로 줄일 수 있다. 예컨대 1930년대 세계 대공황이 발생되었을 때 미국정부는 대규모 건설공사를 통해 실업을 줄였다. 이외에도 세금감면, 확대통화정책 등 경기부양정책을 통해 경기적 실업을 줄일 수 있다.

계절적 실업은 자연조건인 계절의 영향을 받아 특정산업에서 노동수요와 공급의 변화에 따라 발생한다. 해운대 해수욕장을 예를 들어보자. 노동수요 측면에서 보면 여름에는 식당이나 편의점들은 종업원들이 많이 필요하게 되는 반면 겨울에는 극소수만 필요하게 된다. 노동공급 측면에서 졸업시기 전후나 방학시기에 노동공급이 늘어나 실업률에 영향을 미친다. 이처럼 건설업, 농업, 관광업 등과 같이 기후나 계절에 따라 경제활동이 결정되는 산업에서 주로 발생한다.

계절적 실업은 계절의 변화로 실업을 확실하게 예측할 수 있는 반면, 경기적 실업은 예측이 쉽지 않다는 점에서 차이가 있다.

거시적 실업과 자연실업률

거시적 실업은 앞서 언급한 미시적 실업의 합계의 형태로 나타난다. 〈그림 9.4〉는 거시적 실업과 미시적 실업 간의 관계를 보여주고 있다. 실업은 자연실업과 경기적 실업의 합으로 구성된다. 여기서 자연실업은 마찰적 실업과 구조적 실업의 합이다. 어느 경제에서나 자연스럽게 존재한다는 의미에서 자연실업(natural unemployment)이라 불린다.

그림 9.4 실업의 구성

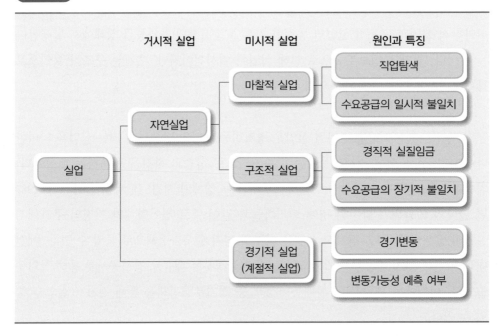

이제 자연실업을 좀 더 자세히 살펴보자. 일반적으로 자연실업은 노동시장이 균형
상태에서 존재하는 실업으로 정의된다. 여기서 균형상태는 인위적인 요인의 영향 없이
시장의 힘에 의해 유지되는 상태이다. 그래서 정부정책(총수요관리정책)에 의해서 조
정될 수 있는 경기적 실업이나 계절의 변화로 발생하고 해소되는 계절적 실업은 배제
된다. 자연실업은 장기적인 비자발적 구조적 실업과 자발적 마찰적 실업의 합으로 이
루어진다.5 자연실업률은 자연실업자수를 경제활동인구수로 나누어 구해진다.

자연실업은 일반적으로 노동시장에서 장기적으로 존재하며 수요적 요인보다는 공급
적 요인에 의해서 발생한다. 시장임금이 제도적 요인 등으로 경직되어 있어 그 임금에
서 고용할 일자리수는 대체로 정해져 있다. 그런데 노동자 자신이 일자리가 없어서가
아니고 자발적으로 또는 기술 등 일정한 요건을 갖추지 못하는 구조적 요인으로 인해
취직을 못하고 있기 때문이다.

대체로 자연실업률은 4% 수준으로 알려져 있으며, 완전고용 여부의 기준이 된다. 어
떤 국가의 실업률이 4% 이하가 되면 경기가 과열되어 인플레이션을, 4% 이상이 되면
경기침체를 예상할 수 있다.

〈그림 9.5〉는 자연실업률 결정과정을 보여주고 있다. 현재 주어진 경제상황에서 앞
에서 설명한 것처럼 임금은 경직적으로 결정된다. 이것은 〈그림 9.5〉에서처럼 수평선
으로 나타난다. 즉 이 임금수준에서 기업이 원하는 만큼 다 고용할 수 있다는 것을 의
미한다. 그러므로 이것은 기업이 직면하는 노동수요곡선 역할을 한다.

노동자 입장에서는 자신들이 목표로 한 임금을 받게 되면 기꺼이 취직하려고 한다.
목표임금 수준이 높으면 많은 사람들이 더 취직하려 하기 때문에 실업률은 감소할 것
이다. 즉 목표임금과 실업률은 우하향 관계를 갖는다. 이것은 노동공급곡선의 의미를
갖는다. 〈그림 9.5〉는 노동시장을 실업률 변수를 가지고 그린 것이라고 볼 수 있다. 자
연실업률은 이 두 곡선의 교점에서 결정된다.

---

5 자연실업을 완전고용수준에서 실업이라고 주장하는 학자도 있다. 이때 자연실업은 마찰적 실업만을
의미한다.

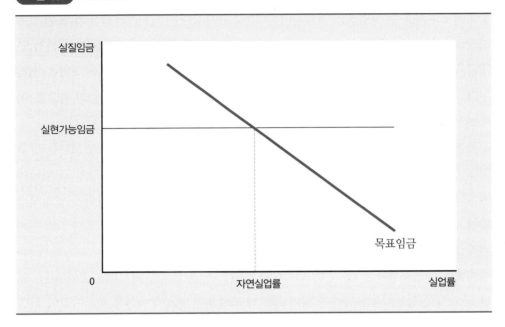

그림 9.5 자연실업률

9.3 실업정책

실업정책을 보다 명확하게 설명하기 위해서 〈그림 9.3〉과 〈그림 9.5〉를 활용하고자 한다. 〈그림 9.3〉은 노동시장에서 노동수요와 노동공급의 균형에 의해서 고용량이 결정되는 과정을 보여주고 있다. 어떤 실업정책이 노동시장 균형상태에 어떤 영향을 미치는가를 살펴본다. 〈그림 9.5〉는 실현가능임금선과 목표임금선을 활용하여 자연실업률이 결정되는 과정을 보여주고 있다. 이런 균형상태에서 실업정책이 어떤 영향을 미치는가를 살펴보자.

9.3.1 거시경제정책

거시경제정책은 크게 재정정책과 통화정책으로 나눌 수 있다. 재정정책은 정부가 조세와 정부지출의 수준과 배분을 조정하여 경제활동에 영향을 미치는 정책이다. 정부가 조세보다 덜 지출하면 흑자재정이 된다. 즉 정부저축이 발생한다. 정부가 일정한 목적을 가지고 이런 상태를 유지할 때 "축소재정정책을 실시했다"고 한다. 반대로 조세보다 더 많이 지출하면 정부가 빚을 지는 적자재정이 된다. 정부는 보통 채권을 발행하여 부족분을 충당한다.6 이런 경우 "확대재정정책이 실시되었다"고 한다.

정부가 고속도로, 항만과 비행장 등 사회기반시설 확충을 위해 확대재정정책을 실시한다고 하자. 정부는 국채를 발행하여 투자자금을 마련하고 이것을 바탕으로 건설시장에 거대한 수요자로 나타날 것이다. 이 과정에서 상품, 자본재와 노동에 대한 수요가 증가한다. 노동시장과 관련하여 확대재정정책은 노동 고용을 촉진한다는 것을 알수 있다. 1929년 경제대공황이 발생했을 때 루스벨트 대통령이 실업구제를 위해 실시한 뉴딜정책이 대표적인 확대재정정책이다. 이러한 재정정책은 경기침체 시 경기적 실업을 줄일 수는 있지만 기술진보와 연계되지 않으면 장기적으로 좋은 일자리 창출에는 한계가 있다. 재정지출이 확대되는 경우 정부의 부채가 증가한다는 문제점 또한 존재한다.

통화정책은 통화당국인 중앙은행이 정책금리, 공개시장7과 지급준비율8을 조작하여 통화량을 조절함으로써 경제에 영향을 미치는 정책을 말한다. 여기서는 금리를 중심으로 살펴보자. 한국은행이 기준금리를 0.25% 낮춘다고 발표했다고 하자. 이것은 시중은행에 이전보다 0.25% 낮은 금리로 대출하겠다는 의미이다. 당연히 시중은행은 높은 금리로 차입한 금액을 한국은행에서 돈을 빌려 갚을 것이다. 이 과정에서 통화량이 증가하고 금융시장에서 자금에 대한 수요가 감소하여 시중금리가 하락하게 된다.

중앙은행이 기준금리를 낮추면 통화량이 확대되기 때문에 "확대통화정책을 실시한다"라고 하고 금리를 높이면 "긴축통화정책을 실시한다"라고 한다. 먼저 확대통화정책인 경우를 살펴보자. 기준금리가 낮아지면 통화량이 확대되어 시중금리가 하락한다. 이에 따라 가계는 소비를 늘리고(저축을 줄이고), 기업은 투자비용이 감소하게 되어 투자를 촉진한다. 이때 상품, 자본과 노동에 대한 수요가 증가하게 된다. 노동시장과 관

---

6 채권이란 정부나 기업이 필요한 자금을 차입하기 위하여 발생하는 유가증권을 말한다. 채권발행자는 채무자이며 채권보유자는 채권자가 된다. 채권발행주체가 누구냐에 따라 국채, 지방채, 사채로 나뉜다. 국채는 정부, 지방채는 지방자치단체 그리고 사채는 개인이 발행한다. 일반적으로 국채와 지방채를 합해서 국공채라 한다.

7 공개시장조작(open market operation)은 한국은행이 공개시장에서 유가증권의 매매를 통해 통화량을 조절하는 정책이다. 한국은행이 공개시장에서 채권을 팔면 시중의 통화량이 감소하게 되고 채권이나 상업어음을 구입하면 통화량이 증가한다.

8 금융기관의 예금자에 대한 지불능력을 확보하기 위해 한국은행에 예금의 일부를 의무적으로 예입하도록 하는 제도이다. 지급준비율을 낮추면 시중은행은 대출을 더 해줄 수 있기 때문에 통화량이 늘어나고 반대면 축소된다.

그림 9.6 거시경제정책의 효과

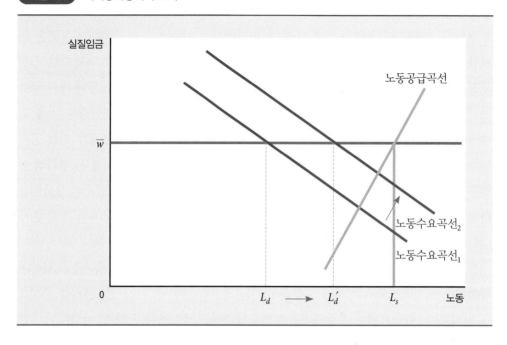

런하여 확대통화정책은 확대재정정책과 마찬가지로 노동수요를 증가시킨다. 이처럼 재정정책과 통화정책은 모두 상품시장이나 생산요소시장의 수요 측면에 영향을 미치기 때문에 총수요관리정책이라 한다. 개별상품시장의 수요가 아니라 국민경제 전체의 수요를 의미하는 총수요를 관리하는 정책이라는 의미이다.

〈그림 9.6〉은 임금의 경직성으로 인해서 노동시장에서 노동의 초과공급이 발생하고 있는 것을 보여주고 있다. 즉 노동공급은 L_s이지만 노동수요는 L_d에 불과하다. L_s와 L_d의 차만큼 실업이 발생하고 있다. 이 실업수준이 심각하다고 판단한 정부는 확대재정정책이나 확대통화정책을 실시했다고 하자. 앞에서 설명한 것처럼 확대재정정책이나 확대통화정책은 노동수요의 증가를 가져온다. 이것은 노동수요곡선이 우측으로 이동했다는 것을 의미한다. 임금수준이 $\bar{w}$상태에서 노동수요량은 L_d'로 증가한다. 이에 따라 실업이 감소한다. 반대로 축소재정정책이나 긴축통화정책이 사용되면 실업은 증가한다.

9.3.2 조세감면정책

정부가 경제주체에 부과하는 조세는 다양하다. 그 중 소득세가 가장 대표적이다. 소득세는 인간의 소득에 부과된다. 그런데 인간은 자연인과 법인으로 구성된다.[9] 대부분 자연인은 자신의 생산요소를 제공하고 받은 소득에 대해 개인소득세를 납부한다. 반면 법인은 대부분 주식회사 형태의 기업이므로 법인소득(이윤)에 대해 법인세를 납부한다.

먼저 노동소득밖에 없는 한 근로자를 상정해보자. 이 근로자의 실질임금은 현재 GDP 100개이다. 소득세율이 20%라면 가처분소득은 GDP 80개가 된다. 가처분소득은 소득 중에서 조세를 제외하고 근로자가 임의로 처분할 수 있는 소득이다. 정부의 조세감면정책에 따라 소득세율을 10%로 낮추면 가처분소득은 GDP 90개로 증가한다. 이러한 가처분소득의 증가는 실질적인 임금상승과 동일한 효과가 있다. 이것은 〈그림 9.7〉에서 보듯이 실질임금으로 상승한다. 이에 따라 지금까지 목표임금이 충족되지 않아 실업상태에 있던 사람들이 취직하려 할 것이다. 상승한 실질임금선과 목표임금선이 교차하는 점에서 자연실업률이 결정된다. 즉 자연실업률이 감소한다는 것을 알 수 있다.

그림 9.7 　조세감면정책의 효과

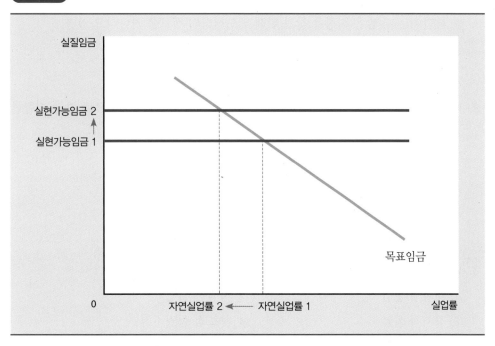

_____

9　자연인은 출생과 동시에 권리를 얻고 사망과 동시에 권리가 소멸된다. 이에 비해 법인은 설립등기와 함께 권리를 얻고 청산등기와 함께 소멸된다.

어떤 기업의 세전이윤이 10억 원이다. 법인세율이 30%이면 이 기업은 3억 원의 법인세를 납부하고 7억 원의 세후이윤을 남긴다. 이때 정부가 법인세율을 20%로 낮추면 세후이윤은 8억 원이 된다. 만약에 이 기업이 법인세가 인하되기 전의 이윤을 그대로 유지한다면 나머지 이윤을 노동자의 임금수준을 높이는 데 사용할 수 있다. 다시 말해서, 이전보다 실현 가능한 실질임금이 상승하게 된다. 이것은 앞의 노동자들의 개인소득세를 낮춰주는 것과 동일한 효과가 있다.

연습문제

객관식 문제

1. 다음 중 마찰적 실업으로 볼 수 있는 것은?
   ① 옆집 방자가 경기침체 여파로 해고되었다.
   ② 향단이는 더 좋은 직장을 찾기 위해 헤드헌터의 정보를 기다리고 있다.
   ③ 산업구조변화로 농업부문 일자리가 감소하였다.
   ④ 컴퓨터 그래픽 기술의 발달로 인해 영화사 인력이 크게 줄었다.

2. 다음 중 정부가 마찰적 실업을 줄이기 위해 실시할 수 있는 대책으로 가장 적합한 것은?
   ① 임금을 노동생산성 이하 수준으로 억제한다.
   ② 실업보험제도의 보험금 지급기간을 늘린다.
   ③ 기업투자를 촉진하는 정책을 실시한다.
   ④ 구인정보 제공서비스를 강화한다.

3. 다음 중에서 비자발적 실업이 아닌 것은?
   ① 계절적 실업   ② 마찰적 실업
   ③ 경기적 실업   ④ 구조적 실업

4. 다음은 자연실업에 대해서 설명하고 있다. 이 중 옳지 않은 것은?

① 노동시장의 균형상태에서 존재하는 실업이다.

② 최저임금제에 의해 발생하는 실업도 포함된다.

③ 경기침체 시 정부정책에 의해서 줄일 수 있다.

④ 마찰적 실업과 구조적 실업의 합으로 나타낸다.

5. 하니는 집이 가난하여 대학진학을 포기하고 중소기업에 취직하였다. 대학공부를 포기할 수 없어 일하면서 공부할 수 있는 토요일에 강의하는 계약학과가 있는 대학에 진학하였다. 대학졸업 후 무역학 전공을 살려 동료 몇 명과 무역회사를 설립하기로 하였다. 현재 다니던 중소기업을 사직하고 회사설립을 준비하고 있다. 하니의 실업형태는 무엇인가?

① 계절적 실업

② 마찰적 실업

③ 경기적 실업

④ 구조적 실업

6. 다음은 정부가 실업을 줄이기 위해서 실시하는 정책들이다. 이 중 여기에 해당하지 않는 것은?

① 확대재정정책

② 확대통화정책

③ 법인세 감세

④ 개인소득세 인상

7. 다음은 미시적 실업을 열거한 것이다. 이 중 해당되지 않는 것은?

① 자연실업

② 마찰적 실업

③ 경기적 실업

④ 구조적 실업

8. 다음은 구조적 실업의 원인에 대해서 설명한 것이다. 이에 해당되지 않는 것은?

① 산업구조 변화

② 효율임금제

③ 노동조합의 단체교섭권

④ 최고가격제

9. 다음은 정부가 확대재정정책을 실시했을 때 나타나는 현상이다. 이 중 옳지 않은 것은?

① 노동수요가 증가한다.

② 실업이 감소한다.

③ 정부부채가 증가한다.

④ 금리가 낮아진다.

10. 정부가 기준금리를 높이면 나타나는 현상이 아닌 것은?

① 실업이 증가한다.   ② 화폐수요가 축소된다.

③ 물가가 상승한다.   ④ 투자가 감소한다.

서술식 문제

1. 본 교재를 보고 있는 학생은 노동가능인구, 경제활동인구, 비경제활동인구, 취업자, 실업자 중 어디에 해당되는지 설명해보라.

2. 실업률, 경제활동참가율, 고용률을 구분하여 설명하고 국가통계포털 사이트에 접속하여 분기별, 연도별 실업률과 경제활동참가율, 고용률에 대한 자료를 조회하고 그래프로 그려보라.

3. 1981년부터 2010년까지 30년간 우리나라 남성과 여성의 경제활동참가율, 고용률, 실업률의 그래프를 그리고 경제구조의 변화에 대해서 설명하라.

4. 곤이는 1991년부터 1993년까지 3년간 가구공장에서 일을 하다가, 1995년부터 도박을 시작하였다. 2000년 도박으로 인하여 검거되어 2001년부터 2004년까지 4년간 사회봉사활동을 하였다. 이후 도박을 하지 않고, 2005년부터 2010년까지 경마를 통해 수입을 벌어들였다. 곤이가 통계표준에 의거하여 경제활동에 참가한 기간에 대해서 설명하라.

5. 정부는 실업률이 높은 것에 대해서 상당한 거부감을 느끼는 것이 일반적이다. 실업률이 높으면 어떠한 문제가 발생하는지 논리적으로 전개해보라.

6. 마찰적 실업이 발생하게 되는 원인 두 가지에 대해서 설명하라.

7. 구조적 실업에 대해서 생각해보고, 구조적 실업이 발생하는 원인에 대해서 그래프를 바탕으로 설명하라. 또한 구조적 실업의 특징에서 대해서 설명하라.

8. 정부는 실업률이 높은 경우 두 가지 정책(재정정책과 통화정책)을 선택하게 된다. 두 가지 정책을 선택하였을 때, 실업률이 낮아지는 경로에 대해서 논리적으로 설명하라. 또한 이러한 정책결정 이후 발생하게 되는 문제점에 대해서 설명하라.

9. 실업률이 높은 경우 선택하게 되는 세금감면정책의 효과에 대해서 설명하라.

10. 실업률을 낮추기 위한 정부정책에 대해서 앞에서 제시한 정책을 제외하고, 다양한
방법을 설명해보라.

10 ^{CHAPTER}

화폐시장과
인플레이션

제 8장에서 설명한 것처럼 실물부문과 화폐부문은 밀접한 연관관계를 가지며 순환한다. 또한 화폐는 정부가 공급(발행)하는 '특수한' 상품역할을 수행하고 있다. 가계가 노동의 대가로 임금을 받고 그것으로 상품(GDP)을 구입하면 이때 화폐는 노동과 상품 간 교환의 단순한 매개수단으로 활용된 것이다. 그러나 그것의 일부를 소비하고 남은 부분을 남에게 빌려주고(은행에 예금하고) 일정기간이 지난 후에 그 대가를 받는다면 화폐는 상품역할을 하는 것이다. 이 부분이 거시경제학에서 중요하게 다루는 화폐시장이 된다. 이 장에서는 상품으로서 화폐를 중심으로 금융현상, 인플레이션 그리고 그것이 실물부문과 어떻게 연관되어 있는지에 대해서 알아본다.

10.1 금융과 금융제도

10.1.1 금융의 정의

매월 일정한 월급을 받는 샐러리맨이 있다. 이번 달에 예기치 않게 아이가 병원에 입원하게 되어 큰돈이 들어가게 되었다. 이번 달 월급으로는 부족하였다. 그래서 은행에 가서 신용으로 대출을 받아 입원수속을 하였다. 몇 주 후 아이는 병원에서 치료를 잘 받고 퇴원하였다.

은행이 대출을 해줌으로써 병원과 샐러리맨 간의 거래가 성립되었다. 샐러리맨은 두 개의 시장에서 거래를 한 셈이다. 하나는 의료서비스시장이고 다른 하나는 금융시장이다. 이 두 시장을 통해 샐러리맨은 아이를 치료할 수 있었다. 반면 병원은 의료서비스 제공을 통해 수익을 올릴 수 있었다. 또한 은행은 대출을 통해서 이자수익을 얻었다. 이처럼 금융시장은 다른 시장에 영향을 미치고 참여자에게 모두 이득을 준다.

그럼 금융이란 무엇인가? 앞의 예에서 샐러리맨은 예기치 않는 사건(리스크 발생)으로 급전이 필요하게 되었다. 이것은 다음 달(미래) 월급보다도 현재의 현금 가치가 더 높아졌다는 것을 의미한다. 샐러리맨은 가치가 높아진 현재 현금을 얻기 위해서 일정기간 후에 대가(이자)를 지불해야 한다. 즉 현재의 현금과 미래의 원리금 간의 교환이 이루어졌다.

이처럼 동일한 액면가라 하더라도 미래의 불확실성에 의해 사람마다 시간에 따라 화폐가치, 즉 단위화폐당 구매력에서 차이가 난다. 이러한 차이에 따라 교환이 일어나는 현상을 금융이라 한다.

금융은 화폐적인 현상만은 아니며 실물에서도 발생할 수 있다. 예컨대 올해 양파파동으로 어떤 양파재배 농민은 양식이 부족하게 되었다. 옆집에서 쌀 10가마를 빌리고 내년에 11가마를 갚기로 하였다. 즉 현재의 쌀 10가마와 미래의 쌀 11가마의 교환이 이루진 것이다. 이런 실물금융을 통해서 양파재배 농민은 기아에서 벗어날 수 있었고 옆집은 쌀 1가마를 더 받아 모두 이득을 얻었다.

그럼에도 불구하고 현대사회에서는 대부분의 금융현상이 화폐를 매개로 하여 이루어지고 있다. 이에 따라 여기서는 화폐를 중심으로 금융현상을 다룬다.

10.1.2 화폐의 개념과 세 가지 기능

친구가 돈을 빌려 달라 할 때 "지금 돈이 없다."라고 할 때와 부자인 친구에 대해 "그는 돈이 많다."라고 할 때의 돈의 의미는 다르다. 전자는 무엇인가를 사기 위해 필요한 현금이 없다는 의미이다. 이때 돈은 상품교환의 매개수단으로서 역할을 한다. 지폐, 신용카드, 직불카드 등이 이에 해당된다. 반면 후자는 재산이 많다는 의미이다. 재산은 필요할 때 팔아서 원하는 것을 사용할 수 있는 어떤 가치를 가지고 있다. 이때 돈은 가치저장수단 역할을 한다. 지폐, 주식, 채권, 귀금속, 예술작품 등이 여기에 해당된다.

이처럼 돈은 다양한 역할과 다양한 형태가 존재한다. 여기서 돈은 정부가 발행하는 불환지폐[1], 즉 법정화폐(fiat money)만을 의미한다. 이런 화폐의 정확한 정의는 쉽지 않지만 화폐의 기능은 대체적으로 다음 세 가지로 요약된다.

교환매개의 기능

사람들이 물물교환을 통해서 원하는 상품을 구한다고 생각해보자. 빵을 가지고 있는 사람이 책을 읽고 싶다면 책을 가지고 있으면서 빵을 원하는 사람을 찾아야 한다. 즉 '이중욕망이 일치(double coincidence of wants)'해야 한다. 이것이 이루어지기 위해서 빵을 팔아 수소문을 해야 하고 이에 따라 시간도 꽤 들 것이다. 이러한 탐색 및 정보

---

1 금본위제에서 지폐는 금과 교환이 가능하므로 태환지폐라고도 한다. 이 태환지폐는 금을 대신하기 때문에 일종의 상품화폐이다. 그래서 화폐구매력과 화폐가치가 일치한다. 이에 비해 불환지폐는 어떤 상품과도 교환되지 않고 정부(중앙은행)가 법령에 의해서 발행한다. 그러므로 화폐가 갖는 구매력과 화폐가치 간의 괴리가 발생한다.

비용, 투여된 시간 등을 다 합하여 거래비용이라 한다.

　이러한 물물교환 방법은 거래비용이 너무 크기 때문에 인류는 역사적으로 이것을 줄이는 방향으로 노력하였다. 하나는 한 장소에 사람들을 모이게 하여 서로 교환하게 하는 것이다. '3일장', '5일장' 제도이다. 이것은 장터라는 좁은 공간에서 교환이 이루어지기 때문에 사람들의 이중욕망의 일치를 좀 더 용이하게 하여 거래비용을 줄여준다. 그럼에도 불구하고 자기가 원하는 것을 얻기 위해 3일이나 5일을 기다려야 한다.

　다음은 화폐의 사용이다. 빵이 있는 사람은 이제 빵을 원하는 사람 누구에게나 가서 빵을 주고 그 대가로 화폐를 받는다. 그것을 가지고 책을 파는 아무에게나 가서 필요한 책을 사면 된다. 이제 이중욕망의 일치를 위해서 발품을 팔거나 시간을 쓸 필요가 없다. 화폐를 매개로 자신이 원하는 상품을 쉽게 구입할 수 있다. 화폐는 이처럼 교환의 매개수단 역할을 하면서 거래비용을 획기적으로 감소시킨다.

가치저장의 기능

어떤 농부가 올해 풍년이 들어 쌀이 10가마 남게 되었다. 이 10가마는 시간이 지남에 따라 신선도가 떨어지고 썩기도 한다. 그뿐만 아니라 쥐 등 동물들이 축내기도 한다. 이러한 가치손상을 막기 위해서는 상당한 보관 및 저장비용이 들어간다.

　그러나 이 여분의 쌀 10가마를 팔아서 화폐로 가지고 있으면 이러한 보관 및 저장비용을 절약할 수 있다. 이처럼 화폐는 낮은 비용으로 상품의 가치를 저장하는 기능을 수행한다.

　사실 물리적으로 보면 화폐는 그림이 그려진 종이에 불과하다. 5만 원권 장당 인쇄비는 몇 백 원에 지나지 않는다. 그럼에도 불구하고 정부가 5만 원의 가치를 부여함으로써 상품이 갖는 5만 원의 가치를 저장할 수 있게 된다. 이러한 화폐의 가치저장 기능은 상품의 현재가치와 미래가치의 교환을 가능하게 하여 사회 전체적으로 보관 및 저장비용을 획기적으로 감소시켜 사회후생에 기여한다.

가치척도의 기능

물건들의 무게를 측정하거나 길이를 측정하려면 각각 kg과 km와 같은 단위를 사용한다. 마찬가지로 상품가치를 측정하려면 단위가 필요하다. 예컨대 갑돌이는 책 2권과 만년필 1개를 가지고 있다. 반면 갑순이는 배 2개와 사과 6개를 가지고 있다. 이때 누구의 상품가치가 더 큰가는 각각의 시장가격(교환가치)으로 계산하면 된다. 책 1권이 1만 원이고, 만년필 1개가 5만 원이면 갑돌이는 7만 원의 가치를 갖는다. 반면 갑순이는 배 1개가 1만 원, 사과 1개는 5천 원이므로 5만 원의 가치를 갖는다.

이렇게 시장가격을 통해서 화폐로 가치를 평가하면 서로 다른 상품들을 하나의 단위로 쉽게 측정할 수 있다. 이러한 화폐기능을 통해서 기업은 수많은 거래를 회계장부에 기록할 수 있다. 또한 가계도 수많은 소비활동을 가계부로 적을 수 있다. 정부도 마찬가지이다. 국가의 총생산량을 매년 화폐를 통해서 총 가치를 계산한다.

이처럼 화폐를 사용하면 수많은 상품의 가치와 각국의 총생산가치를 쉽게 비교할 수 있다. 이에 따라 가계는 소비활동을, 기업은 경영활동을 그리고 정부는 정책결정을 편리하게 할 수 있다.

10.1.3 화폐의 진화

화폐는 첫째, 교환의 매개 역할을 잘 수행하여 거래비용을 줄여야 한다. 둘째, 상품의 가치를 잘 저장하여 현재와 미래의 교환을 가능하게 해야 한다. 셋째, 모든 상품의 가치를 측정할 수 있는 단위 역할을 잘 수행해야 한다.

원시시대에는 많은 사람들이 일상생활에서 필요로 하면서 동시에 다른 상품과 쉽게 교환할 수 있고, 잘 썩지 않아 가치를 저장할 수 있는 상품이 이런 역할을 수행하였다. 예컨대 쌀, 밀과 같은 곡식류, 소금, 가축, 옷감 등이 화폐로 많이 사용되었다. 이런 화폐를 상품화폐(commodity money)라고 한다.

이후 상품화폐는 주로 금이나 은과 같은 금속류로 대체되었다. 이것은 일상생활에 필요하지는 않지만 금속 자체가 가치를 갖고 있어 다른 물건과 교환하기가 쉽기 때문이다. 또한 부패할 가능성이 없어 가치저장수단으로 용이하였기 때문이다.

이런 금속화폐는 동전 형태로 주조되었다. 동전 제조기술이 발전하면서 금화나 은화는 물론 금, 은, 구리 등을 섞어서 만든 주화가 사용되기도 하였다. 그런데 금이나 은도 화폐이기 전에 하나의 상품이기 때문에 시장원리에 따라 가치가 변화한다. 즉 금과 은의 공급이 많아지면 금화나 은화의 가치가 하락하고, 수요가 증가하면 가치가 상승한다.

금화의 가치를 국가에서 일률적으로 정하더라도 금의 공급이 늘면 금화의 교환가치(시장가격)는 국가가 정한 금화의 가치보다 낮아진다. 예컨대 1,000원짜리 동전 가치가 실제 교환가치로 500원이라 하자. 그러면 사람들은 금을 화폐로만 사용하려 하고 이것을 녹여서 상품으로 사용하지 않을 것이다. 반대로 금의 공급이 줄어들면 금값이 올라 간다. 이에 따라 국가가 정한 금화의 가치보다 실제 금의 교환가치가 높아지기 때문에 사람들이 금을 화폐로 사용하지 않고 집에 쌓아 놓는다. 500원짜리 동전의 실제 가치가 1,000원이라고 생각해보라. 아무도 500원짜리 동전을 사용하지 않고 금을 녹여서 상품 으로 팔 생각을 할 것이다.

이런 이유로 정부가 정한 동전의 가치보다 실제 금속의 가치가 높은 동전은 시장에 서 유통되지 않고 사라진다. 반면 실제 금속가치가 낮은 화폐만이 시장에서 과도하게 유통되게 된다. 결국 악화(bad money)가 양화(good money)를 시장에서 쫓아낸 셈이다. 이러한 현상을 그레샴의 법칙(Gresham's law)이라고 한다.

금은과 같은 금속류를 화폐로 사용하면 다른 상품화폐에 비해 더 효율적이었다. 그 럼에도 불구하고 다음과 같은 문제가 있다. 첫째, 경제규모가 커지면 대량의 화폐가 필 요하게 된다. 금이나 은은 무한정 공급되는 것이 아니므로 이때 거래의 유동성이 제약 을 받는다. 둘째, 대규모 거래를 할 때 금은의 무게가 커지므로 수송비용이 획기적으로 증가한다. 셋째, 금화나 은화를 만드는 데 주조비용이 많이 들어간다.

이러한 비용을 줄이고 화폐 유동성을 확대하기 위해 인류는 새로운 대안을 찾기 시 작하였다. 예컨대 어떤 상인이 1톤의 금을 소유하고 있다고 하자. 그는 이 금을 다른 상 인과 거래를 위해 주로 화폐로 사용한다. 문제는 금을 안전하게 수송하는 비용이 적지 않다는 것이다. 이 상인은 하나의 아이디어를 생각해냈다. 이 금을 일정한 수수료를 내 고 안전한 저장소에 맡기고, 대신 보관증을 받아 거래에 사용하는 것이다. 이 보관증에 는 "이 증을 소유한 사람에게 해당 금을 지급하시오."라고 적시되어 있다. 이때 보관수 수료는 운반비용보다 훨씬 저렴할 것이다.

이제 굳이 무거운 금을 들고 다니면서 거래할 필요 없이 보관증이라는 '종이 한 장' 이면 거래가 이루어진다. 바로 이 종이(지폐)가 화폐역할을 수행한다. 금을 가지고 반 지(상품)를 만들고 싶은 사람은 그 지폐를 가지고 해당 저장소에 가서 금으로 바꾸면 된다. 반면 화폐로 사용하고 싶은 사람은 금과 바꿀 필요 없이 그 지폐를 가지고 다른 거래에 사용하면 된다. 이때 지폐는 금의 가치와 정확히 일치되는 본원통화부분이다.

저장소는 처음에 보관수수료만 받고 보관 업무만 수행하였다. 저장소 측은 시간이 흘러도 찾아가는 금이 극히 적다는 사실을 알게 되었다. 예컨대 매년 보관된 금의 5% 정도만 인출되었다고 하자. 저장소 측은 이렇게 묵혀있는 95%의 금을 활용할 방안을 강구하였다. 위탁자의 금인출 요구에 대비해서 5% 정도는 보관하고[2] 나머지 95%의 금을 가지고 마치 자기 것처럼 지폐를 발행하였다. 이 지폐는 저장소 측이 새롭게 발행한 신용창조부분이다. 이것을 사용하여 직접 투자하거나 기업에 대출하여 저장소들은 고수익을 얻게 되었다. 이에 따라 저장소들 간 금 유치경쟁이 발생하게 되었다. 이제 저장소는 단순한 금보관 업무보다는 투자나 대출 등 금융업무에 더 열중하게 되었다. 바로 은행의 출현이다.

이런 경쟁과정에서 은행들은 좀 더 많은 금을 유치하기 위해 보관수수료를 면제하고 오히려 사례금(이자)을 지불하게 되었다. 당시 인쇄술의 발전에 힘입어 각 은행들은 위조를 방지할 수 있는 고유의 지폐를 발행하였다. 이 지폐는 발행은행에 가면 금으로 교환이 가능하므로 금태환지폐라 한다.

투자나 대출을 잘하는 은행에 많은 사람들이 금을 맡길 것이다(저축할 것이다). 수익률이 높아서 더 높은 이자율을 지급하기 때문이다. 이 은행은 늘어난 금을 바탕으로 지폐를 발행하므로 시장에서 더 많이 유통된다. 그렇지 못한 은행들의 지폐는 시장에서 서서히 사라질 것이다. 이처럼 각 은행들이 금을 바탕으로 각자의 화폐를 발행하여 경쟁하는 시스템을 금본위제도라 한다. 이 제도하에서 거대한 금융시장이 작동되기 시작하였다. 이 제도는 19세기 동안 영국 중심의 세계화를 여는 데 기여했으며, 금태환지폐는 국제통화로서 역할을 수행하였다.[3]

금본위제도의 가장 큰 문제는 은행 간 자유경쟁으로 파산이 종종 발생한다는 것이다. 이때마다 경제가 걷잡을 수 없이 혼란의 소용돌이에 빠지게 되었다. 예컨대 어떤 은행이 큰 투자손실을 입었다고 하자. 그 은행이 발행한 지폐 소유자들은 불안하기 때문에 금으로 태환하려 한다. 이 은행은 대규모 금 인출사태에 빠지게 된다. 이 은행은 부족한 금을 충당하기 위해 기업과 타 은행에 대출해주거나 투자한 금을 회수하고 또한 타 은행의 금을 차입하기도 한다. 이 과정에서 일부 기업들이 도산하기 시작한다.

이러한 상황은 사람들의 불안감을 빠르게 확산시킨다. 많은 사람들이 은행에 가서

---

2   은행이 인출에 대비해서 가지고 있는 지불준비금이다.

3   이 제도는 제2차 세계대전 이후 국제경제질서를 정립하기 위해 다시 부활되었다. 1945년 미국 브레턴우즈(Bretton Woods)에서 국제통화기금(IMF) 설립이 논의되고 이 기구에서 달러를 국제통화로 지정하였다. 이때 달러는 금 1온스당 35달러로 태환이 가능하다. 이 제도는 1971년 닉슨독트린(Nixon doctrine)에 의해 금태환정지 선언이 이루어지기 전까지 운영되었다.

금태환을 요구하게 되고 건전한 은행마저도 금 인출사태에 직면하게 된다. 모든 은행들은 금확보를 위해 대출되거나 투자한 금을 회수하기 시작하고 신규대출이나 투자는 거의 이루어지지 않는다. 금융시장에서 신용경색이 발생하고 이에 따라 은행들이 줄줄이 파산하고 기업들이 도산하면서 경제는 공황상태에 빠지게 된다.

　금본위제하에서 저장소에 보관된 금은 지폐가치를 보장해주지만 은행의 신용창조로 인해 구조적으로 발행된 지폐가치를 전부 일시에 보장할 수 없다. 이런 이유로 지폐소유자들이 한꺼번에 금인출을 요구하면 은행은 파산할 수밖에 없다. 이러한 은행파산에서 야기되는 경제적 혼란을 방지하기 위해서는 새로운 방안을 강구하지 않을 수 없다. 첫째, 대규모 금인출 사태가 발생할 때 충분한 금을 공급하는 방법이다. 이것을 담당할 수 있는 기관은 정부밖에 없는데, 금도 하나의 상품이기 때문에 빠른 시간 내에 대규모의 금을 공급하는 것이 쉽지 않다. 또한 비상시를 위해 많은 금을 비축하는 데 드는 비용도 많이 든다. 이것은 현실적인 대안은 아니다. 둘째, 지폐가치를 금이 아닌 정부신용으로 대체하는 방법이다. 이것이 현재 전 세계에서 운용하고 있는 중앙은행제도이다.

　중앙은행제도는 정부가 지폐발행을 독점한다. 이 지폐는 더 이상 금으로 교환되지 않으며, 그 가치는 정부가 법으로 보증한다. 이것이 현재 우리가 사용하고 있는 지폐인 법화(fiat money)이다. 이러한 화폐발행과 그와 관련된 금융시장 운용을 총괄하는 정부기관이 중앙은행이다. 이제 일반은행은 금을 보유할 필요가 없으며, 대규모 인출사태가 발생해도 중앙은행으로부터 대출을 받으면 된다. 인쇄술이 발달되었기 때문에 저렴한 가격으로 얼마든지 중앙은행은 지폐를 제공할 수 있다. 2009년 국제금융위기가 발생할 때 미국 월가의 일반은행, 투자은행 등이 파산에 직면했을 때 미국정부가 무한정으로 달러를 공급했다. 금본위제였다면 미국정부 소유의 금이 바닥이 나서 수많은 은행들이 파산하게 되어 세계경제가 대혼란에 빠졌을 것이다.

　중앙은행제도하에서 지폐가치는 추상적인 정부신용에 의한 보증이기 때문에 불안정하다. 예컨대 5만 원짜리 지폐 한 장의 발행비용이 500원이라 하자. 정부는 이 지폐에 5만 원의 가치를 부여하고 있다. 즉 정부는 49,500원의 화폐발행차익을 갖는다. 이런 차익은 정부에게 과도한 화폐발행의 인센티브를 제공한다. 화폐발행 증가는 물가상승을 유발하여 화폐가치의 구매력을 약화시킨다. 이것을 방지하기 위해 각국은 중앙은행의 독립성을 인정하여 물가안정을 최우선과제로 부여하고 있다.

　최근에는 디지털 기술의 발달로 교환의 매개체로서 다양한 화폐가 등장하고 있다.

신용카드, 스마트폰과 인터넷 등의 전자결제시스템의 거래가 활성화되고 있다. 또한 사이버 공간에서 사용할 수도 있는 사이버 머니, 디지털 화폐 등 다양한 전자화폐도 등장하고 있다. 특정한 집단 내에서 발행하여 유통하면서 사용하는 여러 가지 형태의 화폐도 있다. 온라인 게임 속에서도 다양한 형태의 돈이 실제 사용되고 있기 때문에 어디까지 화폐에 포함시켜야 하는지 명확한 기준을 정하기 쉽지 않다.

10.2 통화제도

경제학을 공부하기 위해 서점에 가서 책 한 권을 구입하는 경우를 생각해보자. '세종대왕 초상화가 그려져 있는 푸른색 종이' 몇 장을 주면 고맙다는 말까지 들어가며 책 한 권을 얻게 된다. 사실 그 종이는 예술작품도 아니고 다른 사람이 위조하지 못하도록 여러 가지 이상한 장치가 있기는 하지만 실제 가치는 별로 없다. 그런데도 실제 가치가 있는 책을 넘겨주고 서점주인은 거리낌 없이 그 종이를 받는다.

이런 교환행위는 서점 주인뿐만 아니라 사회구성원 전원이 관행처럼 행하고 있다. 이것은 누군가가 이 종이 소유자에게 실제가치가 있는 재화와 서비스를 획득할 수 있는 권한을 부여했기 때문이다. 사람들은 그것을 믿고 종이 몇 장에 가치 있는 상품을 제공하는 것이다. 여기서 권한을 갖는 주체는 정부기관 중 중앙은행이 된다. 이에 따라 중앙은행은 화폐관리 측면에서 중요한 역할을 수행한다.

이 절에서는 통화량의 개념, 중앙은행의 역할과 은행 및 금융제도에 대해서 설명할 것이다.

10.2.1 통화지표

화폐의 특징이나 형태도 다양해지고 국경을 넘어 그 활용 방법이나 범위도 확장되고 있는 현실에서 경제에서 실제 유통되는 화폐의 양, 즉 통화량을 측정하기는 쉽지 않다. 국가마다 경제 규모나 상황뿐만 아니라 금융과 은행제도가 다르기 때문이다. 이에 따라 통화량 측정을 위해서 일정한 기준이 필요하다. 이러한 기준에 따른 통화량을 나타내는 지표를 통화지표라고 한다.

주요 통화지표

통화량을 나타내는 지표에 어떤 통화를 포함시키느냐에 따라 크기가 달라진다. 앞에서 설명한 세 가지 기능을 수행하면 화폐의 자격이 된다. 이제 어떤 것들이 화폐의 자격이 있는지 살펴보자.

첫째, 현금이다. 현금은 어떤 교환수단보다도 빠르게 다른 자산이나 상품으로 전환할 수 있다. 즉 현금이 가장 유동성이 높은 교환수단이다. 이에 따라 유동성(liquidity)은 얼마나 쉽고 빠르게 현금으로 바꿀 수 있는 정도로 정의된다.

둘째, 요구불 예금(demand deposit)이다. 개인수표를 발행하여 인출할 수 있는 은행 예금계좌를 총칭한다. 은행에서 언제든지 바로 꺼내서 사용할 수 있기 때문에 유동성이 상당히 크다.

셋째, 저축예금이다. 은행과 약속한 일정 기간 동안 예금을 하였기 때문에 현금화하는 데 시간이 걸린다. 저축예금도 필요하면 언제든지 현금화할 수 있다. 이때 이자율을 포기해야 하는 손해를 보아야 한다.

넷째, 주식, 채권 등 금융자산이다. 상장된 경우 주식시장이나 채권시장을 통해서 매매가 거래되기 때문에 유동성이 높은 편이다. 비상장된 경우, 정해진 기간, 조건과 거래방식 등이 표준화되어 있기 않기 때문에 유동성이 낮다.

다섯째, 금, 부동산 등 실물자산이다. 금은 시장에서 매매되기 때문에 비교적 유동성이 높은 편이다. 반면 부동산은 매매하는 데 등기이전 등 법적절차가 수반되기 때문에 상대적으로 유동성이 낮다.

2013년 2월 현재 한국은행은 통화지표를 범위가 작은 M1에서부터 범위가 넓은 M2(총통화), M2A, M2B, M3로 구분하고 있으며, 다음과 같이 정의하고 있다.

M1 = 현금통화 + 통화금융기관 요구불예금

M2A = M1 + 통화금융기관 단기저축성예금 + 거주자 외화예금

M2 = M2A + 통화금융기관 장기저축성예금

M2B = M2 + 통화금융기관 양도성예금(CD) + 비통화금융기관 요구불예금 및 단기저축성예금

M3 = M2B + 비통화금융기관 장기저축성예금 + 금융채 + 환매채 + 상업어음 매출

이와 같이 통화지표는 일반적으로 유동성을 기준으로 금융자산을 포함한다. 경제환경과 경제목표 그리고 금융부문의 특성에 따라 다양한 통화지표가 사용된다. 이 중에서 통화정책을 책임지는 통화당국은 적절한 통화지표를 선정하여 관리하는 것이다.

통화지표 선택

통화지표는 국가마다 거의 비슷하지만 약간씩 차이가 있다. 실물부문과 화폐부문 간의 연관정도, 금융부문의 특성과 금융정책 특성이 반영되기 때문이다. 정책당국의 통화정책 기대효과는 결국 실물경제에서 나타나는 것이므로 실물경제와 연관성이 큰 통화지표가 선택되어야 한다. 문제는 통화지표가 실물경제와 밀접한 관계가 있다고 하더라도 정책당국이 통화지표를 쉽게 통제하거나 조절할 수 없다면 정책효과를 기대할 수 없다. 통화지표는 실물경제와 높은 연관성과 통화정책 당국의 통제 용이성의 특성을 가져야 한다.

경제가 소규모이고 금융시장이 아직 발달되지 않고 경제개방이 이루어지 않은 국가를 생각해보자. 이 경우 유동성이 큰 금융자산이면서 실물경제와 높은 연관성을 갖는 M1을 선택해야 정부가 통제·조절하기가 쉽다. 우리나라도 1970년대까지는 주로 M1을 기준으로 통화를 관리하였다.

경제 규모가 커지고 다양한 금융기관이 등장하면서 유동성이 높은 금융자산만 포함한 M1은 더 이상 실물경제 상황을 적절히 반영하지 못하게 되었다. 1980년대부터 M2를 통화관리의 중심지표로 사용하였다.

이제 글로벌 수준에서 금융상품개발이 이루어지고 금융기법도 다양해지면서 금융시장이 복잡해지고 있다. 고성능 컴퓨터를 활용하고 수학과 통계학 원리에 기초하여 고도의 기법으로 개발되는 금융자산은 규모나 위험의 수준도 파악하기가 어렵다. 이에 따라 통화량 측정과 실물경제와 연관성을 정책당국이 파악하기 어렵게 되었다. 이것은 통화관리의 어려움으로 이어진다. 이러한 환경변화를 반영하는 M3, M4, …… 등 새로운 통화지표 개발이 꾸준히 요구된다.

10.2.2 금융제도

본질적으로 큰 가치가 없는 '종이'가 화폐로서 불안감이나 불편함 없이 잘 이용되기 위해서는 체계적인 금융제도가 갖추어져야 한다. 여기서는 금융기관 중에서 중요한 역할을 수행하는 중앙은행과 일반은행을 중심으로 설명한다.

중앙은행 제도

어떤 국가든 법화제도를 운영하려면 그 제도를 통제·관리하고 책임을 지는 기관이 있어야 한다. 한국은 중앙은행으로서 한국은행이 이 역할을 수행하고 있다. 이 은행은 효율적인 통화신용정책의 수립과 집행을 통해 물가안정을 도모하는 것을 목적으로 1950년 6월 12일 설립되었다. 한국은행은 다음과 같은 다양한 업무를 수행하고 있다.

첫째, 화폐를 발행하는 한국의 유일한 발권기관이다. 정부의 승인하에 금융통화위원회4가 정하는 바에 따라 여러 가지 규격, 모양, 권종의 은행권과 주화를 발행하고 있다. 화폐는 한국은행의 주문에 따라 한국조폐공사에서 만들어져 한국은행 금고에 보관되었다가 통화정책과 금융기관의 요청에 따라 공급된다.

둘째, 다양한 정책수단을 활용하여 금리, 통화량 등 실물경제와 밀접한 관련이 있는 금융변수를 조절하는 통화신용정책을 수립·집행한다. 이러한 정책수단에는 공개시장조작, 대출정책 및 지급준비율 정책 등이 있다.

셋째, 일반은행을 대상으로 예금과 대출을 한다. 일반은행은 예금인출에 대비한 지급준비금뿐만 아니라 은행 간 상호 자금결제 또는 한국은행 대출금 상환자금으로 한국은행에 예금한다. 반면 일반은행이 일시적인 자금부족으로 예금인출요구에 부응하지 못할 때 긴급자금을 지원하는 최종대출자 기능을 수행한다.

넷째, 은행의 건전성 확보와 통화신용정책의 충실한 이행을 위해 감시·감독기능을 수행한다. 일반은행의 경영실태를 분석하여 부실은행을 미리 예방한다. 이외에도 지급결제제도의 운영 및 관리업무, 외국환 업무와 경제조사연구 및 통계작성업무를 수행한다. 또한 외국중앙은행과 협력하여 금융국제화와 금융시장 통합화 등 금융환경변화에 대응하고 있다.

---

4 한국은행의 정책결정기구로서 통화신용정책에 관한 사항 및 한국은행 운영에 관한 사항을 심의·의결한다. 총 7인, 즉 한국은행 총재와 부총재, 대통령 임명 5인(기획재정부 장관, 한국은행 총재, 금융위원회 위원장, 대한상공회의소 회장, 전국은행연합회 회장이 추천함)으로 구성되며, 한국은행 총재가 위원장이 된다.

통화정책 수단

기준금리 변경 기준금리는 일반은행에 대출하는 금리체계의 기준이 되는 금리로 금융통화위원회에서 매월 두 번째 목요일에 결정된다. 동위원회는 국내외 경제상황, 금융시장여건과 물가상황 등을 종합적으로 고려하여 결정한다. 기준금리가 인하되면 일반은행은 시중보다 더 낮은 이자로 한국은행으로부터 대출을 받아 기업에 낮은 금리로 대출하기 때문에 투자가 촉진된다. 이 과정에서 시중에 돈이 풀려 통화량이 증가하고 은행 간 금리인 콜금리와 시장금리가 전반적으로 낮아진다. 반대로 기준금리가 상승하면 시중화폐가 한국은행으로 흡수되어 통화량이 축소된다.

　일반적으로 경기가 하강할 때는 기준금리를 낮추어 경기활성화를 촉진하고 경기가 과열되어 있으면 기준금리를 높여 경기를 진정시킨다. 2008년 8월 국제금융위기 전의 한국은행의 기준금리는 5.25%였으나 2009년 2월 2.00%로 낮아졌다. 6개월 사이에 기준금리를 절반 이하로 낮췄다는 것은 국제금융위기가 심각한 경기침체를 유발했다는 것을 반영하고 있다.

법정지급준비율 변경 금본위제하에서 금을 맡긴 사람이 금을 전부 찾아가지 않듯이 예금한 사람도 현금으로 바로 찾아가지 않는다. 은행은 예금액 중 일부를 현금으로 보유하여 인출에 대비하고 나머지는 대출이나 투자에 사용한다. 이처럼 은행 전체 예금액 중 현금으로 가지고 있는 돈을 지급준비금이라 한다. 이때 전체 예금액 대비 지급준비금의 비율이 지급준비율이 된다.

　한국은행은 일반은행의 안전성을 위해 최소한의 지급준비금을 중앙은행에 예치하도록 하고 있다. 이것을 법정지급준비금이라 한다. 우리나라의 법정지급준비율은 7% 수준이다. 실제로 일반은행들은 법정지급준비금보다 더 많은 금액을 보유하고 있으며, 이를 '초과지급준비금'이라 한다.

　한국은행이 법정지급준비금을 낮추면 일반은행이 그만큼 대출여력이 더 커지므로 통화량이 증가하고 반대로 높이면 통화량은 축소된다.

공개시장조작 한국은행이 통화량을 간접적으로 조절하는 정책 중 하나로 채권시장과 같은 금융시장에서 일반은행을 상대로 국공채나 통화안정증권 등의 유가증권의 매매를 통해서 통화량을 조절하는 것을 말한다.

통화량을 늘리고자 하면 일반은행이 보유하고 있는 국공채나 통화안정증권 등을 사들인다. 그러면 한국은행에서 일반은행으로 화폐가 공급되고 이에 따라 시중 이자율이 낮아져 투자가 증가하는 등 경기활성화가 촉진된다. 반대로 경기가 과열되면 국공채나 통화안정증권을 일반은행에 판매하여 통화량을 흡수한다. 우리나라도 선진국처럼 공개시장조작을 가장 중요한 통화정책으로 활용하고 있다.

재할인율 정책 어떤 기업은 한 달 후에 판매대금으로 2억 원을 받을 수 있는 어음을 가지고 있다. 그런데 오늘 당장 1억 원어치 원자재를 구입해야 한다. 이때 이 기업은 은행에 가서 어음을 양도하고 일정한 할인율로 현금화할 수 있다. 이것은 할인하여 받은 현금을 대출받고 한 달 후에 원리금을 상환하는 것과 같다. 예컨대 월 할인율(이자율)이 1%라면 1달 후 2억 원짜리 어음은 은행은 현재가치 2억 원/(1 + 0.01) = 1억 9천 8백만 원 정도의 가격으로 사준다. 즉 현재가치만큼 대출을 받고 1달 후에 원리금 2억 원을 상환하는 것과 같다.

그러나 은행도 갑자기 예금인출이 증가하면 지급준비금이 부족하게 된다. 이때 일반은행이 한국은행에서 어음을 다시 한 번 더 할인을 받는 것을 재할인이라 한다. 한국은행이 재할인율을 인상하면 일반은행이 높은 이자를 부담하는 것과 같다. 이에 따라 은행은 기업이나 가계에 더 높은 이자를 부담하게 하여 시중금리가 상승하게 된다. 따라서 돈을 대출하려는 사람들은 줄어들어 통화량 감소로 이어진다. 반대로 재할인율이 하락하면 은행금리의 하락으로 이어지고 대출이 증가하여 통화량은 증가하게 된다.

일반은행제도

화폐는 교환의 매개체와 가치저장수단의 기능을 수행하면서 발생하는 여러 가지 비용을 축소하는 방향으로 진화하였다. 금이 화폐로 정착된 금본위제 시대에 단순히 금을 보관하는 업무를 떠나 대출과 투자업무를 시행하는 금융기관으로서 은행이 출현하였다. 여기서는 은행의 주요 기능에 대해서 살펴본다.

금융중개 기능 일반 국민들이나 기업들이 은행에 가는 목적은 크게 두 가지이다. 예금을 하거나 아니면 대출을 받기 위해서이다. 일반적으로 가계가 소득 중에서 소비하고 남은 돈을 은행에 예금하면 은행은 그 예금을 바탕으로 투자하려는 기업에 대출을 해준다.

이때 가계는 흑자지출단위, 기업은 적자지출단위라 한다. 이렇게 흑자지출단위에서 적자지출단위로 돈을 연결하는 행위를 금융중개(financial intermediation)라 한다.

금융중개기관은 이러한 흐름을 원활히 하는 매개체 역할을 수행하는 기관이다. 은행은 중요한 금융중개기관으로서 가장 기본적인 기능인 금융중개를 수행한다. 즉 일정 이자율(예금 이자율)을 지불하고 예금을 유치하여 일정 이자율(대출 이자율)로 대출한다. 이때 대출이자율과 예금이자율의 차인 예대마진이 은행수익의 원천이 된다.

예금과 대출기능은 매우 단순한 활동인데 은행이 왜 필요할까? 다음과 같은 몇 가지 이유가 존재한다. 첫째, 금융거래비용과 정보획득비용을 줄일 수 있다. 자금수요자(차입자)와 공급자(예금자)가 서로 만족할 만한 상대방을 직접 찾기가 쉽지 않고, 찾았다 하더라도 조건 등을 협상하는 데 시간과 비용이 많이 든다. 은행이 존재하면 자금공급자는 굳이 수요자를 찾을 필요 없이 예금을 하면 되고 자금수요자도 대출만 하면 된다. 다수의 자금공급자와 수요자를 대상으로 자금이 거래되므로 규모의 경제가 작용하여 거래비용이 감소한다. 또한 은행에 금융거래정보가 모이게 되므로 정보획득비용이 은행을 통하면 훨씬 적게 든다. 이런 점에서 은행은 금융시장의 효율성을 높이고 금융거래량을 증가시키는 역할을 한다.

둘째, 투자위험을 감소시키거나 분산시킬 수 있다. 은행은 전문성을 바탕으로 개인이 얻을 수 없거나 비용이 많이 드는 정보를 모으고 분석한다. 이런 분석을 통해 비교적 위험을 정확히 추정할 수 있고 위험이 잘 분산된 포트폴리오를 구성한다. 은행은 다양한 형태의 예금을 모아서, 이것을 다양한 형태의 자금수요자에게 배분하기 때문에 한 명의 자금공급자나 수요자가 위험을 부담하지 않도록 한다.

셋째, 결제시기의 다양성을 조정한다. 예컨대 예금자 3명이 2억 원씩 각각 1년, 2년과 3년 만기인 정기예금을 들었다고 하자. 두 기업은 3억 원씩 대출받아 투자하고 2년 후에 상환하고 싶어 한다. 한 기업에 1년 만기예금 2억 원과 2년 만기예금 1억 원으로 대출해주고 다른 기업에 2년 만기예금 1억 원과 3년 만기예금 2억 원을 대출해줄 것이다. 1년 후 은행은 기업대출을 담보로 2억 원의 채권을 발행하여 만기예금 인출에 응할 것이다. 이처럼 결제시기가 다른 자금공급자와 수요자 사이의 간격을 메워주면서 자금의 효율성을 높여준다.

넷째, 비유동성자산을 유동성부채로 전환하는 역할을 한다. 일반적으로 자금수요자는 안정적인 자금의 장기 차입을 선호한다. 이 자금은 주로 토지, 건물이나 기계 등 비유동성 자산에 투자된다. 반면 자금공급자는 필요 시 바로 되찾을 수 있는 단기 유동적인 자금을 원한다. 은행은 수많은 자금공급자로부터 받은 단기성 자금을 모아 자금공급자에게 장기로 대출해주어 유동성이 낮은 자산을 보유한다. 은행이 비유동성자산을 담보로 채권을 발행하여 자금을 모아 예금자들의 인출을 커버한다.

은행이 이러한 역할을 제대로 해냈을 때 금융중개를 통해 안정적이고 수익이 높은 곳으로 자금배분이 이루어진다. 이러한 자금의 효율적 배분을 통해 저축과 투자가 촉진되어 경제성장에 기여할 수 있고 은행도 안정적으로 성장한다. 은행이 자금을 배분하는 원칙은 약간씩 다르지만 안정성과 수익성을 고려하여 배분한다는 원칙에는 변화가 없다. 경제 전체의 자원이 배분되는 과정에서 은행이 중요한 역할을 하는 것은 재삼 강조할 필요가 없다.

신용창조 기능   한 은행이 한국은행으로부터 기준금리로 1억 원을 대출받았다고 하자. 이 돈을 A기업에 시중금리로 대출해주었다. A기업은 원자재를 구입하기 위해 B기업에 1억 원을 지불하였다. B기업은 1억 원을 자신의 거래은행에 입금한다. 그 은행은 지불준비금으로 1천만 원을 남기고 나머지 9천만 원을 C기업에 대출해주었다. C기업도 또 자신의 거래은행에 입금한다.

이 과정을 다시 한 번 살펴보면 한국은행은 1억 원을 발권하여 은행에 대출해주었더니 일반은행은 이 돈을 바탕으로 1억 9천만 원을 기업에 대출하였다. 1억 원은 한국은행이 제공한 화폐를 가지고 발생한 대출이다. 이것을 본원적 통화라고 한다. 본원적 통화가 증가하면 이처럼 일반은행 대출을 통해서 통화량이 증가함을 알 수 있다. 나머지 9천만 원은 예금을 바탕으로 발생한 대출이다. 이것을 신용창조에 의한 파생적 통화라 한다. 앞의 예에서 C기업의 거래은행에서 지불준비금으로 9백만 원을 남기고 D기업에 8천 백만 원을 대출해준다면 이만큼 신용창조에 의한 통화량은 증가한다. 이런 과정이 반복되면 신용창조에 의한 통화량은 지속적으로 늘어난다.

통화량은 중앙은행의 발권에 의한 본원적 통화량과 일반은행의 신용창조에 의한 통화량의 합으로 이루어진다는 것을 알 수 있다. 앞의 예에서 보듯이 대출이 활발히 이루어지면 본원적 통화량보다 신용창조에 의한 통화량이 훨씬 많다는 것을 알 수 있다.

현재 경기침체 상태여서 모든 경제주체가 미래에 대해서 비관적으로 생각하고 있다고 하자. 정부는 경기침체를 벗어나기 위해 확대금융정책을 실시한다. 즉 기준금리를 낮추거나, 국공채를 매입하여 일반은행에 화폐를 공급한다. 이것은 화폐공급을 증가시켜 시장금리를 낮춤으로써 기업의 투자비용을 줄여주기 위한 것이며, 이것을 통해 기업의 투자를 유도해서 경제를 활성화하려는 것이다.

그런데 모든 기업들이 미래를 비관적으로 전망한다면 아무도 투자하려 하지 않기 때문에 대출이 전혀 이루어지지 않는다. 이러면 본원적 통화는 고스란히 은행 금고에 있고 신용창조는 전혀 이루어지지 않는다. 즉 통화량은 전혀 늘어나지 않는다. 2008년 국제금융위기를 극복하는 과정에서 미국 정부와 일본 정부가 거의 0수준으로 기준금리를 낮추었는데도 경기가 바로 회복되지 않은 것은 신용창조에 의한 통화량 증가가 거의 이루어지지 않는 것과 상당히 관련이 있음을 알 수 있다. 이렇듯이 정부의 금융정책은 일반은행의 신용창조와 밀접한 관련이 있다.

통화승수 중앙은행이 일정수준의 본원통화를 공급하면 일정 지급준비금을 마련해야하는 은행들이 예금과 대출의 과정을 거치면서 신용창조가 이루어지는 원리를 설명하였다. 은행이 예금 전부를 항상 지급준비금으로 보유한다면(지급준비율 100%) 예금으로 대출을 해줄 수 없어 신용창조가 일어나지 않는다. 반대로 예금 전액을 모두 대출해준다면(지급준비율 0) 신용창조는 무한대가 된다.

예금 중 대출비율이 크면 은행은 돈을 많이 벌 수 있고 신용창조에 의한 통화량이 확대되어 시중에 유동성이 풍부해진다. 반면 현금이 부족하여 예금자들의 현금인출에 부응하지 못하는 뱅크런(bank run)[5]에 직면하기 쉽다. 이러한 위험을 방지하기 위해 은행이 일정 수준의 지급준비를 하도록 법적으로 규제하고 있다. 이것을 법정지급준비율제도(required reserve)라고 한다. 결국 은행의 신용창조 규모는 은행이 예금의 얼마만큼을 대출할 수 있는가에 달려있다.

일반은행의 지급준비율이 20%인 경우 실제 은행의 신용창조의 규모를 예를 통해서 살펴보자. 은행은 이익을 최대화하기 위해서 대출가능금액을 모두 대출해준다. 어떤 은행이 기준금리로 한국은행으로부터 10억 원을 대출받았다. 이 사장은 그 은행으로부터 10억 원을 대출받아 원자재를 구입하고 박 사장에게 대금을 지불하였다. 박 사장

---

5 예금주들이 한꺼번에 은행으로 달려가서 돈을 찾아가는 대규모 예금인출사태를 의미한다. 일반적으로 은행이 기업에 대출해준 돈을 돌려받지 못하거나 주식 등의 투자로 손실을 입어 부실해지는 경우 자주 발생한다. 파산위험이 높아진 부실은행으로부터 자신의 예금을 확보하려는 예금주의 태도에서 비롯된다.

은 자신의 거래은행인 A은행에 10억 원을 모두 요구불예금으로 입금하여 필요할 때 언제든지 사용할 수 있도록 하였다. A은행은 지급준비율 20%인 2억 원을 남기고 8억 원을 김 사장에게 대출해주었다. 김 사장은 대출받은 8억 원을 일단 자신이 거래하는 B은행에 모두 요구불예금으로 입금하였다. 8억 원의 예금이 증가한 B은행은 지급준비율 20%인 1억 6천만 원을 남기고 6억 4천만 원을 최 사장에게 모두 대출해주었다. 지불준비금제도 때문에 대출규모와 예금규모는 점점 작아지지만, 이론적으로는 이러한 과정을 반복하면 예금과 대출이 0에 이를 때까지 계속된다.

이때 일반은행의 대출총량은 모두 거래에 사용되었기 때문에 총통화량이 된다. 본원통화가 10억 원 증가할 때 총통화량은 얼마나 증가한 것일까? 이것은 다음과 같이 무한등비급수 공식을 사용하면 간단히 계산할 수 있다.

$$
\begin{aligned}
\text{총통화량 증가분} \;=\;& 10\text{억 원} + 8\text{억 원} + 6\text{억 4천만 원} + 5\text{억 천2백만 원} + \cdots\cdots \\
=\;& 10\text{억 원} \times [\,1 + 0.8 + (0.8)^2 + (0.8)^3 + \cdots\cdots\,] \\
=\;& 10\text{억 원} \times \frac{1}{1-0.8} = 50\text{억 원}
\end{aligned}
$$

처음 한국은행이 10억 원의 화폐를 발행하였다. 일반은행의 예금과 대출 과정을 거치면서 초기 발행금액의 5배인 50억 원의 규모로 통화량이 증가하였다. 즉 본원통화의 5배의 총통화량이 증가했다는 것을 의미한다. 어떤 기준에 비하여 몇 배 변화하였는지를 나타내는 숫자를 승수(multiplier)라 한다. 여기서는 은행의 신용창조 과정을 거쳐 본원통화량 10억 원의 $\dfrac{1}{1-0.8}$ 배가 증가했으므로 이를 **통화승수**(money multiplier)라 한다.

통화승수 $\dfrac{1}{1-0.8}$ 에서 0.8은 은행의 대출률이므로 $(1-0.8)$은 지급준비율이 된다. 결국 통화승수는 $\dfrac{1}{0.2}$ 로 나타낼 수 있다. 이것을 일반화하면 지급준비율이 r일 때 결국 통화승수는 $\dfrac{1}{r}$ 이 된다.

앞의 예에서 보듯이 중앙은행인 한국은행이 맨 처음 발행한 10억 원이 통화의 기본이 되었다. 이러한 본원통화를 바탕으로 은행의 신용창조 과정을 거치면서 통화량이 증가한다. 이와 같이 중앙은행의 본원통화는 통화의 근본이자 원천적으로 통화량을 결정하는 강력한 통화이므로 통화베이스(monetary base) 또는 고성능통화(high-powered money)라고도 한다. 중앙은행은 본원통화의 공급량을 조절하여 경제에 적절한 통화량을 공급하기 위해 노력한다.

한국의 은행 분류 한국에서 은행은 대체로 예금은행을 총칭하며 신용창조를 주요 기능으로 하는 금융기관을 말한다. 한국은행(1995)에 따르면 우리나라에서는 은행법의 적용을 받는 시중은행, 지방은행 및 외국은행 국내지점 등의 일반은행과 각각의 특별법에 따라 설립된 특수은행 가운데 예금업무의 비중이 높은 중소기업은행, 농업협동조합, 수산업협동조합, 축산업협동조합의 신용사업부문이 이러한 예금은행에 해당된다. 그러나 한국산업은행, 한국장기신용은행, 한국수출입은행은 은행이라는 이름을 사용하고 있으나 요구불예금의 비중이 무시해도 좋을 만큼 낮거나 예금업무를 취급하지 않기 때문에 예금은행에서 제외하고 있다.

기타 금융기관

국제통화기금(IMF) 분류기준에 따르면 금융중개기관은 각각의 기능에 따라 통화당국, 예금은행, 기타 금융기관으로 나뉜다.

통화당국은 화폐발행, 대외지급준비금관리, 금융기관 지급준비금관리 등의 기능을 수행하는 기관이다. 한 나라의 중앙은행과 정부의 통화당국 기능을 수행하는 기관이 이에 해당된다. 예금은행은 신용창조를 주요기능으로 하는 금융기관임을 앞서 설명하였다.

기타 금융기관은 통화당국과 예금은행을 제외한 모든 금융기관을 포함한다. 이것은 자금조달 및 운용형태에 따라 개발기관과 투자기관, 저축기관 그리고 보험기관으로 구분된다. 개발기관은 한국산업은행, 한국장기신용은행, 한국수출입은행 등으로 장기설비투자 또는 수출입과 같은 특정부문을 집중 지원하기 위하여 설비된 기관을 의미한다. 이들은 필요한 자금을 대부분 정부 또는 해외로부터의 차입이나 채권발행의 형태로 조달하는 특성을 가지고 있다.

투자기관은 주로 단기금융시장과 주식 및 채권시장 등 직접금융시장에서 자금의 중개기능을 수행한다. 투자금융회사, 종합금융회사, 투자신탁회사, 증권금융회사가 여기에 속한다. 저축기관은 민간의 장기여유자금을 유치하거나 사채자금을 제도금융으로 끌어들이기 위해 설립되었다. 은행신탁, 상호신용금고, 신용협동조합, 상호금융, 체신예금 등이 있다. 한편 보험회사에는 생명보험과 손해보험이 있으나 생명보험회사만이 보험기관으로서 금융기관으로 분류하고 있다.

한편 금융중개기관을 신용창조 기능이 있는 통화금융기관과 신용창조 기능이 없는

그림 10.1 우리나라 금융기관

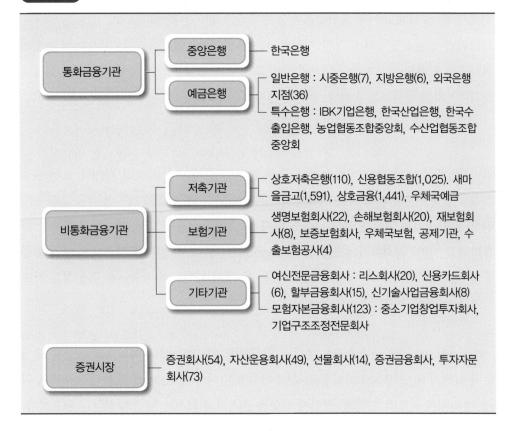

비통화금융기관으로 나눌 수 있다. 우리나라의 경우에 통화금융기관으로 한국은행과 예금은행이 해당된다. 이외 기타 금융기관으로 개발기관, 투자기관, 저축기관과 보험기관 등은 비통화금융기관에 해당된다. 이상과 같은 우리나라의 금융기관을 정리하면 〈그림 10.1〉과 같다.

10.3 화폐시장의 균형

10.3.1 화폐의 수요와 공급

상품시장에서 시장가격이 중요한 역할을 한다. 시장가격을 기준으로 모든 거래가 이루어지기 때문이다. 화폐시장도 마찬가지이다. 상품시장에서 수요와 공급의 상호작용에 의하여 가격이 결정되듯이 화폐시장에서도 화폐수요와 공급의 상호작용에 의해 가격이 결정된다. 화폐도 이제 일반상품처럼 생각해야 한다는 것이다.

　그러면 화폐시장에서 결정된 시장가격은 무엇인가? 이자율이다. 여기서는 어떻게 이자율이 화폐의 시장가격이 되는지 그리고 정부가 정책을 실시할 때 이자율이 어떻게 변화하는지를 살펴보고자 한다.

화폐수요

일반사람들은 소득 중 소비하고 남은 돈으로 예금을 하거나, 주식을 사거나 또는 부동산을 구입하면 일정한 수익을 기대할 수 있다. 반면 화폐로 갖고 있으면 유동성은 높지만 아무런 수익도 없고 분실의 위험도 있다. 그럼에도 불구하고 왜 사람들은 화폐를 보유하려고 할까? 경제학자 케인즈(J. M. Keynes)는 사람들이 화폐를 보유하는 동기를 유동성 개념으로 설명하고 있다. 다음과 같은 세 가지 동기에서 사람들은 유동성을 확보하려고 한다는 것이다.

거래적 동기(transactions motive)　우리는 일상생활에서 필요한 재화와 서비스들을 구입하기 위해서 어느 정도의 화폐를 수중에 가지고 있어야 한다. 예컨대 점심을 사먹기 위해, 병원에서 치료받기 위해, 연인과 영화를 즐기기 위해서는 일정한 현금이 필요하다. 현금이 전혀 없고 1억 원어치 주식을 가지고 있는 사람은 배가 고파도 음식을 사먹을 수 없는 불편을 감수해야 한다.

　이와 같은 목적으로 화폐를 보유할 때 거래적 동기에 의한 화폐수요라고 한다. 일반적으로 이러한 화폐수요는 소득이 높을수록 증가하는 경향이 있다. 소득이 높은 사람의 지갑 속 현금이 가난한 사람보다 더 많은 것은 이런 경향을 반영한다. 또한 점심값이 오르면 현금이 더 필요하듯이 물가가 오르면 일상생활에서 갖고 다니는 화폐규모도 커질 것이다.

예비적 동기(precautionary motive)　살다 보면 예상치 못했던 상황이 발생하여 갑자기 돈을 써야 하는 경우가 있다. 우리는 일상생활에서 쓸 곳을 정하지는 않았지만 미래의 불확실한 상황에 대비해서 비상금을 가지고 있는 경우가 있다. 이 비상금이 예비적 동기에 의한 화폐수요에 해당한다. 가정이나 기업들이 만약의 상황에 대비하여 일정수준의 현금을 보유하는 경우도 예비적 동기의 화폐수요에 해당한다. 물가가 오르면 만약을 대비하여 보유하는 화폐량도 증가할 것이다.

투기적 동기(speculative motive)　자산을 어떤 형태로 보유할 것인가는 모든 사람들의 고민거리이다. 부동산, 주식과 채권 등을 구매할 때 보통 안정성과 수익성을 고려한다. 예컨대 아파트 가격이 오를 것으로 예상되면 대출을 받아서라도 아파트를 사지만, 아파트 가격이 하락할 것으로 예상되면 오히려 현금을 보유했다가 낮은 가격에 아파트를 사는 방법이 현명할 것이다. 이와 같이 각자의 자산을 보유하는 전략으로서 화폐를 보유할 때, 이 경우 투기적 동기의 화폐수요라 한다.

　정기예금의 이자가 매우 높아진다면 현금보유 기회비용이 상승하므로 화폐수요가 줄어든다. 주식이나 채권과 같은 금융자산인 경우도 마찬가지이다. 금융자산의 수익률이 높으면 현금보유 기회비용이 상승하므로 화폐수요가 줄어든다. 금융시장이 경쟁시장이라면 이자율과 금융자산의 수익률은 같아진다. 예컨대 채권수익률이 예금이자율보다 높으면 채권수요가 증가하여 채권가격이 상승한다(채권수익률 하락).6 반면 정기예금이 감소하므로 이자율이 상승하게 되어 결국 일치하게 된다. 이처럼 투기적 동기의 화폐수요는 이자율에 영향을 받는다. 즉 이자율이 상승하면 투기적 동기에 의한 화폐수요는 감소하고, 이자율이 하락하면 증가한다.

10.3.2 화폐수요곡선

앞에서 설명한 세 가지 동기에 의하면 화폐수요는 소득, 물가수준과 이자율에 영향을 받는다는 것을 알 수 있다. 이것을 수식으로 나타내면 다음과 같다.

$$MD = P \cdot L(r, Y)$$

여기서 MD는 화폐수요, P는 물가, r은 이자율, Y는 총소득(GDP)을 나타낸다. 이러한 화폐수요에 영향을 미치는 요인들 중에서 가장 중요한 것은 이자율이다. 화폐수요와

6　1년 만기 액면가 만 원짜리 채권이 있다고 하자. 현재 9,000원에 팔리고 있다. 이 채권을 사면 수익률은 1년 후 9,000원에 1,000원의 이득이 생기므로 11%가 된다. 수익률이 상당히 높자 이 채권수요가 증가하여 가격이 9,500원이 되었다면 이제 9,500원에 500원의 수익이 발생한다. 수익률이 5.3%로 하락하였다. 이처럼 채권가격과 수익률은 서로 역비례 관계가 있다.

그림 10.2 화폐수요곡선

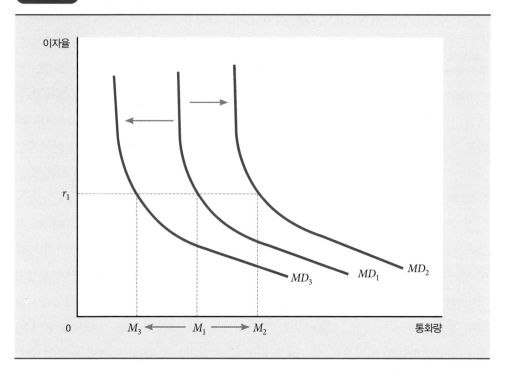

이자율에 초점을 맞추기 위해 이자율을 제외한 모든 변수는 일정하다고 가정한다.

이러한 가정하에서 화폐수요와 이자율 간의 관계를 나타내는 그래프를 화폐수요곡선이라 한다. 투기적 동기에 의한 화폐수요에 의하면 이자율이 상승하면 화폐수요는 감소하고 이자율이 하락하면 화폐수요는 증가한다. 이자율과 화폐수요는 서로 역관계를 가지므로 〈그림 10.2〉에서 보듯이 화폐수요곡선(money demand curve)은 우하향하게 된다.

상품시장의 수요곡선과 마찬가지로 이자율이 변하면 화폐수요곡선(MD)을 따라서 화폐수요가 이동한다. 반면 다른 요인에 변화가 생기면 화폐수요곡선 그 자체가 이동한다. 예컨대 국민소득이 증가하면 거래적 동기의 화폐수요가 증가해야 하므로 〈그림 10.2〉에서 보듯이 초기의 주어진 이자율(r_1)에서 MD_1 화폐수요곡선상의 점 M_1에서 MD_2 곡선상의 점 M_2로 이동한다. 이처럼 이자율 이외의 변수가 변화할 때 화폐수요가 늘어나면 화폐수요곡선은 우측으로, 줄어들면 좌측으로 이동하게 된다.

앞에서 설명한 화폐 보유의 동기에 따르면 물가수준이 높아지면 거래적 동기와 예비적 동기의 화폐수요량이 증가한다. 그런데 물가 수준의 상승률, 즉 인플레이션이 예상되면 화폐가치가 하락하므로 실물자산을 보유하려 하기 때문에 화폐수요가 감소된다. 즉 화폐수요곡선은 좌측으로 이동한다.

10.3.3 화폐공급곡선

본원통화처럼 중앙은행이 정책적으로 조절하여 공급할 수 있는 화폐도 있지만 현실적으로 모든 통화량을 중앙은행이 통제할 수는 없다. 앞서 배운 통화량 지표 중에 유동성이 큰 M1 속에는 요구불예금이 포함되어 있는데, 이는 중앙은행이 마음대로 크기를 조절할 수는 없다. 은행은 신용창조 기능이 있기 때문에 예금자와 대출자 모두 통화량에 영향을 미칠 수 있다. 그러나 기초경제학의 수준에서는 분석의 편의를 위해 중앙은행이 여러 가지 정책수단을 이용하여 화폐공급량을 조절할 뿐 어떤 경제변수에 의해서 영향을 받지 않는다고 가정하자. 즉 $M_S = \overline{M}$이다.

  중앙은행은 일반적으로 이자율과 관계없이 정책적 판단에 따라 화폐공급량을 결정

그림 10.3 화폐시장균형

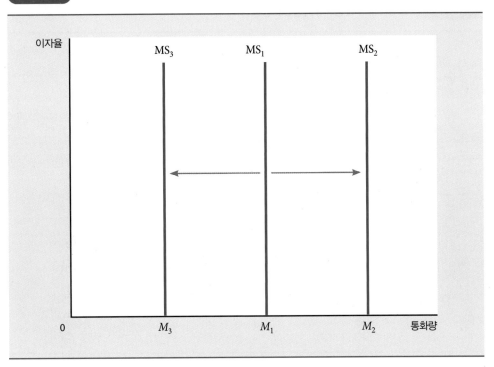

한다. 만일 통화당국이 M_1수준으로 화폐공급량을 결정하면 〈그림 10.3〉에서 보듯이 화폐공급곡선(MS_1)은 그 점에서 그은 수직선(MS_1)이 된다. 통화당국이 화폐공급량을 M_2수준으로 늘리면 화폐공급곡선은 오른쪽으로 이동하여 MS_2가 된다. 반대로 화폐공급량을 M_3수준으로 줄이면 좌측으로 이동하여 MS_3가 된다.

10.3.4 화폐시장의 균형

유동성선호설

화폐수요는 케인즈가 지적한 세 가지 동기에 의해서 결정된다. 반면 화폐공급은 통화당국의 정책적 판단에 의해서 이루어진다. 〈그림 10.4〉는 이것을 바탕으로 화폐시장균형을 나타내고 있다.

이자율이 r_2라면 화폐공급이 화폐수요보다 더 많아 화폐시장이 초과공급 상태가 된다. 이에 따라 이자율은 하락하게 된다. 반대로 이자율이 r_3가 되면 화폐수요가 화폐공급보다 많으므로 초과수요 상태가 된다. 이에 따라 이자율이 상승한다. 결국 화폐수요

그림 10.4   화폐시장의 균형 : 유동성선호설

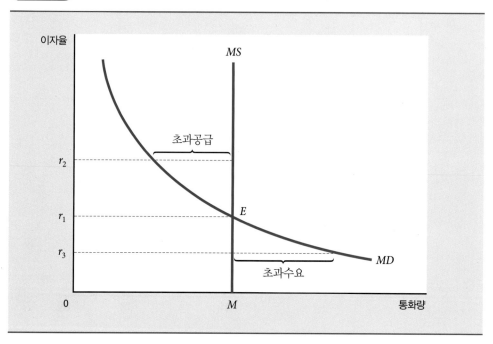

곡선 *MD*와 화폐공급곡선 *MS*가 교차하는 *E*점에서 화폐시장 균형이 이루어진다. 이때 이자율 r_1이 균형이자율이다. 이것을 수식으로 표현하면 $\overline{MS} = P \cdot L(r, Y)$가 된다.[7] 이 균형이자율은 흔히 은행에서 공시하는 명목이자율이다. 물가상승률이 반영되지 않은 화폐시장의 단기적 상황에서 결정된다.

이제 국민소득이 증가하면 거래적 동기에 의해 화폐수요가 증가한다. 이때 〈그림 10.5a〉에서 보듯이 화폐수요곡선이 우측으로 이동한다. 초기 이자율 수준 r_1에서 화폐시장은 초과수요 상태가 된다. 이에 따라 균형점은 E_2로 이동하여 이자율은 r_2로 상승한다. 통화당국이 확대화폐정책에 따라 통화공급이 증가하면 〈그림 10.5b〉에서 보듯이 화폐공급곡선이 MS_2로 우측으로 이동한다. 초기 이자율 수준 r_1에서 화폐시장은 초과공급 상태가 된다. 이에 따라 균형점이 E_2로 이동하여 이자율은 r_2로 하락한다.

이와 같이 유동성선호에 의해 화폐수요가 결정된다는 것을 바탕으로 화폐시장의 균형에서 이자율이 결정된다고 설명하는 이론을 케인즈의 유동성선호설(liquidity preference theory)이라고 한다.

그림 10.5 **화폐시장균형의 변화**

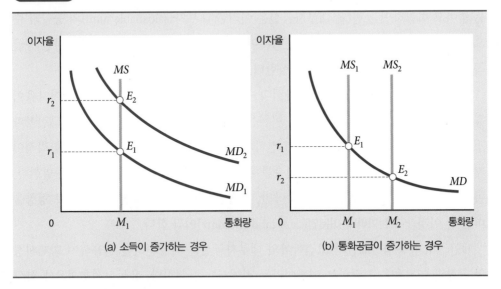

(a) 소득이 증가하는 경우   (b) 통화공급이 증가하는 경우

---

7 이 식은 $\dfrac{\overline{MS}}{P} = L(r, Y)$으로 변형할 수 있다. 좌측항을 실질잔고(real balance)라 한다. 이것은 총통화량의 실질구매력을 나타낸다. 실질변수로 화폐시장의 균형을 말하면 실질잔고와 실질화폐수요가 일치할 때 균형에 도달한다.

대부자금설

유동성선호설에 의하면 화폐량 전체의 수요와 공급이 일치할 때 이자율이 결정된다. 이렇게 결정된 이자율이 연 10%라 하자. 즉 10만 원을 예금하면 1년 후에 11만 원을 받는다. 쌀 1가마의 가격이 10만 원이고 물가상승률이 0이면 이 예금자는 1년 후 쌀 1.1가마를 살 수 있다. 이것은 마치 쌀 1가마를 빌려주고 연리 10%로 1년 후 쌀 1.1가마를 받는 것과 같다. 이때 이자율은 쌀(상품)로 계산되었기 때문에 **실질이자율**(real interest)이라고 한다. 물가가 안정적이면 명목이자율과 실질이자율은 크게 차이가 나지 않는다.

이때 1년 후 물가상승률이 10%가 예상되는 상황을 가정해보자. 1년 후 이 예금자는 11만 원을 받지만 쌀 1가마의 가격이 11만 원으로 상승한 것을 발견할 것이다. 이제 원리금을 가지고 쌀 1가마밖에 살 수 없다. 은행의 명목이자율은 10%이지만 실질이자율은 0이라는 것을 알 수 있다. 이 예를 통해서 알 수 있듯이 실질이자율은 명목이자율에서 물가상승률을 차감한 부분으로 계산된다. 이것을 **피셔효과**(Fisher effect)라고 한다.

대부자금설은 경제주체들이 구매력을 나타내는 실질이자율(실질변수)에 따라 의사결정을 한다는 것을 전제로 한다. 가계는 실질이자율이 상승하면 대부자금 공급(저축)을 늘리고 하락하면 줄인다. 반면 기업은 실질이자율이 상승하면 대부자금 수요(투자)를 줄이고 하락하면 늘린다. 대부자금설은 이러한 대부자금(loanable fund)의 공급과 수요에 의해 실질이자율이 결정된다는 이론이다. 〈그림 10.6〉에서 보듯이 대부자금 공급곡선은 우상향하고 수요곡선은 우하향한다.

〈그림 10.6〉은 대부자금의 수요곡선과 공급곡선이 일치하는 곳에서 균형이자율이 결정된다는 것을 보여주고 있다. 이 이론은 케인즈의 유동성선호설 이전의 고전학파 경제학자[8]들에 의해서 정립되었다. 고전학파의 사고방식은 모든 경제주체는 합리적이기 때문에 구매력을 나타내는 실질변수를 가지고 의사결정을 한다는 것에서 출발한다. 이에 따라 명목변수 변화는 명목변수에만, 실질변수 변화는 실질변수에만 서로 영향을 미친다. 이것을 **고전학파의 이분법**(classical dichotomy)이라 한다.

케인즈의 유동성선호설과 고전학파의 대부자금설은 시장원리를 이용하여 화폐시장의 균형과 이자율을 결정하는 이론이라는 점에서는 동일하다. 유동성선호설은 통화량

---

8 고전학파 경제학자들은 애덤 스미스 이후 경제학자로서 미시경제학적 틀을 완성하였다. 앞에서 배운 것처럼 미시경제학은 상대가격체계에서 시장원리 분석에 초점을 맞추고 있다. 대표적인 학자로 리카도(D. Ricardo)와 맬더스(T. Malthus) 등이 있다.

그림 10.6　화폐시장의 균형 : 대부자금설

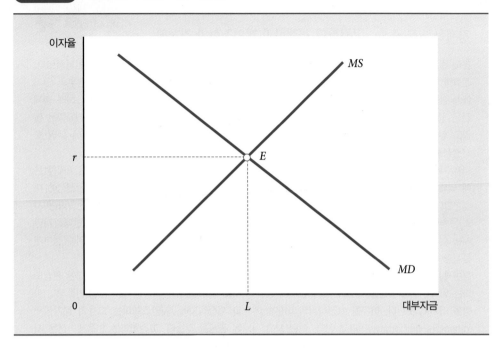

의 수요와 공급에 초점을 맞추어 명목이자율이 어떻게 결정되는지를 보여준다. 또한 통화공급량은 통화당국의 정책판단에 의해서 이루어지므로 본원통화의 역할이 중요하다. 반면 대부자금설은 가계의 저축과 기업의 투자 관계에 기초하여 필요한 대부자금의 수요와 공급에 의해서 실질이자율이 결정된다. 이 점에서 두 이론의 근본적인 차이점이 있다.

　대부분 경제학자들은 화폐시장의 단기상황에는 유동성선호설이, 장기상황에는 대부자금설이 유효하다는 점에 동의하고 있다. 이런 점에서 유동성선호설과 대부자금설은 서로 상충되기보다 오히려 보완적인 관계에 있다.

경제학의 두 주류 : 고전학파 경제학과 케인즈학파 경제학

현대 주류경제학인 애덤 스미스로 대표되는 고전학파 경제학과 케인즈학파 경제학은 사고방식에서 상당한 차이가 있다. 고전학파 경제학은 인간은 합리적이기 때문에 명목변수에 현혹되지 않고 실질구매력을 반영한 실질변수에 따라 의사결정을 한다는 것을 전제로 한다. 이런 개별 경제주체의 의사결정이 시장의 '보이지 않는 손'에 의해서 자원이 효율적으로 배분되어 공익을 실현한다는 것이다. 이에 따라 모든 자원(생산요소)은 낭비 없이 완전고용된다. 또한 노동시장에서는 실질임금, 화폐시장에서는 실질이자율, 상품시장에서는 상대가격이 결정된다. 이렇듯 시장은 실질변수를 결정하기 때문에 명목변수 변화는 명목변수에 영향을 미칠 뿐 실질변수에 영향을 미치지 못한다. 이것을 고전학파의 이분법(classical dichotomy)이라고 한다. 이런 사고방식은 우리가 앞서 배운 미시경제학에 고스란히 반영되어 있다.

이러한 고전학파는 150년 동안 발전해오다 대공황 시기에 위기를 맞는다. 주식시장이 정확한 이유 없이 몇 달 사이 94%나 대폭락하였기 때문이다. 인간의 합리성으로 설명하기 어려운 대목이다. 이 지점에서 케인즈학파 경제학이 시작된다. 케인즈는 인간은 전지전능할 만큼 합리적이지 않다고 전제한다. 즉 바로 실질변수를 계산해내지 못하기 때문에 명목변수의 변화에 대해 반응할 수 있다는 것이다. 이런 경제주체의 시장참여는 당연히 시장실패를 유발하고 이에 따라 자원이 비효율적으로 배분되어 실업이 발생한다고 설명한다. 이제 경제를 사회 전체 틀에서 분석하여 시장균형이 완전고용(자원의 효율적 배분)에서 크게 벗어나면 정부가 시장에 개입해야 한다는 것이다. 거시경제학의 출현이다.

고전학파는 당연히 이런 주장에 반박하였다. 시장 자체의 자정작용을 무시하는 정부의 단기 개입은 시장의 합리적 기능을 해쳐 오히려 경제에 해를 끼친다는 것이다. 어차피 장기균형은 돌아온다. 이에 대하여 케인즈는 "장기에 우리 모두 죽는다."라고 응수하였다.

고전학파와 케인즈학파의 가장 큰 차이점은 무엇일까? 인간의 합리성과 시장의 완전성에 대한 신뢰 여부로 정리할 수 있다. 고전학파는 시장을 신뢰하기 때문에 정부개입을 반대하지만 케인즈학파는 시장실패를 보완하기 위해 정부개입을 지지한다.

이에 따라 두 학파는 경제문제에 대한 관심도 서로 다르다. 고전학파는 물가안정(인플레이션)과 재정적자에, 케인즈학파는 고용과 경기침체에 관심을 갖는다. 고전학파는 인플레이션은 시장기능을 왜곡시킨다는 점에서 경계한다. 또한 재정을 통한 정부의 투자와 지출은 민간부문의 투자와 지출을 감소하는 효과(구축효과)를 가져오기 때문에 반대한다. 실업은 최저임금제나 노동조합의 단체교섭권 등 구조적 제약으로 발생되기 때문에 규제를 철폐하면(노동시장 유연화) 완전고용으로 돌아온다고 본다. 케인즈학파는 실업은 경기회복이 느려 장기화되기 때문에 경제성장에 장애가 된다고 본다. 이것을 해결하기 위해 정부가 개입하여 완전고용을 달성하여 성장해야 한다는 것이다. 이러기 위해서는 재정적자가 필요하다.

이렇듯 사고방식이 다르기 때문에 관심도 다르고 내놓은 정책도 다를 수밖에 없다. 그럼에도 불구하고 대부분 경제학자는 단기에는 케인즈학파의 사고방식이, 장기에는 고전학파의 사고방식이 대체로 유효하다는 점에서 동의한다.

10.4 통화량과 인플레이션

지금까지 화폐시장균형에 대해서 살펴보았다. 이 절에서는 화폐시장 균형원리를 가지고 통화량과 인플레이션 간의 관계를 설명하고자 한다.

10.4.1 인플레이션의 원인

인플레이션은 물가가 지속적으로 상승하는 현상이다. 제8장에서 이미 설명했듯이 GDP는 모든 상품을 결합한 것이고 물가는 GDP 가격을 나타낸다. 이에 따라 인플레이션은 한 경제에서 생산되는 모든 재화와 서비스 가격이 전반적으로 상승하는 현상임을 알 수 있다. 물가를 나타내는 지표로 소비자물가지수, 생산자물가지수와 GDP 디플레이터가 있다. 일반적으로 인플레이션을 측정할 때 가계의 구매력을 잘 나타내는 소비자물가지수를 물가지표로 사용한다.

　김밥만 생산하는 한 국가를 상정해보자. 이 국가에는 상품시장으로 김밥시장만 존재할 것이다. 어느 때 김밥가격이 상승하는가?

　첫째, 김밥의 수요와 공급에 변화가 발생하는 경우이다. 예컨대 치즈김밥을 개발했는데 수요가 늘어나면 시장에서 초과수요가 발생하여 김밥가격은 상승한다. 또한 더운 날씨에 김밥이 상해서 버리는 경우 공급부족으로 김밥가격은 상승한다.

　둘째, 김밥의 생산량에는 변화가 없는데 화폐구매력이 하락하는 경우이다. 1만 원권으로 예전에는 김밥 한 줄을 살 수 있었는데 이제는 반 줄밖에 살 수 없다. 김밥 한 줄을 사기 위해서는 2만 원을 지불해야 한다. 화폐가치 하락에 의해 물가가 상승한다.

　이제 김밥을 GDP라 하면 첫 번째는 실질변수의 변화가 물가에 미치는 경우이다. GDP의 수요를 미시경제의 개별상품수요와 구별하기 위해 총수요(aggregate demand)라고 하고, GDP의 공급을 총공급(aggregate supply)이라 한다. 이와 관련된 인플레이션은 다음 장의 총수요와 총공급 모형을 통해서 다룬다. 두 번째는 통화량변화가 물가에 미치는 경우이다. 즉 통화량과 물가는 상호 밀접한 관련이 있다.

10.4.2 화폐수량설

유동성선호설에 의하면 통화량은 화폐공급을, 물가는 화폐수요를 통해서 명목이자율 결정에 영향을 미친다. 통화량과 물가는 명목이자율을 결정하는 요인에 불과할 뿐 이

들 간의 인과관계를 찾아볼 수 없다.

고전학파 경제학자들은 다른 방식으로 접근한다. 대부자금설에서 이미 밝혔듯이 대부자금시장에서 실질이자율이 결정되기 때문에 명목변수인 통화량은 이자율 결정과 무관하다. 이들은 경제에서 항등적으로 GDP 가치와 통화량은 일치해야 한다고 주장한다. 예컨대 김밥(GDP)이 5줄 생산되었는데 시중 통화량은 5만 원이다. 김밥가치와 통화량이 일치되려면 김밥 한 줄당 1만 원이 되어야 한다. 통화량이 10만 원으로 늘면 김밥 한 줄 당 2만 원이 되어 100% 물가상승이 발생한다. 즉 통화량 공급은 물가상승과 밀접한 연관관계가 있다는 것이다. 이것을 화폐수량설이라 한다.

이것을 간단한 수식을 통해서 살펴보자. GDP가치는 물가(P)와 GDP(Y)의 곱으로 나타낸다. 즉 $P \times Y$이다. 통화량은 본원통화량(M)과 화폐유통속도(V)의 곱으로 나타낸다. 즉 $M \times V$이다. 화폐유통속도는 일정기간 동안 화폐가 거래에 참여한 횟수를 나타낸다. 이것은 은행이 대출과 예금을 반복하면서 창출해내는 통화량, 즉 신용창조 기능과 관련이 있다.

이제 $P \times Y = M \times V$이 성립한다. 이 식을 화폐수량방정식이라 한다. 이 식을 이용하여 통화량과 물가 간의 관계를 살펴보자.

(1) 화폐유통속도는 국가의 금융제도나 관습과 관련이 있기 때문에 오랜 기간 비교적 안정적이다.

(2) 화폐유통속도가 안정적이기 때문에 본원통화량이 증가하면 GDP 가치($P \times Y$)가 비례적으로 늘어난다.

(3) GDP는 노동, 물적자본, 인적자본, 자연자원 등 실질변수의 공급량과 생산기술에 의해서 결정된다. 통화량은 명목변수이기 때문에 실질변수인 GDP 생산에 영향을 미치지 못한다. 이처럼 통화량이 실질변수에 영향을 미치지 못하는 경우 화폐의 중립성이 성립한다고 말한다.

(4) 본원통화량이 늘면 GDP 가치가 늘어나지만 실질변수인 GDP 생산량에 변화가 없기 때문에 물가가 상승한다. 따라서 중앙은행이 화폐공급을 증가시키면 인플레이션율이 상승한다.

이러한 화폐수량설은 초인플레이션 현상을 잘 설명한다. 초인플레이션은 일반적으로 월평균 인플레이션율이 50%를 초과하는 현상을 말한다. 1년 동안 물가수준이 무려 100배 이상 증가했다는 의미이다.

이러한 예는 여러 나라에서 찾아볼 수 있다. 독일의 바이마르공화국 시대에는 약 3년 만(1919~1921년)에 물가가 무려 1조 배나 올랐다. 헝가리의 경우 세계경제 역사상 가장 높은 인플레이션율을 기록하였다. 1945년과 1946년 사이 15시간당 물가가 두 배씩 뛰어 한 달에 무려 1.3경 배의 물가상승이 이루어졌다. 이후 구화폐와 신화폐 간 교환 비율이 $4.0 \times 10^{29} : 1$로 이루어졌다. 최근의 초인플레이션은 2008년 1~7월 사이에 발생한 짐바브웨를 들 수 있다. 이 기간 동안 물가상승이 2억% 진행되었다. 대부분 전쟁이나 국가부도와 같이 정부가 통화발행 외에는 재원조달 수단이 없을 때 지속적인 통화발행이 이루어지고 이것이 초인플레이션을 유발하였다.

화폐수량설에 따르면 한 경제에 유통되는 화폐의 양이 화폐가치를 결정하며, 통화량의 증가가 인플레이션의 주된 원인이 된다. 프리드만(M. Friedman)이 '인플레이션은 언제 어디에서나 화폐적인 현상'이라고 표현한 것은 화폐수량설을 염두에 두고 한 것이다.

✎ 연습문제

▣ 객관식 문제

1. 다음 중에서 금융현상이라고 볼 수 없는 것은?
   ① 미국 여행을 가기 위해 은행에서 달러를 구입하였다.
   ② 해외투자를 위해 미국계 은행에서 달러로 융자를 받았다.
   ③ 고랭지 배추를 가을에 수확하기로 하고 봄에 가격을 선지불하였다.
   ④ 아내에게 선물하기 위해 명품가방을 구입하고 신용카드로 결제하였다.

2. 명목GDP는 각 상품의 시장가격과 생산량을 곱한 값을 합하여 계산한다. 이때 화폐의 기능은 어디에 해당하는가?
   ① 교환의 매개체   ② 가치저장수단   ③ 회계단위   ④ 자기복제

3. 다음 화폐 중에서 가장 성격이 다른 것은?

① 금은   ② 소금   ③ 법정화폐(fiat money)   ④ 금태환지폐

4. 스페인의 피사로 장군은 잉카제국을 정복한 후 대량의 금과 은을 약탈하여 스페인으로 보냈다. 이것이 역설적으로 16세기 스페인왕국의 몰락의 계기가 되었다. 그 이유로 타당한 것은?

① 대서양을 횡단할 때 수송선들이 많이 침몰했기 때문이다.

② 식료품가격이 너무 올라 경제가 극도로 혼란해졌기 때문이다.

③ 금은광산업에서 경쟁이 치열하여 파산한 기업이 많았기 때문이다.

④ 왕실이 금은을 독점하여 화폐로 유통시키지 않았기 때문이다.

5. 금은으로 만든 화폐는 다른 상품화폐에 비해서 장점이 많아 오랫동안 사용되었다. 그럼에도 불구하고 이들 화폐가 가지는 문제점이 아닌 것은?

① 금이나 은은 무한정 공급되지 않기 때문에 거래의 유동성에 제약을 받는다.

② 대규모 거래를 할 때 금은의 무게가 커지므로 수송비용이 획기적으로 증가한다.

③ 금화나 은화를 만드는 데 주조비용이 많이 든다.

④ 회계단위로 사용할 수 없다.

6. 아래 보기는 어떤 통화지표를 나타내고 있는가?

현금통화＋요구불예금＋장단기저축성예금＋거주자외화예금

① M1   ② M2A   ③ M2   ④ M3

7. 다음 중에서 한국은행이 실시한 확대통화정책이 아닌 것은?

① 기준금리를 인하한다.   ② 법정지급준비율을 낮춘다.

③ 통화안정채권을 시중은행에 판매한다.   ④ 재할인율을 인하한다.

8. 한국은행이 시중은행에 10억 원을 대출해주었다. 법정지급준비율이 10%일 때 각 은행의 초과지급준비율이 0이라면 은행의 신용창조에 의해서 늘어난 통화량은 얼마인가?

① 100억 원   ② 90억 원   ③ 80억 원   ④ 50억 원

9. 유동성선호설에 의하면 비상금은 어떤 동기에 의한 화폐수요에 해당하는가?

① 거래적 동기　　② 투기적 동기　　③ 예비적 동기　　④ 예측적 동기

10. 유동성선호설에서 화폐수요에 직접적으로 영향을 미치는 요인이 아닌 것은?

① 물가　　　　② 이자율　　　　③ GDP　　　　④ 환율

11. 다음은 케인즈학파에 의한 화폐시장에 관한 설명이다. 이 중 옳지 않은 것은?

① 명목이자율은 화폐시장에서 결정된다.

② 실질이자율은 대부자금시장에서 결정된다.

③ 화폐공급은 정부의 자의적인 판단에 의해 결정된다.

④ 이자율이 상승하면 화폐수요가 감소한다.

12. 프리드만(M. Friedman)이 말한 '인플레이션은 언제 어디서나 화폐적인 현상'이라고 말한 것은 어떤 이론을 근거로 한 것인가?

① 화폐수량설　　② 유동성선호설　　③ 피셔가설　　④ 대부자금설

🔲 서술식 문제

1. 화폐의 핵심기능을 생각해보고 본질적인 가치가 없는 지폐가 어떻게 화폐로서 기능할 수 있는지 설명해보라.

2. 비트코인(bitcoin)이 실제 경제에 통용되는 새로운 화폐가 되기 위해서는 어떤 조건이 필요한지 설명해보라.

3. 통화지표를 작성하는 이유와 통화지표가 유용하게 사용되기 위해 필요한 조건을 설명해보라. 즉, 어떠한 조건을 충족하는 통화지표를 선택하여 사용하는 것이 좋을까?

4. 통화지표는 통화의 다양한 구성요소들을 포함시켜 작성한다. 이때 다양한 통화의 구성요소를 구분하는 중요한 기준은 무엇일까?

5. 금융중개기관이 있는 경우와 없는 경우를 비교해보라. 즉, 자금여유가 있는 주체들로부터 예금을 받고, 자금이 필요한 주체에게 자금을 빌려주는 금융중개를 하는 금융기관이 없는 경우를 생각해보라. 자금여유가 있는 주체가 할 수 있는 다양한 방법

을 생각해보라. 또한 자금이 필요한 주체가 할 수 있는 다양한 방법을 생각해보라.

6. 은행에 예금했던 사람들이 일시에 예금을 찾으려고 할 확률은 매우 낮지만 가능성이 없는 것은 아니다. 이러한 상황에 대비하여 여러분이 금융제도를 책임지고 있는 사람으로서 어떠한 제도나 방법을 도입할 것인지 설명해보라.

7. 일상생활에서 소액거래도 카드로 결제하는 경우가 많다. 카드로 결제를 해도 주어진 날짜에 카드로 사용한 금액만큼 은행에 현금을 입금하여야 한다. 이 밖에도 만일의 경우를 대비하여 현금을 필요로 하기도 한다. 여러분이 큰 기업의 사장으로서 재무 분야도 책임지는 위치에 있다고 하자. 현금을 준비해야 하는 다양한 상황이나 그에 따라서 현금을 보유하는 동기를 설명해보라.

8. 국가의 경제가 좋지 않아서 심각한 사회문제가 되고 있는 경우, 그 해결책 중 하나는 화폐공급을 증가시키는 것이다. 화폐공급을 증가시킨다고 해서 반드시 침체된 경기가 살아나는 것은 아니지만 경제에 공급된 화폐는 소비나 투자에 사용될 가능성이 많다. 화폐가 지속적으로 증가하면 물가수준이 증가하면 인플레이션의 가능성이 높은데, 인플레이션이 발생하면 누구에게 유리하고 누구에게 불리한지 설명해보라. (참고 : 여러분이 일정한 이자율로 현금을 많이 빌려주었는데 내년에 돌려받기로 했다고 생각해보라.)

9. 여러분이 모든 재산을 은행에 예금으로 갖고 있다고 하자. 중앙은행에서 계속 화폐를 공급하여 향후 지속적으로 인플레이션이 예상되는 경우에 여러분의 재산 가치를 증가시키거나 유지하기 위해 어떻게 해야 할 것인지 설명해보라.

10. 경제에 통화량이 너무 많거나 적으면 경제가 비효율적으로 작동한다. 통화량이 너무 많거나 적다고 판단되면 중앙은행이 통화량을 어떻게 조절하는지 그 방법을 설명해보라. 또한 한국의 금융통화위원회가 무엇을 하는지 설명해보라.

제10장 객관식 문제 정답
1. ① 2. ③ 3. ③ 4. ② 5. ④ 6. ③ 7. ③ 8. ② 9. ③ 10. ④ 11. ② 12. ①

11 CHAPTER

국민소득과
물가

지금까지 거시경제 틀에서 GDP(국민소득)가 어떻게 정의되고, 노동시장이 어떻게 고용량과 임금을 결정하고, 화폐시장이 어떻게 통화량과 이자율을 결정하는지를 살펴보았다. 이러한 노동시장과 화폐시장의 작동은 사실 GDP시장과 긴밀하게 연관되어 있다. 일반균형분석은 이처럼 상호작용하는 여러 시장이 어떻게 동시에 균형에 도달하는지를 분석하는 것이다.

이 장은 일반균형분석 틀을 가지고 GDP시장이 어떻게 물가와 균형GDP를 결정하는지를 설명한다.[1] GDP도 하나의 상품이므로 수요 측면(총수요)과 공급 측면(총공급)이 존재한다. 먼저 총수요과 총공급에 영향을 미치는 요인을 통해서 총수요곡선과 총공급곡선이 어떻게 유도되는가를 보여준다. 그리고 그것을 활용하여 어떻게 GDP시장이 작동되어 물가와 균형GDP를 결정하는지를 설명한다.

이러한 총수요와 총공급 분석은 GDP와 물가가 어떻게 결정되는지뿐만 아니라 경기변동의 최근 상황을 해석하고 경제정책을 어떠한 방향으로 수행할 것인지를 이해할 수 있도록 한다.

11.1 총수요

11.1.1 케인즈의 단순모형

기업이 일정한 가격수준에서 상품(GDP)이 팔리지 않아 생산을 하지 않는 경기침체인 상황을 상정하자. 구매요청이 있으면 즉각적으로 생산이 이루어진다. 이렇게 실질적인 구매력을 갖는 수요를 유효수요(effective demand)라 한다. 이 유효수요가 총수요(aggregate demand)를 결정한다. 유효수요를 갖는 경제주체는 가계와 기업뿐이라 하자. 가계는 소비지출(C)을, 기업은 투자지출을 위해서 구매한다. 이런 상황에서 GDP(Y)는 어떻게 결정되는가?

위의 상황을 식으로 정리하면 다음과 같다.

$$Y_D = C + I \tag{11-1}$$

---

1 GDP는 총생산 측면, 총소득 측면과 총지출 측면에서 동일하기 때문에 상황에 따라 GDP로, 또는 (국민)소득으로 사용된다.

$$Y_D = Y \qquad (11\text{-}2)$$

식 (11-1)은 총수요(Y_D)가 가계의 소비지출과 기업의 투자지출로 구성되어 있다는 것을 보여준다. 식 (11-2)는 유효수요가 있으면 즉각적으로 생산된다는 것을 의미한다. 즉 유효수요가 GDP를 결정한다.

케인즈는 소비수준은 소득(Y)이 증가하면 상승하고[2] 투자수준은 어떤 경제변수의 영향 없이 기업의 자의적인 판단에 따라 이루어진다고 가정한다. 이것을 수식으로 나타내면 다음과 같다.

$$C = a + bY \ (단, \ a > 0, 0 < b < 1) \qquad (11\text{-}3)$$

소비와 소득(Y) 간의 관계에 대해서 두 가지 새로운 개념을 도출할 수 있다. 하나는 한계소비성향(marginal propensity to consumption, MPC)이다. 이것은 소득이 1단위 증가할 때 소비가 얼마나 증가하는지를 나타낸다. 즉 $\dfrac{\Delta C}{\Delta Y} = b$이다. 소비함수의 기울기와 일치한다. 저축은 소득에서 소비하고 남은 부분이므로 한계저축성향(marginal propensity to saving, MPS)은 여기서는 $(1-b)$가 된다. 다른 하나는 평균소비성향(average propensity to consumption, APC)이다. 이것은 소득에서 소비가 차지하는 비율을 나타낸다.

이제 이런 단순모형에서 어떻게 소득이 결정되는가를 살펴보자. 먼저 식 (11-3)을 식 (11-1)에 대입하면 총수요는 다음과 같이 된다.

$$Y_D = a + bY + I \qquad (11\text{-}1')$$

〈그림 11.1〉은 총수요의 식 (11-1′)과 (11-2)를 그린 것이다. 식 (11-2)는 45°선을 나타내고 총수요곡선은 기울기 45°선보다 적게 그려진다. 이것은 한계소비성향이 1보다 작기 때문이다($0 < b < 1$). 균형GDP는 총수요곡선과 45°선의 교점에 A점에서 결정되고 그때 GDP는 Y^*가 된다.

이제 기업이 미래를 낙관하여 투자를 ΔI만큼 늘렸다고 하자. ΔI만큼 유효수요가 늘어났기 때문에 바로 ΔI만큼 Y가 상승한다. 상승은 $b\Delta I$만큼의 소비지출의 증가를 가져온다. 이것도 유효수요의 증가이므로 그만큼 Y증가를 가져온다. 이런 Y증가는 $b^2\Delta I$만

---

[2] 소득의 절대적 크기가 소비의 가장 중요한 결정요인이 된다는 뜻에서 케인즈의 소비이론을 절대소득가설(absolute income hypothesis)이라고 한다.

그림 11.1 GDP 결정 : 케인즈 단순모형

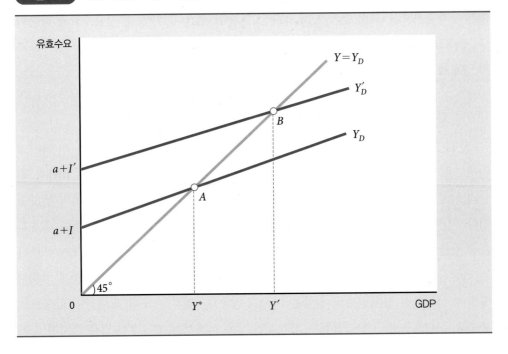

큰의 소비지출 증가를 가져온다. 이것이 지속적으로 이루어지기 때문에 총 GDP 증가를 정리하면 다음 식 (11-4)와 같다.

$$\Delta Y = (1 + b + b^2 + b^3 + \cdots)\Delta I \qquad (11-4)$$

이 식을 무한등비급수 공식을 사용하여 단위 투자당 GDP 증가를 구하면 다음과 같다. 이것을 투자승수라 한다.

$$\frac{\Delta Y}{\Delta I} = \frac{1}{1-b} \qquad (11-5)$$

한계소비성향이 클수록 투자승수효과가 커진다는 것을 알 수 있다. 즉 한계소비성향이 커지면 소득이 증가할 때 그만큼 소비지출이 늘어나므로 유효수요가 증가하여 GDP를 증가시킨다. 여기서 케인즈의 저축의 역설이 성립한다. 저축을 많이 한다는 것은 한계소비성향이 낮다는 것을 의미한다. 그러면 그만큼 유효수요가 감소하여 GDP가 오히려 감소한다. 또한 투자가 이루어져도 승수효과가 별로 높지 않게 된다. 경기침체기에는 저축이 오히려 경제에 해가 될 수 있다는 것이다.

〈그림 11.1〉에서 보듯이 투자가 증가하여 균형점이 A점에서 B점으로 변화하였다. 이때 투자증가보다 GDP 증가가 더 크다는 것을 알 수 있다. 바로 투자승수효과 때문이다. 총수요곡선의 기울기가 한계소비성향을 나타내므로 기울기에 따라 투자승수효과가 어떻게 변화하는지 스스로 확인해보기 바란다.

11.1.2 정부지출 효과

〈그림 11.2〉에서 A점은 케인즈 단순모형에 의한 균형소득이다. 이 균형점은 이 나라의 완전고용의 소득수준인 Y_F에 훨씬 못 미치고 있다. 경기가 침체되어 기업도 미래를 비관적으로 보아 투자를 하지 않고 가계도 소득수준이 낮아 소비지출을 늘리지 못하고 있다. 시장이 제대로 작동되지 못하고 있다. Y_F에 도달하기 위해서는 누군가가 유효수요를 창출해야 한다. 케인즈는 정부가 정부지출(G)을 통해서 유효수요를 늘려야 한다는 적극적인 정부개입정책을 주장하였다. 정부지출은 정부가 정책적인 판단에 의해서 결정하므로 어떤 경제변수도 영향을 미치지 않는다. 정부는 또한 조세권이 있으므로 총수요곡선에 조세(T)가 포함된다. $G > T$인 경우 적자재정, $G < T$인 경우 흑자재정, G

그림 11.2 정부재정정책의 효과

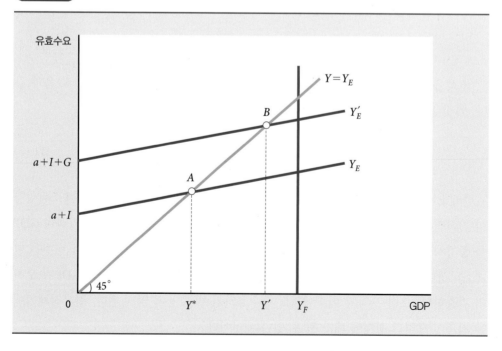

= T인 경우 균형재정이라 한다.

이러한 사항을 고려하면 케인즈의 총수요는 다음과 같이 수정되어야 한다.

$$Y_D = C + I + G \qquad\qquad (11\text{-}6)$$

$$C = a + b(Y - T) \qquad\qquad (11\text{-}7)$$

소비지출, 투자지출과 정부지출이 증가하면 유효수요가 증가하기 때문에 소득이 증가한다. 반면 조세증가는 가처분소득(소득에서 조세를 차감한 소득)의 감소를 가져와 소비지출을 줄이기 때문에 유효수요가 줄어들어 소득의 감소를 가져온다. 소비지출 증가, 투자지출 증가나 정부지출 증가처럼 유효수요가 늘어나는 것을 **주입**(injection)이라 한다. 조세증가처럼 유효수요가 감소하는 것을 **누출**(leakage)이라 한다.

〈그림 11.2〉는 정부지출이 증가할 때 주입이 발생하여 총수요곡선이 위로 이동하고 균형소득이 증가하는 것을 보여주고 있다. 이에 따라 균형소득은 완전고용소득 Y_F에 근접하게 된다. 케인즈는 정부지출이 이런 효과가 있기 때문에 경기침체가 발생하면 정부는 적자재정을 통해서 유효수요를 창출하여 경제에 적극적으로 개입해야 한다고 주장하였다.

11.1.3 *IS-LM모형*

이 모형도 케인즈 단순모형과 마찬가지로 물가가 변화하지 않는다는 전제로 유효수요에 의해서 국민소득이 결정되는 상황을 상정한다. 이런 상황에서 GDP시장과 화폐시장이 동시에 균형을 이룰 때 *IS-LM모형*[3]은 물가와 이자율이 어떻게 결정되는지를 보여준다.

GDP시장의 균형

앞에서 설명한 것처럼 총수요는 소비지출, 투자지출과 정부지출로 구성되어 있다. 즉 $Y_D = C + I + G$이다. 여기서 투자지출은 단순모형에서처럼 자의적 판단에 의해서 이루어지기도 하지만 이자율의 영향도 받는다. 즉 이자율이 상승하면 투자비용이 증가

---

3 이 모형은 1937년 케인즈의 〈고용 · 이자 및 화폐의 일반이론〉의 내용을 요약하기 위해 존 힉스(John Hicks)가 1937년에 고안하였다. 여기서 IS는 총수요의 투자(investment)와 저축(saving)에서, LM은 화폐시장에서 유동성선호(liquidity preference)와 화폐공급(money supply)에서 가져왔다.

하기 때문에 투자지출이 감소하고 하락하면 증가한다. 투자는 자의적 판단에 따라 이루어지는 독립투자 부분과 경제변수에 의해 이루어지는 유발투자 부분으로 나눌 수 있다.

총수요에 의해서 소득이 결정되므로 균형소득은 다음 식에 의해서 나타낼 수 있다.

$$Y_D = C(Y - T) + I(r) + G = Y \qquad (11\text{-}8)$$

이 식은 GDP시장의 균형을 나타내며 이것을 GDP와 이자율(r) 공간에 그래프로 나타내면 IS곡선이 된다. 이제 이자율이 상승하면 투자지출이 감소하므로 유효수요가 감소하고 이에 따라 GDP가 감소한다. 즉 이자율과 균형GDP는 서로 역관계를 가지므로 〈그림 11.3〉에서 보듯이 IS곡선은 우하향한다.

지금까지 가처분소득의 크기에 따라 소비수준이 결정되었다. 실제 경제에서 가처분소득뿐만 아니라 다른 요인들도 소비수준에 영향을 미친다. 첫째, 자산(wealth)이다. 여기서 자산은 부동산, 귀금속 등 실물자산과 예금, 주식, 채권 등 금융자산을 포함한다. 이러한 자산가격이 상승하면 일부를 현금화하여 소비지출을 늘릴 수 있다. 이것을 자

그림 11.3 *IS*곡선과 이동

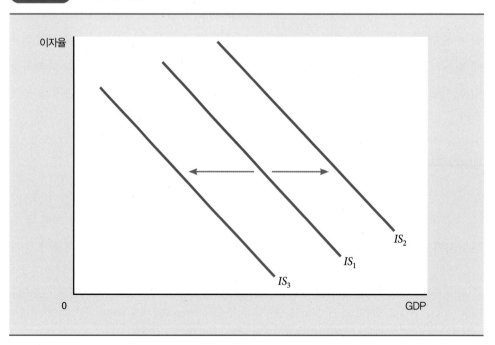

산효과(wealth effect)라 한다. 1990년대 초 일본 경제불황을 이러한 자산효과로 설명하는 사람들이 많다. 주식과 부동산시장에서 거품이 빠지면서 자산가격이 폭락하여 소비지출이 크게 줄어들어 전례 없는 불황에 시달렸다는 것이다.

둘째, 물가수준이다. 물가가 상승하면 예금, 주식과 채권처럼 명목자산의 실질가치가 감소한다. 이러한 실질가치의 감소는 가계의 소비지출을 줄이는 역할을 한다. 이처럼 물가가 변동함에 따라 보유한 실질가치가 변화해서 소비에 영향을 미치게 되는 것을 실질자산효과(real balance effect)라 한다.

셋째, 미래소득이다. 현재소득이 전혀 없는 학생은 등록금을 낼 돈이 없어 대학에 진학할 수 없다. 대학을 졸업하여 취업 후 갚는다는 조건으로 학자금 융자를 받으면 대학을 다닐 수 있다. 이처럼 가계는 미래소득을 예상하고 현재소득 수준 이상으로 소비지출을 늘릴 수 있다.[4]

넷째, 이자율이다. 이자율이 상승하면 사람들은 현재소비를 줄이고 저축을 늘린다. 한편 이자소득이 늘어 미래소득이 증가함에 따라 현재소비를 늘릴 수도 있다. 현실 경제에서 이자율이 현재 소비에 어떤 영향을 미치고 있는지에 대해서 경제학자들 사이에 의견이 엇갈리고 있다.

이제 *IS*곡선 이동에 대해서 살펴보자. *IS*곡선은 이자율이 변하면 곡선 내에서 이동하지만 다른 변수가 변하면 *IS*곡선 자체가 이동한다. 이때 기본원칙은 어떤 변수가 변화할 때 유효수요가 증가하면 우측으로, 유효수요가 감소하면 좌측으로 이동한다. 예컨대 자산효과가 발생하면 소비지출이 증가한다. 이것은 유효수요를 늘리므로 〈그림 11.3〉에서 보듯이 *IS*곡선은 우측으로 이동한다. 정부지출이 증가하면 유효수요가 늘어나므로 우측으로 이동한다. 반면 조세가 증가하면 유효수요가 감소하므로 〈그림 11.3〉에서 보듯이 좌측으로 이동한다.

화폐시장의 균형

유동성선호설에 의하면 화폐공급과 화폐수요가 일치할 때 화폐시장은 균형에 도달한

---

4 프리드만(M. Friedman)과 모딜리아니(A. Modigliani)는 케인즈의 절대소득가설을 비판하며 소비수준 결정에 현재소득뿐만 아니라 미래소득도 중요한 역할을 한다는 것을 밝혀냈다. 프리드만의 소비이론을 항상소득가설, 모딜리아니의 소비이론을 생애주기가설이라 한다. 이 이론을 바탕으로 두 경제학자는 노벨경제학상을 받았다.

다. 이것을 식으로 표현하면 다음과 같다.

$$\frac{M_S}{P} = L(r, Y) \qquad\qquad (11-9)$$

이 식은 화폐시장 균형을 나타내며 이것을 그래프로 나타내면 LM곡선이 된다. 이제 이자율이 상승하면 투기적 동기의 화폐수요가 감소한다. 화폐공급 측면의 실질잔고에 변화가 없기 때문에 화폐시장은 초과공급 상태가 된다. 다시 균형으로 돌아가기 위해서는 거래적 동기의 화폐수요가 증가해야 하기 때문에 GDP가 늘어나야 한다. 즉 화폐시장이 균형을 이루려면 이자율과 GDP는 서로 양(+)의 관계를 갖는다. 〈그림 11.4〉에서 보듯이 LM곡선은 우상향한다.

LM곡선도 IS곡선과 마찬가지로 이자율 이외의 변수가 변화하면 이동한다. 어떤 변수가 변화할 때 화폐수요가 증가하면 우측으로, 감소하면 좌측으로 이동한다. 예컨대 정부가 통화공급을 늘리면 실질잔고가 증가하여 화폐시장이 초과공급 상태가 된다. 이때 균형으로 돌아가기 위해 화폐수요가 늘어나야 하므로 GDP는 증가해야 한다. 이에

그림 11.4 *LM*곡선과 이동

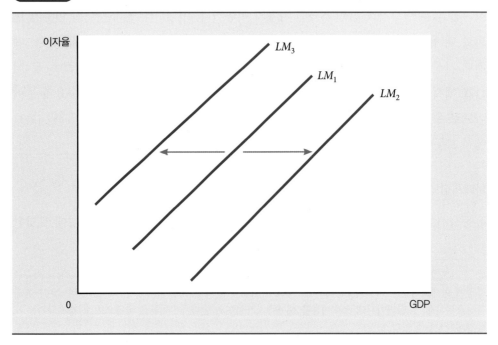

따라 *LM*곡선은 우측으로 이동한다. 반면 물가가 상승하면 실질잔고가 감소하여 화폐
시장이 초과수요 상태가 된다. 균형을 위해서 화폐수요가 줄어야 되므로 GDP가 감소
해야 한다. *LM*곡선은 좌측으로 이동한다.

일반균형분석 : 재정정책과 화폐정책

앞에서 설명한 것처럼 *IS*곡선은 GDP시장의 균형을, *LM*곡선은 화폐시장의 균형을 나
타낸다. 〈그림 11.5〉는 *IS*곡선과 *LM*곡선의 교차점 A점에서 두 시장이 균형에 도달했
을 때 균형이자율과 균형GDP를 보여주고 있다.

먼저 정부가 확대재정정책을 실시했을 때 두 시장에 미치는 영향에 대해서 살펴보
자. 〈그림 11.6〉에서 보듯이 현재 두 시장은 A점에서 균형을 유지하고 있다. 이때 균형
이자율은 r_0이고 균형GDP는 Y_0이다. 그런데 이 GDP수준은 완전고용수준인 Y_F에 훨씬
미치지 못한다. 이에 따라 정부는 확대재정정책을 실시하였다. 이것은 모형에서 정부
지출 *G*가 증가하는 것을 의미하므로 〈그림 11.6〉에서 보듯이 *IS*곡선이 우측으로 이동
한다. 이에 따라 C점에서 새로운 균형이 이루어진다. 이것을 A점과 비교하면 균형이자

그림 11.5 GDP시장과 화폐시장의 균형

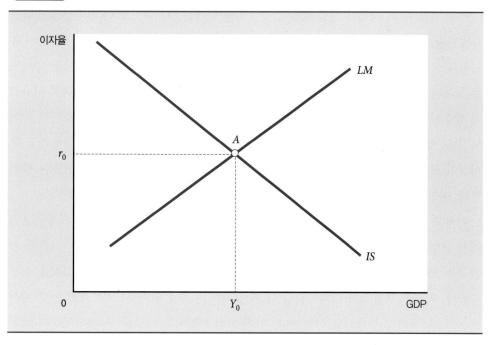

그림 11.6 확대재정정책의 효과

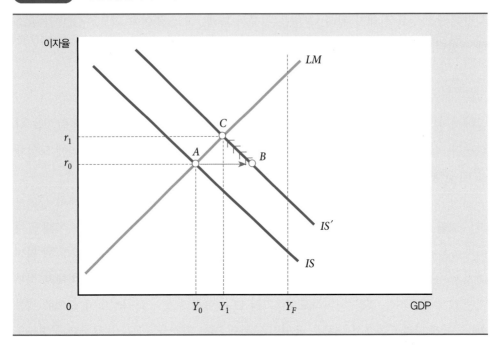

율이 상승하고 균형GDP는 증가한다.

이 과정을 좀 더 자세히 설명해보자. 정부지출 증가는 일차적으로 GDP시장의 변화를 유발한다. 유효수요가 증가했으므로 이자율이 변하지 않는 상태에서 GDP가 B점까지 증가한다. 이런 GDP증가는 실질잔고에는 변화가 없고 거래적 동기의 화폐수요를 늘리므로 화폐시장은 초과수요 상태가 된다. 화폐시장이 다시 균형으로 돌아가기 위해 이자율이 상승한다. 이자율상승은 투자감소를 가져오면서 GDP는 감소하여 처음 증가분을 어느 정도 상쇄한다. 이것은 B점에서 C점으로 균형점이 이동하는 것을 의미하며 결국 두 시장이 균형에 도달한다. 즉 확대재정정책을 실시하면 균형이자율과 균형GDP는 증가한다. 마찬가지로 축소재정정책을 실시하면 균형이자율과 균형GDP는 감소한다.

이제 확대통화정책에 대해서 살펴보자. 〈그림 11.7〉에서 보듯이 현재 두 시장은 A점에서 균형을 유지하고 있다. 이때 균형이자율은 r_0이고 균형GDP는 Y_0이다. 그런데 완전고용 소득수준인 Y_F에 훨씬 미치지 못한다. 이에 따라 정부는 확대통화정책을 실시하였다. 이것은 모형에서 화폐공급량 M_S가 증가하는 것을 의미하므로 〈그림 11.7〉에서 보듯이 LM곡선이 우측으로 이동한다. 이에 따라 C점에서 새로운 균형이 이루어진다.

그림 11.7　확대통화정책의 효과

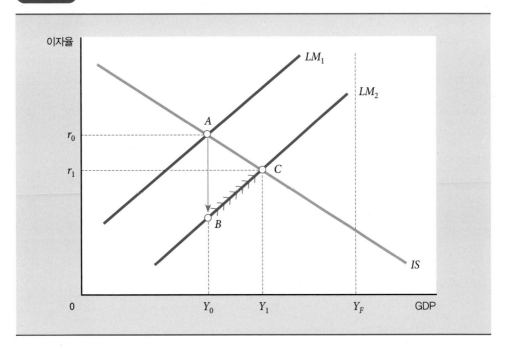

이것을 A점과 비교하면 균형이자율이 하락하고 균형GDP는 증가한다.

　이 과정을 좀 더 자세히 설명해보자. 통화공급 증가는 일차적으로 화폐시장의 변화를 유발한다. 실질잔고가 증가했기 때문에 화폐시장은 초과공급 상태가 된다. GDP가 변하지 않는 상태에서 화폐시장은 균형을 유지하기 위해 B점까지 이자율이 하락한다. 이런 이자율 하락은 투자지출의 증가를 가져와 유효수요가 증가한다. 이에 따라 GDP가 증가하면서 B점에서 C점으로 이동하여 결국 두 시장이 균형에 도달한다. 즉 확대통화정책을 실시하면 균형이자율은 하락하고 균형GDP는 증가한다. 마찬가지로 축소통화정책을 실시하면 균형이자율은 증가하고 균형GDP는 감소한다.

　확대재정정책과 확대통화정책은 균형GDP를 증가시키는 점에서는 동일하다. 반면, 확대재정정책은 이자율을 상승시키고 확대통화정책은 이자율을 하락하게 하는 점에서 차이가 난다.

총수요곡선의 유도

지금까지 물가는 고정되어 있고 총수요에 의해서 GDP가 결정되었다. IS–LM모형에서

그림 11.8 총수요곡선의 유도 : 물가와 소득

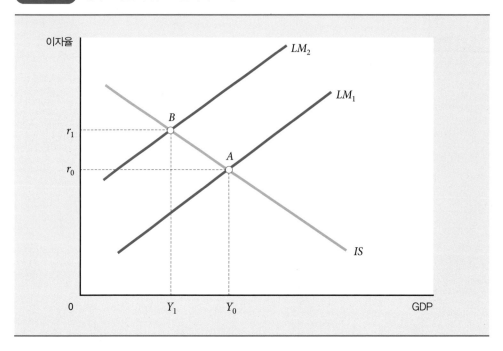

결정된 균형GDP는 결국 총수요 크기와 동일하다. 이제 이 모형을 이용하여 물가가 변화했을 때 균형GDP(총수요)의 변화에 대해서 살펴보자.

〈그림 11.8〉에서 보듯이 A점에서 GDP시장과 화폐시장이 동시에 균형에 도달하고 있다. 이때 물가가 상승했다고 하자. 이것은 일차적으로 화폐공급 측면에 영향을 미친다. 즉 실질잔고를 감소시켜($\frac{M_S}{P} < L(r, Y)$) 화폐시장이 초과수요 상태가 된다. 다시 균형을 유지하기 위해서 이자율이 상승하면 투기적 동기에 의해 화폐수요가 감소한다. 즉 LM곡선이 좌측으로 이동한다. 그 결과 새로운 물적자본을 구입하기 위한 자금조달비용이 증가하여 투자 수익성이 낮아지기 때문에 투자지출은 감소하게 된다. 이에 따라 균형점이 B점으로 이동하여 균형이자율은 상승하고 균형GDP(총수요)는 감소한다. 이처럼 물가와 총수요는 서로 역관계를 갖기 때문에 〈그림 11.9〉에서 보듯이 총수요곡선은 우하향한다. 이것은 미시경제 부분에서 배운 수요법칙의 의미를 그대로 반영하고 있다. 즉 물가가 상승하면(GDP가 비싸지면) 총수요는 감소하고 하락하면 증가한다. 이때 GDP의 '소비자'는 가계, 기업과 정부가 된다.

총수요곡선은 다른 요인의 변화가 없을 때 각 물가수준에서 경제주체들이 구매하려

그림 11.9 총수요곡선과 이동

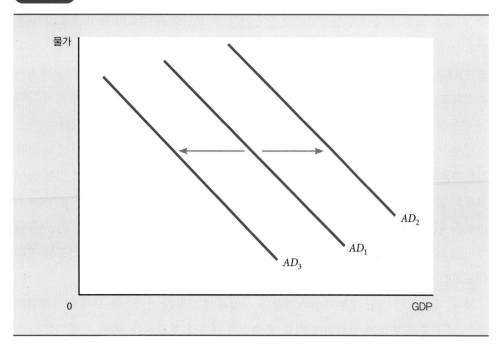

는 총수요량을 나타내는 곡선이다. 이 곡선은 상품(GDP)시장과 화폐시장의 동시균형을 반영하고 있다는 것을 잊지 말아야 한다.

이제 총수요곡선의 이동에 대해서 살펴보자. 물가가 변화하면 총수요곡선상에서 총수요가 변화하지만 다른 변수가 변화하면 총수요곡선 자체가 이동하여 총수요의 변화를 나타낸다. 이때 원칙은 어떤 변화가 총수요를 늘리면 총수요곡선은 우측으로, 총수요를 줄이면 좌측으로 이동한다.

총수요곡선을 이동시키는 요인에는 여러 가지가 있다. 기대의 변화, 자산의 변화, 실물자본의 양, 그리고 재정정책과 통화정책이 있다. 이러한 요인들이 어떻게 총수요에 영향을 미치는지 구체적으로 살펴보자.

첫째, 기대의 변화이다. 미래에 대한 사람들의 기대는 소비지출과 투자지출에 영향을 미친다. 소비자의 경우 자신의 현재소득뿐만 아니라 미래소득에 대한 기대로부터 그들의 소비지출이 영향을 받는다. 기업의 경우 미래에 벌어들일 것으로 기대되는 매출로부터 투자지출을 결정할 수 있다. 따라서 소비자나 기업이 기대되는 소득과 매출액에 대하여 보다 낙관적이라면 소비지출과 투자지출은 늘어나게 된다.

둘째, 자산의 변화이다. 가계가 소유한 자산의 가치는 소비지출에 영향을 미친다. 즉, 가계가 보유한 자산의 실질가치가 상승할 경우 자산의 구매력이 높아짐에 따라 총수요가 증가한다. 만약 가계가 보유한 주가가 상승하면 총수요의 증가를 가져오는 반면 반대로 주가가 하락하게 되면 가계가 보유한 자산의 실질가치 하락으로 구매력이 감소하고 총수요가 하락하게 된다. 마찬가지로 2008년 미국의 서브프라임 모기지 사태는 부동산 가치의 하락이 소비지출을 크게 위축시킨 대표적인 사례에 해당한다.

셋째, 실물자본의 양이다. 기업들의 투자지출은 부분적으로는 현재 보유하고 있는 실물자본의 양에 따라 이를 늘리기 위한 계획된 지출을 한다. 만약 보유하고 있는 실물자본의 양이 많다면 이를 추가할 유인이 낮을 것이나 반대의 경우 실물자본의 양을 추가하기 위해 투자지출을 늘리려 할 것이다. 이는 주택시장에서 신규주택이 최근에 다수 공급되었다면 추가적으로 주거용 건축물에 대한 기업의 투자지출은 줄어드는 것이 대표적인 사례에 해당한다.

넷째, 재정정책이다. 정부지출은 정부가 시장에서 재화와 서비스를 구매하는 행위이다. 정부지출의 변화가 발생하면 바로 총수요의 변화로 연결된다. 반면 조세변화는 가계의 가처분소득의 변화를 가져오고 이에 따라 총수요가 변화한다. 예컨대 확대재정정책을 실시하면 정부지출 증가로 유효수요가 늘어나므로 총수요가 증가한다. 반면 조세율을 인상하면 가처분 소득이 감소하고 이에 따라 소비지출이 감소함으로써 유효수요가 줄어들기 때문에 총수요가 감소한다.

다섯째, 통화정책이다. 정부는 통화량의 변화를 통해서 화폐시장에 영향을 미친다. 그 결과 유효수요의 변화가 발생하고 총수요가 변화한다. 예컨대 확대통화정책을 실시하면 이자율이 하락한다. 이에 따라 기업의 투자비용이 낮아지고 기업은 투자지출이 증가한다. 이런 유효수요 증가로 총수요는 증가한다. 이렇듯 재정정책과 금융정책은 모두 총수요에 영향을 미친다. 이 때문에 재정정책과 통화정책을 총수요관리정책이라 부른다.

11.2 총공급

총공급은 한 국민경제에서 존재하는 모든 기업들이 생산해서 판매하려고 시장에 내놓는 재화와 서비스 총량을 말한다. 여기서는 이러한 총공급량이 어떻게 결정되며, 그것이 물가와 어떤 관계를 갖는지에 초점을 맞추어 설명한다.

재화와 서비스 생산은 기업들이 더 많은 이익을 얻기 위해 최선의 노력을 기울인 결과이다. 이 과정에서 각 기업들의 공급량은 제3장에서 배운 것처럼 생산요소의 양과 가격, 상품가격, 그 기업의 생산기술, 경영능력 등에 영향을 받는다.

이러한 원리를 경제 전체로 확대하면 한 경제가 생산과정에 투입되는 생산요소의 총량과 경제의 전반적인 생산성에 의해서 총공급량이 결정된다. 이때 생산요소의 가격과 상품가격을 전체적으로 고려하여 생산량과 요소투입량을 결정한다.

이때 총공급곡선은 다른 요인들의 변화가 없을 때 물가수준과 GDP공급량 간의 관계를 나타낸다.

이러한 GDP공급량과 물가 간의 관계에 대해서 케인즈학파와 고전학파의 견해가 다르다. 여기서는 각 학파는 어떤 경제상황을 설정하고 있으며 이에 따라 어떤 형태의 총공급곡선을 갖게 되는가에 초점을 맞추어 설명한다.

11.2.1 케인즈학파의 총공급곡선

케인즈 단순모형에서 가격은 고정되어 있고 균형GDP는 유효수요에 의해서 결정된다. 이 경우는 경기침체가 심각하여 GDP 생산비 수준에서 물가가 형성되어 있지만 유효수요가 충분하지 않아 일부 생산시설이 가동되지 않고 있는 상태이다. 다시 말하면, 유효수요만 있으면 가격을 올리지 않고도 얼마든지 생산이 가능하다는 의미이다. 제4장에서 배운 것처럼 이때 총공급곡선은 공급의 가격탄력성이 무한대로 완전탄력적이다. 즉 총공급곡선은 수평선이 된다. 〈그림 11.10〉은 물가 P수준에서 수평선인 총공급곡선 AS를 보여주고 있다.

총수요곡선이 AD_1일 때 균형소득은 Y_1에서 결정된다. 이때 완전고용수준이 Y_F라면 $Y_F - Y_1$만큼 생산할 수 있음에도 불구하고 유효수요가 없어 생산되지 않고 있다. 즉 자본이나 노동이 실업상태에 있다. 이때 소비지출이나 투자지출이 증가하거나 정부의 재정정책이나 통화정책 등 유효수요를 늘리는 정책을 사용하면 승수효과에 따라 초기 유효수요증가보다 더 총수요가 늘어난다. 〈그림 11.10〉에서 보듯이 총수요곡선이 우측으로 이동하여 B점에서 Y_2로 늘어 완전고용소득 수준에 근접하게 된다. 그만큼 생산시설이 가동되어야 하기 때문에 자본과 노동의 고용이 증가한다.

앞에서 배운 케인즈 단순모형과 $IS-LM$모형은 바로 총공급곡선이 수평선일 때 균형

그림 11.10 케인즈학파의 총공급곡선

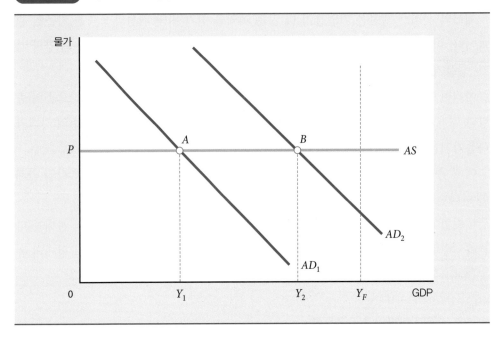

GDP가 어떻게 결정되는지를 보여준 것이다.

11.2.2 고전학파의 총공급곡선

고전학파는 기본적으로 경제의 이분성을 상정하고 있다. 즉 명목변수는 명목변수끼리, 실질변수는 실질변수끼리 영향을 미친다. 여기서 총공급량은 실질변수이기 때문에 실질변수인 자본량, 노동량, 생산기술에 의해 결정된다. 이들의 증감 없이 총공급은 변화할 수 없다. 생산요소가 이미 시장경쟁에 의해 완전고용수준에 도달해 있으면 어떤 명목변수변화도 총공급에 영향을 미칠 수 없다. 〈그림 11.11〉에서 보듯이 총공급곡선은 완전고용수준의 소득 Y_F에서 수직선으로 그려진다.

이것을 구체적으로 설명하면 다음과 같다. 정부가 총수요 진작정책을 사용했다고 하자. 〈그림 11.11〉에서 총수요곡선은 AD_2로 이동하여 물가는 P_2로 상승한다. 이러한 물가상승은 총공급량에 전혀 영향을 미치지 못한다. 물가상승은 한 경제에서 생산되는 모든 상품의 가격상승을 의미한다. 이것은 각 기업의 총수입 증가와 이에 따른 이윤상승을 유발한다. 이것은 기업들의 생산요소 수요를 유발하고 이에 따라 물가상승과 동

그림 11.11 고전학파의 공급곡선

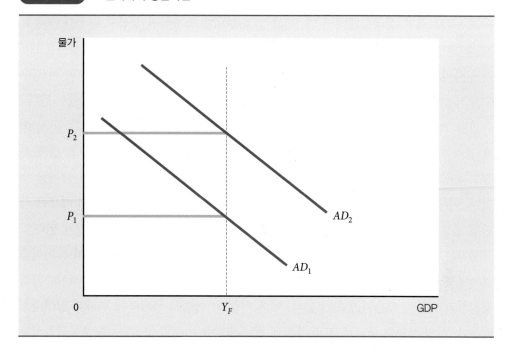

일비율로 생산요소가격이 상승한다. 실질요소가격은 변화가 없기 때문에 생산요소의 고용변화는 일어나지 않고 이에 따라 총공급도 변화하지 않는다. 이처럼 물가상승은 총공급에 전혀 영향을 미치지 못한다. 이때 총공급곡선의 가격탄력성이 0이 되어 완전 비탄력적이다.

경제 전반적으로 기술진보가 일어나거나 자본이나 노동증가가 발생하면 총공급곡선은 우측으로 이동할 것이다. 완전고용수준의 소득이라도 실업이 0이 될 수 없다. 제9장에서 배웠듯이 마찰적 실업과 구조적 실업이 존재하기 때문이다. 완전고용수준의 소득에서는 노동시장에 자연실업률(natural rate of unemployment)만큼의 실업은 항시 존재한다.

11.2.3 총공급곡선

앞에서 설명한 것처럼 케인즈학파의 총공급곡선과 고전학파의 총공급곡선은 양 극단을 보여주고 있다. 이런 양 극단을 종합하여 어떻게 하나의 총공급곡선으로 나타낼 수 있을까?

케인즈학파의 경우 경제불황으로 인해 모든 기업들의 상당한 자본설비가 사용되지 않고 노동자들은 실업상태에 있다. 이때 유효수요가 증가하면 생산요소에 대한 수요가 증가한다. 그러나 생산요소가 남아돌기 때문에 임금이나 자본임대료 등 생산요소가격 상승 없이 생산요소를 고용하여 얼마든지 생산하여 시장에 공급할 수 있다. 이 경우 GDP시장에서 물가상승 없이 총공급이 증가하기 때문에 총공급곡선은 수평선이 된다.

반면 고전학파의 경우 생산요소가 완전고용 상태에 있는 경제를 상정하고 있다. 이때 물가가 상승하면 기업들의 이윤이 증가하므로 생산요소 수요가 증가한다. 현재 완전고용 상태이므로 자연실업률이 줄지 않는 이상 생산요소 고용이 더 이상 늘어날 수 없다. 이에 따라 생산요소 가격만 상승한다. 생산요소 고용이 증가하지 않기 때문에 생산량 변동 없이 물가만 상승한다. 즉 물가상승률과 생산요소가격상승률이 같게 된다.

물가는 각 상품의 평균이기 때문에 물가상승은 모든 기업들의 상품가격이 동일비율로 상승했다는 의미이다. 기업의 입장에서도 상품가격상승률이 생산요소가격상승률과 동일하기 때문에 이윤의 변화가 없다. 이에 따라 각 기업의 생산량에 변화가 일어나지 않는다. 이런 상황은 물가가 GDP 증가에 전혀 영향을 미치지 못한다. 즉 총공급곡선은 수직선이 된다.

이제 케인즈학파가 생각한 경제불황도, 고전학파가 생각한 완전고용 상태도 아닌 경우 총공급곡선에 대해서 생각해보자. 물가상승률이 생산요소가격상승률보다 더 높다면 기업들은 상품 1개를 판매해서 얻은 총수입이 총비용보다 커짐으로써 이윤이 증가한다. 이에 따라 기업들의 생산요소 고용이 늘고 생산량이 늘어나기 때문에 총생산량은 증가한다. 이 경우 물가와 총공급량이 양의 관계를 갖는다. 즉 총공급곡선은 우상향한다.

이런 상황을 구체적으로 설명하기 위해 자본이 고정요소인 단기상황을 상정해보자. 〈그림 11.12〉는 물가가 상승한 경우 노동시장의 변화를 보여주고 있다. 제5장에서 배운 것처럼 노동수요곡선은 노동의 한계생산물가치 곡선이며, 우하향하는 $P_0 \cdot N_D$곡선이다. 노동공급곡선은 여가와 노동시간의 배분문제에서 유도되었다. 여기서는 우상향하는 $P_0 \cdot N_S$로 나타난다.

초기 노동시장의 균형은 A점으로 현재 W_0의 명목임금 수준에서 L_0만큼 노동이 고용되고 있다. 현재 단기로 자본이 고정되어 있기 때문에 생산기술이 변하지 않으면 이 노동량에 의해서 GDP가 Y_0만큼 생산된다. 즉 노동량이 바로 총생산량을 결정하는 구조

그림 11.12 물가와 노동시장

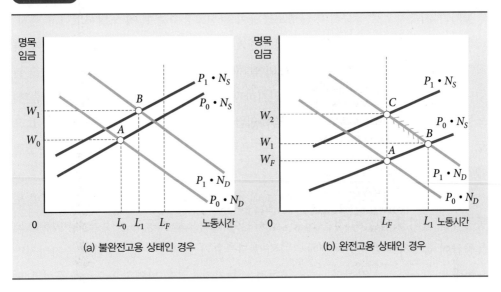

(a) 불완전고용 상태인 경우   (b) 완전고용 상태인 경우

이다. Y_0수준은 완전고용수준인 Y_F수준에 못 미치기 때문에 현재 경제는 노동자의 실업이 존재하는 상태이다.

이제 물가가 P_1으로 상승하였다고 하자. 기업의 입장에서 명목임금 W_0인 상황에서 물가가 상승하므로 그만큼 노동의 한계생산물가치가 증가한다. 다시 말하면, 기업은 실질임금($\frac{W_0}{P_1}$)이 감소하니까 이윤극대화를 위해서 노동수요를 늘린다. 이에 따라 노동수요곡선이 우측으로 이동한다. 반면 노동자는 물가상승에 따라 실질임금이 감소하므로 노동공급을 줄인다. 즉 노동공급곡선이 좌측으로 이동한다.

노동시장에 초과수요 상태가 되므로 이것을 해소하기 위해 임금이 상승하기 시작한다. 그런데 경제에 실업상태가 존재하기 때문에 임금상승률은 물가상승률보다 낮게 된다. 이것은 〈그림 11.12a〉에서 보듯이 노동수요곡선의 우측이동보다 노동공급곡선의 좌측이동이 더 적게 된다는 것을 의미한다. 이에 따라 노동시장은 B점에서 새로운 균형에 도달한다. 이것을 처음 균형점 A와 비교하면 명목임금은 W_1으로 증가하지만 물가상승폭보다는 적기 때문에 실질임금은 감소한다. 균형노동량은 L_1으로 증가하고 이에 따라 GDP는 Y_1으로 증가한다. 즉 물가상승으로 GDP가 증가한다는 것을 알 수 있다. 이에 따라 총공급곡선은 우상향한다. 일정부분 자본의 유휴시설과 실업이 존재할 때 물가와 GDP 생산량 간의 관계를 나타내므로 이것 또한 케인즈학파 총공급곡선에 속한다.

물가가 지속적으로 상승하여 균형노동량이 완전고용수준 Y_F에 도달하였다고 하자. 〈그림 11.12b〉에서 보듯이 현재 노동시장은 A점에서 균형이 이루어지고 있다. 이때 물가가 더 상승했다고 하자. 기업은 노동의 한계생산물가치가 증가하므로 노동수요를 늘린다. 처음에 노동자들은 물가상승을 인지하지 못하고 노동공급을 변화시키지 않는다. 노동시장은 초과수요 상태가 되므로 명목임금은 W_1으로 상승하고 균형노동량은 L_1으로 증가한다. 이것은 노동수요곡선이 우측으로 이동하여 노동공급곡선과 만나는 B점을 의미한다.

이제 노동자도 물가상승을 인식하게 되어 실질임금이 감소했다는 것을 알게 되면 노동공급을 줄이게 된다. 이것은 노동공급곡선이 좌측으로 이동하는 것을 의미한다. 노동공급이 감소하므로 노동시장에서 다시 초과수요가 발생하여 명목임금은 증가하지만 노동량은 감소하기 시작한다. 결국 균형점은 물가상승분을 반영한 노동수요곡선과 노동공급곡선이 교차하는 C점이 된다. 노동량은 초기 균형인 완전고용수준 L_F로 복귀하고 총생산량은 다시 Y_F가 된다. 결국 물가상승은 GDP의 증가 없이 생산요소가격인 명목임금만 상승시키는 결과를 가져왔다. 즉 물가상승률과 임금상승률(생산요소가격상승률)이 정확히 일치한다. 이 경우는 물가상승이 총생산량에 영향을 미치지 못한다는 고전학파의 결론과 동일하게 된다.

이러한 과정을 통해서 알 수 있는 것은 경제를 불완전고용 상태인 상황과 완전고용 상태인 상황으로 분류한다면 전자에는 케인즈학파의 사고방식이, 후자에는 고전학파의 사고방식이 작동된다. 경제상황이 불완전고용 상태에서 완전고용 상태로 변해간다고 하면 케인즈학파의 공급곡선을 단기 총공급곡선, 고전학파의 공급곡선을 장기 총공급곡선으로 분류할 수 있다. 이것을 종합하면 〈그림 11.13〉과 같이 총공급곡선을 시간이 흐름에 따라 수평선인 경우, 우상향하는 경우, 수직선인 경우로 나누어 그릴 수 있다.

다음에는 총공급곡선의 이동요인에 대해서 살펴보자. 총공급에 영향을 미치는 물가 이외의 요인은 다음과 같다.

첫째, 생산요소의 과부족이다. 경제가 호황이지만 노동공급이 부족하다면, 기업은 노동자를 고용하기 어렵고 기존의 취업자를 유지하는 데도 어려움을 겪을 것이다. 노동시장이 초과수요 상태가 되므로 임금이 상승한다. 각각의 물가수준에서 생산비용의 상승이 1단위당 이윤을 낮춤으로써 총공급곡선은 왼쪽으로 이동할 것이다. 반대로 경

그림 11.13 총공급곡선

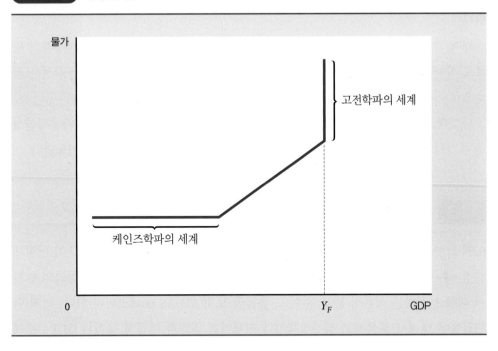

제가 불황이고 노동시장이 공급과잉 상태에 있다면, 노동수요가 노동공급보다 적기 때문에 일자리를 찾지 못한 사람은 낮은 임금에도 취업하고자 할 것이다. 노동시장에서 임금과 생산비용은 떨어지고 생산 1단위당 이윤이 증가함으로써 단기 총공급곡선은 오른쪽으로 이동한다.

둘째, 기대인플레이션이다. 노동자와 기업은 실질임금에 의해 의사결정을 한다. 즉 명목임금으로 살 수 있는 GDP의 양에 관심이 높다. 물가가 상승할 때 일정한 명목임금을 받는 노동자는 재화와 서비스를 살 수 있는 양이 줄어든다. 이에 따라 물가상승을 예상하는 노동자는 실질임금의 하락을 막기 위해 더 높은 명목임금을 요구할 것이다. 예를 들어 건설노동자가 5%의 물가상승을 예상한다면 적어도 5%의 임금인상을 원할 것이다. 이처럼 기대인플레이션의 상승은 임금상승을 가져온다. 이것은 다시 생산비용을 증가시키고 각각의 물가에서 생산 1단위당 이윤을 감소시킴으로써 총공급곡선을 왼쪽으로 이동시킨다. 또한 기대인플레이션의 하락은 총공급곡선을 오른쪽으로 이동시킨다.

셋째, 임금이 인상된 경우이다. 예컨대 건설노동자들이 파업을 결정하여 임금인상에 성공했다면, 이러한 임금인상은 생산비용을 상승시켜 총공급곡선을 왼쪽으로 이동시킨다.

넷째, 기타 생산요소의 가격이 상승한 경우이다. 예컨대 석유는 대부분 최종재의 원료로 사용되기 때문에 석유가격이 상승하면 생산비용이 상승하므로 총공급곡선은 좌측으로 이동한다.

다섯째, 기술개발이 이루어지는 경우이다. 기술개발은 노동생산성이나 자본생산성을 증가시키므로 생산비용이 낮아진다. 이에 따라 총공급곡선은 우측으로 이동한다.

11.3 GDP시장의 균형

이제 앞에서 살펴본 총수요와 총공급의 상호작용을 통해서 물가와 GDP수준이 어떻게 결정되는지를 살펴보자. 이렇게 총수요와 총공급을 활용하여 GDP수준과 물가의 변화에 대해 분석하는 이론적 틀을 총수요-총공급 모형(AD-AS model)이라 한다. 먼저 단기균형에 대해서 분석하고 정부정책이나 경제여건 변화가 어떻게 물가와 GDP수준에 영향을 미치는지에 대해 살펴본다. 그 다음 장기균형에 대해서 분석한다.

11.3.1 단기균형

〈그림 11.13〉에서 보듯이 총공급곡선은 세 가지 형태로 되어 있다. 수평선인 케인즈학파의 총공급곡선은 불황이 심할 때 상황을 나타내고 있다. 반면 수직선인 고전학파의 총공급곡선은 완전고용이 달성되는 상황을 반영하고 있다.

현재 경제상태를 케인즈학파가 설정한 것처럼 불황이 심각하지 않지만 일부 자본설비가 남아돌고 노동이 실업상태로 있다고 하자. 앞에서 설명했듯이 물가상승률보다는 생산요소가격상승률이 낮기 때문에 총공급곡선은 우상향한다. 이런 총공급곡선을 단기 총공급곡선이라 한다.

제4장에서 배운 것처럼 상품시장균형은 수요곡선과 공급곡선이 교차하는 점에서 이루어진다. 마찬가지로 국민경제 전체를 반영하는 GDP시장균형도 총수요곡선(AD)과 총공급곡선(AS)이 교차하는 점에서 이루어진다.

〈그림 11.14〉에서 보듯이 총수요곡선과 총공급곡선이 교차하는 A점에서 균형이 이루어진다. 이때 균형GDP는 Y^*가 되고 균형물가는 P^*가 되어 국민경제가 균형에 도달

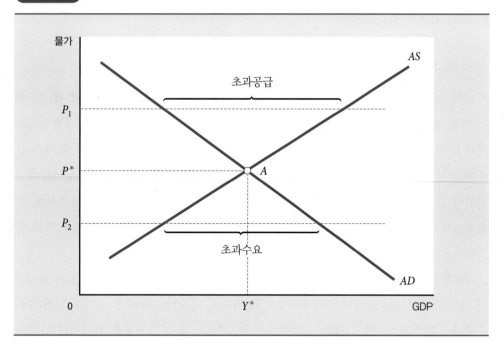

그림 11.14 단기균형 : 균형GDP와 균형물가

하게 된다.

만약에 물가가 균형수준보다 높은 P_1이라면 GDP에 대한 초과공급이 발생한 상태이다. 이것은 기업들이 생산한 상품들이 팔리지 않고 재고로 쌓여있다는 것을 의미한다. 기업들은 이것을 처분하기 위해 가격을 낮추고 동시에 생산량을 줄인다. 반대로 물가가 균형수준보다 낮은 P_2라면 GDP에 대한 초과수요가 발생한다. 이것은 기업들의 재고가 줄어든다는 것을 의미한다. 상품시장에서 가격이 상승하는 동시에 기업들은 생산량을 늘린다. 결국 초과공급이 발생하면 물가가 하락하고 초과수요가 발생하면 물가가 상승함으로써 균형에 도달한다.

11.3.2 단기균형과 인플레이션

제10장에서 화폐수량설을 통해 화폐적 요인에 의해 인플레이션이 어떻게 발생하는지 살펴보았다. 총수요-총공급 모형도 인플레이션이 발생하는 원인을 설명하는 데 유용한 분석틀을 제공할 수 있다. 총수요가 증가하거나 총공급이 감소하면 GDP시장에 초과수요가 발생하여 인플레이션이 발생하기 때문이다. 이때 어느 쪽이 물가상승의 주요

원인이 되느냐에 따라 수요인플레이션(demand pull inflation)과 비용인플레이션(cost push inflation)으로 구분한다.

수요인플레이션

가계의 소비지출, 기업의 투자지출, 정부지출(재정정책), 화폐공급량(통화정책) 등 여러 가지 총수요에 영향을 미치는 요인들이다. 여기서 한 예로서 정부가 확대재정정책이나 확대통화정책을 실시했다고 하자. 국민경제에서 총수요가 증가하므로 물가가 상승하고 균형GDP는 증가한다. 총수요가 물가를 끌어올린다는 의미에서 수요인플레이션이라 한다. 〈그림 11.15a〉에서 보듯이 초기에 AD_0였던 총수요곡선이 오른쪽으로 이동해 AD_1이 된다. 이에 따라 물가가 P_0에서 P_1으로 상승하고 GDP는 Y_0에서 Y_1으로 증가한다. 반면 총수요가 감소하게 되면 물가가 하락하고 GDP는 감소한다.

수요인플레이션이 발생하면 정부가 총수요를 줄여 물가를 안정시킬 수 있다. 즉 〈그림 11.15a〉에서 총수요곡선을 원래의 AD_0의 위치로 되돌아오게 하면 물가도 원래의 P_0 수준에서 안정된다. 반면 GDP는 일정부분 감소한다. 즉 물가안정을 위해서는 일정부분 GDP를 희생해야 한다는 것을 알 수 있다.

그림 11.15 단기 인플레이션

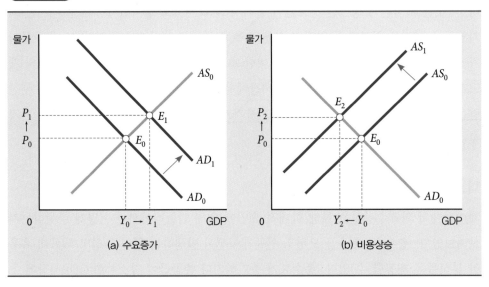

(a) 수요증가 (b) 비용상승

비용인플레이션

원자재 가격변화, 기술진보, 임금인상과 기후변화 등 여러 가지 공급충격(supply shocks)이 어떻게 국민경제에 영향을 주는지 살펴보자. 한 예로서 국제 석유가격이 상승했다고 하자. 석유는 대표적인 원자재이므로 석유가격의 상승은 생산비용 상승을 유발한다. 이것은 총공급의 감소를 가져오므로 GDP시장은 초과수요 상태가 되어 물가가 상승하고 GDP는 감소한다. 이와 같은 물가상승을 비용인플레이션이라 한다.

이것을 그래프로 설명하면 석유가격 상승으로 인한 생산비용 증가는 〈그림 11.15b〉에서 보듯이 총공급 곡선을 좌측으로 이동하게 한다. 즉 AS_1이 된다. 이에 따라 균형점이 E_0에서 E_2로 이동하며 물가는 상승하고 GDP는 감소한다. 이처럼 국제 석유가격이 상승하자 GDP가 감소하는 경기침체(stagnation)와 인플레이션이 동시에 발생하였다. 이런 경제현상을 스태그플레이션(stagflation)이라 한다.

비용인플레이션이 발생할 때 물가안정을 위해 총수요 감소정책을 사용하면 경기침체는 더 악화될 수 있다. 반면 경기침체를 막기 위해 총수요 촉진정책을 사용하면 인플레이션은 더 심해진다. 비용인플레이션이 발생했을 때는 총수요관리정책이 이러한 한계를 갖는다. 총공급곡선이 우측으로 이동하기 위해서 기술진보 등 생산성 향상이 필요한데, 이것은 단기적으로 쉽지 않다. 이처럼 비용인플레이션이 발생하면 정부의 총수요 관리정책이 어렵다.

지금까지 석유수입 의존도가 높은 한국경제는 국제석유가격 변화에 큰 영향을 받아왔다. 특히 1973~1974년 사이에 발생한 석유가격 폭등인 제1차 석유파동, 1979~1980년에 또 발생한 석유가격 폭등인 제2차 석유파동으로 당시 한국경제는 심각한 경기침체와 함께 높은 물가상승률을 경험해야 했다.

현실경제에서 실질적으로 영향을 미친 것은 수요충격일까 아니면 공급충격일까? 세계대전 이전의 경기침체는 물가하락을 수반하는 경우가 대부분이었다. 이것은 수요부족에 기인한 것이므로 수요충격에 의한 것이다. 반면 세계대전 이후에는 스태그플레이션 현상이 많이 발생하였다. 이것은 공급충격이 그만큼 더 많았다는 것을 반증한다.

한국경제에서는 1997년 말의 외환위기와 2008년의 글로벌 금융위기로 큰 경기침체를 경험하였다. 외환위기 때를 보면 실업률은 큰 폭으로 상승하였지만 물가상승률은 그다지 높지 않았다. 또한 글로벌 금융위기 때도 경제성장률이 크게 떨어지고 실업률이 증가하였지만 물가는 비교적 안정적인 상태를 유지하였다. 이것은 이 두 위기가 모두 수요충격의 성격을 가지고 있었다는 것을 의미한다.

수요인플레이션과 비용인플레이션은 실물부문인 총수요나 총공급의 변화에 따라 발생하는 인플레이션이다. 반면 앞에서 배운 초인플레이션과 같이 통화량증가에 의해서 인플레이션이 발생할 수도 있다. 이처럼 인플레이션은 실물적 요인과 화폐적 요인에 의해서 모두 발생할 수 있다는 것을 알 수 있다.

11.3.3 장기균형

시장은 초과수요가 있으면 가격이 상승함으로써, 초과공급이 있으면 가격이 하락함으로써 균형에 도달한다. 이러한 가격의 신축적인 변동을 통해서 시장은 경제가 자동조정기능(self-correcting mechanism)을 갖도록 한다. 어떤 때는 이런 시장이 단기에는 자동조정기능을 수행하지 못하고 시간이 지남에 따라 이 기능을 수행하기도 한다. 바로 생산요소시장이 이런 경우에 해당한다.

〈그림 11.16〉에서 A점은 단기균형을 나타내고 있다. 이때 균형GDP 수준이 완전고용 GDP수준에 못 미치는 곳에서 결정된다. 이러면 일정부분 자본의 유휴시설이 존재

그림 11.16 디플레이션·갭과 장기균형

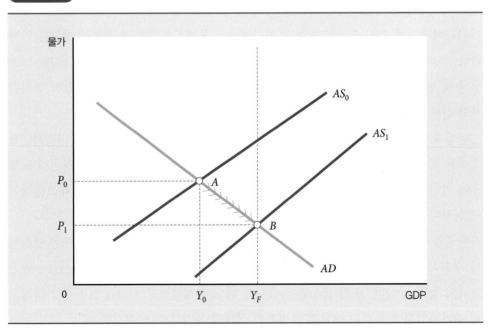

하고 노동은 실업상태에 있다. 이것은 노동시장(생산요소시장)이 자동조정기능을 제대로 수행하고 있지 못하고 초과공급 상태에 있다는 것을 의미한다. 이처럼 단기균형이 완전고용수준의 GDP에 미치지 못할 때 디플레이션 갭(deflation gap)이 발생했다고 한다.

생산요소시장에서 생산요소가 초과공급 상태에 있기 때문에 시간이 지남에 따라 노동을 포함한 생산요소가격이 하락하게 된다. 이에 따라 생산비용이 감소하고 생산요소에 대한 수요가 증가한다. 또한 GDP가 증가하고 결국 완전고용수준에 도달한다. 즉 GDP가 완전고용수준 GDP에 도달할 때까지 생산요소가격이 충분히 하락하게 된다. 이것을 국민경제의 장기균형이라 한다.

이것을 〈그림 11.16〉을 가지고 설명하면 시간이 지남에 따라 생산요소시장의 초과공급으로 생산요소가격이 하락하면 생산비용이 감소하므로 총공급곡선은 우측으로 이동한다. 이에 따라 GDP시장에서 총공급이 증가하므로 물가는 하락하고 GDP는 증가한다. 결국 물가 P_1과 완전고용수준의 GDP인 Y_F인 B점에서 균형에 도달하게 된다.

이번에는 반대의 상황을 살펴보자. 〈그림 11.17〉에서 단기균형은 A점이다. 이번에는

그림 11.17 인플레이션 갭과 장기균형

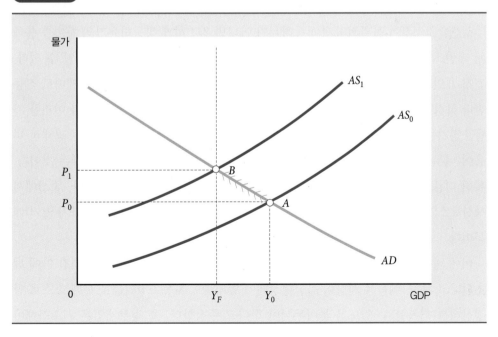

균형GDP 수준이 완전고용 수준을 훨씬 초과하고 있다. 이러면 자본설비는 과도하게 사용되고 있고 노동은 연장근무를 하고 있는 상태이다. 이것은 노동시장(생산요소시장)이 자동조정기능을 제대로 수행하고 있지 못하고 초과수요 상태에 있다는 것을 의미한다. 이처럼 단기균형이 완전고용수준의 GDP를 초과할 때 인플레이션 갭(inflation gap)이 발생했다고 한다.

생산요소시장에서 생산요소가 초과수요 상태에 있기 때문에 시간이 지남에 따라 노동을 포함한 생산요소가격이 상승한다. 또한 생산비용이 증가하고 생산요소에 대한 수요가 감소한다. 이에 따라 GDP가 감소하고 결국 완전고용수준에 도달한다. 즉 GDP가 완전고용수준에 도달할 때까지 생산요소가격이 충분히 상승하게 된다.

이것을 〈그림 11.7〉을 가지고 설명하면 시간이 지남에 따라 생산요소시장의 초과수요로 생산요소가격이 상승하면 생산비용이 증가하므로 총공급곡선은 좌측으로 이동한다. 이에 따라 GDP시장에서 총공급이 감소하므로 물가는 상승하고 GDP는 감소한다. 결국 물가 P_1과 완전고용수준의 GDP가 Y_F인 B점에서 균형에 도달하게 된다.

여기서 단기는 케인즈학파가 상정한 경제상황을, 장기는 고전학파가 상정한 경제상황을 나타내고 있다. 하지만 실제 경제현실에서 '장기'가 얼마나 긴 시간을 의미하는 것인지 분명하지 않다. 다만 분명한 것은 단기균형과 장기균형을 구분하는 중요한 기준은 생산요소시장의 완전성 여부라는 것을 알 수 있다.

생산요소시장이 불완전하게 작동하는가 아니면 완전하게 작동하는가의 차이를 통해서 케인즈학파와 고전학파의 사고방식의 차이와 이에 따른 정책의 차이를 알 수 있다. 먼저 케인즈학파는 시장의 자동조정기능이 불완전할 뿐만 아니라 이것이 제대로 작동한다 하더라도 효과를 발휘하는 데 많은 시간이 소요된다고 본다. 즉 경제가 이러한 자동조정기능에 따라 안정상태를 회복하기까지 기다리는 과정에서 발생하는 경제적 비용이 너무 크기 때문에 정부가 경제안정을 위해 적극적으로 개입해야 한다는 것이다. 특히 디플레이션 갭이 발생할 때 시장의 자동조정기능에 매우 회의적이다. 현실에서 생산요소가격 중 하나인 임금은 쉽게 올라가지만 하방경직성으로 잘 내려가지 않기 때문이다.

이에 비해 고전학파는 시장의 자동조정기능으로 불균형이 상당히 빠른 시간 안에 해소된다고 본다. 이들은 시장이 불균형상태에 있더라도 자동조정기능을 통해 스스로 안정상태를 회복할 수 있도록 놓아두어야 한다고 주장한다. 즉 정부개입은 최소화해야 한다는 것이다.

두 학파의 주장과 정책은 일견 상당히 차이가 있는 것처럼 보인다. 그러나 기본관점에서는 큰 차이가 없다. 케인즈학파도 경제에 자동조정기능이 존재한다는 사실을 인정하고 있기 때문이다. 다만 케인즈학파들의 시장 자동조정기능에 대한 믿음이 고전학파보다는 훨씬 더 적다는 점에서만 차이가 있다.

11.3.4 총수요관리정책의 장단기 효과

총수요-총공급 모형에서 재정정책과 통화정책은 결국 총수요에 영향을 미치기 때문에 물가와 GDP결정에 동일한 효과를 미친다. 이런 점에서 재정정책과 통화정책을 총수요관리정책으로 묶을 수 있다. 그러나 두 정책은 화폐시장에 미치는 영향이 다르다. 이제 재정정책과 통화정책의 장단기 효과를 살펴보자.

재정정책의 효과

앞에서 설명한 것처럼 장기에는 생산요소시장의 자동조정기능으로 완전고용수준의 GDP에서 균형에 도달한다. 이때 균형은 〈그림 11.18a〉에서 A점으로 나타나 있다. 이때 정부가 확대재정정책을 실시했다고 하자. 그러면 정부지출증가로 바로 총수요가 증가한다. 다시 말하면, 정책적 충격이 일차적으로 GDP시장에 가해졌다. 이것은 총수요곡선이 우측으로 이동하는 것을 의미한다. 즉 AD_1곡선이다.

초기균형 상태의 균형물가인 P_0수준에서 총수요는 정부지출 승수효과에 의해서 B점인 Y_1까지 증가한다. 그러면 GDP시장이 초과수요 상태가 되므로 물가는 상승하고 총수요는 어느 정도 상쇄되면서 C점에서 단기균형에 도달한다. 처음 균형점과 비교하면 물가는 P_1으로 상승하고 GDP는 Y_2로 증가한다.

이때 화폐시장의 변화를 살펴보자. 여기서 수직선은 실질화폐공급(실질잔고)을 나타내는 $\dfrac{MS}{P}$선이다. 이것은 이자율에 영향을 받지 않기 때문에 수직선으로 나타난다. 우하향선은 실질 화폐수요를 나타낸다. 케인즈의 유동성선호설에 따라 화폐수요는 GDP(거래적 동기)와 이자율(투기적 동기)에 따라 영향을 받는다. 화폐수요곡선은 이자율이 증가하면 화폐수요가 감소하므로 우하향곡선이 된다. 화폐수요와 공급이 일치하는 곳에서 균형이자율이 결정되므로 초기 균형이자율은 r_0가 된다. 이것을 수식으로 표시하면

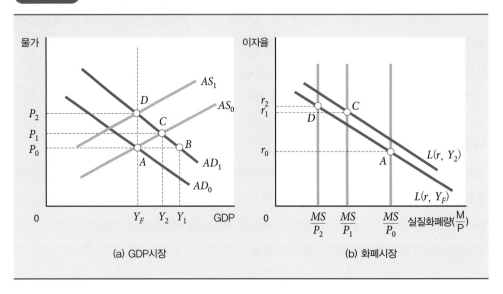

그림 11.18 확대재정정책의 효과

(a) GDP시장

(b) 화폐시장

$$\frac{MS}{P_0} = L(r_0, Y_F)$$가 된다.

확대재정정책의 단기균형을 보면 물가는 P_1으로 상승하고 GDP는 Y_2로 증가하였다. 물가상승은 실질화폐공급을 감소시키고 GDP 증가는 화폐수요를 증가시킨다. 이에 따라 화폐시장이 초과수요 상태가 되므로 이자율은 r_1으로 상승한다. 이것을 그래프로 설명해보자. 〈그림 11.18b〉에서 보듯이 물가상승은 실질화폐공급을 감소시키므로 실질화폐공급곡선은 좌측으로 이동된다. 반면 GDP증가는 화폐수요를 증가시키므로 화폐수요곡선을 우측으로 이동시킨다. 그래서 두 교점인 C점에서 균형이자율 r_1이 결정된다.

이제 장기상황에 대해서 살펴보자. GDP시장에서 인플레이션 갭이 발생했기 때문에 생산요소가격이 상승하게 된다. 이에 따라 생산비용이 상승하면서 총공급이 감소한다. 그러면 GDP시장이 다시 초과수요 상태가 되어 물가는 P_2로 상승하게 되고 GDP는 원래 수준인 Y_F에서 새로운 균형상태 D점에 도달하게 된다. 이때 균형이자율은 r_2가 된다.

이것을 그래프로 설명하면 다음과 같다. 단기균형에서 인플레이션 갭으로 생산요소가격이 상승하여 생산비용이 증가하면 총공급이 감소하므로 총공급곡선은 좌측으로 이동한다. 이에 따라 총수요곡선 AD_1선과 총공급곡선 AS_1이 만나는 D점에서 균형에 도달하게 된다. 이때 물가는 P_2수준이고 균형GDP는 원래 수준 Y_F로 돌아온다.

이런 장기균형에서 화폐시장의 변화에 대해서 살펴보자. 물가가 P_2로 상승하므로 실질화폐공급이 감소한다. 이에 따라 그 곡선은 좌측으로 이동한다. 또한 GDP가 다시 Y_F로 감소하기 때문에 화폐수요가 감소한다. 이에 따라 화폐수요곡선이 좌측으로 이동한다. 이때 균형점은 D가 되고 균형이자율은 r_2가 된다.

확대재정정책을 실시하면 결국 물가, 생산요소가격, 이자율이 상승하고 GDP는 완전고용수준에서 변화가 없다. 이것은 정부지출 증가가 이자율 상승을 통해 동일한 양만큼 기업의 투자감소로 상쇄되었다는 것을 의미한다. 이처럼 한 변수에 의해 이루어진 어떤 요인의 증가분을 다른 변수에 의해 상쇄될 때 구축효과(crowding-out effect)가 발생했다고 한다.

고전학파 경제학자들은 단기에는 정부지출이 GDP의 증가를 가져온다는 것을 인정하지만, 장기에는 재정정책이 무력하다고 주장한다. 구축효과에 의해서 재정지출 증가만큼 민간부문의 투자를 감소시키기 때문이다. 이것은 결과적으로 경제활성화를 방해하므로 고전학파 경제학자들은 재정정책을 신뢰하지 않는다.

통화정책의 효과

〈그림 11.19〉에서 보듯이 GDP시장과 화폐시장은 A점에서 균형을 이루고 있다. 이때 정부가 확대통화정책을 실시했다고 하자. 이러한 통화정책은 먼저 화폐시장에 충격을 준다. 즉 실질화폐공급이 증가하므로 화폐시장에서 초과공급이 발생하고 이자율이 하락한다. 이것을 〈그림 11.19b〉에서 보면 실질화폐공급선이 $\dfrac{M_S^0}{P_0}$에서 $\dfrac{M_S^1}{P_0}$로 이동하여 화폐시장은 A'점에서 균형에 도달한다. 이때 이자율은 r_2로 하락한다. 이러한 이자율하락은 기업의 투자비용을 줄여주므로 민간투자지출이 증가하고 이에 따라 총수요가 증가한다. 통화정책은 일차적으로 화폐시장을 거쳐 GDP시장에 영향을 미친다는 것을 알 수 있다. 〈그림 11.19a〉에서 보듯이 이것은 총수요곡선이 우측으로 이동하는 것을 의미한다. 즉 AD_1곡선이 된다. 이제 새로운 총수요곡선 AD_1와 총공급곡선이 만나는 B점에서 단기균형이 이루어진다. 확대통화정책도 확대재정정책과 마찬가지로 총수요 증가는 단기에 물가상승(P_1)과 GDP증가(Y_1)를 가져온다. 이러한 물가상승과 GDP증가는 다시 화폐시장에 영향을 미친다. 즉 물가상승은 실질화폐공급을 감소($\dfrac{M_S^1}{P_1}$)시키고, GDP증가는 거래적 동기에 의한 화폐수요를 증가시킨다. 즉 화폐수요곡선을 우측으로 이동시킨다. 이에 따라 화폐시장에서 초과수요가 발생하여 다시 이자율이 r_1으로 상승하면

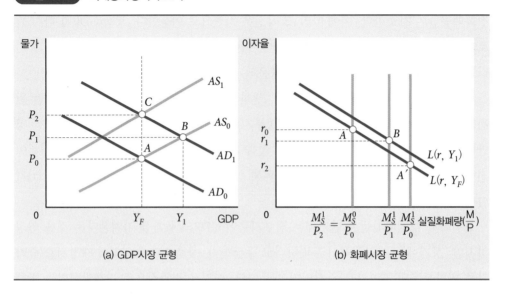

그림 11.19 확대통화정책의 효과

(a) GDP시장 균형

(b) 화폐시장 균형

서 B점에서 다시 균형에 도달한다. 이런 이자율상승은 처음 이자율 하락분을 어느 정도 상쇄한다.

이제 장기상황에 대해서 살펴보자. 확대통화정책에 따라 총수요가 증가하여 GDP시장에서 인플레이션 갭이 발생했기 때문에 생산요소가격이 상승하게 된다. 이에 따라 생산비용이 상승하면서 총공급이 감소한다. GDP시장이 다시 초과수요 상태가 되어 다시 균형으로 돌아가기 위해서 물가는 P_2로 상승하고 GDP는 원래 수준인 Y_F가 되는 C점이 장기균형이 된다. 이때 화폐시장에서는 물가가 P_2로 상승하므로 실질화폐공급이 $\dfrac{M_S^1}{P_1}$수준에서 $\dfrac{M_S^1}{P_2}$로 감소한다. 또한 GDP가 Y_1에서 Y_F로 감소하므로 화폐수요도 감소한다. 결국 장기균형에서는 처음 균형과 비교해서 GDP는 완전고용수준인 Y_F로 변화가 없다. 이것은 GDP시장에서 통화량 증가는 물가상승만 가져온다는 것을 알 수 있다. 즉 장기균형의 실질화폐공급 $\dfrac{M_S^1}{P_2}$은 초기균형의 실질화폐공급 $\dfrac{M_S^0}{P_0}$과 같아지는 수준까지 물가는 상승한다. 또한 GDP수준에도 변화가 없기 때문에 균형이자율도 초기 균형상태인 r_0로 돌아간다.

이것을 그래프로 설명하면 다음과 같다. 단기균형에서 인플레이션 갭으로 생산요소가격이 상승하여 생산비용이 증가하면 총공급이 감소하므로 총공급곡선은 좌측으로 이동한다. 이에 따라 총수요곡선 AD_1선과 총공급곡선 AS_1이 만나는 C점에서 균형에 도달하게 된다. 이때 물가는 P_2수준이고 균형GDP는 원래 수준 Y_F로 돌아온다.

이런 장기균형에서 화폐시장의 변화에 대해서 살펴보자. 물가가 P_2로 상승하므로 실질화폐공급이 감소한다. 이에 따라 그 곡선은 좌측으로 이동한다. 또한 GDP가 다시 Y_F로 감소하기 때문에 화폐수요가 감소한다. 이에 따라 화폐수요곡선이 좌측으로 이동한다. 이때 균형점은 초기 균형점 A로 돌아가서 이자율은 r_0가 된다.

확대통화정책을 실시하면 결국 물가와 생산요소가격이 상승하고 이자율과 GDP 수준은 변화가 없다. 통화공급이 증가하면 이자율하락으로 민간의 투자지출이 확대되어 총수요가 증가하고 이에 따라 물가가 상승하고 GDP가 증가한다. 이런 물가상승은 실질화폐공급을 감소시키고 GDP증가는 화폐수요를 증가시킴으로써 화폐시장의 초과수요 상태를 유발한다. 이것은 다시 이자율상승을 가져옴으로써 처음 증가된 민간투자지출을 전부 상쇄한다.

케인즈학파는 통화정책을 실시했을 때 단기에 화폐시장에서 이자율의 신축적인 변화를 통해서 민간투자지출을 변화시킬 수 있다는 것을 인정한다. 그러나 경제불황이 시작되면 화폐시장은 자주 유동성함정(liquidity trap)에 빠지기 때문에 경직적이 된다는 점을 지적한다. 유동성 함정은 단기적으로 금리가 매우 낮아 통화공급의 증가가 지출증가로 연결되지 않고 사람들의 화폐보유만 늘리는 상태로 케인즈가 개념화하였다. 경제가 유동성함정에 빠지면 정부가 화폐공급량을 크게 늘려도 이자율이 더 낮아지지 않는다. 그렇게 되면 투자가 늘어나지 못해 경기부양효과를 거둘 수 없다. 다시 말해서, 통화정책이 무력하게 된다. 케인즈학파는 이 점을 지적하며 재정정책이 경기침체의 늪에서 빠져 나올 수 있는 유일한 대안이라고 주장한다.

유동성 함정

고전학파에 의하면 통화량을 늘려 금리를 낮추면 기업들은 돈을 낮은 이자로 빌릴 수 있어 투자를 늘린다. 또한 투자자는 투자비용 감소로 수익률이 높아진 기업의 주식 등 다른 금융자산에 투자를 늘린다. 경제 전체로 보면 금리인하는 투자 등 총수요를 증가시키기 때문에 경기회복에 효과가 있다. 하지만 금리를 낮춰도 투자가 늘지 않으면 경기회복 효과를 기대할 수 없다. 1930년대 대공황 시기에는 금리를 아무리 낮춰도 침체된 경기가 회복되지 않았다. 영국의 경제학자 케인즈(Keynes)는 이런 상황을 금리가 함정에 빠진 상황과 같다고 해서 '유동성 함정'이라 불렀다.

중앙은행이 낮출 수 있는 최저명목금리는 0%일 것이다. 명목금리가 음(-)이 되면 예금을 하거나 돈을 빌려주면 오히려 수수료를 지불해야 한다는 의미이다. 이렇게 되면 아무도 돈을 빌려주려 하지 않고 현금을 보유하려 한다. 즉 금융시장이 붕괴된다. 이처럼 통화량을 늘려도 이자율이 0% 이하로 떨어지지 못하기 때문에 통화정책은 더 이상 경기부양 효과가 나타나지 않는다.

1990년대 일본 중앙은행이 정책금리를 0%수준까지 내렸는데도 경기가 전혀 회복되지 않았다. 금리변화를 통한 통화정책이 경기부양에 전혀 도움을 주지 못했기 때문에 유동성 함정문제가 다시 주목을 받게 되었다.

2008년 미국발 글로벌 금융위기가 발생하였다. 이것은 1930년대 경제대공황처럼 세계경제에 빠르게 영향을 미쳐 세계 각국은 극심한 경기침체를 겪게 되었다. 이런 상황을 극복하기 위해 세계 각국은 경쟁적으로 금리를 낮추기 시작했다. 미국의 중앙은행인 연방준비이사회(Federal Reserve Board)는 3.5%의 정책금리를 0%로, 유럽중앙은행은 4%에서 1%로 내렸다. 이렇게 정책금리가 0%에 가까워지면서 유동성 함정에 빠진 경제를 어떻게 구해낼 수 있는지에 대한 논쟁이 다시 불붙기 시작했다.

유동성 함정이 존재하는 경제에는 대체로 다음과 같은 상황이 일어난다. 일반적으로 총수요가 감소하여 경기가 침체되고 물가가 하락한다. 만약 경기가 계속 침체하여 디플레이션(물가가 계속해서 하락하는 현상)이 발생하면 명목이자율이 일정할 경우 실질이자율이 상승한다. 실질이자율은 명목이자율에서 물가상승률을 뺀 값으로 구해진다(피셔가설). 예를 들어 명목이자율이 0%이고 물가상승률이 -3%라고 한다면 실질이자율은 3%가 된다. 유동성 함정하에서 명목이자율이 0%에 가까운 매우 낮은 상황이라 하더라도 가계는 실질이자율이 높아지므로 소비를 줄이고 저축을 늘린다. 반면 기업은 투자지출을 줄인다. 소비지출과 투자지출의 감소로 총수요는 감소한다. 이러한 총수요 감소는 또다시 물가 하락에 따른 실질이자율의 상승으로 이어져 경제를 더욱 악화시킬 수 있다.

유동성 함정에서 벗어나려면 어떻게 해야 할까요? 첫째는 적극적인 재정정책이 필요하다. 1933년 미국의 뉴딜정책과 일본이 2005년에 실시한 공공사업지출 확대는 정부지출이 경기회복을 유도한 대표적인 사례이다. 둘째는 양적완화(quantitative easing)를 통한 통화공급 확대이다. 양적완화정책은 중앙은행이 정책금리 인하를 통한 경기부양 효과가 한계에 봉착했을 때, 국채매입 등을 통해 유동성을 시중에 직접 푸는 정책을 뜻한다. 금리중시 통화정책을 시행하는 중앙은행이 정책금리가 0%에 근접하거나, 혹은 다른 이유로 시장경제의 흐름을 정책금리로 제어할 수 없는 이른바 유동성 저하 상황하에서 유동성을 충분히 공급함으로써 중앙은행의 거래량을 확대하는 정책이다. 중앙은행은 채권이나 다른 자산을 사들임으로써, 금리를 더 낮추지 않고도 돈의 흐름을 늘리게 된다. 이런 양적완화정책은 이자율보다는 물가하락을 막아 실질이자율을 낮추고 자국의 화폐가치를 떨어뜨려 수출을 늘리는 데 더 목적이 있다.

미국은 뉴딜정책 기간(1933~1941년)에 통화량 공급을 크게 늘렸으며, 일본 또한 공공사업지출 확대와 동시에 통화량을 늘렸다. 2010년부터 아베정권은 인플레이션 2%를 목표로 무제한적으로 엔화공급을 늘리고 있다. 무엇보다도 정부정책이 효과를 발휘하기 위해서는 정책에 대한 국민들의 신뢰가 필요하다. 유동성 함정은 경제주체들의 불확실한 미래 경제상황으로 인한 두려움 때문에 발생한다. 따라서 국민을 안심시키고 정책의 신뢰성을 높여 불확실성을 해소시키는 것이 정부가 제일 먼저 해야 할 일이다.

연습문제

⊐ 객관식 문제

1. 다음은 고전학파와 케인즈학파를 비교설명한 것이다. 다음 설명 중 옳은 것은?
   ① 고전학파는 시장체제가 안정적이기 때문에 시장에 대한 정부정책의 필요성이 제한적이라 본다.
   ② 고전학파는 물가, 임금 등의 가격변수가 경직적이며, 사람들이 합리적 기대를 통해 행동한다고 가정한다.
   ③ 케인즈학파는 '보이지 않는 손'에 의하여 경제는 항상 완전고용 균형상태로 복귀하는 경향이 있다고 본다.
   ④ 케인즈학파는 1970년대에 공급 측면을 강조한 공급주의 경제학파로 발전되었다.

2. 다음은 한계소비성향에 대한 설명이다. 이 중 옳은 것은?
   ① 전체 소득 중 소비지출이 차지하는 비중
   ② 단위 소득이 증가할 때 추가적으로 늘어나는 소비지출
   ③ 저축에 대한 소비지출의 비중
   ④ 단위 저축 증가에 대한 소비지출 감소분

3. 케인즈 단순모형에서 투자를 1단위 더 늘리면 한계저축성향이 0.1일 때 투자승수 효과는 얼마인가?
   ① 10   ② 5   ③ 20   ④ 100

4. 유효수요를 늘리는 요인을 주입, 줄이는 요인을 누출이라 한다. 다음 중 주입에 해당하지 않는 것은?

① 소비지출증가   ② 정부지출증가

③ 조세감소   ④ 투자지출감소

5. 다음 중 총수요곡선의 이동요인이 아닌 것은?

① 정부가 통화량 공급을 늘렸다.

② 정부가 법인세를 올렸다.

③ 석유파동으로 물가가 상승하였다.

④ 기업이 미래전망을 낙관적으로 보고 투자를 늘렸다.

6. 다음 중 총공급곡선의 이동요인이 아닌 것은?

① 기대인플레이션   ② 임금인상

③ 기술개발   ④ 저축증가

7. 다음은 고전학파 모형에 대한 설명이다. 이 중 옳지 않은 것은?

① 고전학파 모형에서는 절약의 역설이 성립할 수 있다.

② 이자율의 신축적인 조정을 통해 생산물의 불균형이 조정된다.

③ 단기보다 장기를 분석하기에 적합한 모형이다.

④ 국민들의 전반적인 저축성향이 증가하면 투자도 증가한다.

8. 다음은 총수요-총공급 모형에서 확대재정정책과 확대금융정책의 공통적인 효과가 아닌 것은?

① 물가상승   ② GDP 증가

③ 이자율 하락   ④ 고용증가

9. 다음은 케인즈 단순모형에 대한 설명이다. 이 중 옳은 것은?

① 생산물의 초과공급이 발생하면 물가가 하락한다.

② 생계비 수준이 높아지면 유효수요가 늘어난다.

③ 저축이 투자를 초과하면 이자율이 하락한다.

④ 계획된 지출이 생산액을 상회하면 다음 기에 생산이 증가한다.

10. IS-LM모형에서 정부가 소득세를 올릴 때 나타나는 경제효과가 아닌 것은?

① GDP 감소   ② 물가하락

③ 이자율 하락   ④ 총수요 감소

■ 서술식 문제

1. $Y_D = C + I + G$, $C = a + b(Y - T)$, $T = tY$, $Y_D = Y$인 모형을 바탕으로 다음의 물음에 답하라.

   (1) 균형국민소득을 구하라.

   (2) 투자승수와 정부지출승수를 구하라.

   (3) 정부가 균형재정을 실시했을 때 국민소득이 증가하는 것을 보여라. 그리고 그 이유에 대해서 설명하라.

2. IS-LM모형에서 IS곡선과 LM곡선을 도출하라.

3. IS-LM모형에서 긴축재정정책과 긴축통화정책의 효과에 대해서 설명하라.

4. 총수요곡선이 우하향하는 이유와 총수요곡선을 이동하게 하는 경제적 요인에 대해 설명하라.

5. 총공급곡선의 세 가지 형태에 대해서 설명하라.

6. 긴축재정정책의 단기효과를 총수요-총공급 모형을 이용하여 설명하라.

7. 긴축통화정책의 단기효과를 총수요-총공급 모형을 이용하여 설명하라.

8. 긴축재정정책의 장기효과를 총수요-총공급 모형을 이용하여 설명하라.

9. 긴축통화정책의 장기효과를 총수요-총공급 모형을 이용하여 설명하라.

10. 고전학파의 사고방식과 케인즈학파의 사고방식을 비교하여 설명하라.

11. 비용상승 인플레이션과 수요견인 인플레이션을 총수요-총공급 모형을 가지고 설명하라.

제11장 객관식 문제 정답

1. ① 2. ② 3. ① 4. ④ 5. ③ 6. ④ 7. ① 8. ③ 9. ② 10. ②

개방경제의
거시경제

늘날처럼 세계화가 진전된 상황에서 세계 대부분 국가들은 상호 밀접한 경제적 관계를 맺고 있다. 특히 수출주도형 경제성장을 이룩한 한국의 경우 더더욱 그렇다.

지금까지 우리나라의 가계, 기업과 정부만을 상정하여 거시경제를 분석하였다. 이처럼 다른 나라와 어떤 경제적 관계를 맺지 않는 자급자족 형태를 폐쇄경제(closed economy)라 한다. 지금까지는 거시경제의 기본원리를 익히기 위해 비현실적인 경제를 상정하였다. 폐쇄경제하에서 주요분석 대상은 GDP시장의 균형물가와 균형GDP, 화폐시장의 균형이자율과 균형화폐량, 생산요소시장의 균형생산요소가격과 균형생산요소량이었다.

이제 현실적인 개방경제를 상정해보자. 개방경제는 다른 나라와 활발하게 경제적 관계를 맺는다. 이 장에서는 개방경제하에서 총수요-총공급 모형을 중심으로 경제현상을 분석할 것이다. 즉 개방경제가 되면서 폐쇄경제와 다른 점, 총수요-총공급 모형의 수정과 대안적인 경제모형 등을 다룬다.

12.1 개방경제의 총수요-총공급 모형

12.1.1 개방경제하의 총수요

제11장에서 배웠듯이 폐쇄경제하에서 GDP의 총수요는 가계의 소비지출(C), 기업의 투자지출(I) 그리고 정부지출(G)로 구성된다. 즉 3개의 경제주체에 의해서 지출이 이루어진다. 이것을 수식으로 표현하면 식 (12-1)과 같다.

$$Y_D = C + I + G \tag{12-1}$$

이제 개방경제로 전환되었다고 하자. 그러면 경제주체로 외국이 포함된다. 이때 우리나라 GDP를 외국인이 구입하는 것을 수출(export)이라 하고, 우리나라 사람이 외국 GDP를 구입하는 것을 수입(import)이라 한다. 이제 우리나라 GDP를 사용하는 경제주체에는 가계, 기업, 정부에 외국인이 포함된다. 개방경제하에서 총수요는 다음과 같이 식 (12-2)로 나타낼 수 있다. 사실 GDP는 양적개념이나 현실에서는 각 상품마다 특성과 질이 다르기 때문에 이것을 합산하는 것이 쉽지 않다. 이제 식 (12-2)로부터는 가치로 환산하여 기술한다.

$$Y_D = C + I + G + (X - M) \qquad (12\text{-}2)$$

여기서 X는 수출액을, M은 수입액을 나타낸다. 식 (12-2)에서 소비지출, 투자지출과 정부지출은 식 (12-1)과 그 성격이 다르다. 식 (12-1)에서 각 지출이 우리나라 GDP를 구매하는 것에 사용된 것이지만, 식 (12-2)의 각 지출에는 외국GDP 구매액(수입액)이 포함되어 있기 때문이다. 즉 식 (12-2)에서 $C + I + G$는 국내에서 생산된 GDP뿐만 아니라 수입된 GDP에 대한 지출까지 포함한 국내총지출액을 나타낸다. 따라서 수입된 외국GDP 부분(M)을 빼주어야 우리나라가 생산한 GDP가치는 식 (12-2)와 같이 된다. 개방경제하에서 GDP의 총수요는 경제 전체의 국내총지출액과 순수출액의 합으로 이루어진다는 것을 알 수 있다. 이에 따라 개방경제하에서 총수요곡선은 식 (12-2)에서 유도된다.

12.1.2 국제수지와 국제수지표

이제 총수요에 의해서 GDP가 결정된다고 하면 식 (12-2)를 다음과 같이 나타낼 수 있다.

$$Y = A + NX \qquad (12\text{-}3)$$

여기서 A는 GDP의 국내총지출액을, NX는 순수출을 나타낸다. 순수출은 수출액과 수입액의 차를 의미한다. 식 (12-3)을 변형하면 다음과 같이 나타낼 수 있다.

$$NX = Y - A \qquad (12\text{-}4)$$

이 식의 의미는 수출액과 수입액의 차이는 어떤 경제의 총생산가치와 국내총지출액의 차와 정확히 일치한다는 것이다. 이 의미를 구체적으로 살펴보기 위해 $Y > A$인 경우를 살펴보자. $Y > A$이면 $NX > 0$이 된다. 이것은 어떤 경제에서 생산된 GDP 중에서 사용하고 남은 GDP를 수출한다는 것을 의미한다. 이것은 마치 소득을 다 소비하지 않고 남은 부분을 저축하는 가계와 같다. 이런 경우 흑자가계라 하듯이 $NX > 0$이면 한 국가에서 국제수지가 흑자라 한다. 반대로 $Y < A$이면 $NX < 0$이 된다. 이것은 생산된 GDP보다 더 많이 사용하여 부족분을 수입한다는 것을 의미한다. 이 경우는 소득보다 소비지출이 더 많아 빚을 내는 가계와 같다. 이런 경우 적자가계라 하듯이 국제수지가

적자라 한다.

가계는 일반적으로 가계부를 통해 자신의 소득과 지출상태를 기록함으로써 가계의 적자와 흑자 여부를 파악한다. 마찬가지로 국민경제도 국민소득(GDP)과 국내총지출을 비교하여 국민경제의 적자와 흑자 여부를 파악할 수 있다. 그러나 이것은 식 (12-4)에서 보듯이 순수출과 정확히 일치하기 때문에 굳이 복잡한 국민소득과 총지출을 비교하는 것보다는 더 간단한 수출과 수입을 비교하는 것이 더 용이하다.

이처럼 대외거래 결과 발생하는 적자와 흑자를 측정하기 위해 고안된 개념이 **국제수지**(balance of payment)이다. 즉 일정 기간에 한 나라의 거주자와 비거주자 사이에 발생한 모든 경제적 거래를 종합적으로 기록한 통계로써 대외경제거래(재화, 서비스, 소득의 거래, 대외자산)를 기록한 것이다. 국제수지는 일종의 국가가 기록하는 '가계부'라 할 수 있다. 가계부를 보면 그 가계의 경제활동을 알 수 있듯이 국제수지를 보면 한 국민경제활동을 제대로 파악할 수 있다.

대외거래의 수취와 지급이 일치하면 국제수지가 균형을 이루었다고 한다. 만약 수취가 지급을 초과하면 국제수지 흑자, 반대로 지급이 수취를 초과하면 국제수지 적자가 발생했다고 한다.

한 나라의 일정 기간 동안에 일어난 대외거래를 복식부기 원리에 의해 체계적으로 정리한 통계표를 **국제수지표**라 한다. 국제수지표는 가계부처럼 일정 기간 동안 한 나라가 다른 나라들과 상품과 서비스를 거래하면서 돈을 얼마나 벌었고 얼마나 썼는지, 그리고 그 결과 얼마만큼의 돈이 부족하거나 남았으며 부족한 돈은 어떻게 조달했고 남은 돈은 어떻게 운용하였는지 등이 분류 정리되어 있다. 이것은 개방경제하에서 국민경제활동을 이해하는 데 필수적인 도구라 할 수 있다.

한편 국제거래에 있어서는 나라별로 사용하는 화폐가 다르다. 미국 달러화, 일본 엔화, 영국 파운드화 등 다양한 화폐가 사용된다. 따라서 국제거래 상황을 한눈에 알 수 있도록 국제수지표를 작성하기 위해서는 대외거래 금액을 어떤 한 나라의 화폐로 바꾸어 계산하여야 한다. 이때 주로 많이 사용되고 있는 화폐가 자국화폐 또는 미국 달러화인데 우리나라의 경우 미국의 달러화로 표시된 국제수지표를 작성하고 있다. 국제수지표는 보통 1년 동안의 거래를 대상으로 작성하며 나라에 따라서는 6개월, 3개월 혹은 달마다 작성하기도 한다. 우리나라는 현재 한국은행에서 월별로 작성하고 있다.

국제수지표는 크게 두 가지 계정, 즉 상단에 기록하는 경상계정(current accounts)과

하단에 기록하는 자본계정(capital accounts)으로 구성된다. 〈표 12.1〉의 국제수지표는 1998년 IMF표준양식을 바탕으로 작성된 것이다.

경상계정은 국가 간에 발생하는 상품거래와 생산요소거래 상황을 기록한다. 먼저 상품수지에는 한 국가의 모든 재화의 수출과 수입거래 현황을 기록한다. 서비스수지에는 모든 서비스거래 현황을 기록한다. 여기에는 선박과 항공기 운임, 관광수입과 지급, 국제간 통신·보험료 수입과 지급 등이 포함된다. 경상계정에서 가장 큰 비중을 차지하는 것은 재화와 서비스무역이므로 상품수지와 서비스수지가 중요하다. 소득수지에는 생산요소거래에서 발생하는 소득현황을 기록한다. 우리나라에서 일하는 외국인 노동자들이 받는 임금, 또한 우리 노동자들이 해외에 취직하여 받는 임금, 대외금융자산과 부채로부터 발생하는 이자수취 및 지급, 배당 등 투자소득 등이 포함된다. 경상이전수지는 반대급부 없이 일방적으로 주고받는 대외거래가 기록된다. 해외교포로부터 송금이나 정부 사이의 무상원조 등이 여기에 해당된다.

반면 자본계정은 다른 국가에서 빚을 내거나 대출해주는 금융거래 현황을 기록한다. 여기에는 해외직접투자, 주식 채권 등에 투자하는 해외간접투자, 국가 간 대출 및 차입 그리고 무역신용 제공 등이 기록된다. 그리고 마지막으로 오차와 누락이 기록된다. 여기에는 밀수거래나 자본도피(capital flight)처럼 실제 거래가 이루어졌지만 통계에서 누락된 것과 통계적 오차가 포함된다.

국제수지표는 복식부기로 기록하기 때문에 한 계정을 보면 두 부분으로 나누어져 있

표 12.1 국제수지표

계정	거래유형	예
경상수지	상품수지	재화의 수출과 수입
	서비스수지	선박과 항공기 운임, 관광수입, 통신·보험요금
	소득수지	임금, 해외투자소득(이자, 배당금)
	경상이전수지	해외교포 송금, 기부금, 정부 간 무상원조
자본수지	투자수지	차관, 해외직접투자, 해외간접투자(주식, 채권)
	기타자본수지	해외 이주비, 특허권 등의 자산거래
	준비자산증감	통화당국이 보유하는 외환, 금, SDR 증감
오차와 누락		통계적 오차, 밀수거래, 자본도피

다. 왼쪽 부분을 차변, 오른쪽 부분을 대변이라 한다. 차변에는 경상거래나 자본거래에서 외국으로부터 외화를 받게 되는 거래를 기록한다. 예컨대 상품을 수출하면 외화로 수출대금을 받기 때문에 경상계정의 차변에 기록된다. 마찬가지로 해외에서 빚을 내어(채권 발행) 국내에 투자한 경우는 자본계정의 차변에 기록된다. 대변에는 외화를 지불해야 하는 모든 거래가 기록된다. 상품을 수입하면 외화로 수입대금을 지불하므로 경상계정의 대변에, 해외채권을 구입하는 경우도 외화를 지불하므로 자본계정의 대변에 기록된다.

경상계정의 차변의 합이 대변의 합보다 크면 경상수지 흑자, 반대면 경상수지 적자라 한다. 마찬가지로 자본계정에서도 차변의 합이 대변의 합보다 크면 자본수지 흑자, 반대면 자본수지 적자라 한다.

국제수지표에 기록된 여러 대외거래를 또 다른 기준으로 분류할 수 있다. 즉 자율거래와 보정거래이다. 자율거래는 상품수출이나 자본 도입 등 어떤 독자적인 경제적 목적을 갖고 이루어지는 거래를 말한다. 반면 보정거래는 자율거래 결과 발생한 적자나 흑자를 조정하기 위한 목적으로 이루어지는 파생적인 거래이다. 보정거래를 포함하면 국제수지는 항시 균형을 유지하므로 실질적인 의미가 없다. 따라서 국제수지 흑자와 적자를 따지려면 자율거래를 살펴보아야 한다.

20세기 후반 세계화가 진전되기 이전에는 자본거래가 활발하지 않았다. 이때에는 상품거래만을 자율거래로 보았다. 반면 모든 자본거래는 상품거래에 대한 반대급부로서 발생하는 보정거래로 간주하였다. 이것은 재화와 서비스의 수출액과 수입액을 비교한 결과가 바로 국제수지라는 것을 의미한다. 이러한 재화와 서비스의 수출액과 수입액이 대부분을 차지하는 경상계정이 바로 한 국가의 국제수지를 대표한다. 경상수지는 이러한 경상계정의 수취와 지급을 비교한 결과인데, 우리가 국제수지를 말할 때 대부분 이러한 경상수지를 의미하는 경우가 많다.

오늘날에는 차관, 해외직접투자, 해외간접투자 등과 같이 국가 간 자본거래가 활발하게 거래되고 있다. 이런 자본거래도 나름대로 독자적인 경제적 목적을 갖고 있기 때문에 보정거래로 보기 힘들다. 이에 따라 경상거래뿐만 아니라 자본거래도 자율거래에 포함시켜 국제수지를 작성해야 한다고 말할 수 있다.

다만 자본거래 중 일부는 자율거래 결과 초래된 불균형을 사후적으로 조정하기 위한 보정거래의 성격이 명백하다. 여기에는 중앙은행이 보유하는 외화, 금, SDR(IMF의 특별인출권)같은 대외자산의 변화가 해당된다. 민간부문에서 행해진 경상거래와 자본거래의 결과 생긴 적자나 흑자를 조정하는 보정거래의 성격이 강하기 때문이다. 즉 자본거래 중 중앙은행의 대외자산 변화를 제외한 그 나머지 부분이 자율거래의 성격을 갖는다.

지금은 경상거래뿐만 아니라 중앙은행의 대외자산 변화를 제외한 모든 자본거래까지 포함시켜 국제수지를 측정하는 경우가 늘고 있다. 그럼에도 불구하고 이 책에서는 경상수지를 국제수지의 주요지표로 사용하고 필요에 따라 자본수지를 병행하여 사용할 것이다. 경상수지는 대외거래의 건전성을 평가하는 기준으로 가장 많이 사용되고 있기 때문이다.

12.1.3 경상수지, 저축과 투자의 관계

경상수지에는 재화와 서비스의 수출입 외에도 금융자산에 대한 이자소득이나 투자소득 등의 요소소득과 개인송금, 해외원조 등의 이전지출이 포함되므로 경상수지는 순수출보다 포괄범위가 더 넓다. 그럼에도 불구하고 경상수지에는 재화와 서비스의 수출입이 대부분을 차지하기 때문에 여기서는 순수출이 경상수지와 같다고 가정한다.

순수출이 양(+)이면 수출액이 수입액보다 크므로 달러(외환)가 우리나라로 유입된다. 이때 달러를 보유하기도 하지만 채권 등 해외금융자산이나 해외직접투자 등 실물자산에 투자한다. 다시 말해서, 경상수지는 우리나라 해외순투자와 일치한다. 해외순투자가 양(+)이면 우리나라가 외국에 대해 자산청구권을 갖고, 음(−)이면 대외채무를 진다는 것을 의미한다.

앞에서 배운 식 (12-4)의 순수출은 국내생산 GDP 총수출액에서 외국 GDP 총수입액의 차액을 나타내므로 경상수지(CA)를 반영하고 있다. 이제 경상수지의 또 다른 의미를 알아보기 보기 위해 앞 절의 식 (12-4)에 조세수입(T)을 가감해보면 다음과 같은 식으로 변형할 수 있다.

$$CA = (Y-T-C) + (T-G)-I \qquad (12-5)$$

여기서 우변의 첫 번째 항은 가처분소득($Y-T$)에서 소비지출을 뺀 부분이므로 민간저축(S_C)을 의미한다. 두 번째 항은 조세수입에서 정부지출을 뺀 부분이므로 정부저축(S_G)을 의미한다. 민간저축과 정부저축의 합을 국내총저축(S_T)이라 하면 식 (12-5)는 다음과 같이 정리된다.

$$CA = S_T - I \qquad\qquad (12-6)$$

개방경제하에서 경상수지가 국내총저축액과 국내총투자액의 차이로 나타난다. 총저축이 총투자보다 크면 경상수지 흑자, 반대면 경상수지 적자가 된다. 식 (12-6)을 $S_T = CA + I$로 바꾸면 국내총저축은 해외순투자(경상수지)와 국내투자로 사용되고 있다는 것을 알 수 있다.

지금까지 경상수지에 관한 논의를 정리하면 다음과 같다.

- $Y > A$일 때 $CA > 0$, 경상수지 흑자
- $Y < A$일 때 $CA < 0$, 경상수지 적자
- $S_T > I$일 때 $CA > 0$, 경상수지 흑자
- $S_T < I$일 때 $CA < 0$, 경상수지 적자

일반적으로 가계가 저축을 하고 있으면(흑자가계) 재정상태가 양호하다고 한다. 반면 가계가 빚을 지고 있으면(적자가계) 문제가 있다고 판단하기 쉽다. 이 경우 정확히 판단하기 위해 빚의 성격을 파악해볼 필요가 있다. 흥청망청 소비를 많이 하여 빚을 졌다면 이 가계는 문제가 심각하다. 반면 대학 등록금을 위해, 또는 공장설비를 증축하는 등 투자목적으로 빚을 졌다면 미래소득 창출을 위해 오히려 바람직할 수 있다.

마찬가지로 경상수지는 한 국민경제의 건전성을 평가한다. 경상수지적자는 한 국민경제가 자신이 생산한 GDP 이상으로 사용했다는 것을 의미하고 이 부족분은 차입으로 보충한다. 즉 경상수지 적자는 한 국가가 외국에 채무를 진 것을 의미한다. 민간부문에서 소비지출이 과도하여 저축이 감소하거나 정부가 방만한 재정운용으로 정부저축이 감소하면 경상수지 적자가 발생한다. 이러한 저축감소로 인한 경상수지 적자는 가계가 과도한 소비로 인해 빚을 지는 것처럼 문제가 심각하다.

또한 국내저축에 변화가 없는데 투자지출이 증가하면 경상수지 적자가 발생할 수 있다. 이것은 미래소득 창출을 위해 빚을 지는 것이기 때문에 실패하지 않는다면 바람직하다. 외국에서 자본을 빌려줄 때 그만큼 이 투자에 대해 낙관적인 평가를 반영하고 있다고 볼 수 있다. 경상수지 적자 자체가 문제가 아니라 어떤 요인에 의해서 적자가 발생하고 있는지를 살펴보는 것이 중요하다.

그럼에도 불구하고 경상수지 적자가 지속적으로 이루어지고 있다면 심각한 상황에 직면할 수 있다. 상품수출을 통해 벌어들인 외화보다 수입에 충당되는 외화가 더 많다는 것은 그 차액만큼 지속적으로 해외차입을 통해 보충해야 한다는 것을 의미한다. 이런 경상수지 적자가 누적되면 결국 빚을 갚을 수 없는 상황에 직면하는 외채위기(debt crisis)로 이어질 수 있다.

1997년 말 한국의 외환위기는 지속적인 경상수지 적자가 어떻게 외채위기를 가져왔는지를 잘 보여주고 있다. 경상수지 적자를 대수롭지 않게 여기고 차입한 투자자금을 방만하게 운용하게 되었을 때 나라 전체가 심각한 경제위기에 직면할 수 있다. 국제 간 자본이동이 활발하게 움직이는 현재와 같은 세계화시대에는 사소한 위기 징후만 보여도 해외자본이 재빠르게 이동하기 때문에 경상수지 운영에 주의를 기울여야 한다.

12.2 외환시장과 환율

국가마다 결제수단으로 사용하는 화폐가 다르다. 국제경제거래에서는 어느 나라 화폐를 결제수단으로 사용하느냐가 중요하다. 제2차 세계대전 이후 국제적으로 널리 사용되는 달러와 같은 국제통화나 외환이 결제수단으로 사용되어 왔다. 이러한 결제수단이 외환시장을 통하여 풍부한 국제유동성을 제공해주어야 국제경제거래가 원활하게 이루어진다. 여기서는 외환시장과 이 시장의 가격인 환율에 대해서 살펴보자.

12.2.1 외환시장과 환율의 정의

우리나라 어떤 기업이 스마트폰을 외국에 수출하면 그 나라의 화폐 대신 대부분 달러나 달러표시 환어음을 받는다. 우리가 외국 여행을 갈 때도 원화 대신 대부분 달러나 달러표시 여행자수표를 사가지고 간다. 외국에 대출하거나 빚을 낼 때도 원화보다는 달러나 달러표시 채권을 많이 사용한다. 또한 외환보유고도 90% 이상 달러나 달러로 표시된 유가증권으로 구성되어 있다. 이처럼 우리나라는 대외거래에서 결제수단으로 원화를 사용하지 못하고 미국 화폐인 달러베이스로 이루어지고 있다. 이것은 우리나라 원화가 외국에서 결제수단으로 인정받지 못해 국제유동성이 없기 때문이다.

달러나 달러표시 유가증권처럼 국제 결제수단으로 사용되는 유동성이 높은 외화나 외화표시 어음·수표 등 결제수단을 통틀어 외환이라 한다. 현재 이러한 외환역할을 수행할 수 있는 외화로는 미국의 달러, EU의 유로, 일본의 엔(Yen) 그리고 중국의 위안 (Yuan) 정도 들 수 있다. 외환은 현금수송에 따른 불편과 위험을 없애기 위하여 국제 간 의 거래에서 생긴 대차를 채권양도나 지불위탁 등의 방법으로 그 결제방식의 영역을 넓혀가고 있다.[1]

이러한 외환의 매매가 이루어지는 곳이 외환시장이다. 외환시장은 다른 시장과 마찬 가지로 외환이 매매되는 장소나 공간을 말한다. 대부분 우리가 손쉽게 다른 나라 화폐 나 외환을 구입할 수 있는 시중은행들이 이런 장소이다. 최근 정보통신기술의 발달에 따라 외환거래가 다양한 통신수단을 통하여 대량으로 거래됨으로써 외환시장은 추상 적 개념으로서 성격이 더 강해지고 있다. 이 시장은 폐쇄경제에서는 찾아볼 수 없고 오 직 개방경제에만 새롭게 추가되는 시장이다.

외환시장은 일차적으로 외환수요자와 공급자 간 외환을 중개함으로써 국가 간 경상 거래나 자본거래를 원활하게 한다. 또한 외환거래자가 환위험을 회피하거나 환차익을 얻을 수 있는 기회를 제공한다.

외환시장과 국제금융시장은 구별되어야 한다. 어떤 시중은행이 여행객에게 달러(외 환)를 판매하면 이 은행은 외환시장 기능을 수행한 것이다. 반면 이 은행이 기업에게 달러를 약정이자율로 융자해주면 국제금융시장 기능을 수행한 것이다.

대부분 외환시장은 국제금융시장과 같은 장소에 위치하기 때문에 국제금융시장의 일부로 인식되고 있다. 그러나 국제금융시장과 외환시장은 그 성격이 완전히 다르다. 국제금융시장은 외환자금의 대부와 대출이 이루어지는 신용시장(credit market)인 반 면, 외환시장은 기본적으로 서로 다른 통화가 매매되는 시장이다. 성격상 상품시장과 다를 바 없다.

환율(foreign exchange rate)은 외환시장에서 결정되는 외환의 가격이다. 일반 상품 의 가격이 시장의 수요공급에 의해서 결정되듯이 환율은 외환시장의 수요공급에 의해 서 결정된다. 외환시장에서 1달러에 1,000원 하던 것이 1,100원으로 오르면 환율이 상

1　한국외환은행을 비롯한 외국환 취급은행들은 모두 외국환관리법의 적용을 받는다. 주요업무로는 외 국환의 매입 및 매각, 무역금융, 수출입 신용장의 병행, 대외환거래 계약의 체결, 대외 외화표시 지급보증 의 발급, 외화자금융자, 해외에서의 외화자금보유 등을 취급한다. 한편 외국환은행은 외국환관리규정에 따라 갑류와 을류로 구분된다. 갑류 외국환은행은 외국환의 매매, 수출입 신용장 개설, 대외 환거래계약 의 체결 등 전반적인 국내외의 외국환 업무를 취급할 수 있는 반면, 을류 외국환은행은 국내에서만 외국 환 업무를 취급하도록 되어 있다.

승했다고 한다. 이것은 달러가 원화에 대해 비싸진 것이다. 이것을 달러가 원화에 대해 강세(원화는 달러에 대해 약세)라 한다. 반대로 1달러가 1,000원에서 900원이 되면 환율이 하락했다고 한다. 이것은 달러가 원화에 대해 싸진 것이다. 이것을 달러가 원화에 대해 약세(원화는 달러에 대해 강세)라 한다.

이처럼 외환을 하나의 상품으로 생각하고 미시경제에서 배운 시장원리를 활용하면 환율의 변화를 쉽게 이해할 수 있다. 달러당 100엔에서 90엔이 되면 달러는 엔화에 대해 약세(엔화는 달러에 대해 강세)이기 때문에 일본 사람의 입장에서는 달러가 싸지게 된다. 유로당 0.8파운드에서 0.9파운드가 되면 유로화는 파운드화에 대해서 강세(파운드화는 유로화에 대해 약세)이기 때문에 영국 사람의 입장에서는 유로화가 비싸진다.

12.2.2 외환시장의 수요와 공급

사과 한 상자의 가격이 5만 원이면 우리 화폐로 5만 원을 지불하고 구입하면 된다. 만약에 미국 사과 한 상자의 가격이 50달러라 하면 미국 사과 한 상자를 구입하기 전에 먼저 외환시장에 가서 50달러를 사야 한다. 이처럼 우리나라 사람이 외국으로부터 재화와 서비스를 수입하거나 자산을 취득하기 위해서는 그 나라 화폐를 먼저 구입해야 한다. 이에 따라 외환에 대한 수요가 발생하게 된다.

반대로 외국인이 우리나라에서 상품이나 자산을 구입하려 할 때는 원화로 가격을 지

알고 넘어가기

환율의 표기방법

우리가 시중은행에 가서 외화시세판을 보면 달러, 유로, 엔과 위안의 가격이 두 개로 표시되어 있다. '사실 때' 가격과 '파실 때' 가격이 다르다. 예컨대 '사실 때' 가격이 1달러당 1,050원이고 '파실 때' 가격이 1달러당 1,010원이다. 고객이 은행에서 1달러를 살 때 1,050원을 지불하고 팔 때는 1,010원을 받는다는 의미이다.

이것을 은행의 입장에서는 매입률(bid rate)과 매도율(offered rate)로 나타낸다. 매입률은 은행이 고객으로부터 살 때 적용하는 환율이다. 매도율은 고객에게 팔 때 적용한다. 앞의 예에서 매입률은 1,010원, 매도율은 1,050원이다. 이 두 환율의 차액이 은행의 수익이 된다. 이 두 환율의 평균이 집중률이 되고 이것이 달러당 가격을 대표한다. 예에서 집중률은 1,030원이다.

불해야 한다. 그러기 위해서는 외환시장에서 달러를 지불하고 원화를 구입해야 한다. 실제로 미국인이 우리나라 상품이나 자산을 구입할 때 달러로 구입하더라도 수출업자나 자산판매자들이 다시 원화로 바꾸기 때문에 결국 원화로 지불한 결과가 된다. 이런 과정을 거쳐 외환이 공급된다.

이제 어떤 사람들이 외환시장에 수요자나 공급자로 나타나는지를 살펴보자. 먼저 외환수요자는 수입업자, 자국의 해외투자자와 환투기가를 들 수 있다. 수입업자는 수입한 상품의 결제대금을 마련하기 위해 외환이 필요하다. 자국의 해외투자자는 외국에 직접 투자하거나 해외 부동산매입 또는 외국 발행 채권 주식 등을 구입하기 위해 외환이 필요하다. 환투기가가 미래에 환율이 상승할 것이라 예측하게 되면 미래에 외환이 비싸질 것이라고 생각하기 때문에 현재 달러나 달러표시 유가증권을 구매하기 위해 달러가 필요하다.

외환공급자는 수출업자, 외국의 국내투자자와 환투기가를 들 수 있다. 수출업자는 수출하여 받은 결제대금을 원화로 교환하면서 외환을 공급한다. 외국의 국내투자자는 국내에 직접 투자하거나 국내 부동산매입 또는 원화표시 유가증권을 구매하기 위해 원화로 교환하면서 외환을 공급한다. 환투기가가 미래에 환율이 하락할 것으로 예측하게 되면 미래에 외환이 싸질 것이라고 생각하기 때문에 현재 달러나 달러표시 유가증권을 팔면서 외환을 공급하게 된다.

외환시장도 일반 상품시장에서처럼 외환수요곡선과 외환공급곡선으로 설명된다. 외환수요곡선은 환율과 외환수요 간의 관계를 나타내고 우하향한다. 반면 외환공급곡선은 환율과 외환공급 간의 관계를 나타내고 일반적으로 우상향한다.

먼저 외환수요곡선이 우하향하는 이유는 다음과 같다. 환율이 상승하게 되면 수입업자에게 갑자기 외환이 비싸지게 된다. 자연히 외환으로 표시된 상품가격도 비싸지게 된다. 예컨대 환율이 달러당 1,000일 때 100달러짜리 애플 스마트폰은 원화로 10만 원이다. 환율이 1,100원으로 오르면 스마트폰 가격은 11만 원으로 상승하게 된다. 이에 따라 상품에 대한 수요가 감소하므로 외환에 대한 수요가 감소하게 된다. 또한 금융자산이나 부동산 등 외국의 자산을 구입하려는 해외투자자들도 원화로 나타냈을 때 자산가격이 상승했기 때문에 구입을 줄일 것이고 이에 따라 외환수요가 감소한다. 즉 외환수요곡선은 우하향하게 된다.

이제 수출업자의 경우를 살펴보자. 예컨대 환율이 1,000원일 때 어느 중소기업이 1

개당 100달러짜리 자동차부품을 1개월 평균 1000개를 수출하고 있다. 매월 한국에 10만 달러가 공급되고 수출업자는 1억 원의 매출을 올리고 있다. 이때 환율이 1,100원으로 상승할 때 이 기업이 국제가격을 그대로 100달러를 유지한다면 외환공급은 10만 달러로 변화가 없다. 다만 원화로 매출액이 1억 1천만 원으로 늘어날 것이다. 기업은 환율의 변화로 인해 매출액의 10%를 환차익으로 얻게 된다. 이에 따라 국제가격의 10% 범위 내에서 인하할 수 있는 여력이 발생한다. 이제 부품을 1개당 91달러 정도에 팔아도 원화로 1억 원의 매출을 올릴 수 있다는 것이다.

이제 이 기업이 시장점유율을 높이기 위해 91달러로 가격을 낮추었다고 하자. 외국 바이어의 입장에서 보면 가격이 싸졌기 때문에 더 많이 구매하려고 하기 때문에 수출량이 늘어난다. 이때 수출량이 10% 더 늘어나면 1,100개가 되어 외환이 10만 달러가 된다. 수출량이 10% 이상 증가하면 외환공급이 증가하고 그 이하로 증가하면 오히려 외환공급이 감소할 수 있다는 것을 알 수 있다. 즉 외환공급 증가여부는 이 부품의 가격탄력성에 달려 있다. 가격탄력성인 재화는 환율상승에 따라 국제가격이 낮아졌을 때 외환공급이 증가하고 반대로 비탄력적이면 외환공급이 감소한다. 국제시장에서 많은

그림 12.1 외환시장 균형

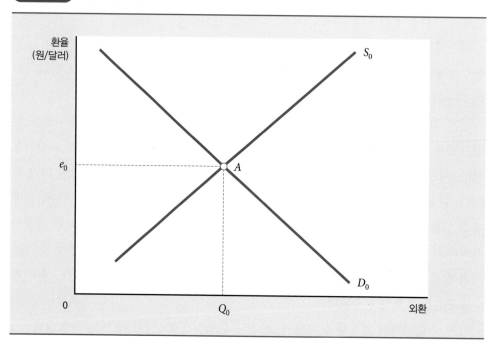

국가들의 상품들이 서로 경쟁하기 때문에 대체적으로 가격탄력성이 높다고 볼 수 있다. 여기서도 수출품은 가격탄력적이라고 가정한다. 그러면 환율상승은 외환공급을 증가시키고 외환공급곡선은 우상향한다.

이상의 설명을 바탕으로 외환시장의 균형에 대해서 살펴보면 〈그림 12.1〉에서 보듯이 외환수요곡선과 외환공급곡선이 교차하는 점에서 외환시장은 균형에 도달한다. 이 시장도 일반상품 시장원리가 그대로 적용된다. 즉 외환에 대한 초과수요가 발생하면 환율은 상승하고 초과공급이 발생하면 환율은 하락한다.

12.2.3 외환수요곡선과 외환공급곡선의 이동

제4장에서 배웠듯이 외부경제충격이나 정책변화가 발생하게 되면 상품시장의 균형은 변화하게 된다. 이제 이 변화과정을 다음과 같은 3단 논법을 사용하여 시장균형분석을 실시한다.

첫째, 외부경제충격이나 정책변화가 수요 측면에 또는 공급 측면에 영향을 주는지를 파악한다.

그림 12.2　공급충격 시 외환시장 균형변화

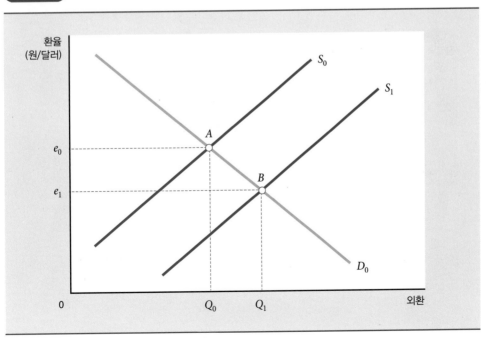

둘째, 수요 측면에 영향을 준다면 증가하는 방향인지 감소하는 방향인지를 파악한다. 이에 따라 증가하는 방향이면 수요곡선을 우측으로, 감소하는 방향이면 좌측으로 이동시킨다.

셋째, 처음 균형과 새로운 균형을 비교하여 가격변화와 균형량변화에 대해서 설명하다.

〈그림 12.1〉의 외환시장과 앞의 3단 논법을 이용하여 경제외부충격과 정책변화가 있을 때 외환시장에 어떤 변화가 발생하는지를 살펴보자.

첫째, 우리나라 주요 수출대상국의 경제가 호황인 경우이다. 예컨대 중국, 미국, 일본의 경제가 호전되면 우리나라의 수출이 늘어난다. 이것은 외환공급을 늘리는 방향으로 영향을 미치므로 〈그림 12.2〉에서 보듯이 외환공급곡선은 우측으로 이동한다. 이에 따라 균형점이 A점에서 B점으로 이동하여 환율이 하락하고 외환거래량은 증가한다.

둘째, 우리나라가 수입을 늘리는 경우이다. 우리나라 경제가 호황이거나 정부에서 신산업육성을 위해 대대적인 투자를 시행했을 경우 수입이 늘어난다. 그러면 외환수요가 증가하므로 외환수요곡선이 〈그림 12.3〉에서 보듯이 우측으로 이동한다. 이에 따라

그림 12.3 수요충격 시 외환시장 균형변화

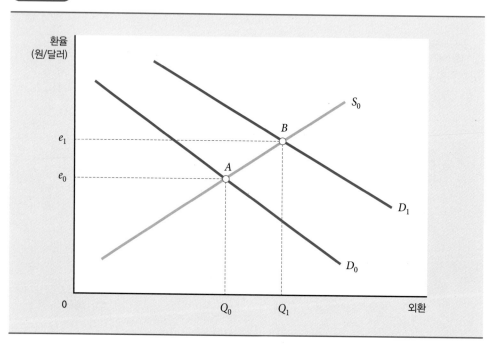

환율은 상승하고 외환거래량은 증가한다.

셋째, 우리나라 주가나 금리가 변화하는 경우이다. 주가가 상승할 것으로 예상되면 외국인들이 국내 주식투자를 늘리고 이에 따라 달러 공급이 증가한다. 또한 금리 상승이 예상되면 외국인은 우리나라 채권에 투자를 늘리는 반면 우리나라 기업이나 금융기관들은 상대적으로 금리가 싼 외국자금을 차입하려 하기 때문에 외환공급이 증가한다. 이런 변화는 외환공급곡선을 우측으로 이동시켜 환율이 하락하고 외환거래량은 증가한다. 반면 국내주가하락이나 금리하락이 예상되면 외국인들이 주식이나 채권을 팔아 투자를 회수하기 때문에 달러에 대한 수요가 증가한다. 이에 따라 외환수요곡선이 우측으로 이동하여 환율은 상승하게 된다.

넷째, 수출경쟁국 환율이 변화하는 경우이다. 예컨대 엔-달러 환율이 하락하면, 즉 1달러당 100엔이 90엔으로 되면, 일본 수출품의 달러표시 가격이 상승하기 때문에 일본 상품과 국제시장에서 경쟁하고 있는 한국의 수출상품인 반도체, 전자제품, 철강, 조선과 자동차의 수출이 증가하게 된다. 이에 따라 외환공급곡선이 우측으로 이동하여 원-달러 환율이 하락하게 된다. 반면 엔-달러 환율이 상승하면 수출이 감소하여 외환공급곡선이 좌측으로 이동하여 원-달러 환율은 상승한다.

다섯째, 미래 환율변화에 대한 기대가 변화하는 경우이다. 원-달러 환율이 하락할 것으로 예상되면 국내에 투자한 외국인의 입장에서 환차익이 발생한다. 투자원리금을 낮은 환율에서 달러로 환전할 때 이익을 보기 때문이다. 예컨대 원-달러 환율이 1,000원일 때 투자원리금이 10만 원이면 100달러가 될 것이다. 그러나 900원으로 낮아지면 달러로 환전하면 약 110달러가 된다. 이렇게 환율이 하락한 비율만큼 환차익이 발생한다. 이러한 환차익의 발생으로 외국인의 국내금융상품에 대한 투자가 늘기 때문에 외환공급곡선이 오른쪽으로 이동한다. 이에 따라 환율이 하락한다. 반대로 환율이 상승할 것으로 예상되면 환차손이 발생하므로 외환공급곡선이 왼쪽으로 이동한다. 이에 따라 환율이 상승한다.

여섯째, 중앙은행의 외환시장 개입정책이다. 현재 환율이 너무 높다고 생각하면 외환을 매도하는 정책을 사용한다. 이때 외환공급곡선을 우측으로 이동시켜 환율을 낮춘다. 반면 환율이 너무 낮으면 외환을 매입하는 정책을 사용한다. 그러면 외환수요곡선을 우측으로 이동시켜 환율을 높인다.

12.2.4 환율제도

환율은 외환시장에서 결정되는 가격이기 때문에 외환의 수요와 공급에 의하여 결정된다. 이렇듯 외환의 수요공급에 의해서 기본적으로 환율이 결정되지만 결정 자체는 환율제도에 따라 상이하다. 환율제도는 환율의 결정메커니즘에 따라 크게 고정환율제도와 변동환율제도로 나뉜다.

고정환율제도

고정환율제도는 금융당국이 외환시장에 개입하여 환율을 일정수준에서 고정시키는 제도이다. 〈그림 12.4〉에서 보듯이 현재 A점에서 균형환율이 e_0수준이다. 이때 수입이 증가하였다면 외환수요가 증가하므로 외환수요곡선이 우측으로 이동하여 D_1이 되었다. 이때 외환시장에는 AC만큼 초과수요가 발생된다. 이러한 초과수요로 외환시장에서는 환율상승압력을 받지만 금융당국은 보유하고 있는 외환을 매각하여 초과수요를 해소함으로써 기존의 환율수준 e_0를 유지한다.

그림 12.4 환율제도와 환율의 결정

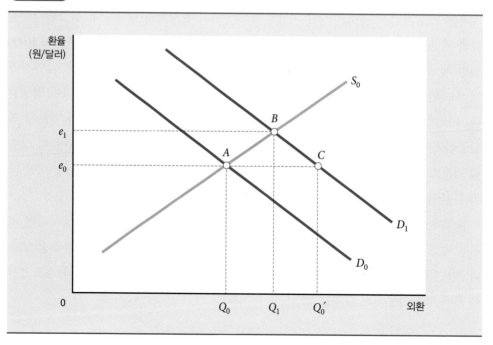

　외환시장에 초과수요가 발생하면 통화당국은 외환을 매도해야 하기 때문에 외환공급을 늘리고 그 대가로 자국 통화를 흡수하므로 통화가 축소된다. 반면 초과공급이 발생하면 외환시장에서 통화당국은 외환을 매입함으로써 통화가 확대된다. 이렇기 때문에 고정환율제도하에서 통화의 확대와 축소는 외환시장의 환율을 유지하기 위한 수단으로 자동으로 이루어진다.

　만약에 수출이 증가하면 외환공급이 증가하므로 외환공급곡선은 우측으로 이동하여 외환시장에 초과공급이 발생한다. 이때 통화당국은 환율수준을 유지하기 위해서 외환을 매입한다. 반면 수입이 증가하면 외환수요가 증가하므로 외환수요곡선이 우측으로 이동하여 외환시장에 초과수요가 발생한다. 통화당국은 외환을 매각하여 환율수준을 유지한다.

　이처럼 고정환율제도하에서는 외환시장에서 초과수요 또는 초과공급이 발생하는 경우 통화당국은 보유하고 있는 외환을 매각하거나 매입하여 이를 해소함으로써 환율을 일정수준으로 유지한다.

　이러한 고정환율제도는 제2차 세계대전 이후 자본주의 국가에서 실시되었다. 전후 미국이 국제경제의 주도권을 가지면서 달러를 기축통화로 하고 금 1온스당 35달러로 고정시키고 다른 통화도 미국 달러에 고정시키는 새로운 금본위제를 구축하였다. 이것을 '브레턴우즈 체제(Bretton Woods regime)'라 한다.

　이러한 브레턴우즈 체제가 가져다준 국제금융 안정성 덕분으로 서유럽을 위시한 세계경제가 빠르게 회복되면서 경제성장을 이룩하였다. 그러나 이 체제가 안고 있는 딜레마가 있다. 국제무역이 활성화되려면 달러가 국제시장에 많이 유통되어 국제유동성이 높아야 한다. 국제유동성이 높아지려면 그만큼 미국은 수입을 많이 해야 하기 때문에 만성적인 경상수지 적자상태에 있어야 한다. 이것을 트리핀의 딜레마(Triffin's dilemma)라 한다. 즉 무역량이 증가할수록 달러를 더 찍어야 하고 그렇게 되면 금과의 교환비율을 유지하기 어렵게 된다.

　또한 베트남전쟁을 치르면서 전비조달을 위한 달러발행은 적자와 함께 인플레이션을 가져와 달러가치는 더 떨어지게 되었다. 이런 달러가치 하락현상이 발생하자 프랑스를 위시한 무역상대국들은 미국 정부에 금태환을 요구하게 되었다. 이로 인해 미국의 금은 계속 유출되고 결국 1971년 미국 닉슨 대통령은 금태환정지를 선언하면서 브레턴우즈 체제가 붕괴되고 고정환율제도도 종말을 고하게 되었다.

변동환율제도

변동환율제도(flexible exchange rate system)는 통화당국의 개입 없이 민간부문에서 외환의 수요와 공급에 의하여 환율이 결정되는 제도이다.

〈그림 12.4〉에서 보듯이 현재 A점에서 균형환율이 e_0수준이다. 이때 수입증가로 외환수요가 증가하면 외환시장에는 AC만큼 초과수요가 발생된다. 이 초과수요를 해소하기 위해 외환시장에서 환율이 상승하면서 B점에서 새로운 균형에 도달하게 된다. 이와 같이 변동환율제도하에서는 외환시장에서 불균형이 발생하면 환율의 신축적인 조정으로 해소하는 환율제도이다.

1971년 미국의 금태환정지 선언 이후 새로운 환율체제를 모색하기 시작하였다. 1976년 미국, 프랑스, 독일, 영국과 일본은 자메이카 킹스턴에 모여 새로운 국제통화제도에 합의하였다. 이것을 킹스턴 체제라 한다. 이 체제의 가장 큰 특징은 각국에 환율제도의 선택재량권을 부여함으로써 변동환율제도를 인정한 점이다. 이에 따라 전 세계 대부분의 국가가 변동환율제도를 운영하게 되었다. 이 환율제도에서는 국제수지의 불균형을 환율의 신축적인 조정으로 해결한다. 이에 따라 환율의 변동성이 크기 때문에 환리스크라는 새로운 문제를 안고 있다. 이러한 환리스크에 대응하기 위해 국제금융의 영역은 확대되고 있다.

12.2.5 환율과 총수요-총공급의 관계

개방경제하에서 총수요-총공급 모형은 앞에서 살펴보았듯이 외환시장이 포함되면서 확장된다. 앞에서 이미 기술한 것처럼 총수요식은 $Y_D = C + I + G + (X - M)$로 나타낼 수 있다. 즉 총수요는 소비지출, 투자지출, 정부지출과 순수출로 구성된다. 이때 환율변화는 순수출, 즉 경상수지를 통해 총수요에 영향을 미친다.

이제 환율변화가 총수요-총공급 곡선에 어떻게 영향을 미치고 이에 따라 균형GDP와 균형물가가 어떻게 변화하고 이것이 다시 환율에 어떻게 영향을 미치는지를 살펴보자.

마샬-러너 조건과 J곡선 효과

이것을 알아보기 위해 환율변화가 순수출에 어떻게 영향을 미치는지를 먼저 살펴보아야 한다. 다른 조건들이 일정하다고 할 때 우리나라 상품가격이 외국 상품에 비해 상대적으로 싸면 수출량이 늘어나고 수입량은 줄어든다. 이것을 수식으로 표시하면 $\frac{eP^*}{P} = p$가 된다. 현재 모든 재화와 서비스는 GDP라는 하나의 상품으로 나타내고 있으므로 우리나라 상품가격(P)과 외국상품가격(P^*)은 물가로 표시된다. 외국 물가는 달러(외환)로 표시되기 때문에 원화로 나타내기 위해서는 환율을 곱해주어야 한다. 이때 p를 **실질환율**(real exchange rate)이라 한다. 이것은 제2장에서 배운 상대가격의 하나로 수출품으로 표시한 수입품의 상대가격을 의미한다.[2] 즉 수입품을 1단위 구입하기 위해 지불되어야 하는 수출품의 개수를 나타낸다.

실질환율 개념을 사용하여 다시 정리하면 실질환율이 상승하면 수출량은 증가하고 수입량은 감소한다. 실질환율에 영향을 미치는 요소는 (명목)환율 e, 국내물가(P)와 외국물가(P^*)임을 알 수 있다.

그런데 환율이 상승하면 달러(외환)로 나타낸 순수출이 증가할 것인가? 환율이 상승하면 실질환율이 상승하게 되어 수출품은 상대적으로 싸지고 수입품은 비싸져 수출량은 증가하고 수입량은 감소한다. 먼저 수입 측면을 보면 달러표시 가격이 변하지 않으므로 수입량이 감소하면 당연히 달러표시 수입액은 감소한다. 그러나 수출의 경우 달러표시 가격이 하락하므로 가격하락률보다 수출량 증가율이 낮으면 달러표시 수출액이 감소할 수도 있다.

환율상승이 순수출을 증가시키기 위해서 수출량이 큰 폭으로 증가하고 동시에 수입량이 비교적 큰 폭으로 떨어져야 한다. 다시 말하면 외국인의 우리 수출품에 대한 가격탄력성(ϵ_X)이 커야 하고 국내인의 수입품에 대한 가격탄력성(ϵ_M)이 커야 한다는 것이다. 환율상승이 순수출 증가로 이어지려면 $\epsilon_X + \epsilon_M > 1$이 되어야 한다. 이것을 마샬–러너 조건(Marshall-Lerner condition)이라 한다. 마샬–러너 조건이 충족될 때 환율이 상승하면 순수출의 증가를 가져와 총수요가 늘어난다.

현실경제에서 환율이 상승한다고 해서 바로 순수출이 증가하지는 않는다. 제3장에서 배웠듯이 가격탄력성은 단기보다 장기에 더 탄력적이다. 즉 단기에는 가격탄력성이 비탄력적이기 때문에 마샬–러너 조건을 충족시키지 못하여 오히려 환율상승이 순수출을 감소시키고 시간이 지남에 따라 가격탄력성이 커지면서 순수출이 서서히 증가하기

---

2 이것을 교역조건(terms of trade)이라고도 한다. 우리나라 수출품의 상대가격이 높아지면 교역조건이 개선되었다고 하고 낮아지면 교역조건이 악화되었다고 한다.

그림 12.5 J곡선 효과

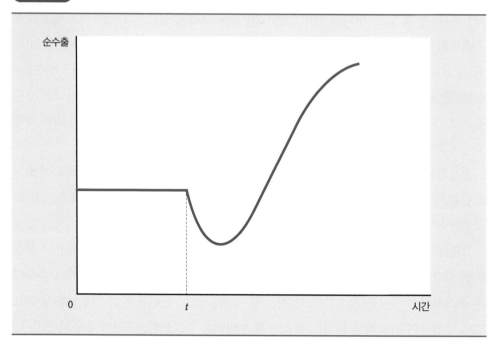

시작한다. 〈그림 12.5〉에서 보듯이 t시점에서 환율상승이 이루어졌을 때 순수출이 감소했다가 시간이 지남에 따라 증가하는 모습을 보여주고 있다. 이 모양이 J와 같다고 J곡선 효과(J-curve effect)라 한다.

환율과 GDP시장

이제 외환시장의 어떤 변화에 따라 환율이 변화하게 되면 균형GDP와 물가에 어떤 영향을 미치는지를 살펴보자. 앞에서 설명한 마샬–러너 조건이 충족된다고 가정한다.

두 국가의 물가수준이 일정한 상태에서 우리나라 외환시장에서 환율상승이 이루어지면 순수출은 증가한다. 순수출의 증가는 바로 총수요의 증가를 의미하므로 〈그림 12.6〉에서 보듯이 총수요곡선이 AD_0에서 AD_1으로 우측으로 이동한다.

그런데 환율상승은 총공급에도 영향을 미친다. 우리나라처럼 외국에서 원자재나 부품을 많이 수입하는 국가에서 환율이 상승하면 이것들의 가격이 상승하므로 생산비용이 증가한다. 이와 같은 생산비용의 증가는 생산량 감소를 가져와 총공급이 감소하게 된다. 〈그림 12.6〉에서 보듯이 총공급곡선은 AS_0에서 AS_1으로 좌측으로 이동한다.

그림 12.6 환율변화와 GDP시장 변화

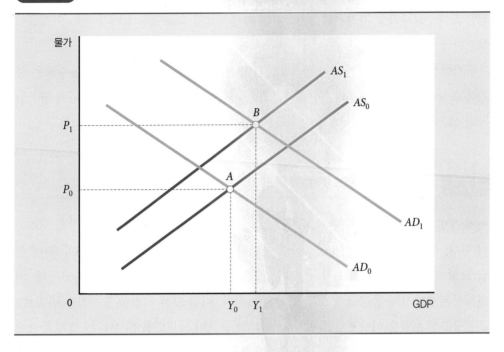

지금까지 환율변화가 어떻게 총수요와 총공급에 영향을 미치는지를 살펴보자. 〈그림 12.6〉의 A점은 초기 균형상태이다. 이때 물가는 P_0이고 환율수준은 e_0이다. 이제 환율이 e_1으로 상승하면 앞에서 설명한 것처럼 총수요곡선은 우측으로, 총공급곡선은 좌측으로 이동하여 단기에 B점에서 균형에 도달한다. 초기 균형점 A와 새로운 균형점 B점을 비교하면 환율상승 후 국내물가가 P_1으로 상승한다는 것은 명백하다.

그러나 GDP증가 여부는 명확하지가 않다. 이것은 환율상승이 총수요는 증가시키고 총공급은 감소시키기 때문에 그 크기의 여부에 따라 결정된다. 총수요 증가효과가 총공급 감소효과보다 더 크면 GDP는 증가하고 반대면 감소한다. 지금까지 여러 나라의 경험에 의하면 총수요증가효과가 총공급감소보다 대부분 더 큰 것으로 나타나고 있다. 이것을 반영한 것이 〈그림 12.6〉이다.

이제 환율변화가 경제에 미치는 효과를 정리하면 다음과 같다. 한 경제에서 환율이 상승하면 순수출이 증가하여 총수요가 증가한다. 반면 생산비용을 증가시켜 생산량감소를 가져와 총공급이 감소한다. 이에 따라 GDP시장에 초과수요가 발생하므로 물가가 상승하고 GDP가 증가한다.

물가상승은 화폐시장의 실질화폐공급 감소를 유발하고 GDP증가는 거래적 동기에 의한 화폐수요증가를 가져온다. 이에 따라 화폐시장이 초과수요 상태가 되어 이자율이 상승한다.

물가상승은 실질임금(실질 생산요소가격)의 감소를 가져오기 때문에 노동수요는 증가하고 노동공급은 감소한다. 이에 따라 노동시장에 초과수요 상태가 발생하여 명목임금이 상승하지만 단기이기 때문에 물가상승률에 미치지 못한다.

12.3 개방경제에서의 통화정책과 재정정책

이제 개방경제를 전제로 하면 GDP시장, 화폐시장, 외환시장과 생산요소시장을 고려해야 한다. 이 시장을 한꺼번에 통합하여 사고할 수 있는 틀을 제공한 것이 총수요-총공급 모형이다. 여기서 GDP시장과 화폐시장은 총수요에, 생산요소시장은 총공급에, 외환시장은 총수요와 총공급에 모두 영향을 미친다. 이런 모든 시장을 통합하는 총수요-총공급곡선 모형을 바탕으로 하면 어떤 외부적 충격이 발생했을 때 우리는 경제 주요변수인 물가, 이자율, GDP, 환율, 생산요소가격, 고용량 등이 동시에 결정되는 과정을 분석할 수 있게 된다.

여기서는 생산요소를 노동과 자본으로 구분했을 때 세계화의 진전에 따라 노동은 아니지만 자본은 국제 간 자유롭게 이동한다고 가정한다. 이런 가정하에서 외부적 충격 요인 중에서 환율제도와 그에 따른 통화정책과 재정정책의 효과에 대해서 살펴본다.

12.3.1 변동환율제도

통화정책의 효과

앞에서 설명했듯이 변동환율제도하에서 외환시장에서 수요와 공급에 의해서 환율이 결정된다. 여기서는 통화정책의 단기균형에 대해서만 설명할 것이다. 장기균형에 대해서는 제11장에서 배운 것을 바탕으로 추론해보기 바란다.

〈그림 12.7〉에서 A점은 초기균형 상태이다. 이때 정부가 확대통화정책을 실시했다고 하자. 정부가 화폐공급을 늘리면 화폐시장이 초과공급 상태가 되어 이자율이 하락하고 이것은 민간투자를 늘림으로써 총수요의 증가를 가져온다. 이에 따라 총수요곡선

그림 12.7 변동환율제도하에서 통화정책효과

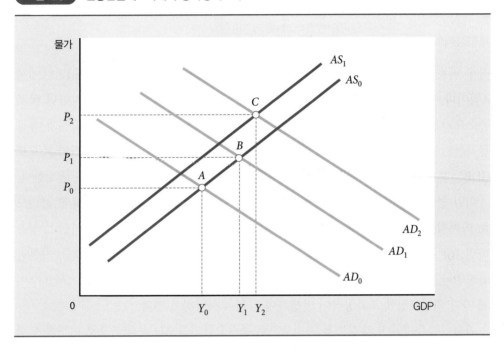

은 AD_1으로 우측으로 이동한다. 이에 따라 균형은 잠정적으로 B점이 되어 물가가 P_1으로 상승하고 GDP는 Y_1으로 증가한다. 이 부분은 폐쇄경제에서도 발생할 수 있는 똑같은 효과이다.

이자율이 하락하면 자본수요자인 우리나라 기업은 해외 자본유입을 줄이고(외환공급 감소) 자본공급자인 국내투자자들은 해외투자를 위해 외환에 대한 수요를 증가한다. 이에 따라 외환시장에 초과수요가 발생하여 환율이 상승하게 된다.

앞에서 설명했듯이 환율상승은 총수요곡선을 AD_2로 우측으로 이동하게 하고 총공급곡선은 AS_1으로 좌측으로 이동하게 한다. 이에 따라 C점에서 단기균형에 도달한다. 이때 물가는 P_2로 상승하고 GDP는 Y_2로 증가하게 된다. 이 부분이 개방경제로 인해 부가되는 효과로 개방경제에서 통화정책의 경기팽창효과는 더 크게 증폭되어 나타난다.

물가상승은 실질임금(실질 생산요소가격)의 감소를 가져오기 때문에 노동수요는 증가하고 노동공급은 감소한다. 이에 따라 노동시장에 초과수요 상태가 발생하여 명목임금이 상승하지만 단기이기 때문에 물가상승률에 미치지 못한다.

결론적으로 변동환율제도하에서 확대통화정책은 물가상승, 이자율하락, 환율상승,

명목임금 상승(실질임금 하락), 고용확대와 GDP증가를 가져온다.

재정정책의 효과

이제 변동환율제도하에서 재정정책의 효과를 살펴보자. 초기균형은 〈그림 12.8〉에서 A점이다. 이제 정부가 확대재정정책을 실시했다고 하자. 정부지출이 증가하면 바로 총수요가 증가하므로 총수요곡선이 우측으로 이동한다. 이때 이동된 AD_1곡선과 총공급곡선인 AS_0와 교점인 B점에서 잠정적인 균형에 도달한다. 이에 따라 물가가 P_1으로 GDP는 Y_1으로 증가한다. 이 부분의 확대재정정책의 효과는 폐쇄경제에서도 발생한다.

이런 물가상승은 실질화폐공급(실질잔고)을 줄이고 GDP증가는 화폐수요를 늘리므로 화폐시장에서 초과수요가 발생한다. 이에 따라 이자율이 상승한다. 이자율이 상승하면 자본수요자인 우리나라 기업은 해외 자본유입을 늘리고(외환공급 증가), 자본공급자인 국내투자자들은 국내투자의 수익률이 늘어나기 때문에 외환수요를 줄인다. 이에 따라 외환시장에 초과공급이 발생하여 환율이 하락하게 된다.

환율하락은 총수요의 감소를 가져오므로 총수요곡선을 AD_2로 좌측으로 이동하게 한

그림 12.8　변동환율제도하에서 재정정책효과

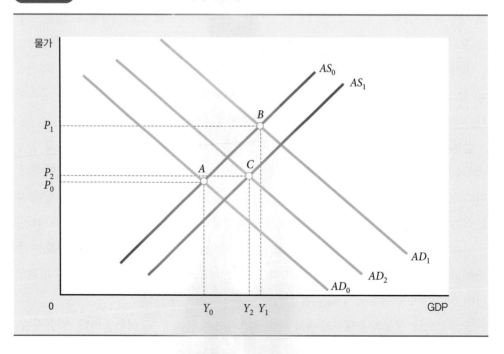

다. 반면 환율하락은 생산요소 가격의 하락을 가져오므로 총공급이 증가한다. 이에 따라 총공급곡선은 AS_1으로 우측으로 이동하게 된다. 이에 따라 두 곡선의 교점인 C점에서 단기균형에 도달한다. 이때 물가는 P_2로 하락하고 GDP는 Y_2로 감소하게 된다. 이것은 확대재정정책에 의한 GDP의 증가가 이자율상승에 따른 환율하락으로 상쇄되고 있다는 것을 알 수 있다.

　결론적으로 변동환율제도하에서 확대재정정책은 물가상승, 이자율상승, 환율하락, 명목임금 상승(실질임금 하락), 고용확대와 GDP증가를 가져온다.

　이 두 정책효과를 비교하면 확대재정정책은 화폐시장에서 이자율의 상승에 따라 환율이 하락한다는 점과 확대통화정책은 화폐시장에서 이자율의 하락에 따라 환율이 상승한다는 점에서 큰 차이가 난다. 또한 두 정책은 GDP증가와 물가상승을 가져온다는 점에서 동일하다. 그러나 확대통화정책은 이자율하락과 환율상승으로 경기부양효과가 중첩되어 나타나지만 확대재정정책은 재정지출에 의한 경기부양효과가 이자율상승과 환율하락으로 상쇄된다. 결국 변동환율제도하에서 통화정책이 재정정책보다 경기조절에 있어서 더 효과적이라는 것을 알 수 있다.

12.3.2 고정환율제도

고정환율제도는 환율을 일정수준으로 유지하기 위해 통화당국이 외환시장에 개입하여 초과수요와 초과공급을 해소해야 한다. 이런 과정에서 화폐공급량이 자동으로 조절된다. 여기서는 이러한 환율제도하에서 재정정책과 통화정책의 효과에 대해서 살펴본다.

통화정책의 효과

〈그림 12.9〉에서 A점은 초기균형 상태이다. 이때 정부가 확대통화정책을 실시했다고 하자. 정부가 화폐공급을 늘리면 화폐시장이 초과공급상태가 되어 이자율이 하락하고 이것은 민간투자를 늘림으로써 총수요의 증가를 가져온다. 이에 따라 총수요곡선은 AD_1으로 우측으로 이동한다. 반면 고정환율제도에서는 환율이 변화하지 않기 때문에 총공급곡선은 이동할 필요가 없다. 이제 B점이 균형이 되고 물가가 P_1으로 상승하고 GDP는 Y_1으로 증가한다.

　이자율이 하락하면 자본수요자인 우리나라 기업은 해외 자본유입을 줄이고(외환공급 감소) 자본공급자인 국내투자자들은 해외투자를 위해 외환에 대한 수요를 증가한

그림 12.9 고정환율제도하에서 재정정책효과

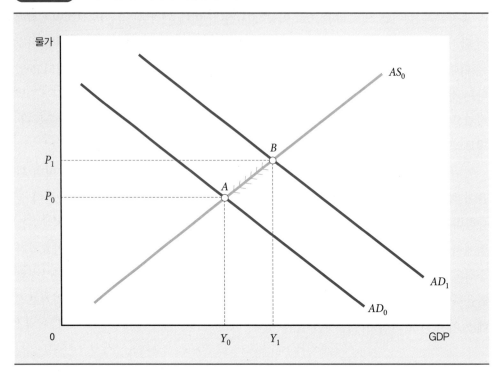

다. 이에 따라 외환시장에서 초과수요가 발생하여 환율상승 압력을 받는다.

통화당국은 기존의 환율수준을 유지하기 위해서는 외환의 초과수요를 해소해야 한다. 그래서 초과수요만큼 통화당국은 외환을 매도하고, 이 과정에서 시중 통화를 흡수함으로써 통화량이 감소한다. 통화량의 축소는 화폐시장에서 화폐의 초과수요를 초래하여 다시 이자율이 상승한다. 이러한 이자율 상승은 총수요 감소를 가져오기 때문에 총수요곡선은 좌측으로 이동하게 된다. 이러한 총수요감소는 확대통화정책에 의해 늘어난 GDP가 상쇄될 때까지 이루어지므로 초기균형 A점으로 돌아오게 된다.

결론적으로 고정환율제도하에서 확대통화정책은 일시적으로 이자율하락에 따라 물가상승과 GDP증가가 이루어진다. 그러나 외환시장의 초과수요 해소를 위해 외환이 공급되면서 통화가 축소되어 확대통화정책에 의한 효과를 완전히 상쇄한다. 즉 고정환율제도하에서 통화정책은 무력하다는 것을 알 수 있다.

재정정책의 효과

이제 고정환율제도하에서 재정정책의 효과를 살펴보자. 초기균형은 〈그림 12.10〉에서 A점이다. 이제 정부가 확대재정정책을 실시했다고 하자. 정부지출이 증가하면 바로 총수요가 증가하므로 총수요곡선이 우측으로 이동한다. 이때 이동된 AD_1곡선과 총공급곡선인 AS_0와 교점인 B점에서 잠정적인 균형에 도달한다. 이에 따라 물가가 P_1으로 GDP는 Y_1으로 증가한다.

이런 물가상승과 GDP증가는 화폐시장에서 초과수요가 발생한다. 이에 따라 이자율이 상승한다. 이자율이 상승하면 자본수요자인 우리나라 기업은 해외 자본유입을 늘리고(외환공급 증가), 자본공급자인 국내투자자들은 국내투자의 수익률이 늘어나기 때문에 외환수요를 줄인다. 그 결과 외환시장에 초과공급이 발생한다.

통화당국은 이러한 외환의 초과공급을 매입하는 과정에서 통화공급을 증가시킨다. 이러한 통화공급은 다시 총수요의 증가를 가져오므로 총수요곡선은 우측으로 더 이동하게 된다. 이에 따라 총수요곡선 AD_2와 총공급곡선이 교차하는 C점에서 단기균형을 이룬다. 결국 확대재정정책은 외환시장의 초과공급을 초래하여 통화확대를 가져옴으

그림 12.10 고정환율제도하에서 재정정책효과

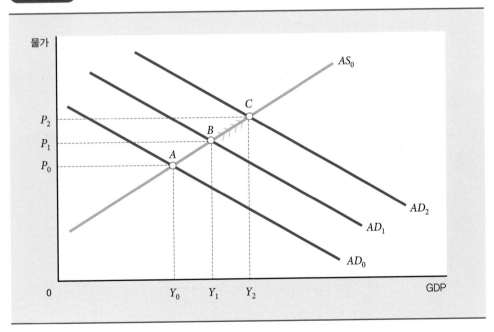

로써 경기부양효과가 더 확대되는 것을 알 수 있다.

지금까지 논의를 요약하면 고정환율제도하에서 재정정책이 통화정책보다 더 효과적이라는 것을 알 수 있다. 이것은 통화당국이 외환시장의 불균형을 해소할 수 있는 외환을 충분히 보유하고 있다는 것을 전제로 한다. 이와 같은 분석결과는 변동환율제도하에서 분석결과와 상반되는 결과로서 상당한 흥미를 끈다.

✎ 연습문제

⬛ 객관식 문제

1. 다음 중 환율의 변화방향이 다른 것은?
   ① 반도체장비의 핵심부품의 국산화에 성공하였다.
   ② 핵심기술을 확보하기 위해 외국기업을 인수하였다.
   ③ 사회간접자본 확충을 위해 외국에서 차관을 도입하였다.
   ④ 증권사가 외국에 투자한 주식에 대한 배당금을 받았다.

2. 다음 중 나머지 경우와 다른 방향으로 대미 달러 환율에 영향을 미치는 것은?
   ① 내국인이 미국 채권을 매입한다.
   ② 정부가 외환시장에 개입하여 달러화를 매도한다.
   ③ 경상수지 흑자폭 증가세가 지속된다.
   ④ 외국인 관광객들의 국내 지출이 큰 폭으로 증가한다.

3. 아래의 보기 중 변동환율제도하에서 원화의 가치가 하락하는 것은 몇 가지인가?

> 가. 확대적인 통화정책이 시행될 때
> 나. 해외경기가 침체될 때
> 다. 우리나라 기업들의 해외공장 설립이 늘어날 때
> 라. 미국이 경기활성화를 위해 확대적인 재정정책을 시행할 때
> 마. 기업들의 국내투자가 확대될 때

   ① 1개   ② 2개   ③ 3개   ④ 4개

4. 환율(원/달러)변동에 대한 설명으로 옳은 것은?

> ㄱ. 국내물가가 상승하면 국내산 재화의 가격이 올라 상대적으로 값이 싸진 외국제품의 수입이
>   증가하고, 이에 따라 외환수요가 늘어 환율이 하락한다.
> ㄴ. 국내 실질이자율이 상승하면 원화표시 금융자산의 예상수익률이 상승하고, 이에 따라 원화
>   표시 금융자산에 대한 수요가 증가하면서 외국자금의 유입이 증가하여 환율이 하락한다.
> ㄷ. 환율이 상승하면 수출은 감소하고 수입은 증가하여(경상수지악화), 수출기업이 위축되면서
>   경제성장이 둔화되고 실업이 증가한다.
> ㄹ. 환율이 상승하면 수입원자재가격이 상승하고 외화부채를 가진 기업의 부담이 커지고 국내
>   물가가 상승한다.

① ㄱ, ㄷ　　　② ㄱ, ㄴ　　　③ ㄴ, ㄷ　　　④ ㄴ, ㄹ

5. 다음 중 원화가치를 하락시키는 요인은?

> ㄱ. 국내 기업의 해외 부동산 취득 확대
> ㄴ. 국내 자동차 산업의 자동차 수출 증가
> ㄷ. 해외 자본의 국내 주식시장으로의 급격한 유입
> ㄹ. 원유가격 상승으로 원유 수입 금액의 급격한 증가

① ㄱ, ㄹ　　　② ㄴ, ㄷ　　　③ ㄴ, ㄹ　　　④ ㄷ, ㄹ

6. 다음 중 환율이 상승할 때의 효과에 대한 설명으로 가장 옳지 않은 것은?

① 환율이 상승하면 달러표시 수출품가격이 하락한다.

② 환율이 상승하면 원화표시 수입품가격이 상승한다.

③ 환율이 상승하면 달러표시 수출액이 증가한다.

④ 환율이 상승하면 달러표시 수입액이 감소한다.

7. 고정환율제도와 이 제도에서 나타날 수 있는 현상에 대한 설명으로 옳은 것은?

> ㄱ. 국제수지 흑자가 발생할 경우 국내 통화공급이 감소한다.
> ㄴ. 국제수지 적자가 발생할 경우 중앙은행이 외환을 매각해야 한다.
> ㄷ. 확대재정정책을 실시하면 통화공급이 감소한다.
> ㄹ. 국내 정책목표를 달성하기 위한 통화정책이 제약을 받는다.

① ㄱ, ㄷ　　　② ㄱ, ㄹ　　　③ ㄴ, ㄷ　　　④ ㄴ, ㄹ

8. 변동환율제도에 대한 다음 설명 중 옳지 않은 것은?

① 변동환율제도는 원칙적으로 중앙은행이 외환시장에 개입하지 않고 외환의 수요와 공급에 의해 환율이 결정되는 제도이다.

② 브레턴우즈 체제(Bretton Woods System)는 대표적인 변동환율제도라 할 수 있다.

③ 환율이 단기적으로 불안정해질 위험이 있다.

④ 자본이동이 완전히 자유로울 경우 확대금융정책은 총수요를 증대시킨다.

9. 우리나라 국제수지에 관한 설명으로 옳은 것은?

① 유학생에 대한 해외 송금액 증가는 자본수지 적자요인이다.

② 상품수지와 서비스수지는 동시에 적자를 기록할 수 없다.

③ 외국인의 우리나라 채권보유 증가는 자본수지 적자요인이다.

④ 외국인에 대한 주식배당금의 해외 송금은 경상수지 적자요인이다.

10. 우리나라의 국제수지에 대한 설명 중 옳지 않은 것은?

① 외국인의 국내주식에 대한 투자는 자본수지를 개선시킨다.

② 국내기업에 고용된 외국인이 봉급을 자신의 본국에 송금하면 소득수지는 악화된다.

③ 국내기업이 외국에서 채권을 발행하여 자금을 조달하는 경우 자본수지는 악화된다.

④ 외국에 무상으로 식량을 원조하면 경상수지는 악화된다.

⊐ 서술식 문제

1. IMF의 표준양식에 따라 국제수지표를 작성하고 그 항목 각각에 대해서 설명하라.

2. 개방경제하에서 총수요 구성요소에 대해 설명하고 그것을 바탕으로 경상수지의 저축과 투자, 국민소득과 총지출 간의 관계에 대해서 설명하라.

3. 1997년 말 우리가 겪은 경기불황의 특징을 외환위기로 규정하고 있다. 어떻게 해서 경기불황이 외환위기로부터 촉발하게 되었는지를 설명하라.

4. 외환시장에서 외환의 수요자와 공급자는 누구이며, 이들의 행위를 바탕으로 외환시장의 원리에 대해서 설명하라.

5. 개방경제하의 총수요-총공급 모형을 사용하여 환율변화의 경제적 효과에 대해서 설명하라.

6. 외환공급곡선과 외환수요곡선의 이동요인에 대해서 설명하고 공급 측면과 수요 측면의 외부적 충격이 각각 어떻게 외환시장에 영향을 미치는지 3단 논법으로 설명하라.

7. 변동환율제도하에서 긴축재정정책과 긴축통화정책의 효과에 대해서 비교하라.

8. 고정환율제도하에서 긴축재정정책과 긴축통화정책의 효과에 대해서 비교하라.

제12장 객관식 문제 정답
1. ② 2. ① 3. ④ 4. ④ 5. ① 6. ③ 7. ③ 8. ② 9. ④ 10. ③

경기변동과
경제정책

어떤 때는 취직도 잘 되고 소득도 올라가서 사람들의 소비지출이 늘어나면서 삶이 윤택해진다. 또한 기업들은 상품을 만들기 무섭게 잘 팔려나가 이윤이 늘어나기 때문에 공장시설을 확대하고 고용도 더 늘린다. 반대로 어떤 때는 상품이 안 팔려 기업들의 창고에 재고들이 쌓이고 일부기업들은 도산하기 시작한다. 실업자들이 늘어나고 가계는 소득이 줄어들고 소비를 줄이게 되어 삶이 팍팍해진다.

시장경제체제를 운영하고 있는 대부분의 국가들이 이런 현상을 주기적으로 경험하고 있다. 이 장에서는 먼저 이러한 경기변동문제에 대해서 살펴본다. 그리고 이러한 경기변동문제를 완화하기 위해서 어떤 정부정책이 유효한지에 대해서 살펴본다.

13.1 경기변동의 개념

경제는 끊임없이 변화한다. 어떤 때는 경제성장률이 10%가 넘을 정도로 활발하게 움직이다가, 어떤 때는 경제성장률이 마이너스가 될 정도로 경제가 침체되기도 한다. 이처럼 시간이 지남에 따라 변동하는 경제현상을 **경기변동**(business cycle)이라 한다. 이것을 좀 더 구체적으로 정의하면 실질GDP, 소비, 투자, 고용 등의 거시경제의 주요 집계변수들이 장기 추세선을 중심으로 상승과 하락을 되풀이하는 현상을 말한다. 〈그림 13.1〉은 1970년부터 2010년까지 한국의 실질GDP 변동을 보여주고 있다. 검은 직선은 장기추세선을 나타낸다. 한국은 1970년대는 실질GDP가 장기추세선보다 높고, 1980년대부터 2000년대까지는 장기추세선보다 낮았다. 그러나 2000년 이후 다시 장기추세선보다 더 높다는 것을 알 수 있다.

주요 거시경제변수 가운데 가장 대표적인 실질GDP의 변화양상을 중심으로 경기변동에 대해서 알아보자. 실질GDP 변동에 대해서 살펴보면 추세적 변동(trend fluctuation), 순환적 변동(cyclical fluctuation), 계절적 변동(seasonal fluctuation), 그리고 불규칙적 변동(irregular fluctuation)으로 분류할 수 있다.

추세적 변동은 장기적으로 나타나는 경제변동의 형태로 반복적인 규칙성을 나타내기보다는 인구증가, 자본축적, 기술진보 등과 같은 요인으로서 일정한 경향을 갖는 것으로 나타난다. 특히 장기적 관점에서 경제 양적 성장이나 경제발전과 같은 의미라 할수 있다.

순환적 변동은 주기적인 것은 아니지만 반복적으로 나타나는 변동을 의미하는 것으

그림 13.1 경제변동의 유형(분기별 국민소득)

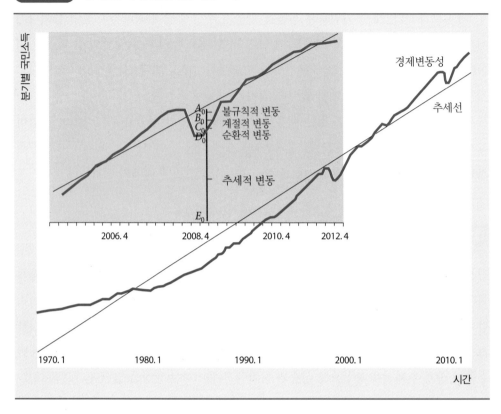

로 경기변동의 주된 분석 대상이라 할 수 있다.

계절적 변동은 자연적 요인이나 사회 관습이나 제도에 의해 반복적으로 나타나는 변동을 의미한다. 자연적 요인은 경제활동이 계절 변화와 같은 기후의 영향을 받는 것을 의미하며 사회 관습적 요인은 설날이나 추석명절 등과 같은 관습이나 제도에 의해 영향을 받는 것을 의미한다.

불규칙적 변동은 일정한 규칙성 없이 천재지변과 같은 예상할 수 없는 우연적 요인에 의해 발생되는 변동을 의미한다. 이는 대부분 경제 외적 요인에 의해 발생하기 때문에 그 원인을 예측하거나 설명하기 어렵다. 따라서 이론적으로 분석하기 힘든 부분이다.

이제 이러한 경기변동을 보다 구체적으로 논의하면 다음과 같다. 〈그림 13.1〉은 1970~2012년까지 우리나라의 국내총생산에 대한 분기별 자료이다. 2005~2012년까지의 자료에서 나타난 바와 같이, $D_0 E_0$은 GDP의 추세적 변동을 나타내며, $A_0 D_0$은 추세선으로부터 이탈한 부분을 의미한다. 이런 변동부분은 경제 내부로부터 발생된 경기순환을 의미하는 순환적 변동, 계절적 요인에 의해 발생된 계절적 변동과 당해 시점의 특정 경제상황에 의해 발생된 불규칙적 변동을 포함한다. 이러한 경기변동으로부터 추세를 제거할 경우 각 변동성은 정(+)의 값과 부(−)의 값을 갖는 것으로 나타난다.

이때 경기변동은 경제활동 수준이 추세선으로부터 괴리되는 변동현상을 의미하는 것으로 추세선으로부터 순환성을 갖는 경우와 순환성을 갖지 않는 경우를 포괄한 의미로 사용된다. 반면 경기순환은 추세선으로부터 순환성을 의미한다. 이러한 구분에도 불구하고 경기변동과 경기순환은 유사한 의미로 사용되고 있으며, 경기순환성을 전제로 변동에 대한 분석이 이루어진다.

13.2 경기변동 요인

제12장에서 배운 총수요−총공급 모형에는 GDP시장, 화폐시장, 외환시장과 생산요소시장이 압축적으로 내포되어 있다. 이 모형에 포함되는 있는 여러 가지 경제변수들이 총수요와 총공급에 실질적으로 영향을 미쳐 경기변동을 초래한다. 이런 요인들을 총수요요인과 총공급요인 그리고 실물요인과 화폐요인으로 구분하여 설명한다.

13.2.1 총수요요인과 총공급요인

여기서는 총수요 측면과 총공급 측면에 영향을 미치는 요인을 중심으로 정리한다.

첫째, 총수요에 영향을 미치는 요인이다. 총수요를 나타내는 식은 제12장에서 보았듯이 $Y_D = C + I + G + (X - M)$이다. 그러므로 소비지출, 투자지출, 정부지출, 순수출에 영향을 미치는 모든 요인은 총수요에 영향을 미쳐 경기변동을 야기할 수 있다는 것이다. 이런 요인들을 정리하면 소비와 관련된 기호 및 관심의 변화, 투자에 관한 기업가의 불안정한 심리상태, 미래를 낙관적으로 보느냐 비관적으로 보느냐 여부, 재정지출과 조세의 변화, 통화공급량의 변화, 화폐에 대한 불규칙한 변화, 무역상대국가의 경제상황, 우리나라의 경쟁상품의 국제가격 동향 등 국제시장의 경기동향 등이다.

둘째, 총공급에 영향을 미치는 요인이다. 기후 등 자연조건의 변화, 신소재의 발견과 발명, 새로운 자원개발, 신기술 개발, 신경영기업의 도입, 노사관계 변화 등 생산요소시장과 생산기술을 통해 총공급에 영향을 미친다. 또한 국제원자재 가격의 변화, 국제금리의 변화, 조세정책과 산업정책의 변화, 정부의 규제와 간섭 등도 공급에 영향을 미친다.

셋째, 총공급과 총수요 모두에 영향을 미치는 요인이다. 앞에서 설명한 환율의 변화가 있다. 기업의 투자지출은 총수요에도 영향을 미치지만 자본축적량을 변화시켜 미래의 총공급을 변화시킨다. 또한 재정지출도 일차적으로 총수요에 영향을 미치지만 경제생산성에 영향을 미치면 총공급에도 영향을 미친다.

특히 국제원자재 가격변화나 국제금리처럼 해외요인의 변화를 통해 외국의 경기상태가 국내로 파급되는 현상을 경기변동의 국제적 전파라 한다.

13.2.2 화폐요인과 실물요인

총수요와 총공급에 화폐요인과 실물요인 모두 영향을 미침으로써 경기변동을 야기한다. 화폐요인으로는 통화량 증감과 관련된 통화정책, 화폐수요에 영향을 미치는 정책, 유동성크기에 영향을 미치는 금융정책, 통화공급량에 영향을 주는 환율정책, 국가 간 자본이동정책, 재정수지보정정책 등이 있다. 이것들이 화폐유통량에 영향을 미쳐 경기변동을 초래한다고 보기 때문이다. 이와 같은 화폐요인의 불규칙한 변화가 경기변동을 가져오는 가장 중요한 원인이라는 주장을 **화폐경기변동이론**이라 한다.

이에 비해 실물요인으로는 생산활동에 영향을 미치는 기술변화, 생산요소의 수요에 영향을 미치는 기업가의 미래에 대한 경제전망, 원자재가격의 동향, 생산요소의 수요와 공급에 영향을 미치는 노사분규, 소비지출과 투자지출의 변화를 초래하는 환경변화, 수출과 수입에 영향을 미치는 요인 등이다. 또한 재화에 대한 총수요와 총공급에 영향을 주는 재정지출과 조세변화, 전 산업 또는 특정산업을 대상으로 한 산업정책, 수출입에 영향을 미치는 통상정책 등 정책변화도 실물요인에 포함된다. 이와 같은 실물요인의 불규칙한 변화가 경기변동의 주요한 요인이라는 주장을 **실물경기변동이론**이라 한다.

13.3 경기변동의 국면과 특징

〈그림 13.2〉에서 보듯이 경기변동은 회복기, 확장기, 후퇴기와 침체기 4국면과 저점과 고점의 두 전환점을 갖는다. 즉 경기는 회복기 → 확장기 → 고점 → 후퇴기 → 침체기 → 저점 등의 국면을 거치면서 변화한다. 회복기 후반부부터 후퇴기 전반부까지 호황

그림 13.2 경기변동의 국면과 전환점

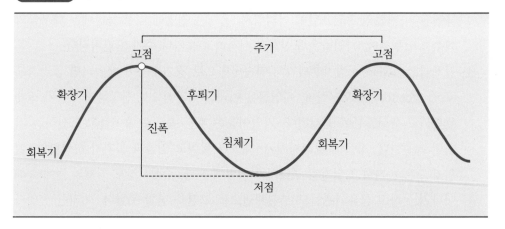

기, 후퇴기의 후반부부터 회복기의 전반부까지 불황기라 한다. 저점에서 고점 사이의
간격을 경기변동의 진폭, 한 고점에서 다음 고점까지 기간을 주기(cycle)라 한다.

이제 경기변동의 각 국면의 특징을 설명해보자.

(1) 회복기(recovery) : 경기가 침체에서 벗어나 경제상황이 호전되기 시작하는 시기
    이다. 이전보다 실업이 줄고 많은 사람들이 직장을 갖기 시작하고 기업의 매출액
    이 증가하기 시작한다. 또한 투자가 활성화되어 기업 수가 늘고 생산량이 증가한
    다. 미래에 대해 낙관적인 전망을 하기 시작하고 주식시장과 상품시장이 활기를
    띠기 시작한다.

(2) 확장기(expansion) : 경기회복기의 연속국면으로 경기확장이 계속되면 궁극적으
    로 고점(peak)에 도달한다. 이 시기가 되면 재고가 줄어들고 중복 및 과잉투자가
    이루어질 만큼 투자활동이 과열된다. 이에 따라 노동자 등 생산요소를 구하기 힘
    들어 임금 등 생산요소가격이 상승하고 생산이 소비를 따라가지 못해 물가가 상
    승하게 된다. 이처럼 임금과 물가가 빠른 속도로 상승하여 경제 곳곳에 병목현상
    이 발생한다.

(3) 후퇴기(contraction) : 생산의 상승은 정점에 달하여 과잉생산이 일어나고, 자본
    설비도 과잉상태가 되어 지나치게 투자가 이루어졌음을 깨닫기 시작한다. 이에
    따라 투자를 축소하고 소비를 줄이려 한다. 판매가 줄고 재고가 늘어난다. 기업

은 생산규모를 감축함에 따라 노동자를 해고하기 시작하고 일자리 구하기가 힘들어진다. 기업의 자금조달이 어려워져, 은행은 전망에 대한 불안에서 대부금의 회수를 서두른다. 기업들은 도산하기 시작하고 물가나 주가가 떨어진다.

(4) 침체기(recession) : 경기후퇴기의 연속국면으로 경기수축이 계속되면 궁극적으로 저점(bottom)에 도달한다. 기업들은 미래를 비관적으로 전망하여 투자가 크게 위축되고 생산활동이 침체된다. 기업이윤은 빠른 속도로 줄어들고 도산하는 기업이 속출한다. 상품이 팔리지 않아 재고가 쌓이고 임금과 물가가 하락한다. 실업자 수는 증가하고 일자리 구하기가 어렵게 된다. 주식시장도 침체의 늪에서 헤어나지 못하고 금융기관들도 부실채권으로 고전을 면치 못한다. 이러한 상태가 극에 달하면 신용의 붕괴로 인해 공황(depression)으로까지 발전하기도 한다.

이러한 경기변동의 국면에서 진폭이나 주기에 있어서 일정한 규칙성을 찾기가 쉽지 않다. 그럼에도 불구하고 많은 경제학자들은 경기변동에 대해 다음과 같은 특징을 제시하고 있다.

첫째, 경기변동에는 공행성(co-movement)이 있다. 주요 거시경제변수들이 함께 움직인다는 것이다. 예컨대 호황기에는 매출액, 이윤, 고용과 소득이 늘고 투자가 활성화된다. 반면 불황기에는 반대의 현상이 일어난다.

둘째, 경기변동의 보편성이다. 경기변동은 특정시기나 특정국가에만 발생하는 것이 아니고 어느 시기나 어떤 국가에서도 일어나는 보편적인 현상이다.

셋째, 경기변동은 지속성을 갖는다. 각 국면이 적어도 몇 년에 걸쳐 지속적으로 진행된다.

넷째, 경기변동의 비대칭성이다. 호황기는 비교적 긴 기간에 걸쳐 천천히 지속적으로 진행된다. 반면 불황기는 짧은 기간에 급격히 진행된다.

경기변동을 요약하면 경기 호황기에는 통화증가율, 물가상승률, 임금상승률 및 명목이자율이 높아진다. 주가와 부동산가격이 상승하는 가운데 경제성장률이 높아지고 소비와 투자증가율이 상승한다. 이에 따라 실질임금과 실질이자율이 상승하고 고용이 증가하며 실업률이 하락하고 화폐유통속도는 빨라진다.

반면 경기 불황기에는 통화증가율, 물가상승률, 임금상승률 및 명목이자율이 낮아진다. 주가와 부동산가격이 하락하는 가운데 경제성장률이 낮아지고 소비와 투자증가율이 낮아진다. 이에 따라 실질임금과 실질이자율이 하락하고 고용이 감소하며 실업률이 상승하고 화폐유통속도는 느려진다.

13.4 총수요-총공급 모형과 경기변동

앞에서 설명한 것처럼 경기변동은 총수요요인과 총공급요인 변화에 의해서 발생한다. 여기서는 몇 가지 요인변화가 발생했을 때 총수요-총공급 모형을 이용하여 경기변동을 설명한다. 논의를 단순화하기 위해 외환시장은 없다고 가정한다.

13.4.1 투자변화와 경기변동

기업가가 미래의 경제전망을 어떻게 보느냐에 따라 경제상황이 달라진다. 즉 경제의 미래를 낙관적으로 보는가 아니면 비관적으로 보는가에 따라 생산활동이 큰 영향을 받는다. 그래서 많은 사람들이 경제는 심리라는 말을 하기도 한다.

기업가가 미래를 낙관적으로 보는 경우를 살펴보자. 이것은 기업가가 투자예상수익률이 높아졌다고 판단하고 있다는 것을 의미한다. 이에 따라 투자지출을 늘린다. 〈그림 13.3〉에서 보듯이 초기균형은 A점이고 완전고용수준의 Y_F과 물가 P_0에서 균형을 이루고 있다.

먼저 단기균형(제1기)을 살펴보자. 투자지출이 늘어났기 때문에 총수요가 늘어나므로 총수요곡선은 우측으로 이동하여 AD_1이 된다. 그러면 제1기에 B점에서 균형에 이르고 GDP가 증가하고 물가가 상승한다. 화폐시장에서는 물가상승으로 실질화폐공급이 감소하고 GDP증가로 화폐수요가 증가하므로 초과수요가 발생하여 이자율이 상승한다. 노동시장에서는 실질임금이 하락하여 노동수요가 증가하고 노동공급이 감소하여 초과수요가 발생한다. 이에 따라 임금이 증가하면서 노동공급이 증가한다.

균형점 B는 완전고용수준 이상의 GDP를 생산하고 있으므로 인플레이션 갭이 발생하고 있다. 시간이 흘러감에 따라 자본과 노동 등 생산요소가격이 상승하게 되고 총공급이 감소하게 된다. 총공급곡선은 좌측으로 이동하여 AS_1이 된다. 이에 따라 장기(제2기)균형은 C점에서 이루어진다. 제2기에는 GDP, 고용과 실질임금은 변화하지 않고 물가, 명목임금과 이자율만 상승시킨 결과로 나온다. 물가상승은 실질화폐공급의 감소를 가져와 화폐시장의 초과수요가 발생했기 때문에 이자율은 상승한다.

그림 13.3 투자증가와 경기변동

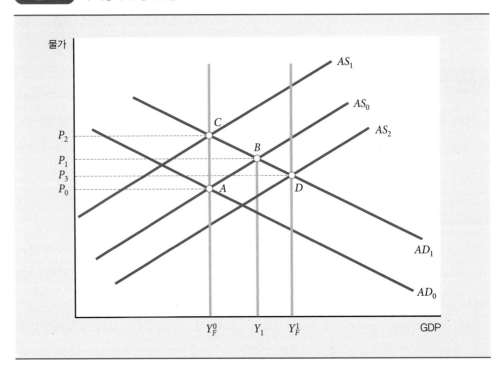

그런데 투자가 이루어지면 완성될 때까지 시간이 걸린다. 예컨대 공장을 지어 기계설비를 갖추는 데 5년이 걸린다고 하자. 5년 동안은 이것을 완공하기 위해 투자비용을 지불해야 한다. 이런 투자지출은 총수요에 영향을 미친다.

그러나 5년 후(제3기) 공장이 완공되어 생산에 사용되게 되면 이 투자지출은 자본스톡이 된다. 이런 자본스톡은 완전고용수준의 노동에 대해서 자본-노동비율(K/L)을 높여주므로 노동생산성이 증가하게 된다. 이것은 총공급의 증가를 가져와 총공급곡선을 우측으로 이동하여 D점에서 균형을 이루게 된다. 제3기의 변화는 다음과 같다. 완전고용수준의 GDP는 Y_F^1로 증가하고 물가는 P_3가 되었다. 초기 균형 A점과 비교하면 물가 상승여부는 투자지출이 총수요에 미치는 크기와 투자에 의해 형성된 자본스톡이 노동생산성의 향상에 따른 총공급에 미치는 크기에 달려 있다. GDP증가로 화폐시장에서는 거래적 동기에 의해서 화폐수요가 늘어나기 때문에 화폐시장의 초과수요로 이자율이 상승할 것이다. 노동생산성 향상으로 노동고용은 증가하고 실질임금도 상승한다.

이처럼 투자지출의 변화는 시간이 지남에 따라 총수요와 총공급에 영향을 미치면서 제1기 GDP증가, 제2기 GDP감소, 제3기 GDP증가로 변화한다.

13.4.2 통화량 변화와 경기변동

정부가 통화공급을 늘릴 것이라는 신호를 주고 모두 그것을 예상하고 있다면 모두 명목변수에 반영하여 실질변수에 전혀 영향을 미치지 못한다. 즉 통화공급이 3% 증가할 것이라고 예상하면 명목임금, 물가, 명목이자율도 모두 3% 증가하여 실질임금, 실질이자율과 GDP에는 아무 변화가 없게 된다. 이에 따라 경기변동에 대해 설명할 수 없게 된다.

이제 정부가 예상치 않게 확대통화정책을 실시했다고 하자. 통화량이 증가하게 되면 화폐시장에서 초과공급이 발생하므로 이자율이 하락하게 된다. 이런 이자율은 기업의 투자지출의 증가를 가져와 총수요를 증가시키므로 총수요곡선을 우측으로 이동시킨다. 〈그림 13.3〉에서 초기 균형 A점에서 B점으로 이동한다. 이후의 논의는 앞 절과 동일하다. 즉 통화량 변화는 시간이 지남에 따라 총수요와 총공급에 영향을 미치면서 제1기 GDP증가, 제2기 GDP감소, 제3기 GDP증가로 변화한다. 다만 이 경우 앞 절의 경우와 비교해서 차이점은 이자율이 더 낮은 것뿐이다.

13.4.3 일시적 생산성향상과 경기변동

이제 총공급측 요인으로 일시적 노동 생산성향상이 일어난 경우 경기변동에 대해서 살펴보자. 노동생산성 향상이 발생하면 노동수요가 증가하므로 노동시장에 초과수요가 발생하여 실질임금이 상승하고 노동고용량은 증가한다. 이에 따라 총공급이 증가하므로 총공급곡선은 우측으로 이동한다. 〈그림 13.4〉에서 보듯이 초기 균형 A점에서 B점으로 이동한다. 이때 물가는 P_1으로 하락하고 GDP는 Y_F^1로 상승한다. 물가하락으로 화폐시장의 실질화폐공급은 증가하고 소득증가로 화폐수요는 증가한다. 일반적으로 물가하락에 의한 실질화폐공급이 더 크게 증가하므로 화폐시장은 초과공급으로 이자율이 하락한다. 이자율하락에 따라 투자지출 증가와 소득증가로 인해 소비지출이 증가한다.

제1기 일시적 노동생산성향상은 GDP증가, 고용증가, 실질임금상승, 이자율하락, 소비와 투자지출의 증가, 물가하락 등을 유발하였다.

그 다음 이자율하락에 의한 투자지출증가와 소득증가에 따른 소비지출증가는 총수요를 증가시키므로 총수요곡선은 우측으로 이동한다. 이에 따라 균형은 C점에서 이루

그림 13.4 생산성향상과 경기변동

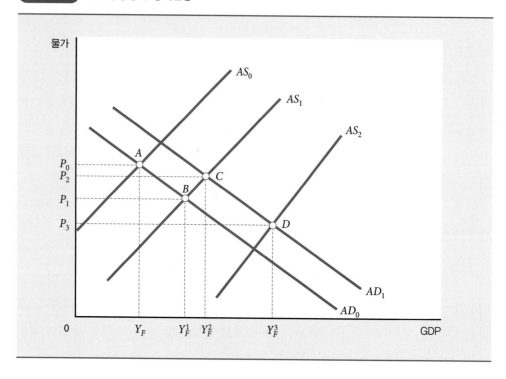

어진다. 이것을 B점과 비교하면 물가상승과 GDP증가가 이루어진다. 이런 물가상승은 제1기 때 물가하락을 상당히 상쇄한다. 또한 화폐시장에서 이자율 상승을 가져와 제1기 때 이자율 하락분을 상쇄할 것이다. 제2기 때 총수요의 변화는 제1기 때 변화를 상쇄하는 방향으로 발생한다.

제3기 때 투자지출증가는 자본스톡증가로 나타나므로 자본-노동비율이 높아져 노동생산성을 다시 높여준다. 이런 노동생산성 증가는 노동수요를 증가시켜 노동시장에 초과수요가 발생하게 되어 다시 실질임금이 상승하고 고용이 증가한다. 이런 고용증가는 총공급을 증가시키므로 총공급곡선은 더 우측으로 이동하게 되어 AS_2가 된다. 이에 따라 D점에서 제3기 균형에 도달하게 되고 물가는 P_3로 하락하고 GDP는 Y_F^3로 증가한다. 화폐시장에서는 제1기 때와 마찬가지로 물가하락으로 실질화폐공급이 증가하여 이자율이 하락한다.

이렇게 일시적으로 노동생산성이 향상하는 경우 제1기 GDP증가, 제2기 GDP증가, 제3기 GDP증가를 가져오므로 회복기에서 확장기국면을 잘 설명해주고 있다.

13.5 | 필립스곡선

일상생활에서 물가가 올라가거나 직장을 잃는 경우 인간은 상당히 고통을 느낀다고 한다. 이에 따라 한 국가의 국민들이 얼마나 고통을 느끼고 있는지를 측정할 때 흔히 이것들의 지표를 사용한다. 즉 인플레이션율과 실업률의 합으로 나타내는데, 이것을 고통지수라 한다.[1]

이렇게 인간에게 고통을 주는 두 경제요인이 경기변동과 관련하여 어떤 관계가 있을까?

호황기에는 인플레이션이 심화되는 가운데 실업률이 하락하는 경향이 있고 불황기에는 인플레이션이 낮아지면서 실업률이 상승하는 경향이 있다. 필립스(A. W. Phillips)는 19세기 중반부터 20세기 초에 걸친 50여 년 동안 영국통계자료를 조사해서 임금상승률과 실업률 간에 음(−)의 상관관계가 있다는 것을 발견하였다.

호황기에는 노동시장에서 초과수요가 발생하여 임금은 상승하고 고용은 증가한다. 반면 불황기에는 초과공급이 발생하여 고용이 감소하여 실업은 증가하고 임금은 하락한다. 결국 임금상승률은 물가에 반영되므로 인플레이션율과 실업률 사이에 음(−)의 상관관계가 존재한다는 것은 당연하다는 것이다. 필립스가 경제학자로서 처음으로 이런 관계를 설명하려고 시도했기 때문에 실업률과 물가상승률 간의 상관관계의 그래프를 필립스곡선(Phillips curve)이라고 한다.

이 곡선에 의하면 인플레이션율이 늘어나면 고통이 증가하지만 이에 따라 실업률이 감소하므로 고통이 감소한다. 즉 하나가 나빠지면 다른 하나는 좋아진다.

1960년대 실증분석 결과 인플레이션율과 실업률 간의 안정적인 역(−)관계가 나타났다. 대표적인 것이 오쿤(A. Okun)의 분석으로 실업률이 1% 증가할 때마다 GDP가 2.5% 감소한다는 것이다. 이것을 오쿤의 법칙(Okun's law)이라 한다.

이러한 경험법칙을 바탕으로 초기 케인즈학파는 인플레이션율과 실업률 사이에 안정적인 역관계를 가져오는 인과관계가 존재한다고 생각했다. 이런 사실을 바탕으로 인

---

1 경제학자 오쿤(A. Okun)이 고안한 개념으로 이것이 경제적 지표가 된다는 엄밀한 근거는 없지만 사람들의 직관을 그런대로 충실하게 반영한다고 볼 수 있다. 하지만 인플레이션율과 실업률이 1% 늘어나는 것이 주는 고통이 같을 수 없다. 경제상황에 따라 달라질 수 있기 때문이다. 그러나 이 지표는 이 두 요인을 같은 비중으로 취급하고 있기 때문에 한계가 있을 수밖에 없다.

플레이션율을 낮추려면 실업률 증가를 어느 정도 감수해야 하고, 반대로 실업률을 낮추려면 인플레이션율을 어느 정도 감수해야 하는지를 계산할 수 있다고 생각했다.

정부가 할 일은 인플레이션율과 실업률에 대한 정책목표를 설정한 다음 그 목표에 이탈하지 않도록 재정정책과 통화정책을 사용하여 미세조정(fine tuning)을 하면 된다는 것이다.

그러나 1970년대에 들어서자 필립스곡선에 대한 실증분석 결과가 인플레이션율과 실업률 사이에 아무 관련이 없거나 오히려 양의 상관관계를 보여주었다. 프리드만과 펠프스(E. Phelps)는 명목임금상승률과 실업률 사이에는 아무런 상관관계가 없다는 이론을 제시하여 필립스곡선의 이론적 기반을 부정하였다. 이후 필립스곡선을 부정하는 실증적 결과들이 지속적으로 나타나고, 이 곡선의 이론적 토대를 부정하는 새로운 이론들이 등장함에 따라 필립스곡선에 대한 신뢰도는 1970년대부터 떨어지기 시작했다.

여기서 한 가지 제기할 수 있는 질문은 1960년대 이전에는 필립스곡선이 안정적인데 1970년대 이후 필립스곡선이 왜 부정되고 있는가?

우리는 앞서 배운 총수요-총공급 모형을 이용하여 세계경제가 이런 기간 사이에 어떤 변화가 있었는지를 살펴볼 수 있다.

총수요곡선을 이동시키는 요인들은 투자지출, 소비지출과 순수출의 변화들이다. 이런 수요충격(demand shock)이 발생하면 총수요곡선은 우측이나 좌측으로 이동하게 된다. 총수요가 증가하여 총수요곡선이 우측으로 이동하면 인플레이션율이 증가하고 반면 고용이 늘어 실업률이 감소한다. 반대로 총수요가 감소하면 인플레이션율이 하락하고 실업률이 증가한다. 이것은 안정적인 우하향 필립스곡선이 형성된다는 것을 의미한다. 즉 이때 경기변동의 원인이 주로 수요충격에 있었음을 시사하고 있다.

한편 총공급곡선을 이동시키는 요인들은 기술변화, 노사분규, 원자재 가격의 변화 등이다. 이런 공급충격(supply shock)이 발생하면 총공급곡선은 우측이나 좌측으로 이동하게 된다. 총공급이 증가하여 총공급곡선이 우측으로 이동하면 인플레이션율이 하락하면서 동시에 실업률이 감소한다. 반대로 총공급이 감소하면 인플레이션율이 증가하고 실업률도 증가한다. 오히려 필립스곡선이 인플레이션율과 실업률 사이에 양의 상관관계를 갖고 우상향하게 된다. 이것은 1970년대 이후 경기변동의 원인은 공급충격에 있었음을 시사하고 있다.

13.6 경기안정화정책

정부는 여러 가지 이유에서 경기변동의 진폭을 적게 하려고 노력한다. 경기가 과열되면 긴축재정정책이나 긴축통화정책을 사용하여 활황을 억제한다. 반면 경기가 침체되면 확대재정정책이나 확대통화정책을 사용하여 경기를 부양한다. 이처럼 경기변동의 진폭을 억제하여 경제충격을 줄이려는 것을 경기안정화정책이라 한다.

앞 절에서 배운 것처럼 정부가 예상치 않게 확대통화정책을 실시하게 되면 생산, 소비, 투자, 고용 등 실물 경제활동이 활성화되고 물가와 임금도 상승하게 된다. 긴축통화정책은 반대의 결과가 나오면서 경기가 둔화된다. 이러한 결과는 재정정책인 경우도 마찬가지이다. 확대재정정책은 경기를 부양하고 긴축재정정책은 경기를 둔화시킨다. 이러한 통화정책과 재정정책의 효과를 바탕으로 경기를 조절할 수 있다고 많은 국가들은 판단하고 경기안정화정책의 목표를 세운다. 그러나 이러한 경기안정화정책은 두 가지 측면에서 문제가 있다.

첫째, 정책효과가 의문시된다. 예컨대 경기를 부양하기 위해 확대통화정책을 실시했다고 하자. 처음에는 앞에서 배운 것처럼 경기부양효과가 잘 나타난다. 그러나 자주 사용하면 경제주체들이 그 결과를 예상하여 물가(명목변수)에 반영하므로 GDP(실질변수) 증가를 가져오지 못하고 물가상승만 가져오게 된다. 이처럼 경제주체들이 정부가 경기안정화정책을 실시할 것이라는 사실을 인지하게 되면 정책효과는 떨어지게 된다.

둘째, 이 정책이 오히려 안정을 해치는 결과를 가져온다는 것이다. 어떤 정책을 실시하더라도 효과가 나타나려면 일정한 시차가 필요하다. 경기안정화정책을 실시할 때 시차에 따른 타이밍을 제대로 맞추지 못하면 오히려 경기안정화를 해칠 수 있다. 예컨대 경기가 극도로 침체되어 있다고 판단하고 경기부양책을 실시했는데 그때는 이미 저점을 통과하여 회복기가 시작한 경우가 많다. 반대로 지나친 과열을 막기 위해 경기긴축정책을 사용했는데 효과는 이미 과열이 진정된 후에 나타나는 경우가 많다. 이렇게 타이밍이 맞지 않는 경기부양책은 활활 타기 시작하는 불에 기름을 붓는 격이고, 경기긴축정책은 식기 시작한 물에 얼음을 끼얹는 격이다. 이런 경우 경기안정화정책이 오히려 경기의 진폭을 확대하여 경기를 더 불안정하게 할 수 있다.

이러한 어려움에도 불구하고 정부는 항상 경기안정화정책을 사용하려는 유혹을 느낀다. 경기가 침체에 빠져 국민들이 정부에게 무엇인가 대책을 요구할 때 조금 지나면 경기가 회복될 것이니 참으라고 하지 못할 것이다. 경기가 과도하게 과열되어 물가와 임금이 상승할 때도 마찬가지이다. 왜냐하면 국민들이 현 정부에 등을 돌려 정권교체를 할 수도 있기 때문이다. 그래서 부작용이 생길 줄 알면서도 경기부양이나 억제정책을 실시한다. 특히 부작용이 자신의 임기 이후에 나타날 것으로 믿으면 그런 일은 더 자주 일어날 가능성이 높다.

이렇게 골치 아픈 경기안정화정책이 어떤 경우에는 제도의 특성 때문에 결과적으로 자동적인 경기안정을 실현하는 경우가 있다. 경제가 불황에 빠지면 자동으로 재정지출을 늘리고 조세징수액을 줄여 경기부양효과를 가져온다. 반면 호황기에는 반대 상황이 나타나 경기긴축효과를 가져온다. 이와 같은 장치를 재정의 자동안정장치(automatic stabilizer)라 한다.

이것의 대표적인 예로 누진소득세제와 실업보험제도를 들 수 있다. 경기가 활성화되어 GDP가 증가하면 누진소득세제에 의해서 자동으로 조세수입이 증가하여 가처분 소득비율이 감소하고 소비지출을 줄이게 된다. 이에 따라 경기가 너무 과열되지 않게 진정하는 효과가 있을 수 있다.

실업보험제도도 마찬가지이다. 경제가 불황기에 들어가면 실업이 많이 발생하게 된다. 이에 따라 정부가 지급하는 실업수당이 증가하므로 소비지출이 증가하게 되어 과도한 경기침체를 진정시켜주는 효과가 있다. 또한 호황기에는 실업자가 줄기 때문에 실업수당이 저절로 줄어든다. 이외 다른 사회복지 프로그램도 불황기에는 평상시보다 더 많은 보조금을 지불하도록 설계가 되어 있어 자동으로 경제를 안정화시키는 데 기여하고 있다.

이러한 자동안정장치는 경제상황에 따라 자동으로 재정지출과 조세징수액이 조정되기 때문에 현재 경제상황을 구태여 알 필요가 없다. 이에 따라 어떤 경제상황에서 어떤 타이밍에 어떤 정책을 사용해야 할지 고민하는 데 시간을 낭비하지 않아도 된다.

반면 경기가 불황에서 벗어나 회복기에 들어설 때 오히려 경기회복을 더디게 할 수도 있다. 회복기에는 총수요가 빠른 속도로 늘어나야 단기에 경기회복이 이루어지는데 오히려 조세징수액 증가와 재정지출 축소로 총수요 증가에 불필요한 제동을 걸기 때문이다.

13.7 경기변동과 거시경제이론의 변화

13.7.1 케인즈학파 경제학

케인즈학파는 기업의 투자지출변화가 총수요 측면에 충격을 주어 경기변동을 야기한다고 주장한다. 이 학파는 1970년대 초까지 케인즈의 거시경제모형을 동태화하여 경기변동을 설명하는 데 주력하였다. 즉 독립투자의 변화와 같은 총수요충격이 소득변화에 미치는 영향을 설명하는 승수이론과 소득변동이 다시 투자를 유발시킨다는 가속도원리를 결합하여 경기변동모형을 구성하는 것이 케인즈학파 경기변동이론의 일반적인 경향이었다.

　케인즈학파 경제학자들은 케인즈이론과 필립스곡선을 가지고 자본주의 경제에서 경기변동을 막을 수 있다고 생각했다. 정책당국이 필립스곡선의 한 점을 정책목표로 결정하면 적절한 재정정책과 통화정책을 사용하여 어렵지 않게 목표를 달성할 수 있다고 믿었다. 이러면 정책목표를 결정하기 위해 현재의 경제상황을 진단하고 미래의 경제상황을 예측할 수 있는 지식만 확보하면 된다.

　이에 따라 케인즈학파 경제학자들은 수학과 통계학이론을 활용해 현실경제를 수리계량적으로 모형화하는 연구에 착수했다. 이런 연구결과의 산물이 거시계량모형이다. 이 모형은 어떤 재정정책이나 통화정책의 시행에 따른 예측성을 높여주기 때문에 경기안정화정책을 수립하는 데 중요한 역할을 수행한다.

　1950년대와 1960년대 선진국 경제의 지속적인 호황은 케인즈학파의 이론적 정당성을 뒷받침해주었다. 많은 사람들이 이러한 성과가 케인즈이론에 기초한 경기안정화정책 덕분이라고 생각했다. 정부개입을 통해 경기변동을 막을 수 있는 낙관적인 전망이 확산되었다. 또한 케인즈이론은 정책담당자에게 전폭적인 신임을 얻게 되었다.

13.7.2 통화주의 이론

프리드만을 중심으로 하는 통화주의자들은 고전학파적 사고방식을 기본으로 한다. 즉 시장경제는 상당히 안정적인 성향을 가지고 있고, 스스로 균형을 회복할 수 있는 능력이 있다고 생각한다. 경기안정화정책이 효과를 나타내는 데 시차가 길고 가변적이기 때문에 정확한 시점을 알 수 없다. 이런 상황에서 미세조정에 의한 정책정부의 자의적인 통화정책 등 화폐적 충격(monetary shock)이 오히려 경제를 더 불안하게 하여 경기 변동을 유발한다고 주장한다.

필립스곡선에 대해서도 통화주의자들은 다른 생각을 가지고 있다. 필립스곡선이 우하향하는 것은 단기적인 현상이며, 장기에는 수직선을 갖는다는 것이다. 즉 물가상승률과 실업률은 아무 관련이 없기 때문에 경기안정화정책은 장기에 무력하게 된다.

물가가 상승하면 실질임금이 하락하기 때문에 기업은 고용을 증가하고 이에 따라 실업률은 하락한다. 시간이 지남에 따라 노동자들은 자신들의 실질임금이 감소했다는 것을 인지하고 큰 폭의 명목임금 인상을 요구한다. 이에 따라 떨어졌던 실질임금이 다시 상승하기 시작하여 고용이 줄고 실업이 늘어나기 시작한다. 결국 장기에는 원래 실업률 수준으로 다시 복귀한다. 이것을 자연실업률 가설이라 한다.

이 이론에 의하면 장기에서 경기안정화정책은 물가에만 영향을 줄 뿐 실업률에는 아무런 영향을 주지 못한다. 이것은 경제를 미세조정하여 경기변동을 막을 수 있다는 케인즈학파를 정면으로 반박하는 것이다.

그래서 이들은 정부가 경기안정을 목적으로 자의적으로 개입할 것이 아니라 일정한 준칙을 정하고 그에 따라 경제를 운용해야 한다고 주장한다. 예컨대 정부가 매년 화폐 공급량을 일정한 비율(k 비율)로 증가시켜 나갈 것이라고 미리 밝혀 놓은 후, 경제상황에 관계없이 계속 유지해 나가는 정책을 의미한다. 이른바 'k% 준칙'을 정하고 통화정책을 사용해야 한다는 것이다.

케인즈학파와 통화주의자는 경기안정화정책이 단기에 실물경제에 영향을 미친다는 점에서 이견이 없다. 다만 장기적인 관점에서 차이가 난다. 케인즈학파는 미세조정정책이 경기변동을 막아 경제안정화에 기여할 수 있고 재정정책이 통화정책보다 더 유경기 효하다고 주장한다. 반면 통화주의자들은 이런 정책이 오히려 경제를 불안정하게 할 수 있기 때문에 준칙에 의거한 정책을 사용하는 것이 바람직하다고 주장한다.

주로 프리드만 등의 통화주의자들로, 이들은 시장경제는 본질적으로 안정적이지만 통화당국의 자의적인 통화량 조정 때문에 경기변동이 초래된다는 것이다. 다른 한편 루카스(R. Lucas) 등은 경제주체들이 합리적으로 기대를 하더라도 불완전한 정보하에서 예상치 못한 통화금융정책으로 인한 물가수준의 변화를 정확히 예측할 수 없어 예상착오로 경기변동이 촉발된다고 보고 있다. 이들의 주장은 경기변동의 원인을 화폐적 현상으로 설명하고 있으므로, 이들의 주장을 화폐적 경기변동이론이라고 한다.

13.7.3 새고전학파 경제학

이 경제학파는 1970년 루카스(R. Lucas)를 중심으로 하는 일군의 경제학자들이 합리적 기대가설(rational expectation hypothesis)을 발표하면서 시작되었다. 이들은 거시경제 이론을 미시경제학적 토대 위에서 발전시켰다. 임금과 물가 등 가격들은 시장의 신축적인 조정을 통해 항시 균형상태에 도달한다는 가정에서 출발한다. 이러한 이론체계는 고전학파만큼이나 시장의 가격조정기능을 신뢰하기 때문에 새고전학파 경제학(new classical economics)이라 부른다.[2]

이 경제학파의 핵심이론인 합리적 기대가설에 대해서 살펴보자. 미래의 중요한 속성 중 하나가 불확실성이다. 인간은 이런 불확실성이 주는 위험을 최소화하기 위해 노력한다. 예컨대 노동자들이 내년도 물가상승률을 어떻게 기대하느냐에 따라 임금인상이 달라질 것이다. 물가상승률이 5%라고 기대되면 실질임금을 유지하기 위해 5%의 임금인상을 요구할 것이다. 합리적 기대가설은 합리적인 사람이면 사용할 수 있는 모든 정보를 적절한 방법으로 활용하여 미래에 대한 기대를 형성한다고 전제한다.

합리적 기대가 곧 미래의 완벽한 예측을 의미하지는 않는다. 만약 정보가 제한되어 있다면 자신의 기대가 빗나갈 수 있다. 이러한 실수를 통해서 정보가 확대되면 바로 기대수준을 조정해간다는 것이다. 다시 말해서 사람들은 똑같은 실수를 체계적으로 반복하지 않는다는 데에 합리적 기대의 특징이 있다.

이제 정부가 경기부양을 위해 통화정책을 실시할 것이라고 모든 노동자들이 알고 있다고 하자. 노동자들은 합리적 기대를 하기 때문에 이런 정보를 바탕으로 통화증가율만큼 물가상승률을 예측하고 이에 따라 명목임금을 물가상승률만큼 요구한다. 이에 따라 통화정책은 단기에도 물가상승만 가져올 뿐 실업률에는 아무런 영향을 미치지 못한다. 즉 예상된 경기안정화정책은 단기에도 무력화된다는 것을 보여주고 있다. 이것은 경기안정화정책이 장기에 무력화된다는 통화주의자들의 자연실업률 가설과도 비교된다.

---

2 새고전학파 경제학과 신고전학파 경제학(neo-classical economics)은 구별할 필요가 있다. 신고전학파는 19세기 영국의 제본스(Jevons), 프랑스의 왈라스(Walras), 오스트리아의 멩거(Menger) 등이 정립한 학파로 상품의 가치는 인간의 주관적인 한계효용에 의해서 결정된다고 주장한다. 이들이 주장한 가치론과 시장원리가 결합되어 현대미시경제학의 체계를 이룩하였다. 새고전학파는 신고전학파의 이론적 체계를 거시적으로 확대했다고 볼 수 있다.

　　합리적 기대 상황에서 정부정책이 영향을 미치기 위해서는 노동자들이 인지하지 못하도록 정책을 실시해야 한다. 이 경우 노동자들은 실제로는 물가상승이 일어났는데 물가상승을 기대하지 않았기 때문에 실질임금이 하락하게 되고 이에 따라 실업률이 줄어든다.

　　정부가 이런 점을 이용해서 미세조정하기 위해서 사람들이 예측할 수 없도록 일관성 없게 정책을 사용해야 된다는 결론에 도달한다. 그러나 사람들이 합리적 기대를 하기 때문에 지속적으로 속이기란 그렇게 쉽지 않다. 만약에 이와 같은 방식으로 정책이 수행되면 오히려 불확실성과 비효율성이 매우 클 수 있다는 것이 새고전학파 경제학자들의 지적이다.

13.7.4 실물경기변동이론

케인즈학파는 총수요의 변화가 경기변동을 초래하는 주요 요인으로 보았다. 총수요곡선이 우측이나 좌측으로 이동하는 수요 측면이 발생하면 물가와 GDP의 변화가 발생한다.

　　그런데 1970년대에 일어난 석유파동을 계기로 기술변화나 노동쟁의와 같은 공급 측면의 실물요인이 통화요인보다 경기변동을 설명하는 데 더 중요할 수 있다는 인식을 하였다. 이런 인식하에서 1980년대 새고전학파 경제학자 중에서 프레스컷(E. Prescott)을 중심으로 **실물경기변동이론**(real business cycle theory)을 주장하였다.[3] 실물요인이 경기변동에 영향을 미친다는 점에서 케인즈학파와 동일하지만 공급 측면을 강조한다는 점에서 다르다.

　　실물경기변동이론은 새고전학파 경제이론답게 시장이 제대로 작동하여 물가와 임금이 신축성을 가지고 있어 비자발적 실업이 존재하지 않는다고 주장한다. 이 이론은 제5장에서 배웠듯이 노동공급은 가계가 효용극대화 과정에서 소득과 여가의 선택문제로 결정된다. 반면 노동수요는 기업의 이윤극대화 과정에서 이루어진다. 경제주체들의 이러한 합리적 의사결정과정에서 균형노동량이 결정되기 때문에 비자발적 실업은 존재

3　기술이나 생산성변화와 같은 공급측 요인을 경기변동의 주요 원인으로 보는 견해는 이전에도 있었다. 대표적으로 슘페터(J. A. Schumperter)를 들 수 있다. 그는 경기변동과 경제발전의 원인이 생산요소의 새로운 결합 또는 기술혁신(innovation)에 있다고 보았다. 그러나 시장원리와 접목시키지는 않았다.

하지 않는다는 것이다. 이에 비해 케인즈학파는 임금의 하방경직성[4] 때문에 임금이 신축적이지 못해 노동시장에서 수요공급이 일치하지 못하는 것으로 본다. 이에 따라 비자발적 실업이 존재하는 시장실패가 발생한다.

그러면 비자발적 실업이 존재하지 않는 상황에서 어떻게 경기변동이 일어날 수 있는가? 실물경기변동이론은 기술진보에 따른 생산성의 향상에서 그 원인을 찾고 있다. 기술진보가 일어나면 노동생산성이 향상되어 실질임금이 상승하고 고용과 국민소득이 늘어난다. 반면 기술퇴보가 발생하면 노동생산성이 하락하여 실질임금이 하락하고 고용과 국민소득이 감소한다.

이 이론은 통화량변화에 대해서도 케인즈학파와 통화주의자들과 다른 설명을 한다. 통화량이 증가하면 케인즈학파의 경우 물가와 국민소득이 증가한다. 통화주의자들도 장기는 아니더라도 단기에 물가상승과 국민소득을 증가시킨다는 점을 인정한다. 즉 통화량의 변화가 경기변동의 주요 요인이라는 점이다.

그런데 실물경기변동이론은 호황기에 통화량증가율이 높은 것은 국민소득이 커지면서 화폐수요가 증가하여 중앙은행이 화폐공급을 늘렸기 때문이라는 것이다. 국민소득과 통화량의 인과관계를 케인즈학파나 통화주의자들과는 반대로 해석하고 있다.

이 이론의 등장은 시장원리가 제대로 작동된다는 전제하에서 거시경제를 설명할 수 있는 기반을 제공하였다. 지금까지 시장의 불안정성을 전제로 전개해온 거시경제이론의 판도를 크게 흔드는 결과를 가져왔다. 즉 미시경제학적 기초를 바탕으로 거시경제이론의 토대를 구축하였다.

13.7.5 새케인즈학파 경제학

케인즈이론은 임금이나 물가 등 가격경직성을 가정하여 시장의 불안정성을 반영하고 있다. 그러나 미시경제이론에 바탕을 둔 실물경기변동이론과 비교하면 케인즈이론의 경우 이론적 근거가 명확하지는 않다. 이에 따라 케인즈학파도 미시경제학적 토대 위에서 가격이 경직성을 갖는 이유를 이론적으로 밝히려고 시도하였다. 이것이 새케인즈학파 경제학이 출현하게 되는 계기가 되었다.

새고전학파 경제학의 합리적 기대이론은 이론적 체계는 잘 갖추고 있지만 앞에서 지

---

4 하방경직성은 임금이 시장상황에 따라 변화하지 못하고 일정 이하로 떨어지지 않는 성질을 말한다.

적했듯이 결국 정부정책이 무력화되는 것으로 귀결되었다. 이런 결론은 현실경험에 비추어볼 때 받아드리기 어렵다. 케인즈 경제학자들은 이런 비현실적인 결론은 합리적 기대보다는 시장의 신축성에서 유도되었다는 것을 밝혀냈다. 이것을 입증하기 위해 임금과 물가가 경직성이 있을 때 합리적 기대를 가정해도 경기안정화정책이 효과가 있다는 것을 다음과 같이 보여주었다.

예컨대 2년마다 장기임금계약을 맺는 제도가 있다고 하자. 임금계약 후 확대통화정책 실시로 물가상승이 예상되더라도 다음 계약까지 임금인상을 요구할 수 없다. 명목임금이 고정된 상태에서 통화공급증가로 물가가 상승하면 실질임금이 감소하여 고용이 증가한다. 이에 따라 국민소득이 증가하고 경제가 활성화된다. 계약체결 당시 이런 확대통화정책에 대한 아무런 정보가 없었기 때문에 임금계약에 반영하지 못했다고 노동자들의 비합리적 기대라고 볼 수 없다. 이러한 자신들의 주어진 정보하에서 합리적 기대를 했어도 임금인상을 요구할 수는 없다. 이와 같이 제도적 요인에 의해 임금이 단기적으로 경직적이면 합리적 기대하에서 경기안정화정책은 경기조정효과를 갖는다.

결국 케인즈 경제학자들은 합리적 기대이론을 분석틀로서 수용하여 임금과 물가의 경직성에 대한 미시경제학적 설명을 제시하는 새로운 이론체계를 구축하였다. 이러한 흐름을 새케인즈학파 경제학이라고 한다.

이 경제학의 가장 두드러지는 특징은 가격이 경직성을 갖는 이유에 대한 논리적인 설명이다. 이들이 지적하는 가격의 경직성은 정보가 불완전하거나 시장이 불완전 경쟁하는 경우 존재한다. 예컨대 과점시장의 경우 가격인상요인이 있음에도 불구하고 경쟁기업의 반응이 두려워 인상하지 못한다. 또한 가격을 변경할 때 드는 비용, 즉 메뉴비용 때문에 자주 가격을 변화시키지 못한다는 것이다.

새케인즈학파 경제학자들도 충분한 시간이 흐르면 임금과 물가가 신축성을 되찾게 되리라는 사실을 부정하지 않는다. 그러나 이들은 임금과 물가의 조정이 신속하고 완전하게 이루어지지 못하기 때문에 정부가 자유방임의 태도를 취해서는 안 된다고 주장한다. 시장기구가 근본적으로 불완전하다고 보기 때문에 이를 보완하기 위해서는 정부가 적극적으로 개입할 수밖에 없다는 지적인 것이다. 과거의 케인즈 경제학자들은 일종의 직관에 의존해 경제안정을 위해 정부가 개입해야 하는 이유를 설명했다. 반면 새케인즈학파 경제학자들은 정부개입의 필요성을 뒷받침하는 더욱 엄밀한 이론적 근거를 찾는 데 주력한다는 점에서 이들과 큰 차이가 있다.

　　경기변동과 관련한 최근의 흐름을 보면, 세계 각국의 경기변동이 서로 높은 상관관계를 가지고 경기변동의 국제적 전파(international transmission of business cycle)의 중요성이 강조되고 있다. 또한 경기변동의 원인으로 정치적 요인을 설명변수로 하는 정치적 경기변동이론도 제기되고 있다. 이들에 의하면 선거에 승리하기 위한 정부의 경기부양책과 선거 후의 긴축정책으로 인해, 선거의 주기와 경기변동의 주기가 일치한 경향을 보인다고 한다.

✎　연습문제

⊐ 객관식 문제

1. 다음은 경기변동의 어떤 유형에 대해서 설명하고 있다. 다음 중에서 맞는 것은 어느 것인가?

> 장기적으로 나타나는 경제변동의 형태로 반복적인 규칙성을 나타내기보다는 인구증가, 자본축적, 기술진보 등과 같은 요인으로서 일정한 경향을 갖는 것으로 나타난다. 특히 장기적 관점에서 경제 양적 성장이나 경제발전과 같은 의미라 할 수 있다.

① 추세적 변동　　② 순환적 변동　　③ 계절적 변동　　④ 불규칙적 변동

2. 다음은 경기변동의 어떤 국면에 대해서 설명하고 있다. 다음에서 맞는 것은 어느 것인가?

> 생산의 상승은 정점에 달하여 과잉생산이 일어나고, 자본설비도 과잉상태가 되어 지나치게 소비와 투자가 이루어졌음을 깨닫기 시작한다. 이에 따라 투자를 축소하고 소비를 줄이려 한다. 판매가 줄고 재고가 늘어난다. 기업은 생산규모를 감축함에 따라 노동자를 해고하기 시작하고 일자리 구하기가 힘들어진다. 기업의 자금조달이 어려워져, 은행은 전망에 대한 불안에서 대부금의 회수를 서두른다. 기업들은 도산하기 시작하고 물가나 주가가 떨어진다.

① 회복기　　② 확장기　　③ 후퇴기　　④ 침체기

3. 경기침체 갭(또는 디플레이션 갭)이 존재할 때 이를 감소시키는 방법과 거리가 먼 것은?

① 정부지출을 확대한다.

② 투자세액공제를 축소한다.

③ 확대통화정책을 실시한다.

④ 소득세율을 낮추어 가처분소득을 늘린다.

4. 총수요곡선을 우측으로 이동시키는 요인으로 옳지 않은 것은?

① 물가상승   ② 조세감면

③ 통화량 증대   ④ 독립투자 증대

5. 총공급곡선을 우측으로 이동시키는 요인으로 옳지 않은 것은?

① 석유가격 하락   ② 물가하락

③ 국제금리 하락   ④ 기술개발

6. 총수요-총공급 모형에서 경기변동을 설명하면 총수요와 총공급에 영향을 미치는 모든 요인은 경기변동에 영향을 미칠 수 있다. 다음 변화 중 총수요와 총공급에 동시에 영향을 미치는 요인은?

① 신기술개발   ② 정부의 재정정책

③ 국제원자재 가격   ④ 환율

7. 다음 여러 가지 경기변동이론 중에서 케인즈학파의 주장으로 옳은 것은?

① 기업의 투자지출변화가 총수요에 영향을 주어 소득에 영향을 준다. 이 소득이 다시 투자를 유발하여 경기변동을 초래한다.

② 불완전한 정보하에서 예상치 못한 통화정책으로 인한 물가수준의 변화를 정확히 예측할 수 없어 예상착오로 경기변동이 촉발된다.

③ 기술이나 생산성변화와 같은 실물적 요인이 경기변동을 유발한다.

④ 선거에 승리하기 위한 정부의 경기부양책과 선거 후의 긴축정책으로 인해 주기적인 경기변동이 발생한다.

8. 다음의 경기변동의 특징에 대한 설명 중 옳지 않은 것은?

① 특정시기나 특정국가에만 발생하는 것이 아니고 어느 시기나 어떤 국가에서도 일어나는 보편적인 현상이다.

② 각 국면이 적어도 몇 년에 걸쳐 지속적으로 진행된다.

③ 호황기는 비교적 긴 기간에 걸쳐 천천히 지속적으로 진행된다. 반면 불황기는 짧은 기간에 급격히 진행된다.

④ 매출액, 이윤, 고용과 소득 등 주요 거시경제변수가 독립적으로 움직인다.

9. 다음은 경기안정화정책에 대한 설명이다. 이 중 옳지 않은 것은?

① 경기가 과열되면 긴축재정정책이나 긴축통화정책을 사용하여 활황을 억제한다.

② 경제주체들이 정부가 경기안정화정책을 실시할 것이라는 사실을 인지하게 되면 정책효과는 떨어지게 된다.

③ 경기안정화정책을 실시할 때 시차에 따른 타이밍을 제대로 맞추지 못하면 오히려 경기안정화를 해칠 수 있다.

④ 경제가 불황에 빠지면 통화량과 조세징수액을 줄여 경기를 부양한다.

10. 다음은 어떤 개념에 관한 설명이다. 이 중 옳은 것은?

> 경제가 불황에 빠지면 자동으로 재정지출을 늘리고 조세징수액을 줄여 경기부양효과를 가져온다. 반면 호황기에는 반대 상황이 나타나 경기긴축효과를 가져온다.

① 자동안전장치   ② 물가관리정책

③ 총수요관리정책   ④ 노사관리정책

◪ 서술식 문제

1. 환율의 변화가 어떻게 총수요와 총공급에 영향을 미치는지에 대해 설명하라.

2. 경기변동의 특징에 대해서 요약하라.

3. 총수요-총공급 모형을 이용하여 투자증가가 어떻게 경기변동에 대해 영향을 미치는지에 대해서 설명하라.

4. 총수요–총공급 모형을 이용하여 긴축통화정책이 어떻게 경기변동에 대해 영향을 미치는지에 대해서 설명하라.

5. 총수요–총공급 모형을 이용하여 노동생산성이 지체되는 경우 그 국가의 경기변동에 대해 영향을 미치는지에 대해서 설명하라.

6. 경기안정화정책과 자동안전장치가 무엇이며, 이것들의 문제점에 대해서 설명하라.

7. 누적소득세제와 실업보험제도가 어떻게 자동으로 경기안정화에 기여하는지에 대해 설명하라.

찾아보기